江西省“十四五”普通高等教育本科省级规划教材
第六届江西省普通高等学校优秀教材

财经类专业“十四五”规划新形态教材

会计学原理

（第三版）

邱卫林　周美玲　苏亚莉／主　编
雷　芳　王　焱／副主编

图书在版编目(CIP)数据

会计学原理 / 邱卫林，周美玲，苏亚莉主编. 3 版. --上海：立信会计出版社，2025. 1. -- ISBN 978-7-5429-7892-9

Ⅰ. F230

中国国家版本馆 CIP 数据核字第 2025PQ0495 号

策划编辑　王斯龙
责任编辑　王斯龙
美术编辑　吴博闻

会计学原理(第三版)
KUAIJIXUE YUANLI

出版发行	立信会计出版社		
地　　址	上海市中山西路 2230 号	邮政编码	200235
电　　话	(021)64411389	传　　真	(021)64411325
网　　址	www. lixinaph. com	电子邮箱	lixinaph2019@126. com
网上书店	http://lixin. jd. com		http://lxkjcbs. tmall. com
经　　销	各地新华书店		

印　　刷	上海华业装璜印刷有限公司		
开　　本	787 毫米×1092 毫米	1/16	
印　　张	20. 5		
字　　数	462 千字		
版　　次	2025 年 1 月第 3 版		
印　　次	2025 年 1 月第 1 次		
书　　号	ISBN 978-7-5429-7892-9/F		
定　　价	49. 00 元		

第三版前言

经济越发展，会计越重要。随着经济的发展和管理水平的不断提高，会计逐渐成为经济管理的重要组成部分，会计所提供的信息也已成为决策者作出决策时必不可少的依据。“基础会计”是会计初学者了解会计概念、会计核算方法和会计核算程序的入门课程，是会计专业和其他经济管理类学科各专业必修的一门专业基础课。

本教材是以《会计基础工作规范》及最新发布的《会计法》《会计信息化工作规范》《企业会计准则》《企业会计准则——应用指南》《企业会计准则讲解》为依据，融入课程思政的内容，体现党的二十大精神，按照高等教育会计专业教学计划的要求编写的。通过本课程的学习，学生能够比较全面地了解、掌握会计的基本原理、基本方法和基本技能（统称“三基”）。沿着会计“三基”这一主线，通过不同阶段的学习，学生可以掌握不同方面的内容。基础理论学习阶段，学生应掌握会计的基本理论，明确会计是什么、核算什么、以什么样的方法进行核算；基本方法学习阶段，学生应掌握会计基本方法的具体应用，明确在生产经营过程中，应确认哪些主要经济业务以及如何确认；基本技能学习阶段，学生应依据会计注重理论和实践相结合的特点，配合案例和练习，掌握会计学的基本理论和会计处理的基本方法。三个阶段环环相扣、层层深入、步步推进，为后续专业课程的学习打下基础。

本教材的主要特色如下：

(1) 更新及时。本教材根据近年来会计准则和税法修订的内容进行了更新，确保教材内容的新颖性。

(2) 思政结合。每章都将“思政元素”与会计知识点进行融合，坚持以立德树人作为中心环节，进行“会计课程思政建设”，实现会计课堂思政育人。

(3) 精选习题。每章课后都有大量练习题，突出会计学课堂和课后训练，增强会计学基础理论的应用性教学。

(4) 立体化资源。本教材将习题和相关引导案例做成二维码，便于学生线上学习与做题。

本教材由东华理工大学会计系邱卫林、周美玲、苏亚莉老师任主编，雷芳、王焱老师担任副主编，夏虹、何小云老师任主审，叶海平、黄娟、熊芳萍、陶建蓉、江婧等会计系老师参与编写。

本教材是东华理工大学国家一流本科专业（财务管理）建设点配套教材，是省级规划教材和优秀教材，也是教育部新文科研究与改革实践项目"新文科背景下地方行业特色高校经管类专业升级路径研究与实践"(编号:2021140081)研究成果。本教材适用于培养应用型人才的普通高校，包括本科、高职高专和技术学院，也可作为自学和自考类的在职人员及企业财务人员的参考资料。

在教材的编写过程中，编写组成员就编写大纲和教材内容进行了广泛深入的讨论，同时，我们还参考了公开发表过的有关资料和书籍。在此，我们对编写委员会成员和相关作者表示衷心的感谢！这本书具有很高的实用性、准确性、针对性。由于水平有限，书中难免有疏漏之处，敬请读者批评指正，以进行修正。

编　者

2025 年 1 月

模拟试卷一　模拟试卷二　模拟试卷三

目录 Contents

CHAPTER 1

第一章 总论

Learning objectives 学习目标

学习目标

- 了解会计的产生与发展、会计智能化的概述、收付实现制、会计法规体系
- 理解会计的含义、会计的对象、会计的核算方法
- 掌握会计的职能、权责发生制、会计核算的基本前提与会计信息质量要求

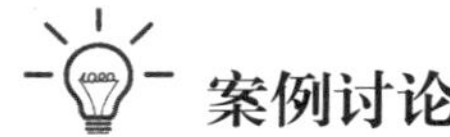

案例讨论

李明和张华是高中同班同学，今年高考都以优异的成绩考入大学。大学学费和生活费等共需10 000元，李明报到时的学费和生活费直接来源于父母，而张华家境贫穷，父母除了拿出家里仅有的5 000元存款外，还向亲戚朋友借了3 000元，另外还办理了国家助学贷款。请同学们说说自己的大学生活花费与来源。

对上述问题的回答，请同学们从以下几个方面进行讨论：

(1) 我们日常生活的开支和财产是从哪里来的？

(2) 我们得到的“钱”又花在哪些方面？

(3) 我们得到的“钱”与我们日常生活的开支和财产有什么关系？

第一节　会 计 概 述

一、会计的产生与发展

(一) 会计的产生、发展概述

会计作为一种管理活动，是人类生产活动的衍生物，它是一门既古老又年轻的管理学科。说其“古老”，是因为会计的产生与发展源远流长，其历史可以追溯到文明时代之前；说其“年轻”，是由于随着人类社会的发展，会计的理论与实践也随之日益丰富和完善，从而具有顽强的生命力和广阔的发展前途。

会计是人类社会发展到一定阶段的产物，它起源于人类的早期生产实践，并随着人类社会生产发展、对生产剩余物和经济的管理的客观需要而产生、发展并不断完善的。物质资料的生产是人类社会赖以生存和发展的基础。人类为了能够生存下去，必须有满足其衣、食、住、行等需要的物质资料，因而必须从事物质资料的生产。人类社会的生产活动决定着其他活动，也是人类会计思想和行为产生的根本前提。人类进行生产活动，必然要关心自己的生产成果，并力求以尽可能少的劳动消耗(投入)，取得尽可能多的劳动成果(产出)。基于此，人类很早就意识到，在进行物质资料生产的同时有必要记录、计算和汇总生产过程的内容，并按预期目标控制生产过程，以便以最少的劳动耗费取得最大的经济效益，并将取得的劳动成果与劳动耗费进行比较、分析，以便获得反映生产过程及其结果的经济信息，据以总结过去、了解现状和安排未来。由此人类的会计思想和会计行为便应运而生。

然而，在社会生产力水平极端低下的情况下，人类的会计思想和会计行为是不可能产生的。只有当人类能够正常地进行物质资料的生产活动，以致其生产成果大体上能够保障人类生存和正常繁衍需要，甚至有了剩余产品之后，人类才会开始关心其劳动成果和劳动耗费，从而产生对其劳动成果与耗费进行计量、记录的会计行为。因而，人类的会计思想和会计行为是社会生产发展到一定历史阶段的产物。在社会生产力不断发展的过程中，生产关系总是经历着一个由不适应生产力发展到适应，再由适应到不适应的循环上升过程。当生产关系严重制约生产力发展时，生产关系必然破灭，重新建立起新的生产关系。正是生产力、生产关系的相互适应，相互推进，共同推动社会向前发展。

会计由简单的计数，发展为具有完备的理论基础与实践规范的现代会计，经历了漫长的发展历程。在人类社会的早期，由于生产力水平低下，人们仅关心生产本身，会计并未占重要地位，也不可能有专职人员去从事会计工作，会计尚不能成为一种职业，只能作为生产职能的附带部分，由生产者在生产的间歇附带地将收入与支出等事项记载下来。当社会生产力发展到一定水平，出现了剩余产品、从而出现了社会分工和私有制之后，会计才逐渐从生产职能中分离出来，成为一种独立的职能，成为由专职人员从事的管理工作。随着人类社会生产的日益发展、生产规模日趋扩大、生产的社会化程度不断提高，生产、分配、交换、消费活动的渐趋频繁和日渐复杂，会计的地位、目标、要求、内容、程序和方法、技术手段等发生了巨大变化，并获得了长足的发展。特别是随着商品经济的发展，货币成为衡量和计算商品价值的尺度，会计可以利用货币作为价值尺度的职能进行价值核算，进而从简单的计量与记录行为，逐渐发展成为采用货币为计量单位综合反映经济活动全过程的一种经济管理工作。

（二）我国会计发展概况

在古代会计发展阶段，我国在会计的发展史上作出过重要的贡献，并一直走在会计发展的前列。早在原始社会，随着社会生产力水平的提高，人们捕获的猎物及生产的谷物等有了剩余，人们就要计划着食用或进行交换，这样就需要进行简单的记录和计算。但由于文字没有出现，所以只好“绘图记事”，后来出现了“结绳记事”“刻石记事”等记录方法。

在商代，我国会计运用单式记账法。在我国历史上把“会计”两个字加以连用，作为一个独立的概念，最早见于史书《周礼》。据《周礼》记载，早在西周时期，周王朝就设立了“司会”官职，专门掌管政府的钱粮收支。当时把每个月的零星计算称为“计”，把年终的总和计算称为“会”。司会“以一岁之会计，考当岁之成事文书”，即根据当年的会计记录考核当年的钱粮收支情况。这时的会计主要是对国库钱粮收支进行记录和计算，也包含考核的意思。西汉时期，官府和民间都有了被称作“计簿”或“簿书”的账册出现，中式簿记开始逐步发展完善。

唐宋时期有了较严格的计财年度（如户籍、记账制度、审计制度、财物保管、出纳保管及会计报告制度等），宋代发明了“四柱结算法”。所谓“四柱”，是指把账簿分成“旧管（期初结存）”“新收（本期增加）”“开除（本期减少）”“实在（期末结存）”四个部分，这四个部分的关系是：旧管＋新收－开除＝实在。这个平衡关系可以全面系统地反映经济活动，分期考核经济效果，还可以检查账簿记录是否正确。“四柱结算法”奠定了中式簿记的理论基础，把中式簿记提高到一个较高的层次。

到了明末清初，我国民间商业企业采用了以“四柱”账为基础的“龙门账”。将经济业务分为“进（收入）”“缴（费用）”“存（资产）”“该（负债及业主权益）”四大类，其关系是：进－缴＝存－该。此式为试算平衡公式，当该公式相等时称为“合龙门”。在此基础上，清朝后期又出现了“天地合账”，对每一笔经济业务都从“来源”和“去向”两个方面登记，以全面反映经济业务的内容和来龙去脉。账簿采用垂直写法，分为上下两格，上格记收，称为"天方"，下格记付，称为"地方"，上下两格所记数额必须相等，即所谓"天地合"。"龙门账"和"天地合账"可以认为是我国单式簿记到复式簿记的过渡。此外，我国在清朝后期从国外引进了借贷复式记账法。

虽然我国的会计产生的较早，但在经济不发达的封建社会却发展比较缓慢，逐渐拉大了与世界先进水平的距离。从19世纪中叶起，我国沦为半殖民地半封建国家，与这种经济状况相适应，会计出现了中式簿记和西式簿记并存的情况，在由外国人把持的海关、铁路和邮政等部门，采用西式簿记，宫廷和民间组织则采用传统的中式簿记。

中华人民共和国成立后，国家在财政部设置了主管全国会计事务的会计司。实行高度集中的计划经济体制，引进了与此相适应的苏联计划经济会计模式，对旧中国会计制度与方法进行改造与革新。改革开放以后，为适应社会主义市场经济发展的需要，我国先后制定了分行业的会计制度，强化了对会计工作的组织和指导。1984年起，我国开始转向有计划的商品经济体制。1985年我国颁布了《中华人民共和国会计法》(以下简称《会计法》)，中国第一部会计法诞生。1993年、1999年和2017年和2024年根据社会改革开放发展的需要，我国分别对《会计法》进行了修订。新《会计法》的出台，标志着我国财务管理日益趋向规范化、法制化轨道，对稳定社会经济秩序，促进经济快速发展起到了保驾护航的作用。同时，为了适应社会主义市场经济体制，完善企业经营机制的需要，适应全方位的对外开放的需要，我国于1992年制定并实施了《企业会计准则》和《企业财务通则》，突破了原有的会计核算模式，建立了反映市场经济发展和企业自主经营要求的科学的会计体系。为了与国际会计惯例接轨，2006年2月15日，财政部正式发布了新修订的《企业会计准则》，近几年我国又陆续颁布和修订了部分具体会计准则。从此，我国会计进入一个新的发展时期。

随着经济的发展，企业所有者和经营者分离，产生了不同的需要，管理会计脱颖而出，超越了单纯的会计范畴，成为与财务会计并列的独立领域。2014年，财政部发布了《关于全面推进管理会计体系建设的指导意见》，并公开选聘了一批管理会计咨询专家。由此，学术界掀起了管理会计理论研究的热潮，企业界加快了管理会计工具的引入工作。2016年，为进一步促进企业和行政事业单位加强管理会计工作，提升内部管理水平，促进经济转型升级，我国根据《会计法》《财政部关于全面推进管理会计体系建设的指导意见》等，制定了《管理会计基本指引》。为全面深化管理会计应用，推动经济社会高质量发展，财政部2024年发布了《关于全面深化管理会计应用的指导意见》。

(三) 西方会计发展概述

会计在外国也有很长久的历史。据马克思的考察，"原始的规模小的印度公社"已经有了"一个记账员，登记农业账目，登记和记录与此有关的一切事项"。无论在中国还是在国外，会计的起源都很早。公元四千年前，古巴比伦在金属或瓦片上作交易的记录。公元三四千年前，古埃及法老已设有专职"录事"管理赋税收入及各项支出。中世纪封建时期，古基督教会中设专职官员管理赋税收入和各项开支，并设专门的账簿和制表制度。

在12世纪前后，意大利出现复式簿记。15世纪末，即1494年，意大利数学家卢卡·帕乔利(Luca Paciolo)所著《算术、几何、比及比例概要》一书在威尼斯出版，书中专设“簿记论”篇，对借贷记账法的记账原理及其运用进行了详细介绍并加以概括，为复式记账法在全世界流传奠定了基础。“簿记论”的问世，标志着近代会计的开始，卢卡·帕乔利被称为“近代会计之父”。18世纪末和19世纪初的产业革命，股份有限公司这种新的经济组织应运而生。社会上出现了以查账为职业的特许会计师或注册会计师。簿记逐渐成长为会计，成本计算、会计报表分析和审计等新的内容也相继出台。20世纪30年代以后，西方各国先后研究和制定了会计准则，把会计理论和方法推上了一个新的台阶。20世纪40年代后，在新技术革命的推动下，现代市场经济迅速朝系统化、信息化与科学化方向发展，为会计与电子计算机的结合和管理会计的形成奠定了基础。管理会计的诞生是现代会计开端的标志。现代经济开始朝信息化、知识化、全球化方向发展，会计理论、方法、思想面临新的发展。

二、会计的含义

由于人们认识问题的角度不同，对于究竟什么是会计的问题，至今仍有不同的看法。目前最有代表性的两种观点是信息系统论和管理活动论。

(一) 信息系统论

会计是一个以提供财务信息为主的经济信息系统。这种观点把会计对各种经济活动的数据进行汇集、加工、整理和提供当成一个信息系统。具体来讲，会计就是将企业或单位所发生的各项经济活动，通过收集原始数据，并经过确认、计量、记录、报告等工作程序，向会计信息使用者提供相关会计信息的信息系统。也可以说，会计是将经济信息转换为会计信息的系统，强调会计是为决策者提供决策所需的财务信息为主的这一特点。

会计信息系统论承认会计的社会性和技术性，但更强调技术性，认为会计在企业的经营管理中只处于参谋或顾问的地位，并不直接履行管理职能。

(二) 管理活动论

会计是一种管理活动。这种观点认为，会计是经济管理活动的重要组成部分，是对经济活动采用专门方法进行反映和监督，并参与计划、组织、控制等活动的一种管理活动。它强调会计的本质是一种管理活动，会计工作是一种管理工作，这种管理工作是随着经济的发展、企业规模的扩大，逐渐从综合管理中分离出来的。

由此可见，对会计立足于不同的考察角度，得出的结论是有所不同的。我们不能说以上观点孰对孰错，它们只是从不同的角度理解会计的含义以及对会计的哪一种作用更重要的争论。随着社会经济的发展和人们认识的不断深入，会计是一种管理活动的观点正被更多人所接受和认可。基于这种观点，我们对会计进行如下描述：会计是以货币为主要计量单位，以凭证为依据，以提高经济效益为主要目标，通过运用一系列专门的方法和程序，对企业、机关、事业单位和其他组织的经济活动进行连续、系统、全面的反映和监督，提供会计信息，并随着社会经济的日益发展，逐步开展预测、决策、控制和分析的一种管理活动，是经济管理活动的重要组成部分，随着信息技术和经济环境的变化，会计应该以为企业和社会组织创造价值为目的。

三、会计智能化概述

在当今科技飞速发展的时代，人工智能已成为不可阻挡的大趋势。人工智能凭借其强大的数据处理能力、高度精准的分析预测能力以及卓越的自动化执行效率，正广泛而深入地渗透到各个行业领域，从医疗保健到金融服务，从制造业到交通运输，无一不在经历着深刻变革与重塑，其影响力持续蔓延且不断强化，为全球经济与社会发展注入全新动力与无限可能。

（一）会计行业智能化

在人工智能的大趋势下，会计行业也在向着智能化的方向发展。会计智能化是会计领域借助现代信息技术，尤其是人工智能、大数据、云计算、移动互联网、物联网、区块链等前沿科技实现深度变革与创新发展的重要进程。

（1）在会计智能化体系中，人工智能技术发挥着核心驱动作用。人工智能在信息处理和分析方面具有超越人类的速度和精准度，能够拓展那些受限于人类计算能力的信息处理方法。人工智能技术包含 RPA、语音识别、图像识别、专家系统、自然语言处理等，能自动、快速、精确、连续地处理财务管理工作，应用于财务业务、税务业务等多个方面，如发票检查、费用审核、发票报销、结账核算、报表出具、税务申报等应用场景。

（2）大数据技术为会计智能化带来了全方位的变革与赋能。它不仅提供了海量的数据资源和强大的数据处理能力，使企业能够整合包括内部财务数据、外部市场数据及行业数据等在内的多源数据，构建起全面且深入的财务大数据生态，还能够运用其强大功能对这些数据进行深度挖掘与精密分析。通过此过程，会计智能化系统得以更精准地评估企业财务状况，及时察觉潜在风险，敏锐洞察市场机遇。比如，基于大数据的客户信用分析可以有效助力企业优化应收账款管理策略，降低坏账风险。

与此同时，大数据技术在会计数据处理全流程中发挥关键作用，涵盖采集、归类、存储、分析以及运算来源分散且格式多样的海量会计数据。在这一过程中，不断挖掘出新知识、创造新价值、提升新能力，特别是数据挖掘算法的持续优化，有助于深入洞察会计数据中隐含的新知识，进一步推动会计智能化不断发展演进。

（3）云计算能够为计算机和其他设备按需提供共享的软硬件资源，是一种基于互联网的计算方式，可以将共享的软硬件资源和信息按需提供给计算机和其他设备。云计算技术为会计智能化提供了灵活、高效、可扩展的计算资源与存储平台。企业无需自行搭建庞大复杂的会计信息系统硬件设施，只需通过云端服务即可便捷地获取所需的会计软件应用与计算能力，降低了会计信息化的成本与门槛。同时，云计算的分布式存储与计算架构保障了会计数据的安全性与可靠性，便于企业随时随地进行财务数据的访问与处理，促进了企业内部以及企业与外部合作伙伴之间的财务信息协同与共享。

（4）移动互联网作为移动通信与互联网融合的成果，具备显著的随时、随地、随身的便利特性，以及分享、开放、互动的社交特性。从会计信息处理的角度来看，其便利性使得会计人员能够突破传统办公环境的限制，利用移动终端随时接入企业财务系统，即时获取财务数据并处理相关业务。例如，在费用报销流程中，员工可通过移动应用随时随地提交报销申请，并附上电子发票等相关凭证，会计人员能及时审批，缩短了报销周期，提高了财务流程的效率。这种实时性在财务决策支持方面尤为关键，管理层可在移动设备上实时查看财务报表和关键指标，及时掌握企业财务状况，以便迅速作出决策，抓住市场机会或应对风险挑战。同时，移动互联网的社交特性促进了财务信息在企业内部不同层级和部门之间的快速传播与共享，加强了部门间的协作。销售部门可及时向财务部门反馈客户信用变化情况，财务部门则能据此调整应收账款管理策略，确保资金回笼的及时性。此外，企业借助移动互联网平台能够广泛收集外部市场数据，包括消费者偏好、行业动态等，并与内部财务数据整合，为会计分析提供更丰富的维度，增强财务预测的准确性，有助于企业制定更加科学合理的战略规划。

(5) 物联网通过信息传感设备与互联网的连接，实现了物与物、人与物之间的智能化交互，在会计智能化进程中发挥着独特作用。在资产管理方面，物联网技术赋予了资产可追溯性和实时监控能力。企业为固定资产配备传感器后，能够实时记录资产的使用频率、运行状态、地理位置等信息，并自动传输至会计系统。这不仅提高了资产清查的效率和准确性，还为资产折旧计算、维护计划制定等提供了更加精确的数据依据。在存货管理中，物联网可实现对存货的全程监控，从入库到出库，实时更新存货数量、存储位置、保质期等信息。基于这些实时数据，会计系统能够更加精准地计算存货成本，及时反映存货价值的变化，同时通过预设的阈值提醒企业进行补货或处理滞销存货，优化了存货管理流程，降低了存货成本。在成本管理领域，物联网技术有助于实现精细化成本核算。通过对生产设备、原材料等生产要素的实时监控，企业能够精确获取各项成本发生的时间、地点和具体情况，将成本准确分摊到相应的产品或项目中，避免了传统成本核算方法中因数据滞后或不准确导致的成本扭曲。同时，物联网收集的大量实时数据为成本分析提供了丰富素材，企业可以深入挖掘成本动因，发现潜在的成本节约机会，进而采取针对性措施优化成本结构，提高企业经济效益。

(6) 区块链的核心技术是去中心化、实时共享、可追溯并不可篡改。区块链技术能够将企业和合作伙伴间的合同、票据转换为不可篡改的数据链。舆情分析、知识图谱等技术有助于财务人员在审核采购付款时，实时识别供应商的信用及舞弊情况，以降低企业资金支付风险。风险系数测算、融资组合成本算法等技术有助于企业在进行重大决策时提供智能资金预测支持。

(二) 会计智能化对会计人员提出的新标准、新要求

会计智能化深刻改变了会计工作的流程与模式。传统的手工记账与基于单机软件的会计核算逐渐被自动化、智能化的会计作业所取代，会计信息的生成与传递更加实时、准确、高效。它也重塑了会计的职能与角色定位，会计人员从单纯的财务数据记录者与报表编制者转变为企业财务数据分析师、风险管理者与战略决策参与者。

会计智能化使会计工作流程与模式焕然一新，传统方式被自动化、智能化作业取代，信息的生成与传递更实时、准确、高效，也重塑了会计的职能与角色定位，会计人员从单纯的财务数据记录者与报表编制者转变为企业财务数据分析师、风险管理者与战

略决策参与者。这也体现了会计智能化对会计人员的新标准、新要求。技术能力上，会计人员需要精通会计智能化软件与工具，熟练操作财务 RPA 软件并监控流程，掌握大数据分析平台运用数据挖掘与可视化技术，最好有编程基础或能理解并修改脚本。数据分析解读方面，会计人员要深度理解高级财务分析指标模型原理，如 EVA、平衡计分卡等，结合行业与宏观形势多维度分析财务数据，挖掘机会与风险，对比标杆企业提出建议。风险管理时，有敏锐风险意识，能借助智能系统快速识别财务风险，如资金链、信用、汇率风险等，及时评估影响并协同多部门制定应对策略。战略规划决策支持上，会计人员要了解企业战略目标与布局，为投资、融资、市场拓展等决策提供数据与前瞻性建议，测算关键指标。此外，会计人员要有良好的沟通、协作能力，与内外部顺畅交流，且具备持续学习能力，紧跟行业技术与法规政策变化，不断更新知识体系适应时代需求。

（三）智能会计的定义

根据会计的本质及智能的内涵，我们认为智能会计定义是：以人工智能为代表的“大智移云物区”等信息技术赋能会计，通过人机协同使业务结构、会计核算全过程流程化、自动化、智能化，使会计信息全面精准化、更能真实透明地反映经济管理活动，借助大数据分析技术，实时智能地为管理者等利益相关者提供有助于科学有效的智能预测、决策判断、管理控制等的可视化信息，以提高会计控制和管理决策的效率，进而驱动价值创造。

第二节　会计职能与会计对象

一、会计职能

会计职能是指会计在经济管理过程中所具有的功能，即人们在经济管理中运用会计干什么。马克思撇开不同的社会形态的特征，把会计的职能高度地概括为“过程的控制和观念的总结”，后来人们把它总结为“会计核算和会计监督”。这便是会计的基本职能。

（一）会计的核算职能

会计的核算职能是会计工作的重要组成部分，它是以货币为主要计量单位，对企业、事业等单位一定时期的经济活动进行真实、准确、完整和及时的确认、计量和报告，从而反映资金运动的过程和结果。会计的核算职能具备以下基本特点：

(1) 会计的核算职能是从数量方面进行核算，着重利用货币作为计量单位，但并不仅仅只利用这一种计量单位。会计核算可以采用三种量度：实物量度、货币量度和劳动量度。在市场经济发达的条件下，为了有效地进行管理，企业就必须广泛地利用综合价值形式，以计算生产资料的占用、劳动的耗费、产品销售收入的取得和纯收入的实现、分配等。所以，主要利用货币计量，从数量方面综合反映各单位的经济活动情况，是现代会计的一个重要特点。凡不能用货币计量的经济活动均不在会计核算范围之内，如企业人力资源的内在价值。

(2) 会计主要是综合核算各单位已发生或已完成的各项经济活动，以便于了解并考核经济活动的过程和结果。会计主要是事后核算已发生的经济活动，这是会计最基本的职能。已经发生或已经完成的经济活动,已经造成不可改变的既成事实,具有客观性、可验证性。会计之所以成为经济管理的重要组成部分,就在于会计能提供会计信息、反映经济活动的现实和历史情况。随着社会经济的发展和经营规模的扩大,经济活动越复杂,也就要求经济管理更具有预见性。为此,对会计也要求提供预测未来的资料,而现实和历史情况是预测的基础。

(3) 会计对实际发生的经济活动进行核算,要有连续性、完整性和系统性。连续性是指按照经济业务发生的时间先后顺序,会计对发生的经济业务应连续地、不能中断地进行记录。完整性是指会计对会计核算的内容都必须毫无遗漏地进行记录,不能任意取舍。系统性是指会计对于发生的经济业务必须采用一套专门的方法,分门别类、相互联系地进行记录。只有连续地、完整地和系统地记录已经发生或完成的经济业务,才能全面、科学和客观地反映已经发生的经济活动情况。

(4) 会计核算要以凭证为依据,并严格遵循会计规范。会计记录和会计信息讲求真实性和可靠性,这就要求企业、行政单位和事业单位发生的一切经济业务,都必须取得或填制合法的凭证,以凭证为依据进行核算。在会计核算的各个阶段都必须严格遵循会计规范,包括会计准则和会计制度,以保证会计记录和会计信息的真实性、可靠性和一致性。

(二) 会计的监督职能

会计的监督职能主要是对资金运动的控制,利用会计信息对经济管理活动进行约束和指导,以维护财经纪律和财务制度的严肃性,揭露贪污盗窃等违法行为,防止或减少浪费和损失,保护财产安全和完整。会计的监督职能具备以下基本特点:

(1) 会计监督主要是利用价值指标进行的货币监督,但同时也要进行实物监督。如前所述,会计核算主要通过货币计量,提供一系列综合反映各单位经济活动的价值指标,如资产、负债、所有者权益、收入、成本、费用、利润以及偿债能力、获利能力、营运能力等指标。例如,通过资产指标,信息需求者可以知道整个企业在某一特定日期的资产总额及其构成,考核企业资产的利用情况,以提高资产的使用效率。例如,通过产品的成本指标,信息需求者可以了解产品的整个成本构成,知道其中材料、人工和制造费用各占的比例,分析各个项目是节约还是浪费,进而查明原因,进行必要的改进,以达到降低产品成本的目的。

此外,根据需要,会计监督也需进行实物监督。例如,对于企业某些具有实物形态的财产物资的收、发、存,要以凭证为依据,在账簿中登记其数量,并定期进行清查盘点,检查账实是否相符,以监督财产物资的安全、完整。

(2) 会计监督既要对已发生的经济活动进行事中、事后监督,又要对未来的经济活动进行事前监督。事前监督是指在经济活动发生之前,从企业整体的经济效益出发,审查经济活动的计划方案的可行性、合理性、合法性和有效性。事中监督是指在日常会计工作中,对已经发现的问题提出建议,促使有关部门采取措施,调整经济活动,使其按照预定的目标和要求进行。事后监督是指在经济活动完成之后,利用处理好的会计信息,进行反馈分析,对已经进行的经济活动的合理性、合法性和有效性进行考核和评价,为以后的经济预案提供宝贵的经验资料。

(3) 会计监督是单位的内部监督,与外部监督起着同等重要的作用。各单位应当建立、健全本单位内部会计监督制度,同时接受国家财政、审计、税务、海关、银行、物价及工商行政管理等部门对本单位会计资料的审查。会计监督是各单位内部管理的需要,是各单位自我约束的一种机制。事实上,内部监督是外部监督的基础。经过内部会计监督,企业可以发现问题,分析情况,提供数据资料,为顺利开展外部监督准备条件。

会计核算和监督是会计的两个基本职能。两者是相辅相成、密不可分的。核算是监督的基础,监督是核算的继续。两者的关系也体现了会计对各单位的经济管理既要服务,又要监督,只有两者有机地结合起来,才能充分发挥其在经济管理中的作用。

除以上两个基本职能外,随着人类社会生产的发展和经济管理的需要,会计还通过对经济前景的预测和分析,产生预测、决策、控制和分析等衍生职能,而这些职能也将成为会计在经济管理中更直接、更有效的职能。

二、会计对象

会计对象是指会计核算和监督的内容。在商品经济条件下,企业为了取得综合性的信息资料,就需要核算和监督以货币表现的经济活动,即资金运动。

因此,会计的对象就是指社会再生产过程中的资金运动。所谓资金,是指各单位所拥有的财产物资的货币表现及货币本身。由于企业、行政单位、事业单位等各单位经济活动的方式和内容不尽相同,所以,会计对象也就不完全一致。概括地说,企业的资金运动是指经营资金的运动;行政、事业单位的资金运动是指预算资金的运动。

(一) 企业资金运动的表现

企业是从事生产销售和服务的营利性经济单位。不同行业,如工业、商业、农业、交通运输业等,其经济内容虽有所不同,但都必须拥有一定数量的资金,并随着经济活动的进行不断发生变化。

现以工业企业和商品流通企业为例进行介绍。

工业企业是社会主义商品的生产者和经营者,它担负着满足人民日益增长的物质文化生活需要和为国家、企业发展积累资金的任务。工业企业从事生产经营活动,要先拥有一定数量的财产物资作为生产经营活动的物质基础,这些财产物资的货币表现,称为经营资金。经营资金随着生产经营活动的进行,不断地运动和变化。

1. 资金运动的静态表现

资金运动的静态表现是指一个企业在一定时点上的资产总值和权益总值,表现为资产和负债及所有者权益的恒等关系,其内容反映在企业的资产负债表中。

资产是企业资金的占用。生产企业的经济活动是生产和销售产品,其资产分布及存在的形态主要是房屋及建筑物、机器及设备、材料物资、加工中商品、库存商品、银行存款、库存现金以及结算过程中的应收及预付款项等债权。权益是对资产的所有权,是企业资金的来源,包括负债和所有者权益,其取得和形成的形态主要有投入资本、待分配利润、借款及结算过程中的应付、应交及预收款项等债务。

企业的资金分布及存在形态、资金取得及形成来源如图 1-1、图 1-2 所示。

- 企业的资金分布及存在形态
  - 流动资产
    - 货币资金
      - 库存现金
      - 银行存款
    - 存货
      - 材料采购
      - 在途物资
      - 周转材料
      - 在产品
      - 库存商品
    - 结算中债权
      - 应收账款
      - 应收票据
      - 其他应收款
      - 预付账款
  - 非流动资产
    - 固定资产
    - 在建工程
    - 工程物资
    - 无形资产

图 1-1　企业的资金分布及存在形态

- 企业的资金取得及形成来源
  - 自有资金
    - 所有者投入
    - 企业内部形成——待分配利润
  - 借入资金
    - 银行存款
    - 其他金融机构借款
  - 结算中债务
    - 应付账款
    - 应付票据
    - 预收账款
    - 其他应付款
    - 其他应交款

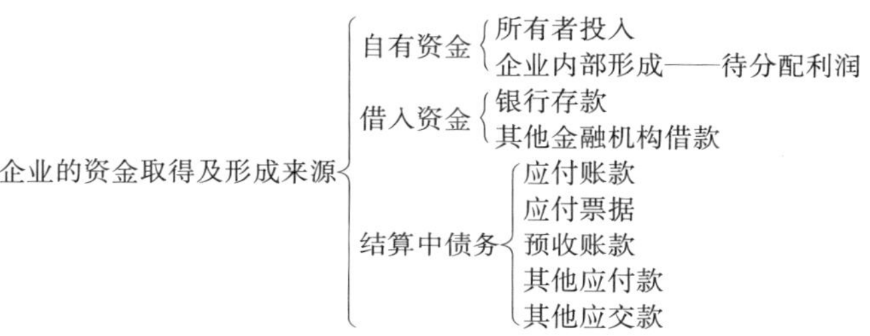

图 1-2　企业的资金取得及形成来源

2. 资金运动的动态表现

资金运动的动态表现是资金的循环和周转。它反映了一个企业在一定期间的经营成果，它是资金在生产经营过程各个阶段不断转变形态的结果，表现为收入、费用和利润。其内容反映在利润表中。

工业企业的生产经营活动，分为供应、生产和销售三个过程，与生产经营活动紧密相伴的经营资金也依次经过供应、生产和销售三个过程不断地改变形态，周而复始地循环周转。在供应过程中，企业以库存现金或银行存款购进原材料，为生产进行必要的物资储备，货币资金就转化为储备资金。生产过程是将材料投入生产并加工成新产品的过程。在这个过程中同时发生了各种生产费用，如材料的耗用，固定资产的磨损，支付劳动报酬等，使储备资金和一部分货币资金转化为生产资金。产品制造完成后，生产资金又转化为成品资金。在销售过程中，企业将产品销售出去，并通过结算取得销售收入，成品资金又转化为货币资金，企业的纯收入除一部分以税金的形式上交国家、以股利形式分配给股东外，其余部分又重新投入生产经营过程，继续进行周转。企业的资金通过上述三个过程，按照一定的规律依次转化，不断地循环，称为资金周转。

工业企业的资金，除上述资金周转外，还有由于调拨固定资产、支付利润、归还借款等情况引起的资金变动，这些资金的增减变动，也是企业资金运动的一部分，都是会计核算和监督的对象。

下面我们用图 1-3 列示工业企业资金运动的循环，包含三个阶段、三个过程、若干种资金形态的顺序变化。

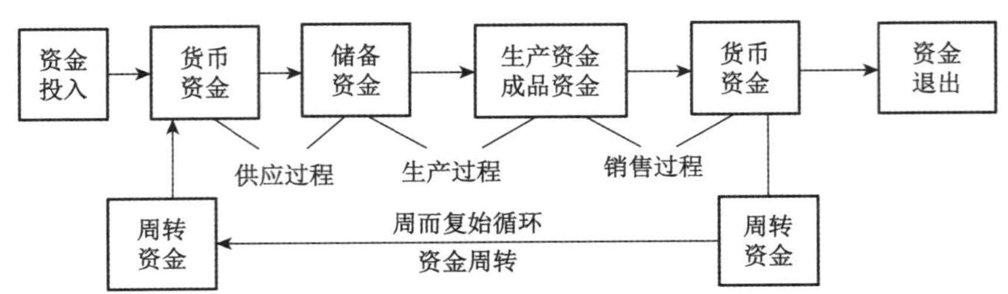

图 1-3　工业企业资金循环图

商品流通企业是从事商品流通的经营者。商品流通企业通过购销活动,组织商品流通,满足市场需要。商品流通企业的经营过程分为购进和销售两个过程。在购进过程中,随着商品采购,货币资金转化为商品资金。在销售过程中,随着商品销出,商品资金又转化为货币资金。因此,商品流通企业的资金运动方式是沿着"货币资金—商品资金—货币资金"的形式连续不断地循环和周转的。

下面我们用图 1-4 列示商品流通企业资金运动的循环,包含了三个阶段、两个过程、若干种资金形态(不同于产品生产企业)的顺序变化。

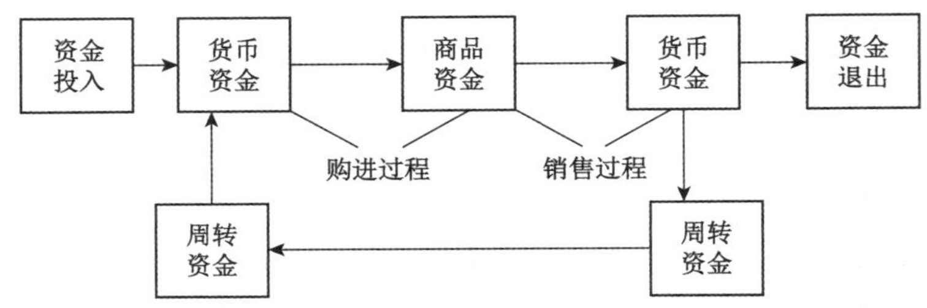

图 1-4　商品流通企业资金循环图

(二) 行政、事业单位资金运动所经历的阶段

行政、事业单位在执行国民经济计划过程中也需要拥有一定数量的资金。其中,行政单位的费用开支主要来源于国家预算拨款,与企业单位不同,预算资金运动不表现为资金的循环和周转,而只是预算资金的取得和使用。自收自支事业单位的资金运动与企业的资金运动性质相同。实行差额预算的事业单位,预算拨款的资金运动方式与行政单位相同。这种预算资金和事业单位业务收支的资金是行政事业单位会计的对象。

图 1-5 列示了行政、事业单位资金运动,包括了两个阶段(无循环、周转)。

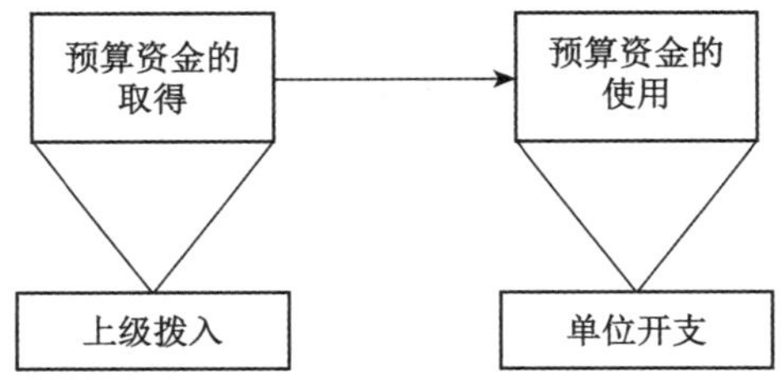

图 1-5　行政、事业单位的资金运动

第三节　会计核算的基本前提与会计基础

一、会计核算的基本前提

由于会计实务中存在一些不确定性因素，企业在会计处理上难以从正面作出肯定的判断和估计，为了依据现实的情况进行正常的业务处理，需要依据时空观先行设定一些基本前提。会计核算的基本前提也称为会计假设，它是对会计核算工作的空间和时间范围、内容、基本程序和方法所作的限定，是会计原则建立的基础。因此，会计核算的基本前提是进行会计核算时必须明确的前提条件。按照国际会计惯例，结合我国情况，企业在组织会计核算时，应以会计主体、持续经营、会计分期、货币计量作为会计核算的基本前提。

（一）会计主体

会计主体是指会计所服务的特定单位，即会计所反映的是一个特定单位的经济活动。它明确了会计工作的空间范围。企业应当对其本身发生的交易或者事项进行会计确认、计量和报告。

提出会计主体的概念，一是为了把会计主体的经济业务与其他会计主体以及投资者的经济业务分开，会计主体确定之后，会计人员只是站在特定会计主体的立场，核算特定主体的经济活动；二是把不同的会计主体区分开。

同时，此处应予注意的几个关键词如下：①会计确认，即将发生的交易或事项与一定的会计要素联系起来加以认定的过程；②会计计量，即对发生的交易或事项引起的会计要素的变动金额加以认定的过程；③会计报告，即对发生的交易或事项的变动结果进行报告的过程。

例如，A 企业销售一批产品给 B 企业，但是 B 企业没有马上付款，而是采取赊账的方法。在这个过程中，对 A 企业来说发生的是销售以后得到的收入，和销售以后没有得到钱的债权；而对 B 企业来说购货形成资产，同时因没能付款形成债务。如果说货款是 100 万元，那么这 100 万元对于 A 企业来说是债权，对 B 企业来说是债务。同样的一笔业务对应的资金，对于不同的会计主体而言，它的性质是不同的。又如，某人在银行存了 100 万元，对于某人来说那是存款，是资产，是债权；而对银行来说是一种负债，是债务的问题。

需要注意的是，会计主体不同于法律主体。一般情况下，法律主体必然是会计主体，但会计主体不一定是法律主体。例如，在企业集团的情况下，一个母公司拥有若干子公司，母、子公司虽然是不同的法律主体，但是母公司对于子公司拥有控制权，为了全面反映企业集团的财务状况、经营成果和现金流量，就有必要将企业集团作为一个会计主体，编制合并财务会计报告。

（二）持续经营

持续经营是指企业会计确认、计量和报告应该以持续、正常的生产经营活动为前提，而不考虑企业是否将破产清算。它明确了会计主体工作的时间范围。

只有在持续经营前提下企业的资产和负债才能区分为流动和非流动，企业的资产才能以历史成本计价而不以现行成本和清算价格计价，才有必要和可能进行会计分期，并为采用权责发生制奠定基础。如果一个企业在不能持续经营时，还假定它能够持续经营，并仍按照持续经营假设选择会计确认、计量和报告的方法，就不能客观地反映企业的财务状况等信息，会误导会计信息使用者的经济决策。因此，当企业濒临破产或已经破产时，持续经营假设将不再适用，这时应改用清算基础。

（三）会计分期

会计分期是从持续经营这一基本前提中引申出来的，也可以说是持续经营的客观要求。会计分期是指把企业持续不断的生产经营过程，人为地划分为较短的、等距离的会计期间以便分期结算账目，按期编制会计报表。

会计期间是指会计工作中为核算生产经营活动或者预算执行情况所规定的起止日期。会计期间分为年度、半年度、季度和月度。半年度、季度和月度称为会计中期。有了会计期间这个前提，才产生本期、非本期的区别，才产生了收付实现制和权责发生制。只有正确地划分会计期间，企业才能准确地提供经营成果和财务状况的资料，才能进行会计信息的对比。我国《企业会计准则》规定，会计年度的起讫日期是公历 1 月 1 日到 12 月 31 日，称为历年制会计年度。日本、英国等国则是从 4 月 1 日到次年 3 月 31 日，称为 4 月制会计年度。美国是从 10 月 1 日到次年 9 月 30 日。澳大利亚、西班牙等国则是从 7 月 1 日到次年 6 月 30 日。

需要注意的是，持续经营和会计分期都是对会计核算工作的时间范围所作的界定，它们的区别在于持续经营强调时间的连续性，而会计期间强调时间的可分性。可以说，时间先是连续的，然后才能进行必要的划分。因此，我们说持续经营是会计分期的前提。

（四）货币计量

货币计量是指在会计核算中以货币作为统一的主要单位来计量、记录和报告企业的生产经营活动。用货币作为计量单位，能全面地反映企业的财务状况、经营成果和现金流量等会计信息。我国《企业会计准则》规定，企业会计核算以人民币为记账本位币。有外币收支的企业，也可以选定某种外币作为记账本位币，但编制的会计报表应当折算为人民币反映。

将上述四项会计核算的基本前提综合起来就是：进行会计工作要先明确为之服务的特定单位，采用货币为统一尺度，在持续经营条件下运用会计方法记录、计算和反映该单位日常发生的经济业务，并按规定的会计期间正确地、及时地编报财务会计报告。

二、会计基础

会计核算的基础有权责发生制和收付实现制。权责发生制即应收应付制，指凡是在本期内已经收到和已经发生或应当负担的一切费用，不论其款项是否收到或付出，都作为本期的收入和费用处理；反之，凡不属于本期的收入和费用，即使款项在本期收到或付出，也不应作为本期的收入和费用处理。通俗地说，就是收益与支出要配比。收付实现制又称现金制或实收实付制，指以现金收到或付出为标准，来记录收入的实现和费用的发生。按照收付实现制，收入和费用的归属期间将与现金收支行为的发生与否，紧密地联系在一起。换言之，收付实现制将现金收支行为在其发生的期间全部记作收入和费用，而不考虑与现金收支行为相连的经济业务实质上是否发生。通俗地说，收付实现制就是以款项的实际收付确定收入或支出。

权责发生制的优点是科学、合理、盈亏的计算比较准确，其缺点是比较复杂；收付实现制的优点是处理手续简便，缺点是不科学，对盈亏计算不准确。

根据我国《企业会计准则》规定，我国企业应以权责发生制为基础进行会计确认、计量和报告，准确划分费用的归属期，由各期成本合理地负担。我国的行政和事业单位预算会计采用收付实现制，财务会计采用权责发生制。

第四节 会计信息的使用者及质量要求

一、会计信息的使用者

会计信息主要是指企业根据会计分期的要求对外提供的财务会计报告，它主要包括资产负债表、利润表、现金流量表、所有者权益变动表、会计报表附注、财务情况说明书等。

会计信息的使用者主要包括投资者、债权人、企业管理者、政府及其相关部门和社会公众等。投资者关心的主要是投资与报酬方面的信息。债权人关心的主要是公司的偿债能力。企业管理者关心的是盈利能力。政府及相关部门关心的是社会效益及税收等。社会公众主要关注的是企业的可持续发展能力，也就是企业有没有生产伪劣产品、是否有对减少环境污染等方面的投入。随着企业建制的不断完善和资本市场的不断发展，会计信息使用者的范围也较以往大大增加，包括企业管理者、潜在投资者、债权人、政府及经济监管部门、企业职工、企业顾客等(见表 1-1)。

表 1-1 会计信息的使用者

会计信息使用者	关注重点	信息需求
企业管理者	企业全面情况	财务状况、经营成果、现金流量、获利能力、偿债能力、资金营运能力等
潜在投资者	投资风险与投资报酬	企业获利能力、股利支付能力、未来现金流量状况等
债权人	贷款风险	企业偿债能力、债务支付能力等
政府及经济监管部门	企业经济行为的合法性、有效性	交纳税金情况及是否遵守经济政策与法规
企业职工	职工福利待遇	企业获利能力、经营方向
企业顾客	企业产品质量	企业的经营行为和政策

二、会计信息的质量要求

会计信息质量要求是对企业财务会计报告中所提供高质量会计信息的基本规范，是使财务会计报告中所提供会计信息对投资者等使用者决策有用应具备的基本特征。它主要包括可靠性、相关性、明晰性、可比性、实质重于形式、重要性、谨慎性和及时性等。其中，可靠性、相关性、明晰性和可比性是会计信息的首要质量要求，是企业财务会计报告中所提供会计信息应具备的基本质量特征；实质重于形式、重要性、谨慎性和及时性是会计信息的次级质量要求，是对可靠性、相关性、明晰性和可比性等首要质量要求的补充和完善，尤其是在对某些特殊交易或者事项进行处理中，需要根据这些质量要求来把握其会计处理原则。另外，及时性还是会计信息相关性和可靠性的制约因素，企业需要在相关性和可靠性之间寻求一种平衡，以确定信息及时披露的时间。

（一）可靠性

可靠性要求又称客观性要求或真实性要求。可靠性要求企业应当以实际发生的交易或者事项为依据进行确认、计量和报告，如实反映符合确认和计量要求的各项会计要素及其他相关信息，保证会计信息真实可靠、内容完整。

可靠性具有三个基本特征，即真实性、可验证性和客观公正性。真实性是指会计核算的各个阶段提供的会计信息都要尽可能地符合客观经济活动。可验证性是指对会计信息的真实性可以检验，即由第三者根据相同的资料，采用同样的会计处理程序，能够得出相同或者相近的处理结果。客观公正性是指对会计人员在进行会计信息处理时所持有态度的规定，会计人员应在统一标准的条件下将可能发生的误差降到最低程度，以保证会计核算提供的会计信息真实可靠，这就要求会计人员的立场应该公正、客观，毫无偏见。

（二）相关性

相关性要求又称有用性要求。相关性要求企业提供的会计信息应当与财务会计报告使用者的经济决策需要相关，有助于财务会计报告使用者对企业过去、现在或者未来的情况作出评价或者预测。

会计信息的价值，关键是看其与使用者的决策需要是否相关，是否有助于决策或者提高决策水平。相关的会计信息应当有助于使用者评价企业过去的决策，证实或者修正过去的有关预测，因而具有反馈价值。相关的会计信息还应当具有预测价值，有助于使用者根据财务会计报告提供的会计信息预测企业未来的财务状况、经营成果和现金流量。为满足相关性要求，企业会计人员需要在确认、计量和报告会计信息时充分考虑到信息使用者的决策模式和信息需求。会计信息是在可靠性的前提下，尽可能做到相关性，以满足投资者等财务会计报告使用者的决策需求。

（三）明晰性

明晰性（也称可理解性）要求企业提供的会计信息应当清晰明了，便于财务会计报告使用者理解和使用。

提供会计信息的主要目的就是为了帮助信息使用者理解和利用，这就要求会计信息要简明、易理解。然而，会计信息的专业性较强，因此，强调会计信息明晰性的同时，应当要求信息使用者具备一定的企业生产经营和会计核算知识，且愿意付出努力去研究这些信息。现代会计信息中有许多是无法用数字来说明的，这就需要用文字在报表附注中加以说明，所以明晰性要求不仅要求会计信息书写工整、字迹便于辨认，更重要的是能够用文字清楚地表达企业的会计信息。

（四）可比性

可比性要求企业提供的会计信息应当相互可比，保证同一企业不同时期可比、不同企业相同会计期间可比。它具体包括下列要求：

（1）同一企业对于不同时期发生的相同或者相似的交易或者事项，应当采用一致的会计政策，不得随意变更。这是从纵向方面要求会计信息的可比性，也可以称为一致性原则。在会计中坚持一致性原则，有利于提高会计信息的使用价值，同时限制了会计程序和会计处理方法的任意变更，以此防止会计主体人为地粉饰会计报表。然而，确实需变更的，应当在会计报表附注中加以说明。

（2）不同企业发生的相同或者相似的交易或者事项，应当采用规定的会计政策，确保会计信息口径一致、相互可比，即对于相同或者相似的交易或者事项，不同企业应当采用一致的会计政策，以使不同企业按照一致的确认、计量和报告基础提供有关会计信息。这是从横向方面要求会计信息的可比性。其目的在于提高会计信息的决策相关性，使得会计主体在相互比较的基础上解释它们之间相同与差异的原因，便于会计信息使用者评价不同企业的财务状况、经营成果及其变动情况，从而帮助其作出科学合理的决策。

（五）实质重于形式

实质重于形式要求企业应当按照交易或者事项的经济实质进行会计确认、计量和报告，不应仅以交易或者事项的法律形式为依据。如果企业仅仅以交易或者事项的法律形式为依据进行会计确认、计量和报告，那么就容易导致会计信息失真，无法如实反映经济现实和实际情况。

实质重于形式的会计信息质量要求是一项重要的国际会计惯例，实际上，我国的某些规定已经不自觉地运用了这一会计信息质量要求。例如，融资租赁的固定资产，虽然从法律形式上看企业不拥有其所有权，但是该资产的所有风险和报酬已经转移到承租方，故会计核算上将其视为承租企业的资产。

（六）重要性

重要性要求企业提供的会计信息应当反映与企业财务状况、经营成果和现金流量有关的所有重要交易或者事项。

重要性原则要求企业在会计核算过程中对交易或事项应当区别其重要程度，采用不同的核算方式。对于资产、负债、损益等有较大影响，进而影响会计信息使用者据以作出合理判断的重要会计事项，必须按照规定的会计方法和程序进行处理，并在财务会计报告中进行充分、准确的披露；对于次要的会计事项，在不影响会计信息真实性和不至于误导会计信息使用者作出正确判断的前提下，可适当简化处理。

（七）谨慎性

谨慎性（也称稳健性）要求企业对交易或者事项进行会计确认、计量和报告时应当保持应有的谨慎，不应高估资产或者收益、低估负债或者费用。

通常经济活动中存在着某些不确定因素，比如应收款项的可收回性，售出商品可能发生的维护费等，谨慎性要求会计人员在进行会计处理时保持小心谨慎的态度，要充分估计到可能发生的风险和损失，在不影响合理选择的前提下，尽可能选用一种不虚增利润和夸大所有者权益的会计处理方法和程序进行会计处理。但是，谨慎性的应用并不允许企业设置秘密准备，如果企业故意低估资产或者收益，或者故意高估负债或者费用，将不符合会计信息的可靠性和相关性要求，损害会计信息质量，扭曲企业实际的财务状况和经营成果，从而对使用者的决策产生误导，这是会计准则所不允许的。

（八）及时性

及时性要求企业对于已经发生的交易或者事项，应当及时进行确认、计量和报告，不得提前或者延后。

会计信息具有一定的时效性，其价值往往随着时间的流逝而逐渐降低，因而，会计记录必须及时进行，会计报表必须及时报送有关部门，不得拖延、积压。及时性具体有如下三个方面的要求：

（1）及时收集会计信息，即在经济活动发生后，及时收集整理各种原始单据，并且按照有关规定予以审核。

（2）及时对所收集的会计信息进行加工和处理，即依据原始凭证及时编制记账凭证，并及时登记账簿，并且按照编制报告的有关要求，将会计信息整理成系统、浓缩的会计报告。

（3）及时将会计信息传递给会计信息使用者，以便提供其决策依据，即在规定的时限内，及时将编制出的会计报告传递给会计信息使用者，并按规定及时披露会计信息。

第五节　会计核算方法

会计方法是用来核算和监督会计的对象，完成会计任务的手段。会计方法包括会计核算方法、会计分析方法和会计检查方法。会计核算方法是指对经济业务进行完整、连续和系统的记录和计算，为经营管理者提供必要的会计信息所应用的方法。会计核算方法主要包括设置会计科目及账户、复式记账、填制与审核会计凭证、设置与登记账簿、成本计算、财产清查、编制财务会计报告等。

一、设置会计科目及账户

设置会计科目及账户是对会计对象的具体内容进行归类、核算和监督的一种专门方法。由于会计核算对象十分复杂，为了系统地、连续地进行核算与监督，企业除了设立科目进行分类以外，还必须根据规定的会计科目开设账户，分别登记各项经济业务，以便取得各种核算指标，并随时加以分析、检查和监督。

二、复式记账

复式记账是指对每一项经济业务通过两个或两个以上有关账户相互联系起来进行登记的一种专门方法。任何一项经济活动都会引起资金的增减变动或财务收支的变动，因为在经济活动中，每项经济业务的发生，都会引起至少两个方面资金的增减变动。例如，银行存款购买材料，一方面引起材料的增加，另一方面引起银行存款的减少。采用复式记账，就可以全面地、相互联系地反映资金增减变化和财务收支变化情况，并掌握它们的来龙去脉。

三、填制与审核会计凭证

填制与审核会计凭证是为了保证会计记录完整、可靠，审查经济业务是否合理、合法而采用的一种专门方法。会计凭证是记录经济业务、明确经济责任的书面证明，是登记账簿的依据。会计凭证必须经过会计部门和有关部门的审核。只有审核无误的会计凭证，才能作为记账的依据。填制和审核会计凭证，不仅可以为经济管理提供真实可靠的会计信息，也是实行会计监督的一个重要方面。所以它既是会计核算的一种方法，也是会计检查（内部控制）的一种方法。其目的是实施对“过程的控制”。

四、设置与登记账簿

设置与登记账簿是指根据会计凭证，在账簿上连续、完整、系统地记录和反映经济活动与财务收支的一种专门方法。账簿是指用来连续、系统、全面、综合地记录各项经济业务的簿籍，是保存会计数据资料的重要工具。设置和登记账簿必须以会计凭证为依据，利用所设置的账户和复式记账的方法，把所有的经济业务分门别类而又相互联系地加以反映，以便提供完整而又系统的核算资料，其目的是为编制会计报表提供数据资料。

五、成本计算

成本计算是指在生产经营过程中，按照一定的成本计算对象归集和分配各种费用支出，以确定各成本计算对象的总成本和单位成本的一种专门方法。生产过程同时也是消耗过程，成本计算的目的是通过成本计算可以确定材料采购成本、产品生产成本（或产品成本、制造成本）、产品销售成本以及在建工程成本等，可以核算和监督发生的各项费用是否合理、合法，是否符合经济核算的原则，以便不断降低成本，增加企业的盈利。

六、财产清查

财产清查是对各项财产物资进行实物盘点、账面核对以及对各项往来款项进行查询、核对，保证账账、账实相符的一种专门方法。通过财产清查，企业可以查明各项实物和现金的保管和使用情况，以及银行存款和往来款项的结算情况，监督各项财产物资的安全与合理使用。会计人员在清查中如发现账实不符，应及时查明原因，通过一定的审批手续进行处理，并调整账簿记录。财产清查的目的是保护财产物资，挖掘物资潜力，加速资金周转，提高会计核算信息的质量。

七、编制财务会计报告

编制财务会计报告是定期向财务会计报告使用者提供与企业财务状况、经营成果和现金流量等有关的会计信息，反映企业管理层受托责任履行情况的一种专门方法。编制财务会计报告，不仅是分析考核财务计划和预算执行情况及编制下期财务计划和预算的重要依据，也是进行经营决策和国民经济综合平衡工作必要的参考资料。

会计核算的方法是相互联系、密切配合的，构成了一个完整的方法体系。以上各种方法之间的关系如图 1-6 所示。

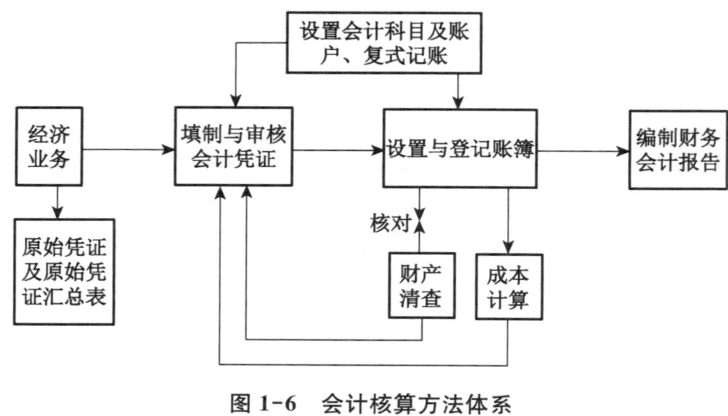

图 1-6　会计核算方法体系

第六节　会 计 法 规

会计法规是指导和管理会计活动的法律、规章、制度和道德守则的总和，是会计工作的依据和标准。会计法由国家立法机构制定，具有高度的强制性和严肃性，是会计工作的最高规范；会计准则由国务院财政部门制定，具有较强的指导性和权威性，是会计工作的基本规范；会计制度是由各部门、各单位根据会计法和会计准则制定，具有实用性和可操作性，是会计工作的具体规范。它们之间的相互关系是：会计法约束会计准则，会计准则约束会计制度。

一、会计法规体系的构成

在我国，会计法规按制定机关和法律效力可以分为四个层次：会计法律、会计行政法规、会计部门规章和地方性会计法规。

第一层次是会计法律，包括《会计法》和《中华人民共和国注册会计师法》(以下简称《注册会计师法》)，它们是由全国人民代表大会常务委员会制定并修订的。我国《会计法》于 1985 年公布，以后在 1993 年、1999 年、2017 年和 2024 年经过四次修订，它是指导会计工作的根本大法，其目的主要是规范会计行为，保证会计资料真实和完整，加强经济管理和财务管理，提高经济效益和维护社会主义市场经济秩序。《注册会计师法》于 1994 年施行，2014 年修订，它是为了发挥注册会计师在社会经济活动中的鉴证和服务作用，加强对注册会计师的管理，维护社会公共利益和投资者的合法权益，促进社会主义市场经济的健康发展而制定的法规。

第二层次是会计行政法规，是指由国务院制定的会计法律规范，是根据《会计法》的要求制定的，是对会计法律的具体化或某个方面的补充。在我国现行法规中，属于会计行政法规的有《企业财务会计报告条例》《总会计师条例》等。

第三层次是会计部门规章，是指国家主管会计工作的部门，包括财政部及其他相关部委、证监会等，依据会计法律和会计行政法规的规定制定的会计方面的法律规范。在我们现行的会计法规中，属于会计部门规章的有《企业会计准则》《小企业会计准则》《会计基础工作规范》《代理记账管理办法》《企业会计信息化工作规范》等。

第四层次是地方性会计法规，是指各省、自治区、直辖市根据会计法律、会计行政法规和会计部门规章的规定，结合本地区的实际情况，制定的在本行政区域之内实施的地方性会计法规。

二、会计法

《会计法》是我国财务会计法规体系的第一个层次。它是由全国人民代表大会常务委员会制定，以国家主席令的方式颁布的。该法律主要是指 1985 年 1 月 21 日第六届全国人民代表大会常务委员会第九次会议通过、根据 1993 年 12 月 29 日第八届全国人民代表大会常务委员会第五次会议《关于修改〈中华人民共和国会计法〉的决定》修正、1999 年 10 月 31 日第九届全国人民代表大会常务委员会第十二次会议修订、2017 年 11 月 4 日主席令第 81 号《全国人大常委会关于修改〈中华人民共和国会计法〉等十一部法律的决定》第四次修正的《会计法》。2019 年 10 月，财政部形成了《中华人民共和国会计法修订草案(征求意见稿)》，并向社会公开征求意见。2024 年 6 月 28 日，十四届全国人大常委会第十次会议表决通过关于修改《会计法》的决定，自 2024 年 7 月 1 日起施行。《会计法》是我国最基本的会计法，在整个财务会计规范体系中处于最核心的地位和最高的层次，是制定其他会计法规的依据和指导一切会计工作的准绳，是一切会计法规的母法，具有普遍适用性和指导性的特点。《会计法》共六章六十条，规定了会计工作的基本目的、会计管理权限、会计责任主体、会计核算和会计监督的基本要求、会计人员和会计机构的职责权限，并对会计法律责任作出了详细说明。

三、企业会计准则

《企业会计准则》是企业会计确定、计量和报告行为的规范，是制定会计制度的依据，也是保证会计信息质量的标准。我国《企业会计准则》分为基本会计准则、具体会计准则和应用指南。

(一) 基本会计准则

1992 年 11 月 30 日，财政部发布了《企业会计准则》即属于基本会计准则，1993 年 7 月 1 日起施行。此后，根据这一准则制定的各行业财务制度、会计制度相继公布执行。2006 年 2 月，财政部颁布了修订后的基本会计准则，并于 2007 年 1 月起率先在上市公司范围内开始实施，并鼓励其他企业执行。实施企业会计准则的企业不再执行原准则和《企业会计制度》《金融企业会计制度》及各项专业核算办法。该基本会计准则主要就会计核算的一般要求和会计核算的主要方面作出原则性的规定，包括会计核算的一般原则和会计要素准则两方面。会计核算的一般原则是就中国会计核算的基本要求作出规定，包括会计核算工作的总体要求、会计信息质量的要求、会计要素确认与计量的要求。会计要素准则主要是就资产、负债、所有者权益、收入、费用、利润和财务报告作出规定。

（二）具体会计准则

具体会计准则是根据基本会计准则的要求制定的，是对经济业务的会计处理以及报表披露等方面作出的具体规定。我国从 1997 年开始，陆续公布了一系列具体会计准则并进行了部分准则的修订。1998 年 10 月，我国成立了财政部会计准则委员会，该委员会是中国会计准则制定的咨询机构，旨在为制定和完善中国会计准则提供意见和建议，至 2001 年年底共颁布了 16 项具体会计准则。2005 年，财政部公布了 20 多项具体会计准则的征求意见稿，并对已经实行的 16 项具体会计准则进行了全面修订。2006 年，财政部正式对外发布新准则体系，包括 1 项基本准则和《企业会计准则第 1 号——存货》等 38 项具体准则。2014 年，财政部修订了《企业会计准则第 2 号——长期股权投资》《企业会计准则第 9 号——职工薪酬》《企业会计准则第 30 号——财务报表列报》《企业会计准则第 33 号——合并财务报表》《企业会计准则第 37 号——金融工具列报》等 5 项具体会计准则，新增《企业会计准则第 39 号——公允价值计量》《企业会计准则第 40 号——合营安排》和《企业会计准则第 41 号——在其他主体中权益的披露》等 3 项具体会计准则。2017 年，财政部修订了《企业会计准则第 14 号——收入》《企业会计准则第 16 号——政府补助》《企业会计准则第 22 号——金融工具确认和计量》《企业会计准则第 23 号——金融资产转移》《企业会计准则第 24 号——套期会计》）等 5 项具体会计准则，并新增了《企业会计准则第 42 号——持有待售的非流动资产、处置组和终止经营》。2018 年，财政部修订了《企业会计准则第 21 号——租赁》。2019 年，财政部修订了《企业会计准则第 7 号——非货币性资产交换》《企业会计准则第 12 号——债务重组》等 2 项具体会计准则。

（三）应用指南

应用指南是具体会计准则条文的具体化。由于受到准则体系的局限，每项具体会计准则的条文往往不能把准则涉及的全部问题说明清楚。为加强可理解性和可操作性，需要应用指南对具体会计准则中的内容进行详细阐述。

基本会计准则是纲，在整个准则体系中起统驭作用；具体会计准则是目，是依据基本会计准则要求对有关业务或报告作出的具体规定；应用指南是补充，是具体会计准则的操作指引。

四、会计制度

国家统一的会计制度是指国务院财政部门根据《会计法》制定发布的关于会计核算、会计监督、会计机构和会计人员以及会计工作管理的制度。它是国务院财政部门在其职权范围内依法制定、发布的会计方面的法律规范，包括各种会计规章和会计规范性文件。省（市）区以下各机构和基层单位可以根据上级规定的会计法规，结合实际情况，制定具体的会计制度和实施办法，报有关主管部门批准后执行。企业单位自行制定或委托社会会计服务机构制定的会计制度，仅对本单位的会计工作具有约束力。在具体会计准则体系没有得到完善的情况下，制定比具体会计准则操作性更强的会计制度是必要的。所以，在实践中，我国的会计法规采用了会计准则和会计制度并行不悖的双轨制形式。

课程思政教学案例

遵守职业道德，强化准则意识

本章小结

会计是在人类社会生产力的进步和发展中产生并完善的。通过对中外会计史的研究表明：两者都经历了三个发展历程——古代会计、近代会计和现代会计。

会计目前最有代表性的两种观点是信息系统论和管理活动论。会计是以货币为主要计量单位，以提高经济效益为主要目标，通过运用一系列专门的方法和程序，对企业、机关、事业单位和其他组织的经济活动进行连续、系统、全面的反映和监督，提供会计信息，并随着社会经济的日益发展，逐步开展预测、决策、控制和分析的一种管理活动，是经济管理活动的重要组成部分。会计的基本职能是核算职能和监督职能。随着经济活动的繁荣，管理要求的发展，会计又增加了参与经济决策的职能，包括会计预测、决策职能、会计控制和会计分析。

会计的对象是指会计核算和监督的内容，具体指社会再生产过程中的资金运动。企业的资金运动是指经营资金的运动；行政、事业单位的资金运动是指预算资金的运动。资金运动有静态和动态两种表现。

会计基本假设主要包括会计主体假设、持续经营假设、会计分期假设和货币计量假设。会计核算基础包括权责发生制和收付实现制。会计信息的使用者主要包括投资者、债权人、企业管理者、政府及其相关部门和社会公众。会计信息质量要求包括可靠性、相关性、明晰性、可比性、实质重于形式、重要性、谨慎性和及时性。

会计核算方法主要包括设置会计科目及账户、复式记账、填制与审核凭证、设置与登记账簿、成本计算、财产清查和编制财务会计报告。

会计法规是指导和管理会计活动的法律、规章、制度和道德守则的总和，是会计工作的依据和标准。会计法规按制定机关和法律效力可以分为四个层次：会计法律、会计行政法规、会计部门规章和地方性会计法规。会计法是会计工作的最高规范，会计准则是会计工作的基本规范，会计制度是会计工作的具体规范。

课后习题

一、名词解释

①会计主体；②持续经营；③会计分期；④货币计量；⑤会计核算职能；⑥会计监督职能；⑦权责发生制。

二、单项选择题

1. 在社会主义市场经济条件下，会计的一般对象可以概括为(　　)。
   A. 工业企业的经营资金运动　　B. 商品流通企业的经营资金运动
   C. 行政事业单位的预算资金运动　　D. 社会再生产过程中的资金运动
2. 在经济生活中存在不确定性和许多风险，因此在进行会计核算时应遵循的会计一般要求是(　　)。
   A. 可靠性　　B. 相关性　　C. 重要性　　D. 谨慎性
3. 会计的基本前提包括会计主体、(　　)、会计分期和货币计量四个方面的内容。
   A. 实际成本　　B. 经济核算　　C. 持续经营　　D. 会计准则
4. “四柱清册”中的“开除”相当于现代会计中的(　　)。
   A. 期初结存　　B. 本期增加　　C. 本期减少　　D. 期末结存
5. 下列方法中，不属于会计核算方法的是(　　)。
   A. 复式记账　　B. 成本分析　　C. 财产清查　　D. 编制报表
6. 企业用现金购买办公用品，会计人员认为办公用品是用于总经理日常办公，故将该项支出作为管理费用处理。下列关于上述过程的表述中，正确的是(　　)。
   A. 该项处理属于会计确认　　B. 该项处理属于会计计量
   C. 该项处理属于会计记录　　D. 该项处理属于会计报告
7. 下列各项中，(　　)不属于企业资金循环和周转环节。
   A. 供应过程　　B. 生产过程　　C. 销售过程　　D. 分配过程
8. 企业收到某公司支付的款项 10 万元，其中 6 万元为已经实现的销售，4 万元为预收账款，会计人员确认预收账款为 4 万元而不是 10 万元，这个确定具体金额的过程属于(　　)。
   A. 会计确认　　B. 会计计量　　C. 会计记录　　D. 会计报告
9. 由于(　　)的存在，才产生了本期与其他期间的差异，从而出现了权责发生制和收付实现制。
   A. 会计主体　　B. 持续经营　　C. 会计分期　　D. 货币计量
10. 下列各项中，(　　)属于会计基本职能。
    A. 核算与监督　　B. 控制与会计　　C. 计划与决策　　D. 预测与决策
11. 会计核算要求以实际发生的交易或事项为依据，体现了(　　)原则。
    A. 相关性　　B. 明晰性　　C. 客观性　　D. 可比性

三、多项选择题

1. 下列项目中，可以作为一个会计主体进行核算的有(　　)。
   A. 母公司　　B. 子公司
   C. 母公司和子公司组织的企业集团　　D. 销售部门
2. 本月收到上月销售产品的货款存入银行，下列表述中，正确的有(　　)。
   A. 现金收付制下，应当作为本月收入　　B. 权责发生制下，不能作为本月收入
   C. 现金收付制下，不能作为本月收入　　D. 权责发生制下，应当作为本月收入

3. 属于会计基础的有（　　）。

A. 持续经营　　B. 权责发生制　　C. 会计主体　　D. 收付实现制

4. 下列业务中，属于资金退出的有（　　）。

A. 购买材料　　B. 交纳税费　　C. 对外分配利润　　D. 归还银行借款

5. 下列关于会计基本假设的表述中，正确的有（　　）。

A. 会计主体确立了会计核算的空间范围

B. 持续经营与会计分期确立了会计核算的时间长度

C. 货币计量为会计核算提供了必要手段

D. 没有会计主体，就不会有持续经营，没有持续经营，就不会有会计分期，没有货币计量，就不会有现代会计

6. 下列各项中，（　　）属于资金投入。

A. 本企业收到张三投入的资金 10 万元　　B. 企业向银行借入 3 年期借款 50 万元

C. 企业发行 3 年期债券 200 万元　　D. 企业向投资者分配现金股利 10 万元

7. 下列有关会计核算和会计监督关系的表述中，正确的有（　　）。

A. 两者之间密切相关，相辅相成，辩证统一　　B. 会计核算是会计监督的前提

C. 会计监督是会计核算的保障　　D. 会计监督与会计核算没有什么必然的关系

8. 企业的生产经营活动通常包括供应、生产和销售三个阶段，下列各项中，属于供应过程的有（　　）。

A. 建造厂房　　B. 购买设备　　C. 购买原材料　　D. 购买生产线

9. 下列各项中，（　　）属于资金运动过程。

A. 资金的投入　　B. 资金的循环　　C. 资金的周转　　D. 资金的退出

10. 谨慎性原则要求会计人员在选择会计处理方法时（　　）。

A. 不高估资产　　B. 不低估负债

C. 预计任何可能的收益　　D. 确认一切可能发生的损失

四、判断题

1. 会计的基本职能是以货币为计量形式对经济活动进行核算和监督。（　　）
2. 会计期间有时候不等于会计年度。（　　）
3. 为了保持会计信息的可比性，企业一旦选用某种会计处理方法，就不应该改变。（　　）
4. 会计主体和法律主体是同一个概念。（　　）
5. 我国的企业只能以人民币作为记账本位币。（　　）
6. 会计核算的及时性是会计信息的生命，是对会计信息质量的基本要求。（　　）
7. 从职能属性看，核算和监督本身是一种管理活动，从本质属性看，会计本身就是一种管理活动。（　　）
8. 签订经济合同是企业开展的经济活动，因此属于会计对象。（　　）
9. 借贷记账法最早产生于我国，目前已成为世界通用的记账方法。（　　）
10. 我国的《企业会计准则》包括基本准则和具体准则两个层次。（　　）

五、业务处理题

东华股份有限公司 9 月发生下列经济业务：

(1) 销售产品收到现款 120 元。

(2) 销售产品 120 元，购买单位 A 交来现款 50 元，余款暂欠。

(3) 收到购买单位 A 上月所欠货款 120 元。

(4) 收到购买单位 B 预交货款 120 元。

(5) 收到 C 单位交来 9～12 月份仓库租金 120 元。

(6) 本月已销售产品的生产成本 100 元。

(7) 本月应交所得税 100 元,未交。

(8) 本月交纳上月所欠办公电话费 100 元。

(9) 本月财产保险费 100 元,已交 50 元,余款暂欠。

(10) 支付管理部门 10～12 月份报纸订阅费 100 元。

要求:(1) 按收付实现制确定东华股份有限公司 9 月收入、费用和利润。

(2) 按权责发生制确定东华股份有限公司 9 月收入、费用和利润。

六、问答题

1. 什么是会计?
2. 会计的基本职能是什么?它们分别有何特点?
3. 什么是资金循环和周转?举例说明工业企业和商品流通企业的资金循环和周转的过程。
4. 会计核算的基本前提是什么?
5. 会计信息的质量要求有哪些?
6. 什么是会计方法?什么是会计核算方法?
7. 我国会计法规体系有哪些层次?

课后习题电子版

第二章

会计要素、会计等式、会计科目和账户

学习目标

- 了解会计要素、会计等式、会计科目和账户的概念
- 理解会计等式，以及经济业务对会计等式的影响
- 理解设置会计科目的意义、原则以及分类
- 掌握账户的基本结构和账户的基本数量关系

案例讨论

小陈和小张于20×8年3月1日用10 000元银行存款投资开办了一家电脑维修部,从事电脑维修,并附带销售电脑配件。该电脑维修部3月份发生的相关业务如下:

(1) 租了一间小门面,每月房租为1 000元,第一个月房租已经支付。

(2) 花费2 500元购买了一些修理用的工具和配件。

(3) 为方便出行,花费400元买了一辆自行车。

(4) 在报纸上刊登广告,广告费为750元,其中250元的广告费未支付。

(5) 请同学来帮助修理电脑,支付劳务费300元。

(6) 小陈和小张从银行提取1 000元用于个人生活支出。

(7) 收到水电费缴费单,共计100元,尚未支付。

(8) 当月取得电脑维修收入5 000元,已存入银行。31日,银行账户余额为7 000元。

请根据上述资料,回答如下问题:

(1) 分析该电脑维修部3月底有哪些资产和负债?

(2) 计算该电脑维修部3月份的收入和费用分别为多少元?

(3) 分析计算该电脑维修部3月底的资产、负债和所有者权益分别为多少元?三者之间存在什么数量关系?

第一节 会 计 要 素

一、会计要素的含义

会计要素就是对会计对象按经济特征所作的最基本分类,是构成会计报表的基本要素,也是会计对象的具体化,因此又称为会计对象要素或会计报表要素。

二、会计要素的划分

世界各国的会计准则对会计要素构成内容的规定不尽相同。我国现行的《企业会计准则——基本准则》将会计要素划分为六项,即资产、负债、所有者权益、收入、费用和利润。在这六大要素中,资产、负债和所有者权益是企业财务状况的静态反映,是构成资产负债表的要素,也称为静态要素;收入、费用和利润从动态方面来反映企业的经营成果,是构成利润表的要素,也称为动态要素。人们利用这六个要素,就可以从静态和动态两个方面来描述企业的经济活动。

三、会计要素的内容

(一) 资产

1. 资产的定义

资产是指企业过去的交易或者事项形成的、企业拥有或者控制的、预期会给企业带来经济利益的资源。

2. 资产的特征

根据资产的定义，该要素具有以下基本特征：

(1) 资产是由企业过去的交易或事项形成的。过去的交易或事项包括购买、生产或建造等行为以及其他交易或事项。只有在过去的交易或事项中形成的资产才能确认为企业的现实资产，企业计划在未来期间取得的资产，由于其相关交易或事项尚未实际发生，这样的资产还不能确认为企业的现实资产。如企业准备于次年购置的生产设备、下一月度准备购入的原材料等。

(2) 资产必须由企业拥有或控制。“拥有”的基本含义是指企业具有该项财产的所有权，而“控制”是指企业对某些资源虽然不拥有其所有权，但能控制其使用权。例如，在企业的资产中，土地、融资租入的设备等就属于这种情况，企业能控制其使用权但不拥有其所有权。

(3) 资产在未来期间能给企业带来经济利益(流入现金或现金等价物)。作为企业的一项资产，应能够给企业直接创造经济收益，或有助于企业经济收益的实现。例如，企业的存货在出售后可以实现销售利润，企业的机器设备通过对材料加工而生产出完工产品，因此，存货、机器设备等属于企业的经济资源。如果一项资源不具备为企业带来经济利益的能力，那它就不是企业的资产。例如，企业在财产清查中发现的已经毁损的财产，由于其已经不能再为企业带来经济利益，因此不能再作为企业资产加以确认。

3. 资产的构成

资产按其流动性(被耗用或变现的时间)，可以分为流动资产和非流动资产。

1) 流动资产

流动资产是指可以在 1 年或者超过 1 年的一个经营周期内变现或者耗用的资产。流动资产具体包括库存现金、银行存款、交易性金融资产、应收票据、应收账款、预付账款、应收利息、应收股利、其他应收款、存货等。

(1) 库存现金是指存放在企业财会部门，由出纳保管的那部分现金。它包括人民币现金和外币现金。

(2) 银行存款是企业存放在银行或其他金融机构的货币资金。该银行称为该企业的“开户银行”。企业的银行存款主要来自投资者投入资本的款项、负债借款、销售商品的货款等，主要用来偿还债务、支付购买商品的货款和有关费用。

(3) 交易性金融资产是指企业为了近期内出售而持有的、在活跃市场上有公开报价、公允价值能够持续可靠获得的金融资产。如以赚取差价为目的从二级市场购买的股票、债券、基金等。

(4) 应收票据是指在采用商业汇票支付方式下，企业因销售商品、提供劳务等而收到的尚未兑现的商业汇票。应收票据是企业的一项重要债权。

(5) 应收账款是指企业因为销售商品、提供劳务等而应该向客户收取(但暂未收到)的款项。应收账款是企业赊销行为的结果，是企业的一项主要债权。

(6) 预付账款是指企业按照购货合同规定预付给供应单位的款项，如预付的材料、商品采购货款等。

(7) 应收利息则是指企业因债权投资而应收取的利息。它包括购入债券的价款中已到付息期但尚未领取的债券利息,和分期付息到期还本的债券在持有期间产生的利息。

(8) 应收股利是指企业因股权投资而应收取的现金股利以及应收其他单位的利润。它包括企业购买股票实际支付的款项中所包括的已宣告发放但尚未领取的现金股利和企业对外投资应分得的现金股利或利润等,但不包括应收的股票股利。

(9) 其他应收款是指除上述应收账款、应收票据以外的其他各种应收及暂付款项,如应当收取的各种赔款和罚款、为职工垫付的各种款项、租入包装物押金等。

(10) 存货是指企业在日常生产经营过程中持有的准备出售或耗用的各种货物,包括各类材料、在产品、半成品、产成品或商品等。企业的存货主要包括两类:一类是库存商品(或产成品),其主要用于销售,以获得收入,如家电制造商生产的各种家电、食品制造商生产的各种食品等;另一类是材料,其主要用于投入生产过程,生产完工产品(产成品),如家具制造商储备的用于生产家具的各种木材、葡萄酒厂储备的各种葡萄等。

2) 非流动资产

非流动性资产是指不能在 1 年或者超过 1 年的一个营业周期内变现或者耗用的资产,主要包括债权投资、其他债权投资、其他权益工具投资、长期股权投资、长期应收款、工程物资、投资性房地产、固定资产、在建工程、无形资产、长期待摊费用等。

(1) 债权投资是指业务管理模式以特定日期收取合同现金流量为目的的金融资产,具体来说是指企业购入的到期日固定、回收金额固定或可确定,且企业有明确意图和能力持有至到期的非衍生金融资产,如企业购入的国债和公司债券等。

(2) 其他债权投资是指金融资产管理的业务模式是既以收取合同现金流量又以出售该金融资产为目标,且在特定日期产生的现金流量仅为对本金和以未偿付金额为基础的利息的支付,以公允价值计量且其变动计入其他综合收益的金融资产。

(3) 其他权益工具投资是指非交易性股票以及不具有控制、共同控制和重大影响的且没有公允价值的股权等。企业取得其他权益工具投资一般应指定为以公允价值计量且其变动计入其他综合收益的金融资产。

(4) 长期股权投资是指投资方对被投资单位实施控制、重大影响的权益性投资,以及对其合营企业的权益性投资。

(5) 长期应收款指的是企业融资租赁产生的应收款项和采用递延方式分期收款、实质上具有融资性质的销售商品和提供劳务等经营活动产生的应收款项。

(6) 工程物资是指用于固定资产建造的建筑材料,如钢材、水泥、玻璃等。

(7) 投资性房地产是指为赚取租金或资本增值,或两者兼有而持有的房地产。投资性房地产主要包括:已出租的土地使用权、持有并准备增值后转让的土地使用权和已出租的建筑物。

(8) 固定资产是指同时具备下列特征的有形资产:①为生产商品、提供劳务、出租或经营管理而持有的;②使用寿命超过一个会计年度。它包括企业使用房屋、建筑物、机器、机械、运输工具以及其他与生产、经营有关的设备、器具、工具等。

(9) 在建工程是指企业固定资产的新建、改建、扩建,或技术改造、设备更新和大修理工程等尚未完工的工程支出。在建工程通常有“自营”和“出包”两种方式。自营在建工程是指企业自行购买工程用料、自行施工并进行管理的工程;出包在建工程是指企业通过签订合同,由其他工程队或单位承包建造的工程。

(10) 无形资产是指企业拥有或者控制的没有实物形态的可辨认非货币性资产。包括专利权、非专利技术、商标权、著作权、土地使用权等。

(11) 长期待摊费用是指企业已经支出,但摊销期限在 1 年以上的各项费用。长期待摊费用不能全部计入当年损益,应当在以后年度内分期摊销,具体包括租入固定资产的改良支出及摊销期限在 1 年以上的其他待摊费用。

(二) 负债

1. 负债的含义

负债是指企业过去的交易或者事项形成的、预期会导致经济利益流出企业的现时义务。

2. 负债的特征

(1) 负债必须是企业承担的现时义务。现时义务是指企业在现行条件下已承担的义务,未来发生的交易或者事项形成的义务,不属于现时义务,不应当确认为负债。这里所指的义务可以是法定义务,也可以是推定义务。

(2) 负债是由过去的交易或事项产生的。过去的交易或事项是指已经完成的经济业务。例如,企业已经购进材料但是尚未付款,在这种情况下,企业就有偿付货款的义务。负债与尚未发生的交易或事项无关。例如,企业已经制订近期材料采购计划且不能立刻付款,在交易或事项尚未发生前,这种预期可能产生的负债不能成立。

(3) 负债的清偿会导致经济利益流出企业。企业履行因举债而形成的义务,必然会放弃含有经济利益的资产,如以支付现金、转让其他资产或提供劳务等方式偿债。

(4) 负债有确切的收款人和偿还日期,如果收款人和偿付日期难以确定,就不是会计上的负债。

3. 负债的构成

在企业的理财过程中,负债的偿付时间是需要重点关注的问题。因此,企业负债一般按其偿还期长短被分为流动负债和非流动负债。

1) 流动负债

流动负债是指将要在 1 年或超过 1 年的一个营业周期内偿还的债务,主要包括短期借款、应付账款、应付票据、预收账款、应付职工薪酬、应交税费、应付利息、应付股利、其他应付款等。

(1) 短期借款是指企业从银行或其他金融机构借入的期限在 1 年以下的各种借款,如企业从银行取得的、用来补充流动资金不足的临时性借款。

(2) 应付账款是指企业因为购买材料或商品、接受劳务等而应付给供应单位的款项。

(3) 应付票据是指企业因为购买材料或商品、接受劳务等而开出、承兑的商业汇票,包括银行承兑汇票和商业承兑汇票。

(4) 预收账款是指企业按照合同规定或交易双方之约定,而向购买单位或接受劳务的单位在未发出商品或提供劳务时预收的款项。

(5) 应付职工薪酬是指企业为获得职工提供的服务而给予各种形式的报酬以及其他相关支出。职工薪酬包括:职工工资、奖金、津贴和补贴;职工福利费;医疗保险费、养老保险费、失业保险费、工伤保险费和生育保险费等社会保险费;住房公积金;工会经费和职工教育经费;非货币性福利;因解除与职工的劳动关系给予的补偿;其他与获得职工提供的服务相关的支出。

(6) 应交税费是指企业根据在一定时期内取得的营业收入、实现的利润等,按照现行税法规定,采用一定的计税方法计提的应交纳的各种税费。它包括企业依法应交纳的增值税、消费税、企业所得税、资源税、土地增值税、城市维护建设税、房产税、城镇土地使用税、车船税、教育费附加、矿产资源补偿费等税费。

(7) 应付利息是指企业按照合同约定应支付的利息,包括吸收存款、分期付息到期还本的长期借款和企业债券等应支付的利息。

(8) 应付股利是指企业已经决定分配给投资者但尚未实际支付的现金股利(或利润)。收益分配是企业重要的财务活动。股利是公司支付给投资者的投资报酬。公司支付给股东的股利主要包括现金股利和股票股利两种形式。一般而言,年度末了,企业董事会均会根据企业的具体情况,确定利润分配方案,并提交股东会议决定。

(9) 其他应付款是指除上述应付款项以外,企业应付或暂收其他单位或个人的款项,如应付经营租入固定资产和包装物租金、存入保证金、收到的包装物押金、暂收员工个人的款项等。

2) 非流动负债

非流动负债是指偿还期在 1 年或超过 1 年的一个营业周期以上的债务,主要包括长期借款、应付债券、长期应付款等。

(1) 长期借款是指企业从银行或其他金融机构借入的期限在 1 年以上的各项借款。企业借入长期借款,主要是为了长期工程项目。

(2) 应付债券是指企业为筹集长期资金而实际发行的长期债券。发行债券是企业筹集资金的重要渠道。企业发行的债券按偿还期长短可分为短期债券和长期债券。短期债券是指发行的 1 年期及 1 年期以下的债券,1 年期以上的债券则为长期债券。

(3) 长期应付款是指除长期借款和应付债券以外的其他各种长期应付款项,如采用补偿贸易方式下引进外国设备价款、应付融资租入固定资产租赁费等。

(三) 所有者权益

1. 所有者权益的含义

所有者权益又称为净资产,是企业资产扣除负债后由所有者享有的剩余权益。股份公司的所有者权益一般称为股东权益。所有者权益金额取决于资产和负债的计量。

企业资产形成的资金来源,包括债权人借入和所有者直接投入两个方面。向债权人借入的资金,形成企业的负债;所有者投入的资金,形成所有者权益。

所有者权益的来源包括所有者投入的资本(或股本)、直接计入所有者权益的利得与损失及留存收益。

2. 所有者权益的特征

所有者权益与债权人权益比较,一般具有以下四个基本特征:

(1) 所有者权益在企业经营期内可供企业长期、持续地使用,企业不必向投资人返还资本金。而负债则须按期返还给债权人,成为企业的负担。

(2) 企业所有人凭其对企业投入的资本而享有税后分配利润的权利。所有者权益是企业分配税后净利润的主要依据,而债权人除按规定取得利息外,无权分配企业的盈利。

(3) 企业所有人有权行使企业的经营管理权,或者授权管理人员行使经营管理权。但债权人并没有经营管理权。

(4) 企业的所有者对企业的债务和亏损负有无限的责任或有限的责任,而债权人对企业的其他债务不发生关系,一般也不承担企业的亏损。

3. 所有者权益的构成

所有者权益分为投入资本、资本公积、其他综合收益和留存收益四部分。

(1) 投入资本是指所有者在企业注册资本的范围内实际投入的资本。所谓注册资本,是指企业在设立时向工商行政管理部门登记的资本总额,也就是全部出资者设定的出资额之和。企业对资本的筹集,应该按照法律、法规、合同和章程的规定及时进行。如果是一次筹集的,投入资本应等于注册资本;如果是分期筹集的,在所有者最后一次缴入资本以后,投入资本应等于注册资本。注册资本是企业的法定资本,是企业承担民事责任的财力保证。

在不同类型的企业中,投入资本的表现形式有所不同。在股份有限公司,投入资本表现为实际发行股票的面值,也称为股本;在其他企业,投入资本表现为所有者在注册资本范围内的实际出资额,也称为实收资本。

(2) 资本公积是指企业收到投资者的超出其在企业注册资本(或股本)中所占份额的投资,在不同类型的企业中,所有者投入资本大于其在注册资本中所占份额的差额的表现形式有所不同。在股份有限公司,表现为实际出资额大于股票面值的差额,即股本溢价;在其他企业,则表现为资本溢价。一般还包括认股权证、以权益结算的股份支付等。

(3) 其他综合收益是指企业根据企业会计准则规定未在损益中确认的各项利得和损失扣除所得税影响后的净额,属于直接计入所有者权益的利得和损失。直接计入所有者权益的利得和损失,是指不应计入当期损益、会导致所有者权益发生增减变动的、与所有者投入资本或向所有者分配利润无关的利得或损失。

(4) 留存收益是指归所有者所共有的、由收益转化而形成的所有者权益,主要包括盈余公积和未分配利润。

盈余公积是指企业按照规定从税后利润中提取的积累资金。盈余公积一般分为法定盈余公积和任意盈余公积。法定盈余公积是指按照企业净利润和法定比例计提的盈余公积,提取比例一般为净利润的10%。当法定盈余公积累计金额达到企业注册资本的50%以上时,可以不再提取。任意盈余公积按照股东大会的决议提取。法定盈余公积和任意盈余公积的用途相同,区别就在于其各自计提的依据不同。前者以国家的法律或行政规章为依据提取,后者则由公司自行决定提取。盈余公积主要用于企业扩大再生产,也可用于企业弥补亏损或转增资本。

未分配利润是企业留待以后年度进行分配的结存利润,其金额等于期初未分配利润,加上本期实现的税后利润,减去提取的各种盈余公积和向所有者分配的利润后的余额。

（四）收入

1. 收入的含义

收入是指企业在日常活动中形成的、会导致所有者权益增加的、与所有者投入资本无关的经济利益的总流入，属于狭义收入。

收入不同于利得。利得是指企业在非日常活动中形成的、会导致所有者权益增加的、与所有者投入资本无关的经济利益的流入。利得分两类：直接计入所有者权益的利得和直接计入当期利润的利得。前者如其他权益工具投资的公允价值超过账面价值的金额，后者如固定资产报废产生净收益、无形资产报废产生净收益、罚款收入、接受捐赠、债务重组利得、政府补助利得等。

图 2-1 为广义收入的组成内容，扣除营业外收入后为狭义收入的组成内容。

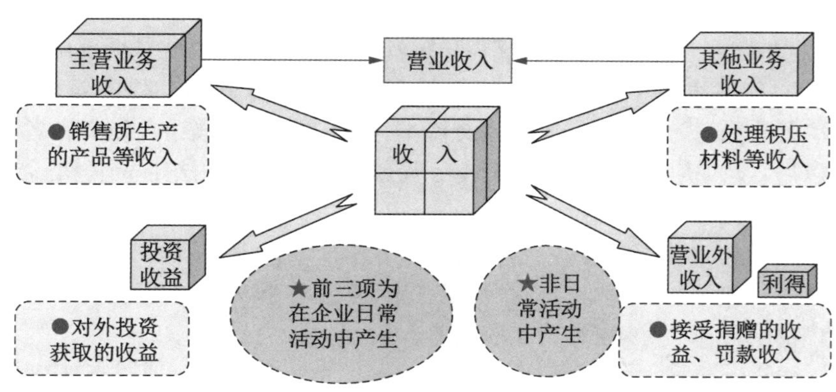

图 2-1　广义收入的组成内容

2. 收入的特征

(1) 收入从企业的日常活动中产生，而不是从偶发的交易或事项中产生，如工商企业销售商品、提供劳务的收入等。有些交易或事项也能为企业带来经济利益，但不属于企业的日常活动，其流入的经济利益是利得，而不是收入，如出售固定资产取得的收益。

(2) 收入可能表现为企业资产的增加(增加银行存款、应收账款等)，也可能表现为企业负债的减少(如以商品或劳务抵偿债务)，还可能表现为两者的组合(如商品销售的货款中部分抵偿债务，部分收取现金)。

(3) 收入能导致企业所有者权益的增加。如上所述，收入能增加资产或减少负债或两者兼而有之。因此根据“资产－负债＝所有者权益”的公式，企业取得收入一定能增加所有者权益。

(4) 收入只包括本企业经济利益的流入，不包括为第三方或客户代收的款项，如增值税、代收的利息等。代收的款项，一方面增加企业的资产，另一方面增加企业的负债，因此不增加企业的所有者权益，也不属于本企业的经济利益，不能作为本企业的收入。

3. 收入的构成

1) 收入按企业从事日常活动的性质不同分

收入按企业从事日常活动的性质不同，分为销售商品收入、提供劳务收入和让渡资产使用权收入。

(1) 销售商品收入是指企业通过销售商品实现的收入，如工业企业制造并销售产品、商业企业销售商品等实现的收入。

(2) 提供劳务收入是指企业通过提供劳务实现的收入，如咨询公司提供咨询服务、软件开发企业为客户开发软件、安装公司提供安装服务等实现的收入。

(3) 让渡资产使用权收入主要包括利息收入和使用费收入。前者主要是指企业对外贷款形成的利息收入，以及同业之间发生往来形成的利息收入等，后者主要是指企业转让无形资产(如商标权、专利权、专营权、软件、版权)等资产的使用权形成的使用费收入。

2) 收入按企业经营业务的主次不同分

收入按企业经营业务的主次不同，分为主营业务收入和其他业务收入。

(1) 主营业务收入是指企业所从事的基本的、主营的经济业务所取得的收入。不同行业企业的主营业务收入所包括的内容不同，比如，工业企业的主营业务收入主要包括销售商品、自制半成品、代制品、代修品，提供工业性劳务等实现的收入；商业企业的主营业务收入主要包括销售商品实现的收入；咨询公司的主营业务收入主要包括提供咨询服务实现的收入；安装公司的主营业务收入主要包括提供安装服务实现的收入。

(2) 其他业务收入是指企业除主营业务收入以外的其他销售或其他业务所取得的收入。不同行业企业的其他业务收入所包括的内容不同，比如，工业企业的其他业务收入主要包括对外销售材料、对外出租包装物、商品或固定资产、对外转让无形资产使用权、对外进行权益性投资(取得现金股利)或债权性投资(取得利息)、提供非工业性劳务等实现的收入。

(五) 费用

1. 费用的含义

费用是指企业在日常活动中发生的、会导致所有者权益减少的、与向所有者分配利润无关的经济利益的总流出，属于狭义费用。

图 2-2 为广义费用的组成内容，扣除营业外支出后为狭义费用的组成内容。

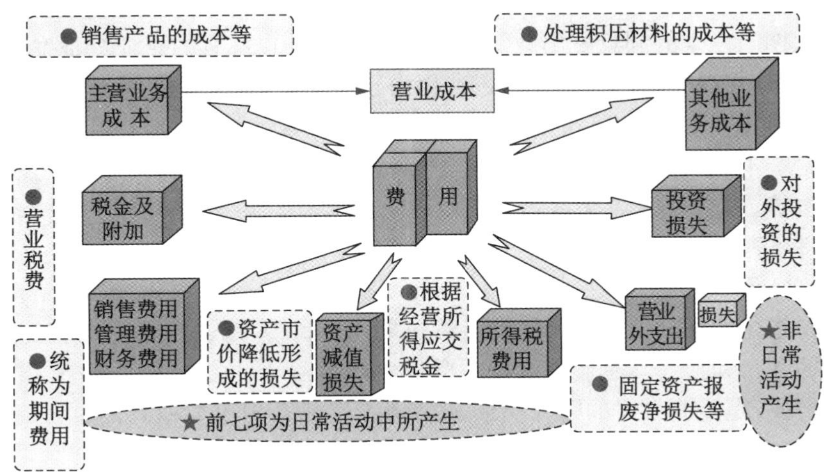

图 2-2　广义费用的组成内容

2. 费用的特征

(1) 费用可能表现为资产的减少(如购买办公用品支付现金、制造产品耗用存货),或负债的增加(如负担长期借款利息),或两者兼而有之(如购买材料款项部分支付现金,剩余部分形成负债)。

(2) 费用是企业在日常活动中发生的经济利益的流出,而不是从偶发的交易或事项中发生的经济利益的流出。

(3) 费用能引起所有者权益的减少。

3. 费用的构成

费用可以分为计入成本的费用和直接计入当期损益的费用。

1) 计入成本的费用

计入成本的费用是指计入材料、商品、工程、劳务等成本对象的各种费用,包括直接计入成本的费用和分配计入成本的费用。

直接计入成本的费用,如材料的买价和生产产品发生的直接材料、直接人工等费用;分配计入成本的费用是指购买材料、生产产品发生的各种间接费用(又称为制造费用),如工业企业的生产车间为组织和管理生产而发生的各种费用等。

2) 直接计入当期损益的费用

直接计入当期损益的费用包括销售费用、管理费用和财务费用。

(1) 销售费用是指企业在销售产品、自制半成品,提供劳务等过程中发生的各项费用,包括由企业负担的包装费、运输费、广告费、装卸费、保险费、委托代销手续费、展览费、租赁费(不含融资租赁费)和销售服务费、销售部门人员工资、职工福利费、差旅费、折旧费、修理费、物料消耗、低值易耗品摊销以及其他经费等。

(2) 管理费用是指企业行政管理部门为组织和管理生产经营活动而发生的各项费用,包括公司经费、职工教育经费、业务招待费、税金、技术转让费、无形资产摊销、咨询费、诉讼费、开办费摊销、上缴上级管理费、劳动保险费、待业保险费、董事会会费、财务报告审计费、筹建期间发生的开办费以及其他管理费用。

(3) 财务费用是指企业在生产经营过程中为筹集资金而发生的筹资费用,包括企业生产经营期间发生的利息支出(减利息收入)、汇兑损益(有的企业如商品流通企业、保险企业进行单独核算,不包括在财务费用内)、金融机构手续费,企业发生的现金折扣或收到的现金折扣等。但在企业筹建期间发生的利息支出,应计入开办费;为购建或生产满足资本化条件的资产发生的应予以资本化的借款费用,应计入在建工程或固定资产成本等。

(六) 利润

1. 利润的含义

利润是指企业在一定会计期间的经营成果,包括收入减去费用后的净额、直接计入当期利润的利得和损失。企业利润集中反映生产经营活动各方面的业绩,表明企业经营盈亏的情况,是企业最终的财务成果,也是衡量企业生产经营管理的重要综合指标。

2. 利润的特征

(1) 实现利润会增加企业的资产。

(2) 利润为投资者所有，会增加所有者权益。

(3) 利润的确认主要依赖于收入和费用以及利得和损失的确认，其金额的确定也主要取决于收入、费用、利得和损失金额的计量。

3. 利润的构成

利润包括收入减去费用后的净额和直接计入当期损益的利得减去损失后的净额。其中，收入减去费用后的净额反映企业日常活动的经营业绩，即营业利润；直接计入当期损益的利得减去损失后的净额反映企业非日常活动的业绩。企业应当严格区分收入和利得、费用和损失，以更加全面地反映企业的经营成果。反映企业利润的指标包括营业利润、利润总额和净利润，它们的计算公式如下：

营业利润 = 营业收入 − 营业成本 − 税金及附加 − 销售费用 −
管理费用 − 研发费用 − 财务费用 − 资产减值损失 −
信用减值损失 + 公允价值变动收益(− 损失) +
投资收益(− 损失) + 资产处置收益

利润总额 = 营业利润 + 营业外收入 − 营业外支出

净利润 = 利润总额 − 所得税费用

第二节　会 计 等 式

一、会计等式的含义

在会计核算中反映各个会计要素数量关系的等式，称为会计等式，又称为会计方程式、会计平衡公式。会计要素和会计等式都是会计核算中设置账户、复式记账和构筑会计报表的基本依据。

任何一个企业要开展正常的生产经营活动都必须有一定量的资金。这一定量的资金，在静态情况下，一方面表现为资产，另一方面则表现为对这部分资产的要求权。因此，资产恒等于权益，即：

$$资产 = 权益 \tag{2-1}$$

这里所说的权益包括两部分：一是债权人权益，即企业的债权人对企业资产的求偿权益，也称为企业的负债；二是所有者权益，即企业投资人对企业净资产的享有权，由此会计等式又可表现为：

$$资产 = 负债 + 所有者权益 \tag{2-2}$$

等式(2-2)反映了资产、负债和所有者权益三个会计要素之间的内在联系，是在等式(2-1)的基础上进一步阐明了企业资产来源于债权人和所有者的投入，且数量上是相等的。该等式也反映了企业在一定时点的财务状况，即静态的财务状况，同时它也是建立资产负债表的理论基础。

《企业会计准则》规定，收入、费用和利润是会计对象的另外三个会计要素，也称为利润表要素。三者之间遵循配比原则，即：

收入－费用＝利润　　(2-3)

等式(2-3)反映了企业在一定期间内经营成果的形成过程,并且利润最终也表现为企业净资产中的一部分。

等式(2-2)和等式(2-3)虽分别概括了企业在一定时点的财务状况和一定期间的经营成果,但却不能全面、完整地反映会计对象,由于企业是一个动态的生产经营过程,在此过程中不断地投入、产出,不断地产生收入和发生费用,而收入和费用的实质就是反映了企业净资产的增加和减少。而等式(2-2)只反映了企业期初或期末静态的财务状况,但是在会计期间(期末结算之前)则不能反映企业的财务状况。如果将等式(2-2)、等式(2-3)结合起来考虑,不难发现下面这样一个演变过程:期末利润(或亏损)＝期末资产－期末负债－期初所有者权益,而期末利润(或亏损)又符合配比原则,即收入－费用＝期末资产－期末负债－期初所有者权益,进一步演变为:

资产＝负债＋所有者权益＋(收入－费用)　　(2-4)

等式(2-4)可以普遍适用于会计期间的任何一个时刻。如果在期初,收入和费用还未发生(利润为零),等式(2-4)实际上就简化为等式(2-2);如果在期末,收入和费用配比形成的利润(或亏损)通过结算转入所有者权益,可见等式(2-2)实际上为等式(2-4)在特定时点(期初或期末)的简化形式。不仅如此,等式(2-4)还将资产负债表和利润表联系起来,全面综合地反映了会计要素之间的相互关系及其数量上的表达式,并完整地表现了企业的财务状况和财务成果及其形成过程。因此,等式(2-2)为狭义的会计等式(静态等式),等式(2-4)为广义的会计等式(动态等式)。

二、经济业务发生对会计恒等式的影响

(一)经济业务的基本类型

经济业务尽管错综复杂、千变万化,但就对会计要素的影响来说,可以归纳为四大类、九小类。

1. 会计要素变动的四种类型

(1) 资产方与负债及所有者权益方同时等额增加,双方总额相等。

(2) 资产方与负债及所有者权益方同时等额减少,双方总额相等。

(3) 资产方内部项目有增有减,增减金额相等,双方总额不变。

(4) 负债及所有者权益方内部项目有增有减,增减金额相等,双方总额不变(见图2-3)。

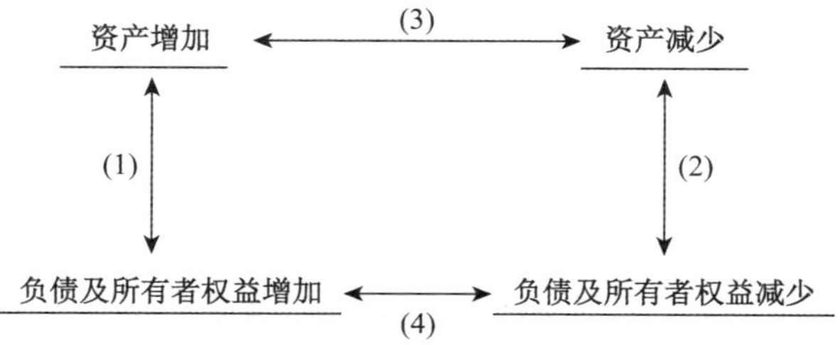

图2-3　会计要素变动的四种类型

2. 会计要素增减变动的具体九种类型

(1) 一项资产增加,另一项资产减少。

(2) 一项负债增加,另一项负债减少。

(3) 一项所有者权益增加,另一项所有者权益减少。

(4) 一项资产增加,一项负债增加。

(5) 一项资产增加,一项所有者权益增加。

(6) 一项资产减少,一项负债减少。

(7) 一项资产减少,一项所有者权益减少。

(8) 一项负债减少,一项所有者权益增加。

(9) 一项负债增加,一项所有者权益减少(见图 2-4)。

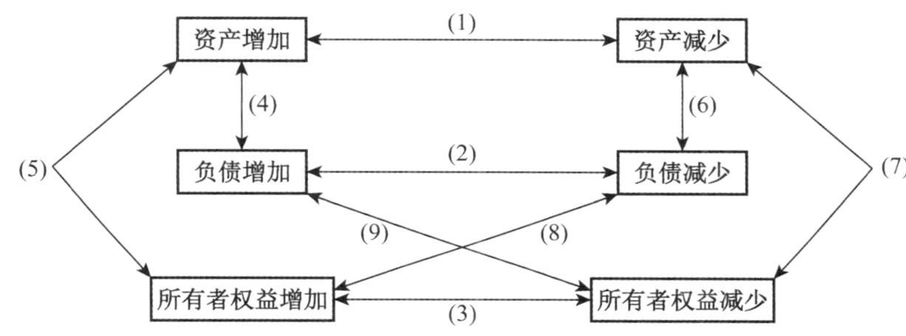

图 2-4　会计要素增减变动的具体九种类型

(二) 经济业务的发生对会计恒等式的影响

下面举例说明经济业务的发生对会计等式的影响。

【例 2-1】 东华股份有限公司 20×7 年 1 月 5 日收回应收账款 80 000 元,款项已存入银行。

该笔业务使银行存款项目增加了 80 000 元,应收账款项目减少了 80 000 元。银行存款、应收账款同属资产类项目,两者以相等金额一增一减,资产总额不变。同时该业务不涉及负债、所有者权益,不引起其各自总额发生变化。

因此,该笔业务的发生,不破坏会计等式,且等式两边总额也不变。

【例 2-2】 东华股份有限公司 20×7 年 1 月 7 日向银行借入短期借款 50 000 元直接用于偿付应付账款。

该笔业务使短期借款项目增加了 50 000 元,应付账款项目减少了 50 000 元。短期借款、应付账款同属负债类项目,两者以相等金额一增一减,负债总额不变。同时该业务不涉及资产、所有者权益,不引起其各自总额发生变化。

因此,该笔业务的发生,不破坏会计等式,且等式两边总额也不变。

【例 2-3】 东华股份有限公司 20×7 年 1 月 12 日用资本公积 20 000 元转增资本。

该笔业务使实收资本项目增加了 20 000 元,资本公积项目减少了 20 000 元。实收资本、资本公积同属所有者权益项目,两者以相等金额一增一减,所有者权益总额不变。同时该业务不涉及资产、负债,不引起其各自总额发生变化。

因此，该笔业务的发生，不破坏会计等式，且等式两边总额也不变。

【例 2-4】 东华股份有限公司 20×7 年 1 月 14 日向某供应单位购入 2 台机器，并签发一张面值 50 000 元的已承兑的商业汇票用于支付机器价款。

该笔业务使资产方的固定资产项目增加了 50 000 元，同时使负债方的应付票据项目也增加了 50 000 元。会计等式的两边同时增加 50 000 元，但等式两边的平衡关系不改变。

因此，该笔业务的发生，不会破坏会计等式，且等式两边总额同时增加。

【例 2-5】 东华股份有限公司 20×7 年 1 月 16 日收到某公司追加投入资本 200 000 元，款项已存入银行。

该笔业务使资产方的银行存款项目增加了 200 000 元，同时使所有者权益方的实收资本项目也增加了 200 000 元。会计等式的两边同时增加 200 000 元，但等式两边的平衡关系不改变。

因此，该笔业务的发生，不会破坏会计等式，且等式两边总额同时增加。

【例 2-6】 东华股份有限公司 20×7 年 1 月 20 日以银行存款 50 000 元归还前欠 A 单位货款。

该笔业务使资产方的银行存款项目减少了 50 000 元，负债方的应付账款项目减少了 50 000 元。会计等式的两边同时减少 50 000 元，但等式两边的平衡关系不改变。

因此，该笔业务的发生，不破坏会计等式，且等式两边总额同时减少。

【例 2-7】 东华股份有限公司 20×7 年 1 月 25 日退回某公司的资本金 20 000 元，款项已通过银行支付。

该笔业务使资产方的银行存款项目减少了 20 000 元，同时使所有者权益方的实收资本项目也减少了 20 000 元。会计等式的两边同时减少 20 000 元，但等式两边的平衡关系不改变。

因此，该笔业务的发生，不会破坏会计等式，且等式两边总额同时减少。

【例 2-8】 20×7 年 1 月 30 日东华股份有限公司原欠飞跃工厂的货款 50 000 元，现经双方协议，所欠货款作为飞跃工厂对东华股份有限公司的追加投资，货款不再归还。

该笔业务使所有者权益方的实收资本项目增加了 50 000 元，同时使负债方的应付账款项目减少了 50 000 元，两者一增一减，变化金额也相同，负债和所有者权益总额不变。同时该笔业务不涉及资产，资产总额也不变。

因此，该笔业务发生后，会计等式左右两边总额相等。

【例 2-9】 东华股份有限公司按规定从税后利润中提取奖励职工的福利费30 000 元。

该笔业务，使所有者权益方的利润分配项目减少了 30 000 元，同时使负债方的应付职工薪酬项目增加了 30 000 元，两者一增一减，变化金额也相同，负债和所有者权益总额不变；同时该笔业务不涉及资产，资产总额也不变。

因此，该笔业务发生后，会计等式左右两边总额相等。

通过以上实例分析，可以得到如下结论：

(1) 企业发生的任何经济业务，只会引起会计等式的左边或右边某一会计要素内部有关项目等额增减，或者某一会计要素等额增加、另一会计要素等额减少，或者引起会计等式左右两边同时发生等额的增减变化，但无论如何都不会破坏会计等式，仍维持会计等式的左右平衡关系。

(2) 资产、负债和所有者权益之间的平衡关系是企业会计工作中设置账户、复式记账和编制资产负债表等的理论依据。这种平衡关系对会计核算起着十分重要的作用。正确地理解和运用这种平衡关系，对学习复式记账法等知识也非常重要。

第三节 会计科目

一、会计科目概述

(一) 会计科目的定义

会计科目是指按照经济内容对各个会计要素进行分类所形成的项目。每一个项目都规定一个名称。每一个会计科目都明确地反映一定的经济内容。

(二) 设置会计科目的意义

会计要素是对会计对象的基本分类。单位发生的经济业务，必然引起各会计要素具体内容发生数量、金额的增减变化。即使只涉及同一会计要素，其具体内容也往往不同。单位经济业务的复杂性决定了各个会计要素内部构成以及各个会计要素之间增减变化的错综复杂性和形式多样性。为了全面、系统、详细地对各项会计要素的具体内容及其增减变动情况进行核算和监督，为经济管理提供更加具体的分类数量指标，企业需要对会计要素按其经济内容进一步分类，这就有必要设置会计科目。会计科目是进行会计核算和提供会计信息的基础，设置会计科目在会计核算中具有重要的意义。

(1) 会计科目是复式记账的基础。复式记账要求每一笔经济业务在两个或两个以上相互联系的账户中进行登记，以反映资金运动的来龙去脉，而会计科目即是账户的名称。

(2) 会计科目是编制记账凭证的基础。在我国，会计凭证是确定所发生的经济业务应记入何种会计科目以及分门别类登记账簿的依据。

(3) 会计科目为成本计算与财产清查等提供了前提条件。会计科目的设置，有助于成本核算，使各成本计算成为可能；而通过账面记录与实际结存的核对，又对财产清查，保证账实相符提供了必要的条件。

(4) 会计科目为编制会计报表提供了方便。会计科目是提供会计信息的主要手段，为了保证会计信息的质量及其提供的及时性，会计报表中的许多项目与有关会计科目是一致的，并要根据会计科目的本期发生额和余额填列。

二、设置会计科目的原则

会计科目作为反映会计要素的构成及其变化情况和为投资者、债权人、企业经营管理者等提供会计信息的重要手段，在其设置过程中，应努力做到科学、合理、适用，并满足下列原则。

(一) 全面性

会计科目是对会计对象的科学分类,因此,设置会计科目必须从会计对象出发,全面反映会计对象的各个方面。全面性有两个含义:①设置的会计科目要全面,使会计对象的任何一个方面和过程都能通过会计科目得到正确反映;②每个会计科目的核算内容要全面,不能有遗漏,但也不能重复。会计科目的设置要保持会计指标体系的完整和统一,要在会计要素的基础上对会计对象的具体内容作进一步分类,达到全面而且满足国家宏观经济管理的要求和企业内部经营管理的需要,以及有关方面信息使用者了解企业财务状况、经营成果和现金流量的需要。

(二) 通用性

会计科目的设置应适应宏观经济管理和微观经济管理的需要。会计核算指标是国家对国民经济进行宏观经济调控的依据之一,会计科目的设置应尽可能与统计指标相衔接、相配合,以满足国家宏观经济管理的需要,并满足有关各方了解单位的财务状况和经营成果的需要,同时,还要满足企业内部加强经营管理的需要。会计科目应按国家规定的会计制度统一编号,以便编制会计凭证、登记账簿,查阅账目。

(三) 实用性及相对稳定性

企业在设置会计科目时,对其核算内容和核算方法的规定要具体、简明通俗,便于实施,并注意设置的会计科目应相对稳定,使不同时期的核算指标具有可比性。企业在不影响会计核算的要求和会计报表指标的汇总,以及对外提供统一的财务会计报告的前提下,可以根据实际情况自行增设、减少或合并某些会计科目和明细科目。

(四) 会计科目名称力求简明扼要,内容确切

每一科目,原则上反映一项内容,各科目之间不能互相混淆。企业可以根据自身具体情况,在不违背会计科目使用原则的基础上,确定适合于本企业的会计科目名称。

三、会计科目的分类

(一) 会计科目按其反映的经济内容分类

1. 资产类科目

资产类科目按其反映的经济内容再进一步细分,又可分为反映流动资产和非流动资产的科目。其中反映流动资产的科目主要有"库存现金""银行存款""其他货币资金""交易性金融资产""应收账款""应收票据""预付账款""应收股利""在途物资""原材料""库存商品"等;反映非流动资产的科目主要有"债权投资""其他债权投资""其他权益工具投资""长期股权投资""固定资产""在建工程""投资性房地产""无形资产"等。

2. 负债类科目

负债类科目按其反映的经济内容再进一步细分,又可分为反映流动负债和非流动负债的科目。其中反映流动负债的科目主要有"短期借款""应付账款""应付票据""预收账款""应交税费""应付职工薪酬""应付股利""应付利息"等;反映非流动负债的科目主要有"长期借款""应付债券""长期应付款"等。

3. 共同类科目

《企业会计准则》中的共同类科目是指既有资产性质,又有负债性质,这样有共性的科目。共同类科目的特点需要从其期末余额所在方向界定其性质，共同类多为金融、保险、投资、基金等公司使用，包括“清算资金往来”“货币兑换”“衍生工具”“套期工具”“被套期项目”等科目。

4. 所有者权益类科目

所有者权益类科目按其反映的经济内容再进一步细分，主要有“实收资本”“资本公积”“其他综合收益”“盈余公积”“本年利润”和“利润分配”等科目。

5. 成本类科目

成本类科目主要有“生产成本”“制造费用”“劳务成本”“研发支出”等。

6. 损益类科目

损益类科目按其反映的经济内容再进一步细分，又可分为反映收入和费用的科目。反映收入的科目主要有“主营业务收入”“其他业务收入”“投资收益”“营业外收入”“其他收益”等；反映费用的科目主要有“主营业务成本”“其他业务成本”“税金及附加”“销售费用”“管理费用”“财务费用”“营业外支出”“资产减值损失”“信用减值损失”“所得税费用”等。

（二）会计科目按提供指标的详细程度不同分类

1. 总分类科目

总分类科目（又称一级科目、总账科目）是对会计对象的具体内容进行总括分类，提供总括的核算指标，由财政部或主管部门设置。

2. 明细分类科目

明细分类科目（又称明细科目，包括二级科目、三级科目等）是对总分类科目作进一步分类，提供更详细、更具体会计信息的科目，如“应收账款”科目按债务人名称设置明细科目，反映应收账款具体对象。明细分类科目一般由企业根据自身的实际情况自行设置。

四、企业会计科目的规范

在我国，考虑到会计人员素质的现实状况，也为了使不同企业提供的会计信息口径统一、相互可比，财政部颁发的《企业会计准则——应用指南》对各类企业的会计科目作出了统一规范要求，为企业进行会计科目设置提供了依据。一般企业应设置的主要会计科目如表 2-1 所示。

表 2-1　主要会计科目表

编号	会计科目名称	编号	会计科目名称
	一、资产类	1121	应收票据
1001	库存现金	1122	应收账款
1002	银行存款	1123	预付账款
1012	其他货币资金	1131	应收股利
1101	交易性金融资产	1132	应收利息

（续表）

编号	会计科目名称	编号	会计科目名称
1221	其他应收款	1711	商誉
1231	坏账准备	1801	长期待摊费用
1321	代理业务资产	1811	递延所得税资产
1401	材料采购	1901	待处理财产损溢
1402	在途物资		二、负债类
1403	原材料	2001	短期借款
1404	材料成本差异	2101	交易性金融负债
1405	库存商品	2201	应付票据
1406	发出商品	2202	应付账款
1407	商品进销差价	2203	预收账款
1408	委托加工物资	2211	应付职工薪酬
1471	存货跌价准备	2221	应交税费
1481	持有待售资产	2231	应付利息
1482	持有待售资产减值准备	2232	应付股利
1501	债权投资	2241	其他应付款
1502	债权投资减值准备	2245	持有待售负债
1503	其他债权投资	2314	代理业务负债
1511	长期股权投资	2401	递延收益
1512	长期股权投资减值准备	2501	长期借款
1521	投资性房地产	2502	应付债券
1531	长期应收款	2701	长期应付款
1532	未实现融资收益	2702	未确认融资费用
1601	固定资产	2711	专项应付款
1602	累计折旧	2801	预计负债
1603	固定资产减值准备	2901	递延所得税负债
1604	在建工程		三、共同类
1605	工程物资	3001	清算资金往来
1606	固定资产清理	3002	货币兑换
1701	无形资产	3101	衍生工具
1702	累计摊销	3201	套期工具
1703	无形资产减值准备	3202	被套期项目

（续表）

编号	会计科目名称	编号	会计科目名称
	四、所有者权益类	6051	其他业务收入
4001	实收资本	6101	公允价值变动损益
4002	资本公积	6111	投资收益
4003	其他综合收益	6115	资产处置损益
4101	盈余公积	6117	其他收益
4103	本年利润	6301	营业外收入
4104	利润分配	6401	主营业务成本
4201	库存股	6402	其他业务成本
4301	专项储备	6403	税金及附加
	五、成本类	6601	销售费用
5001	生产成本	6602	管理费用
5101	制造费用	6603	财务费用
5201	劳务成本	6701	资产减值损失
5301	研发支出	6711	营业外支出
	六、损益类	6801	所得税费用
6001	主营业务收入	6901	以前年度损益调整

第四节　会 计 账 户

一、会计账户的概念

（一）会计账户的定义

会计账户（简称账户）是指按照会计科目设置并具有一定的格式，用来分类、系统、连续地记录经济业务的账页。账户的内容包括账户的名称和账户的结构。

（二）会计账户与会计科目的联系和区别

1. 两者的联系

（1）由于它们分类的对象是相同的，因而反映的经济内容是一致的。

（2）账户设置必须遵循会计科目所作的规范，因而它们设置的原则是一致的。没有会计科目，就不能设置账户；没有账户，也就无处记录会计对象具体内容。会计科目是设置账户的依据，账户则是会计科目在记账工作中的具体运用。

2. 两者的区别

（1）会计科目只是账户的名称，本身没有什么结构，而账户却具有便于记录会计对象具体内容的结构。

(2) 会计科目是在经济活动发生之前，事先对如何反映会计对象具体内容作出的分类规范；而账户是在经济活动发生后对其作出的分类记录。

(三) 会计账户的分类

(1) 根据账户反映的内容可分为六大类：资产类账户、负债类账户、共同类账户、所有者权益类账户、成本类账户和损益类账户。其中，损益类账户又可分为收入类账户和费用类账户。

(2) 根据账户所提供核算指标的详细程度分为两大类：总分类账户、明细分类账户。总分类账户是指根据总分类科目设置的、用于对会计要素具体内容进行总括分类核算的账户，简称总账。明细分类账户是根据明细分类科目设置的、用来对会计要素具体内容进行明细分类核算的账户，简称明细账。

二、会计账户的基本结构和内容

(一) 会计账户的基本结构

所谓会计账户的结构，是指账户应由哪几部分组成，以及如何在账户中记录会计要素的增加、减少及其余额情况等。

由于经济业务所引起的各项会计要素的变动，从数量上看不外乎是增加和减少两种情况，因此，用来分类记录经济业务的账户，在结构上也相应地分为两个基本部分，用于分别记录各项会计要素增加和减少的数额。账户的基本结构，通常划分为左、右两方，分别登记增加数和减少数。无论何种记账方法，何种性质的账户，左、右两方的增减意义都是相反的，也就是如果左方记增加，则右方记减少；反之，如果左方记减少，则右方记增加。至于哪一方记增加，哪一方记减少则取决于记账方法和账户性质。

(二) 账户的内容

作为账户的基本结构，一般应包含下列内容：

(1) 账户的名称(即会计科目)。

(2) 记录经济业务的日期。

(3) 所依据记账凭证的编号。

(4) 经济业务摘要。

(5) 增加和减少的金额。

(6) 余额(包括期初余额和期末余额)。

一般会计账户的格式如表 2-2 所示。

表 2-2　账户名称(会计科目)

20××年		凭证号	摘要	借方	贷方	余额
月	日					

作为一个账户，所记录的金额提供四项核算指标，即期初余额、本期增加发生额、本

期减少发生额和期末余额。

期初余额是指上期期末余额转入本期期初的金额。

本期增加发生额也称本期增加额，是指一定时期（如月份、季度或年度）内账户所登记的增加金额的合计数。

本期减少发生额也称本期减少额，是指一定时期（如月份、季度或年度）内账户所登记的减少金额的合计数。

期末余额是指一定时期的期末结出的账户余额。

上述四项金额的关系，可以表示为：

$$期末余额=期初余额+本期增加发生额-本期减少发生额 \quad (2-5)$$

当期初余额为零时，期末余额就等于本期增加发生额减去本期减少发生额。

为了方便，在教学实践和教材中常用一种简化账户格式，用来代替实际账户。该格式只突出账户的基本结构，即左方和右方，其他部分略去。该简化格式形似英文字母“T”，所以称为“T”形账户（在我国亦称为“丁”字形账户），其结构如表 2-3 和表 2-4 所示。

表 2-3　资产类、费用类和成本类账户名称（会计科目）

左方		右方	
期初余额	×××	发生额（减少数）	×××
发生额（增加数）	×××		
本期发生额（增加合计）	×××	本期发生额（减少合计）	×××
期末余额	×××		

表 2-4　负债类、所有者权益类和收入类账户名称（会计科目）

左方		右方	
发生额（减少数）	×××	期初余额	×××
		发生额（增加数）	×××
本期发生额（减少合计）	×××	本期发生额（增加合计）	×××
		期末余额	×××

课程思政教学案例

彰显中国制度优势，增强学生爱国意识

——基于政府抗击疫情治疗费用的视角

本章小结

本章介绍的会计要素、会计等式、会计科目、会计账户等内容是学习会计核算方法的理论基础。

会计要素是对会计对象所作的基本分类，会计等式反映了会计要素间的平衡关系。会计要素和会计等式是会计核算中设置会计科目和账户的依据，也是会计核算采用复式记账的依据，同时也为会计报表构筑了基本框架。我国现行的《企业会计准则——基本准则》将会计要素划分为六项，即资产、负债、所有者权益、收入、费用和利润。前三项是静态要素，后三项是动态要素。利用这六个要素，我们可以从静态和动态两个方面来描述企业的经济活动。

每个企业单位的资产总额与权益总额必然相等。任何一项经济业务的发生，不论其引起会计要素发生什么样的增减变动，都不会破坏会计等式的平衡关系。会计等式所反映的资产与权益平衡关系原理是设置账户、复式记账和编制会计报表等会计核算方法的理论依据。

会计科目是对会计要素的具体内容进行分类核算所规定的项目。会计科目按反映的经济内容分为资产类、负债类、共同类、所有者权益类、成本类和损益类六大类；按提供核算指标的详细程度分为总分类科目和明细分类科目两大类。设置会计科目是会计核算的专门方法之一，应遵循一定的原则。

账户是指按照会计科目设置并具有一定的格式，用来分类、系统、连续地记录经济业务的账页。会计科目与账户既有联系又有区别。账户的基本结构划分为左、右两方，登记增加数和减少数。一个账户所记录的金额提供四项核算指标，即期初余额、本期增加额、本期减少额和期末余额。

课后习题

一、名词解释

①会计要素；②资产；③负债；④所有者权益；⑤收入；⑥费用；⑦利润；⑧会计等式；⑨会计科目；⑩会计账户。

二、单项选择题

1. 下列各项中，(　　)科目不能归属为费用要素。

   A. “制造费用”　B. “管理费用”　C. “销售费用”　D. “财务费用”

2. 下列各项中，(　　)属于反映费用的科目。

   A. “制造费用”　B. “固定资产”　C. “销售费用”　D. “应交税费”

3. 企业销售多余的材料一批，所取得的收入应记入的科目是(　　)。

   A. “主营业务收入”　B. “其他业务收入”　C. “营业外收入”　D. “投资收益”

4. 下列各项中，既属于费用要素又属于损益类科目的是(　　)科目。

A. “劳务成本”　　B. “制造费用”　　C. “生产成本”　　D. “销售费用”

5. 下列各项中，(　　)不属于收入。

A. 罚款收入　　B. 销售商品的收入　　C. 提供劳务的收入　　D. 销售材料的收入

6. 下列各项中，(　　)不属于企业资产。

A. 银行存款　　B. 融资租入的设备　　C. 经营租出的厂房　　D. 非专利技术

7. 下列关于会计科目设置的表述中，不正确的是(　　)。

A. 应当遵循谨慎性的会计信息质量要求　　B. 应当符合单位自身特点

C. 应当符合国家统一会计制度的规定　　D. 应当满足相关各方的信息需求

8. 下列各项中，(　　)不属于损益类科目。

A. “其他业务收入”　　B. “投资收益”　　C. “营业外收入”　　D. “本年利润”

9. 主要用于核算工业企业库存产成品、商品流通企业外购商品等收发和使用情况的科目是(　　)。

A. “材料采购”　　B. “原材料”　　C. “固定资产”　　D. “库存商品”

10. 根据会计科目所属会计要素分类，下列各项中，至少有两个科目归属于资产要素的是(　　)。

A. “应交税费”“资本公积”“劳务成本”“投资收益”

B. “预付账款”“预收账款”“应收股利”“生产成本”

C. “本年利润”“应付职工薪酬”“制造费用”“营业外收入”

D. “盈余公积”“其他应付款”“待处理财产损溢”“主营业务成本”

11. 以生产或销售商品为主要业务的企业，销售商品产生的收入应记入的科目是(　　)。

A. “其他业务收入”　　B. “主营业务收入”

C. “营业外收入”　　D. “投资收益”

12. 下列各项中，符合收入会计要素定义的是(　　)。

A. 出售材料收入　　B. 出售专利权获得的净收益

C. 出售固定资产获得的净收益　　D. 出售商品收取的增值税销项税额

13. 核算企业坏账的科目是(　　)。

A. “应收账款”　　B. “跌价准备”　　C. “坏账准备”　　D. “待处理财产损溢”

14. 企业购买材料，核算应付而未付货款的科目是(　　)。

A. “应付账款”　　B. “应付利息”　　C. “长期应付款”　　D. “其他应付款”

15. 下列各项中，(　　)不应确认为费用。

A. 广告宣传费　　B. 固定资产净损失　　C. 管理费用　　D. 财务费用

16. 下列各项中，(　　)不属于总分类科目。

A. “销售费用”　　B. “应收账款”　　C. “辅助材料”　　D. “工程物资”

17. 核算企业发生利息费用的科目是(　　)。

A. “财务费用”　　B. “销售费用”　　C. “管理费用”　　D. “制造费用”

18. 下列各项中，表述正确的是(　　)。

A. “生产成本”和“制造费用”都是反映劳务成本的科目

B. “生产成本”和“劳务成本”都是反映劳务成本的科目

C. “生产成本”和“制造费用”都是反映制造成本的科目

D. “制造费用”和“劳务成本”都是反映制造成本的科目

19. 下列各项中，(　　)不属于企业拥有或控制的经济资源。

A. 预付某公司材料款　　B. 将闲置不用的办公楼经营租赁给他人使用

C. 融资租入大型设备　　D. 临时租入的工具

20. 下列各项中，(　　)不属于收入。

A. 商品销售收入　　B. 劳务收入　　C. 租金收入　　D. 代收款项

21. 企业以银行存款偿还所欠购货款。下列表述中，正确的是(　　)。

A. 资产项目之间此增彼减　　B. 权益项目之间此增彼减

C. 资产项目和权益项目同增　　D. 资产项目和负债项目同减

22. 下列经济业务中，(　　)不会使会计等式两边总额发生变化。

A. 收到应收账款存入银行　　B. 从银行取得借款存入银行

C. 收到投资者以固定资产所进行的投资　　D. 以银行存款偿还应付账款

23. 下列关于资产与权益平衡关系的表述中，正确的是(　　)。

A. 一项资产金额与一项权益金额的相等关系

B. 几项资产金额与一项权益金额的相等关系

C. 资产总额与所有者权益总额的相等关系

D. 资产总额与权益总额的相等关系

24. 下列经济业务中，(　　)会使企业月末资产总额发生变化。

A. 从银行提取现金　　B. 购买原材料，货款未付

C. 购买原材料，货款已付　　D. 现金存入银行

25. 某公司资产总额为 6 万元，负债总额为 3 万元，以银行存款 2 万元偿还短期借款，并以银行存款 1.5万元购买设备。上述业务入账后，该公司的资产总额为(　　)万元。

A. 3　　B. 4　　C. 2.5　　D. 1.5

26. 下列经济事项中，(　　)会引起企业所有者权益总额发生变化。

A. 从净利润中提取盈余公积　　B. 用盈余公积弥补亏损

C. 用盈余公积转增资本　　D. 向投资者分配现金股利

27. 某银行于 2017 年 1 月 18 日同意将甲企业短期借款 3 万元展期 2 年，变更为长期借款。下列表述中，正确的是(　　)。

A. 负债方一个项目增加，另一个项目减少，增减金额相等，权益总额不变

B. 负债方一个项目增加，另一个项目也增加，权益总额增加

C. 负债方一个项目减少，另一个项目也减少，权益总额减少

D. 负债方一个项目增加，资产方另一个项目增加，金额相等

28. 下列经济业务中，(　　)能够引起资产类项目和负债类项目同时增加。

A. 用银行存款购买原材料　　B. 借入短期借款存入银行

C. 用银行存款偿还购买原材料所欠的货款　　D. 把现金存入银行

29. 某企业资产总额为 100 万元，负债为 20 万元。该企业所有者权益金额为(　　)万元。

A. 20　　B. 80　　C. 100　　D. 120

30. 甲公司向银行借款 20 万元存入银行。下列关于甲公司资产、负债和所有者权益变化的表述中，正确的是(　　)。

A. 负债增加，所有者权益减少　　B. 资产增加，所有者权益增加

C. 资产增加，负债增加　　D. 资产增加，负债减少

31. 下列经济业务中，(　　)会引起资产与负债同时增加。

A. 以银行存款购买材料　　B. 以银行存款对外投资

C. 以银行存款清偿所欠货款　　D. 取得银行借款并存入银行

32. 下列会计等式中，(　　)正确反映了企业在任一时点所拥有的资产以及债权人和所有者对企业资产要求权的基本状况。

A. 资产＝负债＋所有者权益　　B. 资产＝负债＋所有者权益＋收入

C. 资产＝负债＋所有者权益＋收入－费用　　D. 收入－费用＝利润

33. 某企业用盈余公积转增实收资本。下列各项中，正确表明此业务对会计要素影响的是（　　）。
A. 资产增加　　B. 负债减少　　C. 所有者权益增加　　D. 所有者权益不变

34. 银行将短期借款 200 000 元转为对本公司的投资，则本公司的（　　）。
A. 负债减少，资产增加　　B. 负债减少，所有者权益增加
C. 资产减少，所有者权益增加　　D. 所有者权益内部一增一减

35. 下列经济业务中，会影响会计等式总额发生变化的是（　　）。
A. 以银行存款 50 000 元购买材料　　B. 结转完工产品成本 40 000 元
C. 购买机器设备 20 000 元，货款未付　　D. 收回客户所欠的货款 30 000 元

36. 某企业年初资产总额为 12.6 万元，负债总额为 4.8 万元。本年度取得收入共计 8.9 万元，发生费用共计 9.3 万元，年末负债总额为 5 万元。该企业年末资产总额为（　　）万元。
A. 12.4　　B. 12.2　　C. 12.8　　D. 13.1

37. 某企业 6 月初资产总额为 15 万元，负债总额为 5 万元。6 月发生下列业务：取得收入共计 6 万元，发生费用共计 4 万元，假定不考虑其他因素，6 月底，该企业所有者权益总额为（　　）万元。
A. 12　　B. 17　　C. 16　　D. 10

38. 某企业月初资产总额为 300 万元，本月发生下列经济业务：①赊购材料 10 万元；②用银行存款偿还短期借款 20 万元；③收到购货单位偿还欠款 15 万元存入银行。月末资产总额为（　　）万元。
A. 290　　B. 295　　C. 305　　D. 310

39. 一项经济业务发生，不可能引起（　　）。
A. 资产与资本同时增加　　B. 资产与负债同时增加
C. 资产与资本同时减少　　D. 一项负债增加，一项资本增加

40. 某资产类科目的本期期初余额为 5 600 元，本期期末余额为 5 700 元，本期的减少额为 800 元。该科目本期增加额为（　　）元。
A. 700　　B. 900　　C. 1 600　　D. 12 100

三、多项选择题

1. 下列各项中，反映企业财务状况的会计要素有（　　）。
A. 所有者权益　　B. 资产　　C. 费用　　D. 负债

2. 下列各项中，（　　）属于流动负债。
A. 应付职工薪酬　　B. 应交税费
C. 应付利息　　D. 一年内到期的长期借款

3. 下列关于收入的表述中，正确的有（　　）。
A. 收入是企业在日常活动中形成的
B. 收入可能表现为资产的增加，也可能表现为负债的减少
C. 收入可能同时表现为资产的增加和负债的减少
D. 收入会导致所有者权益的增加

4. 下列会计科目中，与资产类科目结构相反的会计科目有（　　）科目。
A. 负债类　　B. 费用类　　C. 收入类　　D. 所有者权益类

5. 下列会计科目中，反映流动负债的有（　　）。
A. “应付账款”　　B. “应付职工薪酬”
C. “应付债券”　　D. “预收账款”

6. 下列各项中，属于会计科目分类方法的有（　　）。

A. 按其归属的会计要素分类　　B. 按其核算的具体内容分类
C. 按其企业内部管理与外部信息需要分类　　D. 按其提供信息的详细程度及统驭关系分类

7. 下列各项中，(　　)属于负债。
A. 短期借款　　B. 应交税费　　C. 预收账款　　D. 预付账款

8. 下列会计科目中，(　　)属于损益类。
A. "待处理财产损溢"　　B. "投资收益"
C. "税金及附加"　　D. "所得税费用"

9. 下列关于会计要素的表述中，正确的有(　　)。
A. 收入是企业在日常活动中形成的　　B. 费用是企业在日常活动中发生的
C. 收入会导致所有者权益的增加　　D. 费用会导致所有者权益的减少

10. 下列关于明细科目的表述中，正确的有(　　)。
A. 明细分类科目提供详细、具体的会计信息
B. 明细分类科目反映各种经济业务的详细情况
C. 二级科目是对一级明细科目进一步分类的科目
D. 明细分类科目又称明细科目，是对总分类科目作进一步分类的科目

11. 下列表述中，正确的有(　　)。
A. 收入最终会导致所有者权益的增加
B. 费用最终会导致所有者权益的减少
C. 企业处置非流动资产发生的净损失不能确认为企业的费用
D. 企业向投资者分配利润发生的现金流出不能确认为企业的费用

12. 下列各项中，影响利润确认的因素有(　　)。
A. 直接计入当期利润的利得　　B. 直接计入当期损益的收入
C. 直接计入当期损益的费用　　D. 直接计入当期利润的损失

13. 下列各项中，(　　)应确认为收入。
A. 专利技术出售收入　　B. 专利技术出租收入
C. 出售商品取得收入　　D. 咨询公司咨询收入

14. 期末一般无余额的账户有(　　)。
A. "投资收益"　　B. "其他业务收入"　　C. "管理费用"　　D. "税金及附加"

15. 下列会计科目中，反映费用的科目有(　　)。
A. "制造费用"　　B. "管理费用"　　C. "财务费用"　　D. "主营业务成本"

16. 下列各项中，(　　)属于总分类科目。
A. "累计折旧"　　B. "累计摊销"
C. "待处理财产损溢"　　D. "库存现金"

17. 下列会计科目中，(　　)属于流动资产科目。
A. "原材料"　　B. "库存商品"　　C. "存货跌价准备"　　D. "工程物资"

18. 下列会计科目中，反映制造成本的科目有(　　)。
A. "生产成本"　　B. "制造费用"　　C. "管理费用"　　D. "库存商品"

19. 下列关于会计科目设置应遵循的相关性会计信息质量要求的表述中，正确的有(　　)。
A. 所设置的会计科目应当为提供有关各方所需要的会计信息服务
B. 所设置的会计科目应当满足对外报告与对内管理的要求
C. 所设置的会计科目应当符合单位自身特点，满足单位实际需要
D. 所设置的会计科目应当利于提高会计核算所提供的会计信息相关性

20. 期间费用包括(　　)。

A. 管理费用　B. 财务费用　C. 制造费用　D. 销售费用

21. 按照实用性原则,制造业企业需要设置的科目有(　　)。

A. “生产成本”　B. “制造费用”　C. “库存商品”　D. “销售费用”

22. 下列表述中,正确的有(　　)。

A. 生产成本属于资产要素　B. 制造费用属于费用要素

C. 管理费用属于费用要素　D. 本年利润属于所有者权益要素

23. 企业取得收入会导致(　　)。

A. 现金的增加　B. 银行存款的增加

C. 其他资产的增加　D. 负债的减少

24. 下列关于会计科目的表述中,正确的有(　　)。

A. 会计科目应根据企业的具体情况自行设定

B. 会计科目是对会计要素具体内容的进一步分类

C. 会计科目可反映会计要素的构成及其变化情况

D. 会计科目按其所提供的详细程度不同分为总分类科目和明细分类科目

25. 下列关于费用的表述中,正确的有(　　)。

A. 费用是企业在日常活动中发生的

B. 费用可能表现为资产的减少或者负债的增加

C. 费用可能同时表现为资产的减少和负债的增加

D. 费用会导致所有者权益的减少

26. 下列关于“生产成本”科目的表述中,正确的有(　　)。

A. “生产成本”科目属于成本要素　B. “生产成本”科目属于资产要素

C. “生产成本”科目属于成本类科目　D. “生产成本”科目属于资产类科目

27. 下列各项中,(　　)属于收入。

A. 出售原材料收到的价款　B. 出售无形资产收到的价款

C. 出租固定资产收到的租金　D. 签订合同时收到的定金

28. 下列各项中,属于非流动资产的有(　　)。

A. 库存商品　B. 固定资产　C. 无形资产　D. 长期待摊费用

29. 负债的特征有(　　)。

A. 企业拥有或者控制的　B. 企业的现时义务

C. 由于过去的交易或事项所引起的　D. 能够给企业带来未来的经济利益

30. 下列各项中,应当确认为负债的有(　　)。

A. 向银行借入的款项　B. 因购买材料应付未付的款项

C. 因销售商品而预收的定金　D. 因销售商品而应收的款项

31. 下列会计科目中,(　　)反映资本。

A. “实收资本”　B. “盈余公积”　C. “资本公积”　D. “本年利润”

32. 下列关于负债的特征表述中,正确的有(　　)。

A. 负债是由于过去的交易或事项所形成的

B. 负债预期将由企业在未来某个时点予以清偿

C. 负债是企业承担的预期会导致经济利益流出企业的潜在义务

D. 因清偿债务预期会导致经济利益流出企业

33. 企业取得收入时,可能影响到的会计要素有(　　)。

A. 所有者权益　　B. 资产　　C. 负债　　D. 费用

34. 下列各项中,不属于利润要素但属于所有者权益科目的会计科目有(　　)。

A. “实收资本”　　B. “资本公积”

C. “本年利润”　　D. “盈余公积”

35. 下列各项中,(　　)是反映留存收益的会计科目。

A. “实收资本”　　B. “资本公积”

C. “盈余公积”　　D. “利润分配”

36. 下列选项中,不会使“资产=负债+所有者权益”会计恒等式两边总额发生变动的有(　　)。

A. 资产内部项目有增有减　　B. 资产和负债项目同增同减

C. 负债和所有者权益项目有增有减　　D. 资产和所有者权益项目同增同减

37. 下列关于会计要素变动的表述中,正确的有(　　)。

A. 资产增加,费用增加　　B. 费用增加,负债减少

C. 费用增加,负债增加　　D. 费用增加,资产减少

38. 下列选项中,以“资产=负债+所有者权益”这一会计恒等式为理论依据的有(　　)。

A. 平行登记　　B. 复式记账　　C. 编制资产负债表　　D. 成本计算

39. 下列关于会计要素变动关系的表述中,正确的有(　　)。

A. 资产某项目增加与权益某项目减少　　B. 资产某项目减少与权益某项目增加

C. 资产方某项目增加而另一项目减少　　D. 权益方某项目增加而另一项目减少

40. 下列经济业务中,引起资产和负债同时增加的有(　　)。

A. 赊购材料　　B. 从银行提取现金

C. 用银行存款购入各种材料　　D. 向银行借款存入银行

41. 根据会计恒等式的原理,下列表述中,正确的有(　　)。

A. 资产增加,负债减少,所有者权益不变

B. 资产不变,负债增加,所有者权益增加

C. 资产有增有减,权益不变

D. 债权人权益增加,所有者权益减少,资产不变

42. 下列各等式中,属于会计等式的有(　　)。

A. 本期借方发生额合计=本期贷方发生额合计

B. 本期借方余额合计=本期贷方余额合计

C. 资产=负债+所有者权益

D. 收入-费用=利润

43. 某企业为一般纳税人,销售产品一批,款项尚未收到,该业务引起(　　)增减变化。

A. 资产　　B. 负债　　C. 所有者权益　　D. 收入

44. 下列关于经济业务对会计恒等式“资产=负债+所有者权益”产生影响的表述中,正确的有(　　)。

A. 资产和负债要素同时等额增加

B. 资产和负债要素同时等额减少

C. 资产和所有者权益要素同时等额减少

D. 负债要素内部项目等额有增有减,资产和所有者权益要素不变

45. 下列选项中,会计账户可以提供的金额指标有(　　)。

A. 期初余额　　B. 本期增加发生额　　C. 期末余额　　D. 本期减少发生额

46. 本月应付职工工资 5 万元,其中生产工人工资 4 万元,车间管理人员工资 2 000 元,企业管理人员

工资 8 000 元。下列科目中，与该项经济业务相关的有（　　）。

A. “生产成本”　　B. “管理费用”　　C. “制造费用”　　D. “应付职工薪酬”

47. 下列选项中，（　　）能使企业负债总额增加。

A. 计提应付债券利息　　B. 从银行取得短期借款

C. 签发并承兑商业汇票抵付前欠货款　　D. 短期借款转长期借款

48. 下列经济业务中，同时涉及两个资产类科目，其中一个记增加，另一个记减少的有（　　）。

A. 以银行存款购买原材料　　B. 以银行存款归还前欠货款

C. 收到其他单位还来前欠货款　　D. 从银行提取现金

49. 下列关于总分类科目与明细分类科目的表述中，正确的有（　　）。

A. 某一总分类科目与其所属明细分类科目的核算对象是相同的

B. 总分类科目与其所属明细分类科目在总金额上应该相等

C. 总分类科目对明细分类科目具有控制作用

D. 明细分类科目是对总分类科目的补充和说明

50. 下列会计科目中，（　　）属于成本类科目。

A. “生产成本”　　B. “主营业务成本”　　C. “制造费用”　　D. “销售费用”

四、判断题

1. 利润包括收入减去费用后的净额、直接计入当期利润的利得减去损失后的净额。（　　）
2. 各项借款、应付和预付款项都是企业的债务。（　　）
3. 凡是在日常活动中形成的经济利益的总流入都应确认为收入。（　　）
4. 企业应当将待处理财产损失确认为企业的资产。（　　）
5. 负债是现在交易或事项所引起的现时义务。（　　）
6. 5 月 10 日，企业计划于 8 月 10 日购入一台设备，设备款为 20 万元，因为可以准确预计，所以企业应于 5 月 10 日将应付的设备款确认为企业的负债。（　　）
7. 收入减去费用后的金额如果为正数，则代表盈利，如果为负数，则代表亏损。（　　）
8. 负债是指企业过去的交易或事项形成的，预期会导致经济利益流出企业的潜在义务。（　　）
9. 费用和成本是同一个概念。（　　）
10. 企业处置一台不需用的生产设备，发生净亏损 5 万元，会计不能将其作为企业的费用处理。（　　）
11. 所有者权益的确认和计量，主要取决于资产、负债、收入、费用等其他会计要素的确认和计量。（　　）
12. 资产包括固定资产和流动资产两部分。（　　）
13. 会计要素为企业财务会计报表构筑了基本框架，因而会计要素也可称为会计报表要素。（　　）
14. 收入、费用和利润三项会计要素反映企业的财务状况。（　　）
15. 资产、负债和所有者权益三项会计要素反映企业的财务状况。（　　）
16. 企业的盈余公积，可以用于弥补亏损，也可以用于转增资本，但不论用于弥补亏损还是用于转增资本，都不改变企业的所有者权益总额。（　　）
17. 权益就是指所有者权益。（　　）
18. 企业于本年 5 月 15 日与 A 公司签订了一份商品购销合同，计划于 6 月 20 日销售一批商品给 A 公司，合同约定 A 公司于 6 月 25 日支付商品款给企业，则企业可以于 5 月 15 日确定资产的增加。（　　）
19. 按照我国企业会计准则，负债不仅包括现时已经存在的债务责任，还包括某些将来可能发生的、偶

然事项形成的债务责任。（ ）

20. 企业处理固定资产发生的净报失不是日常活动形成的经济利益的流出，不能确认为费用。（ ）
21. 收入是导致所有者权益增加的经济利益的总流入。（ ）
22. 企业出售固定资产发生净损失 1 400 元，这 1 400 元的净报失应确认为企业的费用。（ ）
23. 企业行政管理部门领用材料，价值 3 000 元，这 3 000 元材料费应确认为企业的费用。（ ）
24. 费用等于管理费用与销售费用之和。（ ）
25. 收入等于商品销售收入与提供劳务收入之和。（ ）
26. 2016 年 4 月 1 日资产总额 200 万元，4 月 10 日以银行存款购入甲材料 5 万元后资产总额为 195 万元。（ ）
27. 会计科目是对会计对象具体内容进行分类的项目，在会计科目中可以登记发生的经济业务。（ ）
28. 为了保证会计信息的可比性，总分类科目一般由各省财政厅统一设置。（ ）
29. 按所有者权益的形成和性质，所有者权益科目分为反映资本的科目和反映留存收益的科目。（ ）
30. “资本公积”“盈余公积”都是反映企业留存收益的科目。（ ）
31. “本年利润”属于所有者权益会计要素，但属于利润科目。（ ）
32. 所有者权益类的“本年利润”“利润分配”科目归属于利润会计要素，由于企业实现利润会增加所有者权益，因而将其作为所有者权益类科目。（ ）
33. 按损益的不同内容，可将利润类科目分为反映收入的科目和反映费用的科目。（ ）
34. “财务费用”科目核算企业产生的利息费用，因而属于负债类科目。（ ）
35. “制造费用”科目属于费用要素，但不属于损益类科目。（ ）
36. “生产成本”科目属于成本类科目，但不属于费用要素。（ ）
37. 按成本的不同内容和性质，可将成本类科目分为反映制造成本的科目和反映销售成本的科目。（ ）
38. 合法性原则是指企业设置的会计科目应该与企业自身的经济业务相关。（ ）
39. 总分类科目及其所属的明细科目，共同反映经济业务既总括又详细的情况。（ ）
40. “应交税费——应交增值税(进项税额)”中的“应交税费”属于总分类科目，“应交增值税”属于二级明细科目。（ ）
41. 会计科目设置应符合单位自身特点。（ ）
42. 反映企业资本的科目有“实收资本”“资本公积”等。（ ）
43. 在实际工作中，具体会计科目设置，一般是从会计要素出发，将会计科目分为资产、负债、所有者权益、收入、费用和利润六大类。（ ）
44. 按资产的流动性，资产类科目分为反映流动资产的科目和反映固定资产的科目。（ ）
45. “资产＝负债＋所有者权益”体现了企业资金运动过程中某一特定时期的资产分布和权益构成。（ ）
46. 会计恒等式就是指“有借必有贷，借贷必相等”。（ ）
47. 费用可表现为资产的减少或负债的增加。（ ）
48. 企业接受投资者投入实物，能引起资产和所有者权益同时增加。（ ）
49. 收入减去费用等于利润的关系是企业编制利润表的基础。（ ）
50. 会计等式揭示了会计要素之间的内在联系，是设置科目、进行复式记账、编制会计报表的依据。（ ）

51. 资产与负债和所有者权益实际上是企业所拥有的经济资源在同一时点上所表现的不同形式。 （　　）

52. 经济业务的发生，可能引起资产与权益总额发生变化，但是不会破坏会计基本等式的平衡关系。 （　　）

53. "收入－费用＝利润"反映的是资金运动的动态方面，反映的是某一会计期间的经营成果，反映一个过程，是编制利润表的依据。 （　　）

54. 不论发生什么样的经济业务，会计等式两边会计要素总额的平衡关系都不会被破坏。 （　　）

55. 所有者权益与负债都是企业资产的来源。 （　　）

五、计算与分析题

（一）目的：熟悉会计要素的内容。

资料：A企业月末各项目余额如下。

(1) 银行里的存款120 000元。

(2) 投资者投入资本7 000 000元。

(3) 向银行借入2年期的借款600 000元。

(4) 出纳处存放现金1 500元。

(5) 向银行借入半年期的借款500 000元。

(6) 仓库里存放的原材料519 000元。

(7) 应付外单位货款80 000元。

(8) 机器设备价值2 500 000元。

(9) 房屋及建筑物价值420 000元。

(10) 仓库里存放的产成品194 000元。

(11) 应收外单位货款100 000元。

(12) 以前年度尚未分配的利润750 000元。

(13) 正在加工中的产品75 500元。

(14) 对外长期投资5 000 000元。

要求：

(1) 判断上列资料中各项目的类别（资产、负债、所有者权益），并将各项目金额填入表2-5中。

(2) 计算表内资产总额、负债总额、所有者权益总额，并检验是否符合会计基本等式。

表2-5　资产、负债、所有者权益金额表

项　目	金额（元）		
	资　产	负　债	所有者权益

（续表）

项　目	金额(元)		
	资　产	负　债	所有者权益
合　计			

（二）目的：熟悉会计要素之间的关系。

资料：东华股份有限公司20×7年期初及期末的资产总额及负债总额如表2-6所示。

表2-6　20×7年期初及期末资产、负债总额　　单位：元

项　目	期　初	期　末
资产	800 000	900 000
负债	200 000	100 000

要求：根据下列三种情况，分别计算该公司本年度的有关数据。

(1) 本年度股东投资不变，销售费用为150 000元，试问本年度利润和营业收入各是多少？

(2) 年度中增加投资40 000元，利润是多少？

(3) 年度中曾收回投资20 000元，但又增加投资30 000元，其利润是多少？

（三）目的：熟悉经济业务对会计要素的影响。

资料：东华股份有限公司20×7年7月31日的资产负债表显示资产总计375 000元，负债总计112 000元，该公司20×7年8月份发生如下经济业务。

(1) 用银行存款购入全新机器一台，价值30 000元。

(2) 投资者投入原材料，价值10 000元。

(3) 以银行存款偿还所欠供应单位账款5 000元。

(4) 收到购货单位所欠账款8 000元，收存银行。

(5) 将一笔长期负债50 000元转化为对企业的投资。

(6) 按规定将20 000元资本公积转增资本。

要求：

(1) 根据8月份发生的经济业务，分析说明对会计要素影响的情况。

(2) 计算8月月末东华股份有限公司的资产总额、负债总额和所有者权益总额。

（四）目的：熟悉经济业务对会计等式的影响。

资料：东华股份有限公司20×7年7月初的资产总额为956 000元，该公司20×7年7月份发生的经济业务如下。

(1) 从银行提取现金 2 000 元,作为备用金。
(2) 收到投资者投入资本 210 000 元,存入银行。
(3) 以银行存款 32 500 元,支付前欠大众工厂的购料款。
(4) 从银行取得借款 23 000 元,归还前欠东方工厂的购料款
(5) 以银行存款上缴所欠税金 8 500 元。
(6) 向 M 公司购买材料 14 000 元,货款尚未支付。
(7) 采购员李平出差,预支差旅费 3 000 元,以银行存款支付。
(8) 生产领用材料 12 000 元。
(9) 向银行借入资金 150 000 元,存入银行。
(10) 收回 A 企业前欠的销货款 35 000 元,存入银行。

要求:

(1) 分析每笔经济业务所引起的资产和权益有关项目增减变动情况,指出属于何种类型的经济业务。
(2) 计算资产和权益增减净额,验证两者是否相等?
(3) 计算东华股份有限公司 20×7 年 7 月发生上述经济业务以后的资产和权益总额,验证两者是否相等?

课后习题电子版

CHAPTER 3

第 三 章

复式记账

Learning objectives 学习目标

学习目标

- 了解记账方法及其种类、复式记账法的发展
- 理解复式记账法的基本原理和基本内容、账户之间的对应关系、对应账户
- 掌握借贷记账法的理论基础、记账符号、账户结构、记账规则、试算平衡以及会计分录的编制

案例讨论

小王于20×7年5月开始经营一间小商铺，开业以来的经营活动基本情况如下：

(1) 20×7年5月1日，投入本金10 000元，并向朋友借入5 000元，存入银行。

(2) 20×7年5月10日，进货一批，用银行存款支付货款3 200元。

(3) 20×7年5月15日，将货物销售，共得货款5 000元，存入银行。

(4) 20×7年5月20日，又进货一批，成本5 000元，货款未付。

(5) 20×7年5月25日，将5月20日购进的货物销售，货款7 000元，尚未收到。

(6) 20×7年5月30日，用银行存款偿还5月20日的购货款5 000元。

思考：用会计要素分析20×7年5月31日该商铺的资产、负债、所有者权益和开业以来的收入、费用、利润各是多少？小王对该小商铺开业以来发生的业务该怎样进行记账？

第一节　复式记账的原理

一、记账方法的定义及种类

(一) 记账方法的定义

记账方法是指在账户中登记经济业务的方法。它是根据一定的原理和规则，运用货币计量单位，利用文字和数字记录经济业务的一种专门方法。

(二) 记账方法的种类

按照登记经济业务方式的不同，记账方法可分为单式记账法和复式记账法。

1. 单式记账法

单式记账法是对所发生的经济业务只在一个账户进行记账的方法。这种记账方法一般只记录银钱收付和债权债务结算业务，有时也登记实物。账户与账户之间没有必然的内在联系，也没有相互对应平衡的概念。单式记账法只能反映经济业务的一个侧面，会计记录之间不存在钩稽关系，因此不能全面、系统地反映经济业务的来龙去脉，也不便于检查账簿记录的正确性，是一种比较简单、不完整的记账方法。单式记账法是人类社会发展早期的会计记账方法。

2. 复式记账法

复式记账法是从单式记账法发展演变而来的。这种记账方法是对所发生的经济业务，都以相等的金额同时在两个或两个以上账户中进行全面登记的一种记账方法。复式记账法是一种科学的记账方法，被世界各国广泛采用。

二、复试记账法的特点

复试记账法的特点归纳起来有以下两点：

(1) 由于每一项经济业务都要在相互联系的两个或两个以上账户中作记录，根据账户记录的结果，不仅可以了解每一项经济业务的来龙去脉，而且可以通过会计要素的增减变动全面、系统地了解经济活动的过程和结果。

(2) 由于复式记账法要求以相等的金额同时在两个或两个以上账户中进行记账，因此可以对账户记录的结果进行试算平衡，以检查账户记录的正确性。

复试记账法包括：借贷记账法、增减记账法、资金收付记账法等。其中，借贷记账法是复式记账法的典型代表，是当今世界各国通用的一种记账方法。我国 2006 年颁布的《企业会计准则——基本准则》第十一条规定：企业应当采用借贷记账法记账。

第二节　借贷记账法

一、借贷记账法的含义及历史起源

(一) 借贷记账法的含义

借贷记账法是以“借”“贷”为记账符号，记录和反映会计要素增减变动情况的一种复试记账法。

(二) 借贷记账法的历史起源

借贷记账法起源于 13～14 世纪的意大利。最初，意大利佛罗伦萨的“借贷资本家”从贷主处借入款项，并记入贷主名下的贷方，归还记借方；将款项贷出时，记入借主名下的借方，收回记贷方。贷主名下所记内容表示的是“借贷资本家”债务的增减变动，借主名下所记内容表示的是“借贷资本家”债权的增减变动。这时，“借”和“贷”分别表示“借贷资本家”与债权人、债务人之间的债权债务关系。在以后的几百年里，随着商品经济的发展，借贷记账法又经历了热那亚阶段和威尼斯阶段，得到进一步的发展和完善，“借”“贷”两字逐渐失去其本来含义，变成了纯粹的记账符号。记录的内容也不仅仅局限于货币资金的借贷业务，而是逐步扩展到财产物资、经营损益和经营资本的增减变化，并广泛应用于许多行业。随后，借贷记账法传遍欧洲、美洲等地，成为世界通用的记账方法。1494 年，意大利数学家卢卡 · 帕乔利的《算术、几何、比与比例概要》一书问世，标志着借贷记账法正式成为大家公认的复式记账法，同时，也标志着近代会计的开始。因此，卢卡 · 帕乔利被称为“近代会计之父”。

二、借贷记账法的主要内容

(一) 记账符号

借贷记账法是以“借”和“贷”作为记账符号，用以指明记账的增减方向、账户之间的对应关系和账户余额的性质等。

“借”和“贷”作为记账符号，都具有增加和减少的双重含义。“借”和“贷”何时为增加、何时为减少，必须结合账户的具体性质才能准确说明。在会计实务中，以“借”表示资产、费用的增加和负债、所有者权益及收入的减少；以“贷”表示负债、所有者权益及收入的增加和资产、费用的减少。

(二)借贷记账法下账户的结构

将所有账户的左方定为“借”方,右方定为“贷”方,并用一方登记增加数,一方登记减少数。其中,资产类、成本类和损益费用类账户用借方登记增加数,贷方登记减少数,期末余额一般在借方;负债类、所有者权益类和损益收入类账户用贷方登记增加数,借方登记减少数,期末余额一般在贷方。

1. 资产类账户的结构

资产类账户的结构如表 3-1 所示。

表 3-1 资产类账户

借方	贷方
期初余额 资产增加数	资产减少数
本期发生额 期末余额	本期发生额

资产类账户的期末余额 = 资产类账户期初余额(借方)+本期借方发生额-本期贷方发生额

2. 负债类账户的结构

负债类账户的结构如表 3-2 所示。

表 3-2 负债类账户

借方	贷方
负债减少数	期初余额 负债增加数
本期发生额	本期发生额 期末余额

负债类账户的期末余额 = 负债类账户的期初余额(贷方)+本期贷方发生额-本期借方发生额

3. 所有者权益类账户的结构

所有者权益类账户的结构如表 3-3 所示。

表 3-3 所有者权益类账户

借方	贷方
所有者权益减少数	期初余额 所有者权益增加数
本期发生额	本期发生额 期末余额

所有者权益类账户的期末余额 = 所有者权益账户的期初余额(贷方)+本期贷方发生额-本期借方发生额

4. 收入类账户的结构

收入类账户的结构如表 3-4 所示。收入类账户的结构与权益类账户的结构基本上相同，只是期末一般无余额。

表 3-4 收入类账户

借方	贷方
收入减少、结转数	收入增加数
本期发生额	本期发生额

5. 成本、费用类账户的结构

成本、费用类账户的结构如表 3-5 所示。成本、费用类账户的结构与资产类账户的结构基本上相同，除部分成本类账户外，期末一般无余额。

表 3-5 成本、费用类账户

借方	贷方
成本、费用的增加数	成本、费用的减少 成本费用的结转数
本期发生额	本期发生额

(三) 借贷记账法的记账规则

借贷记账法的记账规则是指在账户中记录经济业务时必须遵循的规律性要求。借贷记账法的记账规则是“有借必有贷，借贷必相等”。这一记账规则可具体表述如下：

“有借必有贷”是指对每一项经济业务引起会计要素的变动金额，都必须在至少两个相互联系的账户中进行记录，如果一个(或几个)账户是记录在借方，那么其对应的另外几个(或一个)账户肯定记录在贷方。

“借贷必相等”是指同一项经济业务在有关账户记录时，记录在借方账户的金额，必须与记录在贷方账户的金额相等。

下面结合实例进一步说明借贷记账法的记账规则。

【例 3-1】 某企业从银行存款中提取现金 800 元。

这项经济业务的发生，使企业的库存现金增加了 800 元，银行存款减少了 800 元。因此，这笔经济业务涉及“库存现金”和“银行存款”这两个账户，应登记在“库存现金”账户的借方和“银行存款”账户的贷方，并且登记在两个账户的金额相等，都是 800 元(见图 3-1)。

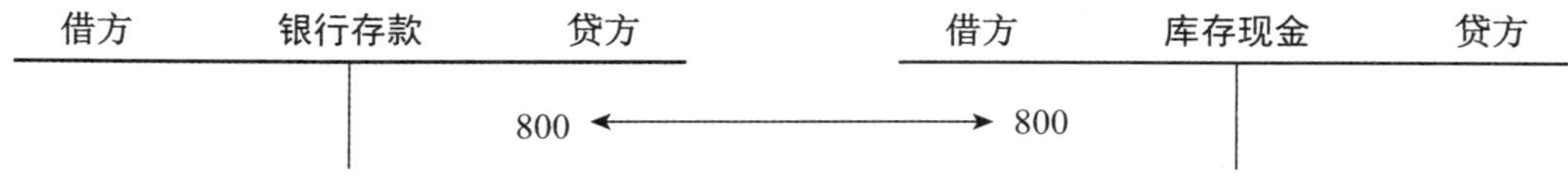

图 3-1 [例 3-1]账户示例

【例 3-2】 某企业从银行借入期限 3 个月的资金 10 000 元,用于归还以前所欠的购货款。

这笔经济业务的发生,使企业的短期借款增加了 10 000 元,应付账款相应地减少了 10 000 元。因此,它涉及"短期借款"和"应付账款"这两个账户,应登记在"短期借款"账户的贷方和"应付账款"账户的借方,并且登记在两个账户的金额相等,都是 10 000 元(见图 3-2)。

图 3-2 [例 3-2]账户示例

【例 3-3】 某企业发行债券,收到款项 500 000 元,存入银行。

这项经济业务的发生,使企业的银行存款增加了 500 000 元,相应地使企业的应付债券增加了 500 000 元。因此,它涉及资产类"银行存款"账户和负债类"应付债券"账户,应登记在"银行存款"账户的借方和"应付债券"账户的贷方,并且登记在两个账户的金额相等,都是 500 000 元(见图 3-3)。

图 3-3 [例 3-3]账户示例

【例 3-4】 企业用银行存款 20 000 元归还银行短期借款 10 000 元,偿还应付账款10 000 元。

这项经济业务的发生,使企业的银行存款减少了 20 000 元,相应地使企业的短期借款减少了 10 000 元,应付账款减少了 10 000 元。因此,它涉及资产类"银行存款"账户和负债类"短期借款""应付账款"账户,应登记在"银行存款"账户的贷方20 000元,"短期借款"账户的借方 10 000 元和"应付账款"账户的借方 10 000 元。这笔经济业务在"银行存款"账户的贷方记录了 20 000 元,在"短期借款"账户和"应付账款"账户的借方也记录了 20 000 元(10 000+10 000),如图 3-4 所示。

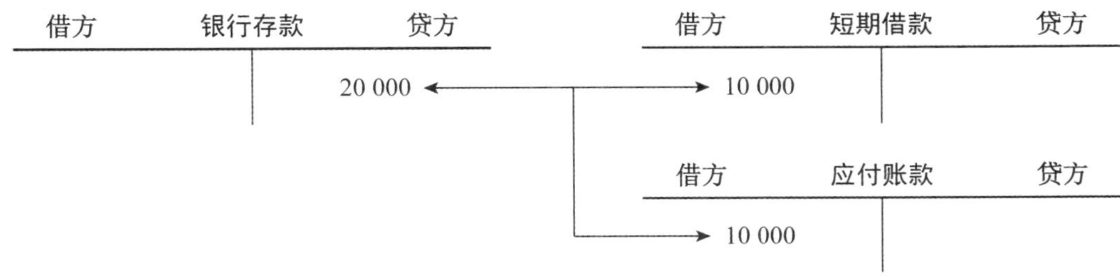

图 3-4 [例 3-4]账户示例

【例 3-5】 企业购入材料一批，货款为 20 000 元(不考虑税金)，用银行存款支付了 10 000 元，其余货款暂欠。材料已运抵企业并验收入库。

这笔经济业务的发生，一方面使原材料增加 20 000 元，另一方面使银行存款减少10 000元，应付账款增加 10 000 元。因此，它涉及“银行存款”“原材料”“应付账款”三个账户，应登记在“原材料”账户的借方 20 000 元，“银行存款”账户的贷方 10 000元，“应付账款”账户的贷方 10 000 元。这笔经济业务在“原材料”账户的借方记录了20 000元，在“银行存款”账户和“应付账款”账户的贷方也分别记录了 10 000 元，如图 3-5 所示。

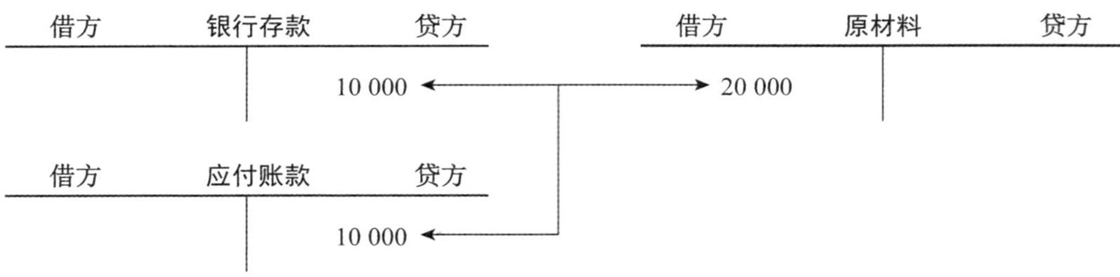

图 3-5 [例 3-5]账户示例

从以上所举五个实例可以看出，在借贷记账法下，对任何类型的经济业务，都一律采用“有借必有贷，借贷必相等”的记账规则。对于简单的经济业务，运用借贷记账法记账时，将其登记在一个账户的借方和另一个账户的贷方，登记在借方和贷方的金额必须相等；对于复杂的经济业务，在运用借贷记账法记账时，则需要将其登记在一个账户的借方和几个账户的贷方，或者登记在一个账户的贷方和几个账户的借方，登记在借贷双方的金额也必须相等。总之，运用借贷记账法记账，要求对发生的每一笔经济业务，都要以相等的金额，从借贷相反的方向，在两个或两个以上相互联系的账户中进行连续、分类地登记。即记入一个账户的借方，同时记入一个或几个账户的贷方；或者记入一个账户的贷方，同时记入一个或几个账户的借方。记入借方的金额合计必须等于记入贷方的金额合计。

(四) 账户的对应关系和对应账户

运用借贷记账法登记经济业务时，在相关账户之间会形成应借应贷的对应关系，这种关系称为账户的对应关系。

具有对应关系的账户，叫作对应账户。

例如，在上述[例 3-1]中，“银行存款”账户和“库存现金”账户存在应借应贷的对应关系，“银行存款”账户和“库存现金”账户就互为对应账户。

(五) 会计分录

1. 会计分录的定义

在借贷记账法下，指明每项经济业务应借、应贷账户名称及其金额的记录，称为会计分录，简称分录。会计分录包括账户名称、借贷方向和记账金额三个要素。在书写形式上应先借后贷，借贷应错开一个或几个字符。

2. 会计分录的编制

会计分录的编制过程也就是运用会计语言确定经济业务涉及的账户名称、借贷方向和记账金额三个要素的过程。

在实际工作中，会计分录是在记账凭证上编制的。编制会计分录应按以下步骤进行：

(1) 确认经济业务涉及的会计要素和账户名称。

(2) 分析涉及的账户属于哪类性质，其金额是增加还是减少。

(3) 根据账户性质和结构，确定应记入账户的方向(借或贷)。

(4) 确定应记入账户的金额。

(5) 检查、复核会计分录的正确性。

[例 3-1]至[例 3-5]的会计分录编制如下。

根据[例 3-1]编制的会计分录：

借：库存现金　　800
　　贷：银行存款　　800

根据[例 3-2]编制的会计分录：

借：应付账款　　10 000
　　贷：短期借款　　10 000

根据[例 3-3]编制的会计分录：

借：银行存款　　500 000
　　贷：应付债券　　500 000

根据[例 3-4]编制的会计分录：

借：短期借款　　10 000
　　应付账款　　10 000
　　贷：银行存款　　20 000

根据[例 3-5]编制的会计分录：

借：原材料　　20 000
　　贷：银行存款　　10 000
　　　　应付账款　　10 000

3. 会计分录的种类

按照一笔经济业务中所包含的会计账户数量的多少，可以将会计分录分为简单会计分录和复合会计分录。

(1) 简单会计分录是指只由两个账户所组成的会计分录，即“一借一贷”的会计分录。如[例 3-1]至[例 3-3]的会计分录。

(2) 复合会计分录是指由两个以上的账户所组成的会计分录，包括“一借多贷”“一贷多借”“多借多贷”的复杂会计分录。如[例 3-4][例 3-5]的会计分录。

第三节　总分类账户和明细分类账户

一、总分类账户与明细分类账户的关系

前已述及，总分类账户是指根据总分类科目设置的、用于对会计要素具体内容进行总括分类核算的账户；明细分类账户是根据明细分类科目设置的、用来对会计要素具体内容进行明细分类核算、提供具体而详细的货币核算指标和实物数量指标的账户。两类账户之间存在密切的关系。

总分类账户提供的经济指标，是对明细分类账户资料的综合反映，对所属明细分类账户起着统驭和控制的作用，因而也称为统驭账户；而明细分类账户是对有关总分类账户的辅助和补充，起着详细说明的作用，因而也称为从属账户。在会计实务中，只有把总分类账户与明细分类账户有机结合使用，才能既总括又详细地反映同一笔经济业务的内容，达到对经济业务进行全面反映的目的。

二、总分类账户和明细分类账户的平行登记

（一）平行登记的定义

平行登记是指在借贷记账法下，对发生的每笔经济业务，既要记入有关总分类账户，还要记入有关明细分类账户的登记方法。

（二）平行登记的要点

1．登记的依据相同

对于发生的每一项经济业务，应根据审核无误后的同一记账凭证及所附原始凭证，一方面记入总分类账户，另一方面记入该总分类账户所属的各有关明细分类账户。

2．登记的时间相同

经济业务发生后，总分类账户和所属明细分类账户应当在同一会计期间登记入账。

3．登记的方向相同

总分类账户及其所属明细分类账户登记的方向必须一致，即如果在总分类账户中登记借方，则在其所属明细账户中也应登记在借方；如果在总分类账户中登记贷方，则在其所属明细账户中也应登记在贷方。

4．登记的金额相同

对每一项经济业务，记入总分类账户的金额与记入其所属明细分类账的金额必须相等。如果同时涉及几个明细分类账户，则记入总分类账户的金额与其所属的几个明细分类账户的金额之和应当相等。

总分类账户和明细分类账户平行登记之后可产生如下数量关系：

总分类账户本期发生额＝所属明细分类账户本期发生额合计数

总分类账户期末余额＝所属明细分类账户期末余额合计数

在会计核算过程中,通常利用这种数量相等关系来检查总分类账和明细分类账记录的完整性和正确性。

(三)平行登记方法的应用

【例 3-6】 东华股份有限公司 20×7 年 6 月"原材料"总账和所属明细分类账月初余额如表 3-6 所示。

表 3-6 "原材料"总账及所属明细账月初余额

名 称	数量(千克)	单价(元)	金额(元)
A 材料	5 000	10	50 000
B 材料	500	20	10 000
合 计			60 000

"应付账款"账户贷方余额 50 000 元,其中甲工厂 15 000 元,乙工厂 35 000 元。本月发生如下经济业务:

(1) 12 日,向乙工厂购进 A 材料 2 000 千克,单价为 10 元,共计货款 20 000 元,材料已验收入库,货款未付。

(2) 10 日,以银行存款偿还前欠乙工厂货款 20 000 元。

(3) 15 日,向甲工厂购进 B 材料 800 千克,单价为 20 元,共计货款 16 000 元,材料已验收入库,货款未付。

(4) 25 日,以银行存款偿还前欠乙工厂货款 20 000 元,甲工厂货款 20 000 元,共计 40 000 元。

(5) 27 日,生产领用 A 材料 5 000 千克,单价为 10 元,共计 50 000 元;B 材料 800 千克,单价为 20 元,共计 16 000 元。

编制会计分录如下(不考虑税金):

(1) 借:原材料——A 材料　　20 000
　　贷:应付账款——乙工厂　　20 000
(2) 借:应付账款——乙工厂　　20 000
　　贷:银行存款　　20 000
(3) 借:原材料——B 材料　　16 000
　　贷:应付账款——甲工厂　　16 000
(4) 借:应付账款——甲工厂　　20 000
　　　　　　——乙工厂　　20 000
　　贷:银行存款　　40 000
(5) 借:生产成本　　66 000
　　贷:原材料——A 材料　　50 000
　　　　　　——B 材料　　16 000

"原材料""应付账款"总账及其明细账的平行登记如表 3-7 至表 3-14 所示。

表 3-7　原材料期初余额、发生额、期末余额对照表

借　原材料　贷

借方		贷方	
期初余额	60 000		
(1)	20 000	(5)	66 000
(3)	16 000		
发生额	36 000	发生额	66 000
期末余额	30 000		

表 3-8　原材料——A 材料期初余额、发生额期末余额对照表

借　原材料——A 材料　贷

借方		贷方	
期初余额	50 000		
(1)	20 000	(5)	50 000
发生额	20 000	发生额	50 000
期末余额	20 000		

表 3-9　原材料——B 材料期初余额、发生额、期末余额对照表

借　原材料——B 材料　贷

借方		贷方	
期初余额	10 000		
(3)	16 000	(5)	16 000
发生额	16 000	发生额	16 000
期末余额	10 000		

表 3-10　应付账款期初余额、发生额、期末余额对照表

借　应付账款　贷

借方		贷方	
		期初余额	50 000
(2)	20 000	(1)	20 000
(4)	40 000	(3)	16 000
发生额	60 000	发生额	36 000
		期末余额	26 000

表 3-11　应付账款——甲工厂期初余额、发生额、期末余额对照表

借　应付账款——甲工厂　贷

借方		贷方	
		期初余额	15 000
(4)	20 000	(3)	16 000
发生额	20 000	发生额	16 000
		期末余额	11 000

表 3-12 应付账款——乙工厂期初余额、发生额、期末余额对照表

借	应付账款——乙工厂		贷
		期初余额	35 000
(2)	20 000	(1)	20 000
(4)	20 000		
发生额	40 000	发生额	20 000
		期末余额	15 000

表 3-13 原材料总账、明细账发生额、余额对照表　　金额单位:元

明细账名称	月初余额		本期发生额		月末余额	
	借方	贷方	借方	贷方	借方	贷方
A材料	50 000		20 000	50 000	20 000	
B材料	10 000		16 000	16 000	10 000	
合计	60 000		36 000	66 000	30 000	

表 3-14 应付账款总账、明细账发生额、余额对照表　　金额单位:元

明细账名称	月初余额		本期发生额		月末余额	
	借方	贷方	借方	贷方	借方	贷方
甲工厂		15 000	20 000	16 000		11 000
乙工厂		35 000	40 000	20 000		15 000
合计		50 000	60 000	36 000		26 000

第四节 试算平衡

一、试算平衡的定义

试算平衡是指根据会计等式的平衡原理,以借贷记账法的记账规则为依据,通过汇总计算和比较,为检查账户记录是否正确、完整而采用的一种技术方法。

二、试算平衡的具体方法

借贷记账法下试算平衡可以采用以下两种方法。

(一) 发生额试算平衡法

1. 定义

发生额试算平衡法是通过检查全部账户本期借贷方发生额合计是否相等,来检查

账户记录是否正确的方法。

2. 平衡公式

全部账户的本期借方发生额合计＝全部账户本期贷方发生额合计　　(3-1)

3. 平衡原理

发生额试算平衡法是由借贷记账法的记账规则决定的。对于某个会计期间内发生的每一项经济业务，在记入一个账户借方或贷方的同时必然记入另一个账户的贷方或借方，而且金额相等，即“有借必有贷，借贷必相等”。因而，一个企业在一定会计期间内无论发生了多少笔经济业务，也不管记入了多少账户，只要把这些账户的发生额分别进行合计，借贷双方的合计数肯定是相等的。

4. 具体做法

在实际工作中，全部账户借、贷方发生额之间的试算一般是通过编制“总分类账户本期发生额试算平衡表”来进行的。会计期末，会计人员计算出各个账户的借、贷方发生额合计数，将其抄列在该表中的相应账户名称的相应栏次，再分别计算表中的所有账户的借、贷双方发生额的合计数。如果该表中“本期发生额”栏的借、贷双方发生额的合计数相等，说明经济业务的账务处理以及该表的编制基本是正确的；如果不相等，则说明肯定存在问题，还应分析双方合计数不相等的原因，并采用一定的方法进行查找并予以更正，直到借、贷双方发生额的合计数平衡为止。

（二）余额试算平衡法

1. 定义

余额试算平衡法是通过检查全部账户本期借贷方余额合计是否相等，来检查账户记录是否正确的方法。

2. 平衡公式

全部总分类账户期初借方余额合计＝全部总分类账户期初贷方余额合计　(3-2)

全部总分类账户期末借方余额合计＝全部总分类账户期末贷方余额合计　(3-3)

3. 平衡原理

借贷记账法的余额试算平衡法是依据会计等式“资产＝负债＋所有者权益”的基本原理建立起来的。

在会计期末，企业的收入类账户和费用类账户一般没有余额，有余额的只有资产、负债、所有者权益和利润四类账户。而实现的利润根据其权属又可以加入所有者权益中去，在这种情况下，期末有余额的只有资产、负债、所有者权益三类账户。在这三类账户中，资产类账户的期末余额一般为借方余额，负债类和所有者权益类账户的期末余额一般为贷方余额。因而，余额试算平衡公式实质上体现的是“资产＝负债＋所有者权益”的平衡关系。

4. 具体做法

在实际工作中，会计期(初)末全部账户余额的试算一般是通过编制“总分类账户期(初)末余额试算平衡表”来进行的。所采用的数据来自所试算期间的全部账户的期初余额和期末余额。各账户的期初余额是从上一会计期末结转而来,期末余额则是指各账户记录经济业务所产生的新的结果。在会计期末,计算出各个账户的余额,将其抄入该表中相应账户名称一行的期末余额"借方""贷方"栏即可,再分别计算借、贷双方余额的合计数。如果所有账户的期初余额和期末余额借方余额合计数和贷方余额合计数各自相等,说明账务处理和该表的编制过程基本是正确的。如果不相等,应进行差错查找,并进行更正,直至平衡为止。

为简化工作,企业也可以将"总分类账户本期发生额试算平衡表"和"总分类账户期(初)末余额试算平衡表"合并为一张试算平衡表,即"总分类账户本期发生额及余额试算平衡表"(其格式参考表3-17)。

应当说明的是,通过试算平衡表来检查账簿记录是否平衡并不是绝对的,如果借贷不平衡,可以肯定账户的记录或计算有错误,应找出原因,予以更正。但是,如果借贷试算平衡,也不能肯定记账没有错误,因为有些错误并不影响借贷双方的平衡关系。

三、试算平衡举例

【例3-7】 东华股份有限公司20×7年1月初总账账户余额及1月份发生的经济业务如表3-15所示。

表3-15 东华股份有限公司20×7年1月初总账账户期初余额 单位:元

账户名称	期初余额	账户名称	期初余额
库存现金	1 000	短期借款	20 000
银行存款	150 000	应付账款	10 000
应收账款	20 000	应交税费	35 000
原材料	20 000	实收资本	100 000
固定资产	125 000	利润分配	166 000
生产成本	15 000		
合　计	331 000	合　计	331 000

东华股份有限公司适用增值税税率为13%,1月份发生了以下经济业务:

(1) 从中国银行取得短期借款10 000元,存入银行。

(2) 采购员王强出差预借差旅费800元,以现金支付。

(3) 从中国银行提取现金2 000元,以备零星使用。

(4) 管理部门购买办公用品500元,以现金支付。

(5) 收回甲公司前欠本公司账款20 000元,存入银行。

(6) 向乙公司购入A材料一批,不含增值税价款40 000元,增值税5 200元,材料已验收入库,价税款尚未支付。

(7) 生产车间制造产品领用A材料10 000元。

(8) 以银行存款偿还前欠乙公司账款 45 200 元。

(9) 开出转账支票，上交 20×6 年的应纳企业所得税 18 000 元。

(10) 收到投资者投入货币资金 10 000 元，存入银行。

(11) 购入生产设备一台，不含增值税价款 65 000 元，增值税 8 450 元，价税款已用银行存款支付。

(12) 采购员王强报销差旅费 850 元，以现金支付其垫付款 50 元。

要求：对东华股份有限公司 20×7 年 1 月份发生的经济业务进行账务处理并试算平衡。

东华股份有限公司 20×7 年 1 月份发生的经济业务处理如下：

第一步，编写本月发生的经济业务的会计分录。

(1) 借：银行存款　　10 000
　　贷：短期借款——中国银行　　10 000

(2) 借：其他应收款——王强　　800
　　贷：库存现金　　800

(3) 借：库存现金　　2 000
　　贷：银行存款　　2 000

(4) 借：管理费用　　500
　　贷：库存现金　　500

(5) 借：银行存款　　20 000
　　贷：应收账款——甲公司　　20 000

(6) 借：原材料——A 材料　　40 000
　　应交税费——应交增值税(进项税额)　　5 200
　　贷：应付账款——乙公司　　45 200

(7) 借：生产成本　　10 000
　　贷：原材料——A 材料　　10 000

(8) 借：应付账款——乙公司　　45 200
　　贷：银行存款　　45 200

(9) 借：应交税费——应交所得税　　18 000
　　贷：银行存款　　18 000

(10) 借：银行存款　　10 000
　　贷：实收资本　　10 000

(11) 借：固定资产　　65 000
　　应交税费——应交增值税(进项税额)　　8 450
　　贷：银行存款　　73 450

(12) 借：管理费用　　850
　　贷：其他应收款——王强　　800
　　　　库存现金　　50

第二步，开设账户(用“T”形账户代替)、登记期初余额和本期发生额、结出发生额合计及期末余额，如表 3-16 所示。

表 3-16　开设账户、登记期初余额和本期发生额、期末发生额合计及期末余额

借　银行存款　贷

借方		贷方	
期初余额	150 000		
(1)	10 000	(3)	2 000
(5)	20 000	(8)	45 200
(10)	10 000	(9)	18 000
		(11)	73 450
发生额	40 000	发生额	138 650
期末余额	51 350		

借　应收账款　贷

借方		贷方	
期初余额	20 000		
		(5)	20 000
发生额	0	发生额	20 000
期末余额	0		

借　库存现金　贷

借方		贷方	
期初余额	1 000		
(3)	2 000	(2)	800
		(4)	500
		(12)	50
发生额	2 000	发生额	1 350
期末余额	1 650		

借　原材料　贷

借方		贷方	
期初余额	20 000		
(6)	40 000	(7)	10 000
发生额	40 000	发生额	10 000
期末余额	50 000		

借　生产成本　贷

借方		贷方	
期初余额	15 000		
(7)	10 000		
发生额	10 000	发生额	0
期末余额	25 000		

借　其他应收款　贷

借方		贷方	
期初余额	0		
(12)	800		
		(2)	800
发生额	800	发生额	800
期末余额	0		

借　固定资产　贷

借方		贷方	
期初余额	125 000		
(11)	65 000		
发生额	65 000	发生额	0
期末余额	190 000		

借　短期借款　贷

借方		贷方	
		期初余额	20 000
		(1)	10 000
发生额	0	发生额	10 000
		期末余额	30 000

借	应付账款		贷
		期初余额	10 000
(8) 45 200		(6)	45 200
发生额	45 200	发生额	45 200
		期末余额	10 000

借	实收资本		贷
		期初余额	100 000
		(10)	10 000
发生额	0	发生额	10 000
		期末余额	110 000

借	利润分配		贷
		期初余额	166 000
发生额	0	发生额	0
		期末余额	166 000

借	应交税费		贷
		期初余额	35 000
(6)	5 200		
(9)	18 000		
(11)	8 450		
发生额	31 650	发生额	0
		期末余额	3 350

借	管理费用		贷
期初余额	0		
(4)	500		
(12)	850		
发生额	1 350	发生额	0
期末余额	1 350		

第三步，编制试算平衡表并进行试算平衡，如表3-17所示。

表3-17　总分类账户本期发生额及余额试算平衡表

20×7年1月　　　　单位：元

会计科目	期初余额		本期发生额		期末余额	
	借方	贷方	借方	贷方	借方	贷方
库存现金	1 000		2 000	1 350	1 650	
银行存款	150 000		40 000	138 650	51 350	
应收账款	20 000			20 000		
其他应收款			800	800		
原材料	20 000		40 000	10 000	50 000	
固定资产	125 000		65 000		190 000	
生产成本	15 000		10 000		25 000	
短期借款		20 000		10 000		30 000

（续表）

会计科目	期初余额		本期发生额		期末余额	
	借方	贷方	借方	贷方	借方	贷方
应付账款		10 000	45 200	45 200		10 000
应交税费		35 000	31 650			3 350
实收资本		100 000		10 000		110 000
利润分配		166 000				166 000
管理费用			1 350		1 350	
合计	331 000	331 000	236 000	236 000	319 350	319 350

上述试算平衡结果显示：

所有账户期初借方余额＝所有账户期初贷方余额＝331 000(元)

所有账户本期借方发生额合计数＝所有账户本期贷方发生额合计数

＝236 000(元)

所有账户期末借方余额＝所有账户期末贷方余额＝319 350(元)

说明对该企业20×7年1月份发生的经济业务所进行的会计处理和试算平衡是基本正确的。

课程思政教学案例

私刻公章转移资金，法网恢恢疏而不漏

本章小结

记账方法有单式记账法和复式记账法两种。

复式记账法是指对每项经济业务，都必须以相等的金额在相互关联的两个或两个以上的账户进行全面登记的记账方法。复式记账法是一种科学的记账方法，包括借贷记账法、增减记账法、资金收付记账法等。其中，借贷记账法是世界各国通用的一种记账方法。复式记账法是一种科学的记账方法，包括借贷记账法、增减记账法、收付记账法。其中，借贷记账法是世界各国普遍采用的一种记账方法。

借贷记账法是以“借”和“贷”作为记账符号的一种复式记账方法。

借贷记账法的记账规则是:有借必有贷,借贷必相等。

运用借贷记账法记录每项经济业务时,在有关账户之间产生了应借、应贷的对应关系,具有对应关系的账户称为对应账户。

在记账凭证中指明某项经济业务应借、应贷账户的名称和应计入的金额的记录叫会计分录。编制会计分录是将经济业务信息转化成会计语言的起点,是保证会计记录正确可靠的重要环节。

在借贷记账法下,可以通过编制“总分类账户发生额及余额试算平衡表”来检查账户记录的正确性。

本章介绍的复式记账原理以及借贷记账法的运用是会计核算的方法基础。学好本章对于以后各章的学习具有非常重要的意义。

课后习题

一、名词解释题

①复式记账法;②借贷记账法;③对应账户;④会计分录;⑤试算平衡;⑥总分类账户;⑦明细分类账户;⑧平行登记。

二、单项选择题

1. 企业购进并验收入库的生产用材料应借记的账户是(　　)。

A.“库存商品”　　B.“固定资产”　　C.“原材料”　　D.“制造费用”

2. 企业购入不需要安装的生产用设备一台,应借记的账户是(　　)。

A.“固定资产”　　B.“无形资产”　　C.“工程物资”　　D.“库存商品”

3. 企业收回应收的货款,应贷记的账户是(　　)。

A.“应收账款”　　B.“其他应收款”　　C.“预付账款”　　D.“银行存款”

4. 企业本月收入总额为10万元,费用总额为4万元,发生不直接计入所有者权益的利得和损失分别为2万元、1万元,则企业本月的利润为(　　)万元。

A. 7　　B. 6　　C. 8　　D. 5

5. 负债类账户的本期减少数和期末余额分别反映在(　　)。

A. 借方　　B. 贷方　　C. 借方和贷方　　D. 贷方和借方

6. 企业从银行借入3年期借款,应贷记的账户是(　　)。

A.“库存现金”　　B.“短期借款”

C.“长期借款”　　D.“长期应付款”

7. 在借贷记账法下,下列关于余额试算平衡法平衡公式的表述中,正确的是(　　)。

A. 全部总分类账户借方发生额合计=全部总分类账户贷方发生额合计

B. 全部总分类账户借方期初余额合计=全部总分类账户借方期末余额合计

C. 全部总分类账户贷方期初余额合计=全部总分类账户贷方期末余额合计

D. 全部总分类账户借方期末余额合计=全部总分类账户贷方期末余额合计

8. 某企业收到客户交来的包装物押金(支票)500元。下列会计分录中,正确的是(　　)。

A. 借：银行存款　　500
　　贷：周转材料　　500
B. 借：银行存款　　500
　　贷：应付账款　　500
C. 借：库存现金　　500
　　贷：其他业务收入　　500
D. 借：银行存款　　500
　　贷：其他应付款　　500

9. 采购员预借差旅费，企业财会部门以现金付讫。下列账户中，(　　)是应借记的账户。
A. "其他应付款"　　B. "其他应收款"
C. "管理费用"　　D. "销售费用"

10. 下列关于"实收资本"账户的表述中，不正确的是(　　)。
A. 属于所有者权益的账户　　B. 借方登记按规定减少的资本
C. 贷方登记投资者投入的资本　　D. 期末无余额

11. 日常会计核算工作的起点是(　　)。
A. 填制会计凭证　　B. 财产清查
C. 设置会计科目和账户　　D. 登记会计账簿

12. 下列关于复式记账法的表述中，正确的是(　　)。
A. 每一项经济交易或事项的发生，都会引起资产、负债、所有者权益有关项目的增减变动
B. 资产发生变动的，负债也必然发生变动
C. 资产发生变动的，所有者权益也必然发生变动
D. 负债发生变动的，所有者权益也必然发生变动

13. 下列账务处理错误中，能够通过试算平衡查找的是(　　)。
A. 重记经济业务　　B. 漏记经济业务
C. 借贷方向相反　　D. 借贷金额不等

14. 下列各项中，不是复合会计分录的是(　　)。
A. 一借多贷的会计分录　　B. 多借一贷的会计分录
C. 一借一贷的会计分录　　D. 多借多贷的会计分录

15. 在借贷记账法下，账户的哪一方登记增加数，哪一方登记减少数，取决于(　　)。
A. 采用什么会计核算方法
B. 采用什么记账形式
C. 增加的记借方，减少的记贷方的记账规则
D. 账户所要反映的经济内容

16. 某企业有甲、乙、丙三种原材料。"原材料"总分类账户的本期借方发生额为 2.5 万元，本期贷方发生额为 2.4 万元，其有关明细分类账户的发生额分别为：甲材料本期借方发生额为 8 000 元，贷方发生额为 6 000 元，乙材料借方发生额为 1.3 万元，贷方发生额为 1.6 万元。下列选项中，正确反映丙材料本期借方和贷方发生额的是(　　)。
A. 借方发生额为 12 000 元，贷方发生额为 2 000 元
B. 借方发生额为 4 000 元，贷方发生额为 2 000 元
C. 借方发生额为 4 000 元，贷方发生额为 1 000 元
D. 借方发生额为 6 000 元，贷方发生额为 8 000 元

17. 下列表述中，正确的是(　　)。

A. 从某个企业看，其全部账户的借方余额合计与全部账户的贷方余额合计不一定相等
B. 从某个会计分录看，其借方账户与贷方账户之间互为对应账户
C. 试算平衡的目的是验证企业的全部账户的借方发生额合计与借方余额合计是否相等
D. 不能编制多借多贷的会计分录

18. 在试算平衡表中，如果试算平衡，下列表述中，正确的是（　　）。
A. 说明每一个账户的借方数一定等于贷方数
B. 不一定说明账簿记录正确
C. 说明本期增加数一定等于本期减少数
D. 说明期初余额一定等于期末余额

19. 某企业月末在编制试算平衡表中，全部账户的本月贷方发生额合计为 6 万元，除“银行存款”账户外的本月借方发生额合计为 4.2 万元。下列关于“银行存款”账户的表述中，正确的是（　　）。
A. 本月贷方余额为 1.8 万元　　B. 本月借方余额为 1.8 万元
C. 本月借方发生额为 1.8 万元　　D. 本月贷方发生额为 1.8 万元

20. 下列关于试算平衡法的表述中，不正确的是（　　）。
A. 包括发生额试算平衡法和余额试算平衡法
B. 试算不平衡，表明账户记录肯定有错误
C. 试算平衡，说明账户记录一定正确
D. 发生额试算平衡法的理论依据是“有借必有贷，借贷必相等”

21. “短期借款”账户的期初余额为贷方 10 万元，本期偿还借款 2 万元。该账户期末余额为（　　）万元。
A. 贷方 8　　B. 借方 8　　C. 借方 12　　D. 贷方 12

22. “应收账款”账户的期初余额为借方 2 000 元，本期借方发生额 9 000 元，本期贷方发生额 8 000 元。该账户期末余额为（　　）元。
A. 借方 3 000　　B. 贷方 8 000　　C. 借方 5 000　　D. 贷方 5 000

23. 某企业年末“固定资产”账户余额为 35 万元，固定资产净值为 28 万元，不考虑其他因素，下列表述中，正确的是（　　）。
A. “累计折旧”账户年末借方余额为 63 万元　　B. “累计折旧”账户年末贷方余额为 7 万元
C. “累计折旧”账户年末贷方余额为 63 万元　　D. “累计折旧”账户年末借方余额为 7 万元

24. 下列关于总分类账和明细分类账之间关系的表述中，不正确的是（　　）。
A. 总分类账户对明细分类账户具有统驭控制作用
B. 明细分类账户对总分类账户具有补充说明作用
C. 总分类账户与其所属明细分类账户在总金额上应当相等
D. 总分类账户与明细分类账户可以根据实际情况选择采用平行登记的方法

25. 按照平行登记法的原则，经济业务在相关的总账和明细账中进行登记。下列关于平行登记法的表述中，正确的是（　　）。
A. 根据总账登记明细账　　B. 根据明细登记总账
C. 先记总账后记明细账　　D. 根据相同的原始依据各自独立登记

26. 下列各项中，（　　）符合成本类账户的记账规则。
A. 增加额记借方　　B. 增加额记贷方
C. 减少额记借方　　D. 期末余额在贷方

27. 下列账户中，（　　）账户期末结转后应无余额。
A. “实收资本”　　B. “应付账款”　　C. “固定资产”　　D. “管理费用”

28. 某企业“原材料”账户月初余额为 38 万元，本月验收入库的原材料共计 24 万元，发出材料共计 32 万元。下列有关该企业“原材料”账户月末余额的选项中，正确的是（　　）。

A. 余额在借方，金额为 46 万元　　B. 余额在贷方，金额为 46 万元

C. 余额在借方，金额为 30 万元　　D. 余额在贷方，金额为 30 万元

29. 下列关于总账和明细账的表述中，正确的是（　　）。

A. 明细账根据明细分类科目设置

B. 总账的余额不一定等于其所属明细账的余额的合计数

C. 所有资产类总账的余额合计数应等于所有负债类总账的余额合计数

D. 现金日记账实质上就是现金的总账

30. 总分类账与明细分类账平行登记有四个要点，下列关于“金额相等”的表述中，正确的是（　　）。

A. 记入总账的金额与记入所属明细分类账户的合计金额相等

B. 总账账户的期末借方余额等于所属明细账户期末贷方余额

C. 总账账户的本期借方发生额等于所属明细账户本期贷方发生额合计

D. 总账账户的期初贷方余额等于所属明细账账户期初借方余额合计

三、多项选择题

1. 借记“原材料”账户，有可能贷记（　　）账户。

A. “银行存款”　　B. “库存现金”　　C. “应付账款”　　D. “财务费用”

2. 甲企业月末编制试算平衡表，借方余额合计为 150 000 元，贷方余额合计为 180 000 元。经检查后发现，漏记了一个账户的余额为（　　）。

A. 借方余额　　B. 贷方余额　　C. 15 000 元　　D. 30 000 元

3. 在借贷记账法下，经济业务无论怎样复杂，均可概括为（　　）。

A. 权益内部有增有减，总额不变　　B. 资产与权益同时增加，总额增加

C. 资产内部有增有减，总额不变　　D. 资产与权益同时减少，总额不变

4. 下列关于会计恒等式的选项中，正确的有（　　）。

A. 本期借方发生额合计＝本期贷方发生额合计

B. 本期借方余额合计＝本期贷方余额合计

C. 资产＝负债＋所有者权益

D. 收入－费用＝利润

5. 下列关于会计账户余额的表述中，正确的有（　　）。

A. 资产类账户的期末余额＝期初余额＋本期借方发生额－本期贷方发生额

B. 资产类账户的期末余额＝期初余额＋本期贷方发生额－本期借方发生额

C. 权益类账户的期末余额＝期初余额＋本期借方发生额－本期贷方发生额

D. 权益类账户的期末余额＝期初余额＋本期贷方发生额－本期借方发生额

6. 在借贷记账法下，下列选项中，（　　）应当在账户借方登记。

A. 资产的增加　　B. 负债的增加

C. 收入的增加　　D. 所有者权益的减少

7. 在借贷记账法下，下列选项中，（　　）应当在账户贷方登记。

A. 资产的增加　　B. 负债的增加

C. 所有者权益的增加　　D. 费用的增加

8. 下列关于复式记账法的主要特点的表述中，正确的有（　　）。

A. 可以反映每一项经济业务的来龙去脉　　B. 可以反映科目之间的平衡关系

C. 可以便于检查账户记录的正确性　　D. 可以便于检查账户记录的完整性

9. 在借贷记账法下，下列选项中，(　　)属于在账户借方登记的内容。

A. 资产的增加　　B. 所有者权益的增加

C. 收入的减少或期末结转数　　D. 成本的增加

10. 下列表述中，(　　)正确反映了借贷记账法的特点。

A. 以“借”“贷”作为记账符号

B. 根据科目所反映的经济内容，来决定记账方向

C. 记账规则是“有借必有贷，借贷必相等”

D. 可以进行发生额试算平衡和余额试算平衡

11. 在借贷记账法试算平衡时，下列错误不影响借贷双方平衡的有(　　)。

A. 借贷方向记反　　B. 重记经济业务

C. 漏记经济业务　　D. 记错账户

12. 下列选项中，(　　)属于总账科目。

A. “应收账款”　　B. “库存现金”

C. “应交所得税”　　D. “ 固定资产”

13. 下列各项中，(　　)属于试算平衡公式。

A. 借方账户金额＝贷方账户金额

B. 借方期末余额＝借方期初余额＋本期借方发生额－本期贷方发生额

C. 全部账户借方发生额合计＝全部账户贷方发生额合计

D. 全部账户的借方余额合计＝全部账户的贷方余额合计

14. 在编制试算平衡表时，下列表述中，正确的有(　　)。

A. 如果试算平衡，说明账户记录正确无误

B. 必须保证所有账户的余额均已记入试算平衡表

C. 如果试算不平衡，账户记录肯定有错误，应该认真查找，直到平衡为止

D. 即使试算平衡，也不能说明账户记录绝对正确

15. 下列选项中，(　　)属于总分类账户和明细分类账户的平行登记要点。

A. 所依据会计凭证相同

B. 借贷方向相同

C. 所属会计期间相同

D. 记入总分类账户的金额和计入其所属明细分类账户的合计金额相等

16. 下列会计等式中，正确的有(　　)。

A. 期末余额＝期初余额＋本期增加发生额－本期减少发生额

B. 期末余额－期初余额＝本期增加发生额－本期减少发生额

C. 期末余额－期初余额－本期增加发生额＝本期减少发生额

D. 期末余额＋本期减少发生额＝期初余额＋本期增加发生额

17. 在发生某些账务处理错误的情况下，试算平衡表依然是平衡的。下列选项中，(　　)属于这种情况。

A. 少记某账户发生额　　B. 整笔经济业务漏记

C. 整笔经济业务重记　　D. 某一账户的金额记错

18. 下列选项中，(　　)属于借贷记账方法下的试算平衡方法。

A. 发生额试算平衡法　　B. 总额试算平衡法

C. 差额试算平衡法　　D. 余额试算平衡法

19. 下列选项中，(　　)构成会计分录基本内容。

A. 应记账户的名称　　B. 应记账户的方向

C. 应记金额　　D. 记账时间

20. 下列关于平行登记的表述中，正确的有(　　)。

A. 总账账户的期初余额＝明细账账户期初余额合计

B. 记入总分类账户的金额与记入其所属明细分类账户的合计金额相等

C. 总账账户的本期发生额＝所属明细账户本期发生额合计

D. 总账账户的期末余额＝所属明细账户期末余额合计

四、判断题

1. “收入－费用＝利润”这一会计等式，是复式记账法的理论基础，也是编制资产负债表的依据。(　　)
2. 资产与权益恒等式关系是复式记账法的理论基础，也是企业编制资产负债表的依据。(　　)
3. 通过试算平衡检查账簿记录后，如果左右平衡就可以肯定记账没有错误。(　　)
4. 所有者权益类账户的余额在贷方，表示所有者权益的结存数。(　　)
5. 成本类账户结构与费用类账户结构完全相同。(　　)
6. 账户中的本期增加发生额，是增减相抵后的净增加额。(　　)
7. 目前我国主要采用的是复式记账法，但对于个别企业、组织也可以采用单式记账法进行会计核算。(　　)
8. 复式记账法可以保持账户之间的平衡关系。(　　)
9. 当企业本期收入大于费用时，表示企业取得了盈利，最终导致企业所有者权益的增加。(　　)
10. 某企业银行存款期初借方余额为 10 万元，本期借方发生额为 5 万元，本期贷方发生额为 3 万元，则期末借方余额为 12 万元。(　　)
11. 本期发生额是一个期间指标，它说明某类经济内容的增减变动情况。(　　)
12. 在实际工作中，余额试算平衡通过编制试算平衡表进行。(　　)
13. 对于不同性质的账户，借贷的含义有所不同。(　　)
14. 所有者权益类账户及负债类账户的结构与资产类账户的结构是一致的。(　　)
15. 总分类账户与明细分类账户登记的原始依据和详细程度不同。(　　)
16. 总分类账户及明细分类账户必须在同一会计期间内登记。(　　)
17. 一个会计主体一定期间内的全部账户的借方发生额合计与贷方发生额合计一定相等。(　　)
18. 若企业所有总分类账户期初余额是平衡的，即使本期发生额试算不平衡，期末余额试算也有可能会平衡。(　　)
19. 在借贷记账法下，“借”“贷”只作为记账符号使用，用以表明记账方向。(　　)
20. 编制试算平衡表时，只有期初余额而没有本期发生额的账户也应当包括在内。(　　)
21. 在会计处理中，只能编制一借一贷、一借多贷、一贷多借的会计分录，而不能编制多借多贷的会计分录，以避免对应关系混乱。(　　)
22. 费用类账户的结构与资产类账户的结构完全相同。(　　)
23. 为了满足管理的需要，企业的会计科目设置得越细越好。(　　)
24. 账户的四个金额要素之间的关系可用下面的等式表示：期初余额＝期末余额＋本期增加发生额－本期减少发生额。(　　)
25. 在借贷记账法下，“借”表示增加，“贷”表示减少。(　　)
26. 借贷记账法中的记账规则，概括地说就是“有借必有贷，借贷必相等”。(　　)

27. 成本类账户期末一般无余额。 （ ）

28. 我国会计准则规定，所有的单位记账都采用借贷记账法。 （ ）

五、计算与分析题

目的：熟悉各类账户的结构。

资料：华联公司20×7年的账户资料如表3-18所示。

表3-18 华联公司20×7年的账户资料 单位：元

账户名称	期初余额	本期借方发生额	本期贷方发生额	期末余额
库存现金	4 000	2 000		4 750
银行存款	75 000	50 000	91 000	
应收账款		52 300	43 000	17 000
短期借款	50 000		25 000	45 000
实收资本	150 000		0	150 000
固定资产	67 000	5 400		56 500
原材料		6 450	8 670	7 410
应付账款	2 000		1 500	2 100

要求：根据各类账户的结构关系，计算并填写表3-18中的空格。

六、会计分录题

（一）**资料：**东华股份有限公司为增值税一般纳税人，适用增值税税率13%，20×7年12月份发生下列业务：

(1) 开出现金支票从银行提取现金2 000元备用。

(2) 用现金支付生产车间办公用品费4 400元。

(3) 收到B公司前欠货款80 000元，存入银行。

(4) 向C工厂销售A产品一批，不含增值税的售价为100 000元，增值税17 000元，款项尚未收到。

(5) 支付前所欠D公司货款1 500 000元。

要求：根据上述资料，使用借贷记账法编制会计分录。

（二）**资料：**常红公司20×7年6月发生经济业务如下：

(1) 出纳员向银行提取现金30 000元，准备发放工资。

(2) 以现金发放本月工资30 000元。

(3) 购入材料一批，不含增值税价款3 000元，增值税390元，材料已验收入库，货款尚未支付。

(4) 购买生产设备一台，不含增值税价款60 000元，增值税7 800元款项已通过银行存款支付。

(5) 向银行申请2年期借款100 000元，借款已划入企业银行账户。

要求：编制相关会计分录。

七、综合题

资料：东华股份有限公司20×7年3月各资产、负债和所有者权益账户期初余额如表3-19所示。

表 3-19　东华股份有限公司 20×7 年 3 月的账户期初余额　单位:元

资产类账户	金额	负债和所有者权益类账户	金额
库存现金	200	负债：	
银行存款	130 000	短期借款	580 000
应收账款	12 000	应付账款	16 500
生产成本	24 000	负债合计	596 500
原材料	30 000	所有者权益：	
其他应收款	300	实收资本	250 000
固定资产	650 000	所有者权益合计	250 000
总计	846 500	总计	846 500

该公司 3 月发生下列经济业务：

(1) 以银行存款 80 000 元偿还银行短期借款。

(2) 收到外商投资款 100 000 元,存入银行。

(3) 以银行存款 2 500 元,偿还前欠某工厂购货款。

(4) 收到某购货单位前欠本公司的货款 3 000 元,其中转账支票 2 700 元存入银行,另收现金 300 元。

(5) 为购买生产设备,从某银行取得长期借款 56 500 元,已存入公司银行账户。

(6) 用上述银行长期借款购买不需安装的生产设备一台,不含增值税价款 50 000 元,增值税 6 500 元,价税款已通过银行存款支付。

(7) 采购员张明预借差旅费 1 800 元,以现金付讫。

(8) 购进材料一批,不含增值税价格 15 000 元,增值税 1 950 元,价税款以银行存款支付,材料验收入库。

(9) 从银行提取现金 1 500 元,以备零星开支。

(10) 生产车间领用材料 10 000 元用于产品生产。

(11) 收到某单位作为投资而投入的设备一台,价值 6 000 元。

要求:

(1) 根据借贷记账法原理,编制该公司 3 月份各项经济业务的会计分录。

(2) 开设总分类账户,登记期初余额、本期发生额,结出期末余额。

(3) 编制各账户本期发生额及余额试算平衡表。

课后习题电子版

CHAPTER 4

第四章

借贷记账法在一般工业企业中的应用

Learning objectives 学习目标

学习目标

- 了解工业企业基本经济业务及成本计算内容
- 理解工业企业基本经济业务的基本账户
- 掌握工业企业基本经济业务的核算过程
- 掌握成本计算的基本方法

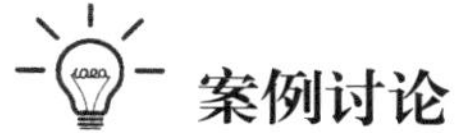

案例讨论

“贝克汉姆”要不要入账

就读于某财经大学会计专业的F同学是一个狂热的足球迷，对欧洲五大联赛各豪门球队的情况非常熟悉。有一天，听到同班有两位女同学在谈论贝克汉姆。

A：维多利亚实在是太幸福了，有这样一位帅气、时尚，又能赚钱的老公。

B：也没有那么好啊，小贝其实不过是皇马的一项“资产”而已，连穿什么样的衣服，买什么日用品都是由皇马控制的，维多利亚最多只能算是与皇马共为这一“资产”的权益人罢了！

A：你别这样说好不好，小贝被你说成一件商品似的。

B：事实就是这样啊，小贝的确是被皇马的会计师作为“固定资产”入账的，这个“资产”的账面原值就是曼联把他卖给皇马的价格3 500万欧元。

F同学早就对那些“迷人”不“迷球”的“伪球迷”（如A同学）有看法，他决定参与讨论。

F：在某种意义上，现代球员的交易市场类似于美国内战前庄园主对农奴的买卖，都是明码标价的卖身契。皇马通过“人口买卖”控制了小贝这个资源（通过5年期不可更改的复杂合约），并且预期小贝可以带来巨大的经济价值，所以小贝这个生物意义上的人，在会计意义上就不是“人”了，而是“资产”。

A同学有点伤感，她突然想到了专业见习时在某动物园会计账上赫然在列的“固定资产——黑熊1号”。

B：还是曼联温情一点，在卖掉小贝之前的14年间，曼联的资产清单上从来没有出现过小贝的名字。

F：那是因为小贝在很小的时候就进入曼联的训练营，虽然14年间曼联为他投入了大把的银子：训练费、营养费、宣传费、理发费（考虑到他的复杂发型）等，但出于谨慎考虑，曼联的会计师并没有把这些费用资本化。如果曼联当初把花在小贝身上的钱都进行资本化，那么小贝就可以作为资产出现在曼联的报表上了，但谁敢在14年前就担保小贝一定能被培养成巨星呢？足球俱乐部每年都会招很多小孩子进来培训，最后能成才的有几个？变成全世界妇女偶像的概率到底有多大？

A：这样想来，在皇马俱乐部，小贝好歹还被当成一台机器入账了。而在曼联的会计师那里，小贝居然一文不名！

大家接着又探讨了皇马在这笔交易中的收益问题、小贝的“折旧”问题以及他那昂贵右腿的保险费应该如何进行会计处理的问题等。大家都感慨：会计问题真是无所不在，并且不乏趣味啊！

第一节　工业企业的主要经济业务与成本计算概述

一、工业企业的主要经济业务概述

工业企业是按照社会主义市场经济体制的要求面向市场、独立核算、自负盈亏、自我积累、自我发展的产品工业企业。它的基本任务是努力增加产品年产量，提高产品质量，扩大花色品种，满足市场需求，加强企业管理，进行技术改造，减少活劳动和物化劳动耗费，降低成本，增加盈利，提高经济效益，为发展社会主义市场经济积累更多资金。

工业企业为进行生产经营活动，必须拥有一定数量的财产、物资，这些再生产过程中财产物资的货币表现就是资金。随着生产经营活动的进行，资金以“货币资金→储备资金→生产资金→成品资金→货币资金”的形式不断运动。资金投入企业后，依次经过供应、生产、销售三个过程以及资金的筹集、使用、退出等经济活动，构成工业企业主要经营过程核算的内容，如图 4-1 所示。

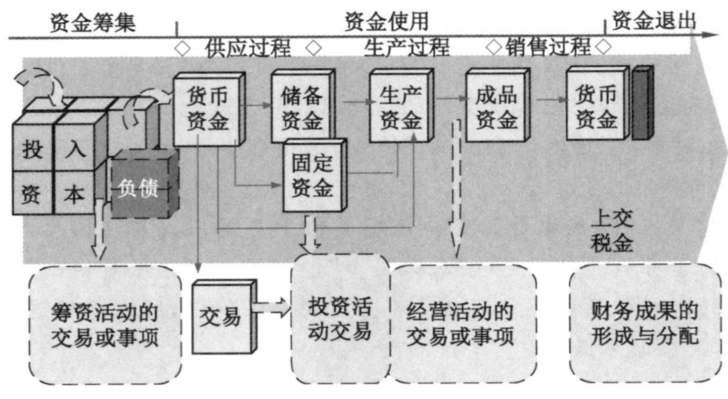

图 4-1　工业企业的主要经营过程

具体而言，工业企业的经营过程的业务活动可划分为以下几个部分。

（一）资金筹集业务

为了进行正常的生产经营活动，每一个企业都必须拥有一定数量的经营资金，作为从事生产经营活动的物质基础。资金筹集业务主要包括吸收所有者对企业的投资，称为实收资本（或股本）；向金融机构举借债款，称为负债，可分为短期借款和长期借款。

（二）供应业务

企业从各种渠道筹集到的资金，其中所占比重较大的是货币资金。企业先以货币资金购建厂房、购买机器设备（如固定资产）和各种材料物资，为进行产品的加工制造作准备。这时，资金就由货币资金形态转化为固定资金形态和储备资金形态。

（三）产品生产业务

产品生产业务，就是产品在直接生产过程中所发生的各种材料费用、人工费用和制造费用等生产费用并构成产品生产成本的经济活动。随着各种生产费用的发生，资金逐渐由储备资金、固定资金和货币资金形态转化为生产资金形态。伴随产品的完工和验收入库，资金又从生产资金形态转化为成品资金形态。

（四）产品销售业务

产品销售业务，就是企业在将产品销售给购买者的过程中，所发生的发出产品、支付销售费用、取得销售收入并办理货款结算的经济活动。通过这一过程，资金又从成品资金形态转化为货币资金形态。

(五) 财务成果核算及利润分配业务

企业在一定时期内取得的收入与其相应的成本费用相抵后的差额即为企业在当期的财务成果(盈利或亏损)。如为盈利应进行分配;如为亏损应进行弥补。通过资金的补偿和分配,一部分资金(税收和股息或红利)要退出企业,另一部分资金(补偿的成本和费用)会重新投入企业的生产经营活动过程中去,开始新的资金循环。

在上述企业生产经营活动过程中,资金筹集、资金收回与生产供应、产品生产和产品销售三个过程的首尾相接,构成了工业企业的主要经济业务,形成了企业的资金循环和周转。为了向企业内部管理人员和企业外部利害关系集团(包括投资者、债权人、财政部门、税务部门等)提供他们所需要的信息,就要求企业必须设置独立的会计机构并配备相应的会计人员。会计机构和会计人员为了履行其职责,就必须按照我国会计规范的要求和会计信息的质量标准,设置相应的账户,并运用借贷记账法,对企业所发生的各项经济业务进行账务处理,以提供真实、完整的会计信息。

二、成本计算概述

在工业企业的生产经营活动中,成本计算也是非常重要的部分。成本是指为生产产品、提供劳务而发生的各种耗费。成本计算是指将产品在生产过程中或提供劳务活动中所发生的人力、物力和财力的耗费,按照一定对象进行归集和分配的过程。在成本计算时,我们应该注意以下几个问题。

(一) 成本计算的基本要求

(1) 按国家规定的成本开支范围、确认标准、计量方法进行核算,不得多列、虚列、不列或少列费用成本。

(2) 分清费用与成本的界限。费用是企业为销售商品、提供劳务等日常活动所发生的经济利益流出。成本是企业为生产产品、提供劳务而发生的各种耗费。费用是按照一定会计期间汇集的资金耗费,成本则是以产品为对象进行归集,两者计算基础不同。费用只有在按产品对象归集后,才能形成产品成本。

(3) 按权责发生制原则进行成本计算。权责发生制是按实际发生的和影响的期限来确认企业的收入和费用。按权责发生制原则计算成本就是指应由各期成本负担的费用,无论是否支付,都应全部计入当期成本;而不应由当期成本负担的费用,即便已经支付,也不能计入当期成本。

(二) 成本计算的内容和程序

1. 确定成本计算对象

成本计算对象是指成本归集和分配的对象。例如,要计算某产品的成本,那么该产品就是成本计算对象。

2. 确定成本计算期

成本计算期是指每次计算产品成本的间隔时间。成本计算期可以与生产周期一致,也可以与会计期间一致,主要根据企业的生产工艺和组织特点来确定。

3. 确定成本项目

材料成本项目一般包括材料买价和采购费用。产品制造成本项目一般包括直接材料、直接人工和制造费用。

4. 归集和分配费用

企业应分别直接费用和间接费用，按一定成本对象进行归集和分配。直接费用是直接与该成本计算对象有关的费用，可直接计入该对象的成本。间接费用是同几个成本计算对象有关，应按一定分配标准在几个成本对象之间进行分配后才能计入各个成本计算对象的成本。

5. 健全成本计算原始记录

企业应设立费用、成本明细账及材料费用、工时消耗、费用分配、产品完工入库等原始记录，据以计算成本。

第二节　资金筹集业务的核算

工业企业进行生产活动要先准备资金，企业的资金来源渠道主要有投资者投入和债权人借入两种，前者形成所有者权益，主要表现为实收资本(或股本)；后者形成负债，主要表现为向银行及其他金融机构的借款。

一、投入资本的核算

投入资本是投资者以各种方式实际投入企业的财产物资的货币表现，是企业所有者权益的主要组成部分，包括所有者权益中的实收资本和资本公积。

(一) 实收资本的核算

1. 实收资本的含义

实收资本是指投资者按照企业章程或者合同、协议的约定，实际投入企业的资本，即企业在工商行政管理部门登记的注册(资本)金。

2. 账户设置

"实收资本"(股份有限公司为"股本")账户，该账户属于所有者权益类账户，主要核算企业实际收到的投资者投入的资本。本账户的贷方登记实际收到投资者作为资本投入的现金、银行存款以及房屋、建筑物、机器设备、材料物资等实物或无形资产；借方登记投资者收回的资本；其贷方余额表示投资者投入企业的资本(或股本)总额。一般情况下，除企业将资本公积、盈余公积转作资本外，实收资本数额不能随意变动。本账户应按投资者设置明细分类账。该账户的具体结构如表 4-1 所示。

表 4-1　"实收资本"账户

借方	贷方
① 合同期满或破产清算时收回的投资额 ② 企业减资发还股款	① 所有者投入 ② 资本公积转增资本 ③ 盈余公积转增资本
	期末余额：企业实有的资本(或股本)数额

3. 实收资本的核算举例

【例 4-1】 20×7 年 12 月 1 日，东华股份有限公司收到甲投资者投资1 000 000 元，存入银行。

该项经济业务的发生，引起资产和所有者权益两个要素发生变化，涉及“银行存款”和“实收资本”两个账户，一方面使企业的银行存款增加 1 000 000 元，另一方面使企业实收资本增加1 000 000 元。“银行存款”账户属于资产类账户，银行存款的增加是企业资产的增加，应记入“银行存款”账户的借方；投资者对企业的投资属于所有者权益的增加，应记入“实收资本”账户的贷方。其会计分录如下：

借：银行存款　　1 000 000
　　贷：实收资本——甲投资者　　1 000 000

【例 4-2】 20×7 年 12 月 1 日，东华股份有限公司收到兴华公司投入全新生产设备一台，经投资各方确认价值为 3 000 000 元。

该项经济业务的发生，引起资产和所有权益两个要素发生变化，涉及“固定资产”和“实收资本”两个账户，一方面使公司的固定资产原值增加了 3 000 000 元，另一方面又使兴华公司对公司的投资也增加了 3 000 000 元。“固定资产”账户属资产类账户，固定资产的增加是资产的增加，应记入“固定资产”账户的借方，兴华公司对公司投资的增加是公司所有者权益的增加，应记入“实收资本”账户的贷方。其会计分录如下：

借：固定资产　　3 000 000
　　贷：实收资本——兴华公司　　3 000 000

（二）资本公积的核算

1. 资本公积的含义及形成来源

资本公积是指投资者或者他人投入企业，所有权归属于所有者，并且投入金额超过法定资本部分的资金。资本公积不是由企业实现的利润转化而来的，应属于投入资本范畴。资本公积是一种准资本或资本的储备形式，主要用于转增资本或股本。资本公积形成的来源主要包括：资本溢价或股本溢价和其他资本公积。

2. 账户设置

“资本公积”账户属于所有者权益类账户，贷方登记各种来源的资本公积增加额，借方登记资本公积的减少额，期末余额在贷方，表示期末资本公积的实有数额。该账户按照资本公积的来源渠道设置“资本溢价”（或“股本溢价”）、“其他资本公积”等明细账户，进行明细分类核算。“资本公积”账户的结构如表 4-2所示。

表 4-2 “资本公积”账户

借方	贷方
资本公积转增资本等	① 资本溢价或股本溢价 ② 其他资本公积增加
	期末余额：企业实有的资本公积数额

1）资本（或股票）溢价

资本溢价是指投资者投入的资本高于其在注册资本中所占份额的部分，这部分投入资本计入资本公积（资本溢价）。

企业初建时投资者投入的资本全部构成注册资本，各投资者投入的资本和企业注册资本（实收资本）相等。在企业经营一段时期后，需要扩大规模增加资本时，如有新的投资者加入，则新加入的投资者的出资额一般要高于其在注册资本中享有的份额。这是由于以下两方面的原因：首先，企业在创立阶段，需要经过筹建、试制、开辟市场等过程，具有较大的风险，资本利润率较低。企业进入正常生产经营后，一般情况下，将提高资本利润率，而企业创办者为提高资本利润率冒了较大的风险，付出较大的代价。因此，同样数额的投资对企业的影响在创办阶段大于正常经营阶段。其次，企业在创建时，所有者权益等于投资者投入的资本。而企业经营一段时期后，增加了企业积累（留存收益），使企业的所有者权益大于投资者投入的资本。

股票溢价产生的原因与资本溢价一样。企业发行股票取得的收入超出股票面值的部分，即股票溢价，应作为资本公积入账（股票发行费用可冲减资本公积）。

2）其他资本公积

认股权证、以权益结算的股份支付换取职工或其他方提供服务等，会计处理上主要通过"资本公积——其他资本公积"账户核算。

3. 资本公积的核算举例

【例 4-3】 甲股份有限公司首次公开发行普通股 10 000 000 股，每股面值为 1 元，每股发行价格为 3 元。不考虑其他因素，甲公司的会计处理如下：

该项经济业务的发生，引起资产和所有者权益两个要素发生变化，涉及"银行存款""股本"和"资本公积——股本溢价"三个账户，一方面使银行存款增加了30 000 000 元，另一方面由于公司发行股票股本为每股 1 元，故又使公司的股本增加了 10 000 000 元，其差额 20 000 000 元作为股本的溢价计入资本公积。银行存款属于资产，应记入"银行存款"账户的借方，公司所有者权益的增加，应记入"股本"账户的贷方及"资本公积——股本溢价"账户的贷方。其会计分录如下：

收到发行收入时：

	借方	贷方
借：银行存款	30 000 000	
贷：股本		10 000 000
资本公积——股本溢价		20 000 000

二、借入资金的核算

企业在生产经营过程中，由于周转资金不足，可以向银行或其他金融机构借款，以补充资本的不足。企业从银行或其他金融机构借入的款项，必须按贷款单位借款规定办理手续，支付利息，到期归还本金。借入款项按照偿还期限的不同又分为短期借款和长期借款。

（一）短期借款的核算

1. 短期借款的含义

短期借款是指企业借入的偿还期限在 1 年以内（含 1 年）或超过 1 年的一个营业周

期以内的各种借款。

2. 账户设置

“短期借款”账户，属于负债类账户，贷方登记借入的各种短期借款；借方登记偿还的各种短期借款；其余额一般在贷方，表示企业尚未偿还的各种短期借款。本账户按照贷款人和贷款币种设置明细分类账。“短期借款”账户的结构如表 4-3 所示。

表 4-3 “短期借款”账户

借方	贷方
企业归还的短期借款数额	企业借入的短期借款数额
	期末余额：企业尚未归还的短期借款

3. 短期借款的核算举例

【例 4-4】 20×7 年 12 月 10 日，由于季节性储备材料需要，星鸿公司向某银行借入 6 个月期临时借款 500 000 元，存入银行。

该项经济业务的发生，引起资产和负债两个要素发生变化，涉及“银行存款”和“短期借款”两个账户，一方面使银行存款增加了 500 000 元，另一方面又使短期借款增加 500 000 元。银行存款的增加是资产的增加，应记入“银行存款”账户的借方，短期借款的增加是负债的增加，应记入“短期借款”账户的贷方。其会计分录如下：

借：银行存款　　500 000

　　贷：短期借款　　500 000

（二）长期借款的核算

1. 长期借款的含义

长期借款是指企业向银行或其他金融机构借入的偿还期限在 1 年以上或超过 1 年的一个营业周期以上的各种借款。

2. 账户设置

“长期借款”账户属于负债类账户，贷方登记借入的各种长期借款；借方登记偿还的各种长期借款；其余额一般在贷方，表示企业尚未偿还的各种长期借款。本账户按照贷款人和贷款币种设置明细分类账。“长期借款”账户的结构如表 4-4 所示。

表 4-4 “长期借款”账户

借方	贷方
企业归还的长期借款数额	企业借入的长期借款数额
	期末余额：企业尚未归还的长期借款

3. 长期借款的核算举例

【例 4-5】 20×7 年 12 月 10 日，因厂房扩建需要，东华股份有限公司向某银行借入 3 年期借款 1 000 000 元，存入银行。

该项经济业务的发生，引起资产和负债两个要素发生变化，涉及“银行存款”和

“长期借款”两个账户，一方面使银行存款增加了1 000 000元，另一方面又使长期借款增加1 000 000元。银行存款的增加是资产的增加，应记入“银行存款”账户的借方，长期借款的增加是负债的增加，应记入“长期借款”账户的贷方。其会计分录如下：

借：银行存款　　1 000 000

　　贷：长期借款　　1 000 000

企业从银行借入的短期借款和长期借款都应支付利息。短期借款利息一般采用按季结算的方法，借款利息支出较大的企业可采用按月预提的方式计入各月财务费用；借款利息支出较少的企业，按季结算，于季末一次支付时计入财务费用。长期借款的利息可以分期支付，也可一次支付，具体支付方式根据贷款合同确定。

第三节　供应业务的核算

企业筹集到资金后，为了进行产品的生产，必须准备各项生产要素，包括购建厂房、购置机器设备和进行物资材料的采购等，这是企业进行正常生产经营活动的重要条件。因此，计算固定资产的价值、原材料采购成本、原材料的验收入库、与供应商形成结算债务等就构成供应业务核算的主要内容。

一、固定资产购置业务的核算

（一）固定资产概述

1. 固定资产的定义及主要特征

固定资产是指为生产产品、提供劳务、出租或经营管理而持有的，且使用寿命超过一个会计年度的有形资产。按照上述定义，固定资产具有以下特征：

(1) 固定资产属于有形资产。固定资产一般表现为房屋、建筑物、机器、机械、运输工具等，都具有实物形态。这一特征是固定资产与无形资产的重要区别。

(2) 企业持有固定资产是为了生产产品，提供劳务，出租或经营管理，而不是为了销售。这一特征是固定资产与存货的重要区别。

(3) 使用寿命超过一个会计年度。所谓使用寿命，是指企业使用固定资产的预计期间，或者该固定资产所能生产产品或提供劳务的数量。这一特征，可以将固定资产与流动资产区分开来。

2. 固定资产确认的条件

一项资产要确认为固定资产，首先应当符合固定资产的定义，其次应当同时满足以下两个条件：

(1) 与该固定资产有关的经济利益很可能流入企业。

(2) 该固定资产的成本能够可靠地计量。

3. 固定资产的分类

企业固定资产的种类繁多,规格多样,为了便于对固定资产进行管理和核算,有必要对其进行科学的分类。固定资产的分类主要有以下几种:

(1) 按固定资产的经济用途分类,固定资产可分为经营用固定资产和非经营用固定资产。

经营用固定资产是指直接服务于企业生产经营过程的各种固定资产,如生产经营用的房屋、建筑物、机器、设备、器具等;非经营用固定资产是指不直接服务于企业生产经营过程的各种固定资产,如职工宿舍、食堂、浴室等使用的房屋、设备及其他固定资产。

按照固定资产的经济用途分类,能够反映经营用和非经营用固定资产的构成及变化情况,便于考核和分析固定资产的利用情况,有利于企业合理配置固定资产,优化固定资产结构,充分发挥其效用。

(2) 按固定资产的使用情况分类,固定资产可分为使用中固定资产、未使用固定资产和不需用固定资产。

使用中固定资产是指正在使用中的经营性和非经营性固定资产。由于季节性生产或修理原因而暂时停用的固定资产、车间替换使用的机器设备、出租给其他单位使用的固定资产也属于使用中固定资产。

未使用固定资产是指新添置尚未使用的固定资产、购进以后尚待安装的固定资产以及改建、扩建中暂停使用的固定资产。

不需用固定资产是指企业多余或不再使用,准备处置的固定资产。

按照固定资产的使用情况分类,能够反映固定资产的使用情况,便于掌握固定资产的利用情况,有利于企业对未使用和不需用固定资产及时采取措施,提高固定资产的使用效率。

(3) 按固定资产经济用途和使用情况综合分类,固定资产可分为七类:生产经营用固定资产;非生产经营用固定资产;租出固定资产(指在经营租赁方式下出租给外单位的固定资产);未使用固定资产;不需用固定资产;融资租入固定资产(指在融资租赁方式下租入的固定资产);土地(指过去已经估价单独入账的土地。因征地而支付的补偿费,应计入与土地有关的房屋、建筑物的价值内,不单独作为土地价值入账。企业取得的土地使用权,不作为固定资产管理)。

4. 固定资产的初始计量

固定资产的初始计量是指在企业取得固定资产时,对固定资产的计量。根据《企业会计准则》的规定,固定资产应当按照其成本进行初始计量。固定资产成本也称固定资产原价,是指企业购建某项固定资产达到预定可使用状态前所发生的一切合理、必要的支出。

固定资产可以从不同的来源取得,如外购、自行建造、投资者投入等。从不同来源取得的固定资产,其成本的构成内容和确定的方法并不完全相同。对于外购固定资产的成本,包括购买价款、相关税费、使固定资产达到预定可使用状态前所发生的可归属于该项固定资产的运输费、装卸费、安装费、专业人员服务费等。

(二) 购置固定资产的核算

固定资产的取得,有购置、建造、接受投资及接受捐赠等多种途径。下面仅介绍固定资产购置的核算。

1. 购置固定资产核算设置的账户

为了核算购置固定资产业务，企业一般需要设置"固定资产""在建工程"等账户。

"固定资产"属于资产类账户，用来核算固定资产的原价。其借方登记固定资产原价的增加，贷方登记固定资产原价的减少，期末余额在借方，反映企业期末持有的固定资产的账面原价。该账户按固定资产的类别、使用部门等进行明细核算。"固定资产"账户的结构如表 4-5 所示。

表 4-5 "固定资产"账户

借方	贷方
企业增加的固定资产原始价值	企业减少的固定资产原始价值
期末余额：企业现有固定资产的原始价值	

"在建工程"属于资产类账户，用来核算建造、安装、更新改造等工程所发生的各项支出，借方登记各项在建工程的实际支出，贷方登记完工工程转出的实际成本，期末余额在借方，反映企业尚未完工工程发生的实际成本。

2. 购置固定资产的账务处理

1）购入不需要安装的固定资产

这种情况是指企业购入固定资产后就可以直接投入使用，不需要进行安装。购入时按实际支付的全部价款、包装费等，借记"固定资产"账户，按照增值税专用发票上注明的增值税额，借记"应交税费——应交增值税（进项税额）"账户，贷记"银行存款"等账户。

【例 4-6】 东华股份有限公司于 20×7 年 2 月 2 日，购入一台生产用设备，增值税专用发票上注明的价款为 1 000 000 元，增值税税率为 13%，另支付运输费 200 000 元，交通运输业的增值税税率为 9%。该固定资产无需安装，以上货款均以银行存款支付。其会计分录如下：

借：固定资产	1 200 000	
应交税费——应交增值税（进项税额）	148 000	
贷：银行存款		1 348 000

其中：固定资产的入账价值＝1 000 000＋200 000＝1 200 000（元）

进项税额＝1 000 000×13%＋200 000×9%＝148 000（元）

2）购入需要安装的固定资产

此种情况是指购入的固定资产需要安装后才能投入使用。购入时按实际支付的价款、包装费等，借记"在建工程"账户，按照专用发票上注明的增值税额，借记"应交税费——应交增值税（进项税额）"账户，贷记"银行存款"账户，安装过程中发生的有关费用记入"在建工程"账户，待安装完毕交付使用，按其成本转入"固定资产"账户。

【例 4-7】 东华股份有限公司于 20×7 年 2 月 5 日购入一台需要安装的设备，增值税专用发票上注明的价款为 30 000 元，增值税税率为 13%，另发生包装费 300 元，安装调试费 700 元，以上款项均以银行存款支付。其会计分录如下：

支付价税款、包装运杂费：

借：在建工程　　30 300
　　应交税费——应交增值税(进项税额)　　3 900
　　贷：银行存款　　34 200

支付安装调试费：

借：在建工程　　700
　　贷：银行存款　　700

设备安装完毕交付使用：

借：固定资产　　31 000
　　贷：在建工程　　31 000

二、材料采购的核算

(一) 材料采购成本的计算

物资采购过程即供应过程，是工业企业生产经营过程的第一阶段。供应过程最主要的业务是采购生产所需的原材料。

企业外购材料的采购成本(即收入材料的计价)应根据以下各项内容计算确定：

(1) 买价是指购货发票上所列的价款。

(2) 外购运杂费，包括运输费、装卸费、包装费及途中保险费等。

(3) 途中合理的损耗是指不可避免的定额内损耗。

(4) 入库前的挑选整理费，包括挑选整理过程中发生的工资、费用以及数量损耗的价值。

(5) 购入材料应负担的税金，主要指小规模纳税人支付的增值税、关税等。

应该指出，一般纳税人购入材料支付的增值税进项税额，只要取得了增值税专用发票等法定抵扣凭证，则不计入所购材料成本，而是作为进项税额单列入账。本章各例题均假定会计主体为一般纳税人。

(二) 材料采购业务的核算

1. 材料采购核算设置的账户

为了加强对企业材料物资采购的管理，反映库存材料物资增减变动及结存情况，监督材料物资的保管与使用，应设置“在途物资”“原材料”等账户。同时，为了反映企业与供货单位的货款结算情况，应设置“应付账款”“应付票据”“预付账款”和“应交税费”等结算账户。

(1) “在途物资”账户。该账户是资产类账户，用来核算和监督企业外购材料物资的买价和采购费用，并据以计算材料采购成本。其借方登记外购材料物资的买价和采购费用，贷方登记已验收入库材料物资的实际采购成本；期末余额在借方，表示期末尚未到达或尚未验收入库的在途材料的实际采购成本。“在途物资”账户应按购入材料物资的类别或品种开设明细分类账户。“在途物资”账户的结构如表 4-6 所示。

表 4-6 “在途物资”账户

借方	贷方
企业购入材料时应计入采购成本的金额	企业所购材料验收入库的实际成本
期末余额:尚未到达或已到达尚未验收入库的在途材料	

(2)“原材料”账户。该账户是资产类账户,用来核算和监督材料收入、发出和结存情况。它的借方登记入库材料的实际成本,贷方登记领用并出库材料的实际成本,期末余额在借方,表示结存材料的实际成本。“原材料”账户应按材料的类别或品种开设明细分类账户,进行明细分类核算。“原材料”账户的结构如表 4-7 所示。

表 4-7 “原材料”账户

借方	贷方
企业验收入库材料的实际成本	企业发出材料的实际成本
期末余额:库存材料的实际成本	

(3)“应付账款”账户。该账户是负债类账户,用来反映企业应付账款的发生、偿还和结欠情况。应付账款的入账时间应以所购买货物的所有权转移或劳务已发生为标志。一般情况下,应付账款按应付金额入账。该账户贷方登记应付供应单位的款项,借方登记归还供应单位款项,期末贷方余额表示尚未偿还的款项。该账户应按供应单位设置明细分类账户,进行明细分类核算。“应付账款”账户的结构如表 4-8 所示。

表 4-8 “应付账款”账户

借方	贷方
企业已偿还的购货款	企业应付未付购货款
	期末余额:尚未支付的货款

(4)“应付票据”账户。该账户是负债类账户,用来核算和监督企业对外发生债务时所开出、承兑的商业汇票。它的贷方登记企业开出、承兑商业汇票,借方登记收到银行付款通知后实际支付的款项,期末贷方余额表示应付未付尚未到期的应付票款数。该账户应按供应单位名称设置明细分类账户,进行明细分类核算。“应付票据”账户的结构如表 4-9 所示。

表 4-9 “应付票据”账户

借方	贷方
企业商业汇票到期支付的款项	企业已开出承兑的商业汇票
	期末余额:企业开出的尚未到期的应付票据

企业开出、承兑商业汇票时,按面值入账,借记“在途物资”“应交税费——应交增值税(进项税额)”或“应付账款”等相关账户,贷记“应付票据”账户;企业应在票据到期前将票款足额交存银行,及时支付票款。支付时,借记“应付票据”账户,贷记“银行存款”

账户。

(5)"预付账款"账户。该账户是资产类账户，用来核算和监督企业按照购货合同预先支付给供货单位的购货定金或部分货款。该账户借方登记预付货款的增加额，贷方登记预付货款的减少额，余额在借方，反映尚未结清的预付货款。该账户可按供货单位开设明细分类账户，进行明细分类核算。"预付账款"账户的结构如表4-10所示。

表4-10 "预付账款"账户

借方	贷方
企业预付或补付购货款	企业所购货物金额或退回多付货款
期末余额：已预付尚未收到货物的货款	

(6)"应交税费"账户。该账户是负债类账户，用来核算企业应交纳的各种税费，包括增值税、消费税、所得税、教育费附加等。该账户贷方登记应交纳的各种税费，借方登记已交纳的税费。该账户应开设"应交增值税""应交消费税""应交所得税"等明细分类账户，进行明细分类核算。"应交税费"账户的结构如表4-11所示。

表4-11 "应交税费"账户

借方	贷方
已经交纳的税金	应交未交的税金
	期末余额：尚未交纳的税金

(7)"应交税费——应交增值税"账户。该账户是应交税费的明细账户，是用来核算企业应交纳的增值税的账户。该账户的借方发生额反映企业购进货物或接受应税劳务支付的进项税额和实际已交纳的增值税；贷方发生额反映销售货物或提供应税劳务应交纳的增值税额、出口货物退税、转出已支付或分担的增值税；期末一般为贷方余额，反映企业尚未交纳的增值税税额。该账户中应分设"已交税金""进项税额""销项税额""进项税额转出"等专栏进行明细分类核算。"应交税费——应交增值税"账户的结构如表4-12所示。

表4-12 "应交税费——应交增值税"账户

借方	贷方
进项税额等	销项税额等
	期末余额：尚未交纳的增值税

2. 材料采购主要业务的核算

外购材料是企业材料收入的主要来源，由于货款结算方式、采购地点、收料和付款时间等情况的不同，材料收入的会计处理也不一样。企业在同城采购时，材料采购与入库一般在同一天完成；向外地采购材料，由于供货单位的材料交运输单位运送，而结算凭证通常采用邮寄的方式，因此，材料和结算凭证到达购货单位的时间可能有先有后。

下面举例说明材料采购的核算，购买材料的计价方法有实际成本计价和计划成本计价两种方法，本节只介绍实际成本计价方法。

【例 4-8】 20×7 年 12 月 1 日，某企业购进 A 材料 2 000 千克，单价为 50 元，共计价款 100 000 元，增值税税率为 13%，对方代垫途中装卸费 4 000 元，其款项以银行存款支付。材料尚未到达。其会计分录如下：

借：在途物资——A 材料	104 000	
应交税费——应交增值税(进项税额)	13 000	
贷：银行存款		117 000

【例 4-9】 20×7 年 12 月 3 日，某企业购进 B 材料 3 000 千克，每千克单价为 60 元，共计价款 180 000 元，增值税税率为 13%，全部款项以开出的期限为 3 个月的商业汇票进行支付。材料尚未到达。其会计分录如下：

借：在途物资——B 材料	180 000	
应交税费——应交增值税(进项税额)	23 400	
贷：应付票据		203 400

【例 4-10】 20×7 年 12 月 4 日，某企业用银行存款 100 000 元，支付上月欠甲工厂材料款 30 000 元，并预付乙工厂购入 C 材料的货款 70 000 元。其会计分录如下：

借：应付账款——甲工厂	30 000	
预付账款——乙工厂	70 000	
贷：银行存款		100 000

【例 4-11】 20×7 年 12 月 6 日，[例 4-8]和[例 4-9]中购买的 A、B 两种材料同时到达，经验收入库，按实际采购成本转账。其会计分录如下：

借：原材料——A 材料	104 000	
——B 材料	180 000	
贷：在途物资——A 材料		104 000
——B 材料		180 000

【例 4-12】 承[例 4-10]，20×7 年 12 月 7 日，上述向乙工厂购入的 C 材料到达并已验收入库，收到的增值税专用发票上注明的 C 材料价款为 120 000 元，增值税税率为 13%，补付其余欠款。其会计分录如下：

(1) C 材料验收入库时：

借：原材料——C 材料	120 000	
应交税费——应交增值税(进项税额)	15 600	
贷：预付账款——乙工厂		135 600

(2) 补付其余欠款时：

借：预付账款——乙工厂　　65 600
　贷：银行存款　　65 600

注：预付业务不多的企业，可不单设“预付账款”账户，将预付货款通过“应付账款”账户核算。

企业于同一地点同时购入两种或两种以上的材料所发生的运杂费等各项采购费用，如在发生时不能分清各种材料应负担的费用额，为了准确计算各种材料的采购成本，应采用一定的分配方法，按一定的分配标准在所采购的各种材料之间进行分配。常用的分配标准有材料的买价和所采购材料的重量。一般情况下，当材料的计量单位一致时，采用重量标准进行分配；当材料的计量单位不一致时，则采用材料的买价进行费用的分配。

采购费用分配率＝采购费用÷分配标准之和

某种材料应分担的采购费用＝该材料的重量或买价×采购费用分配率

【例 4-13】 20×7 年 12 月 16 日，某企业以银行存款购入甲、乙两种材料，收到的增值税专用发票上注明的甲材料的价款为 340 000 元，乙材料的价款为 210 000 元，增值税税率为 13%，另支付两种材料的运杂费共 8 900 元，假定运费不考虑增值税，款项已用银行存款支付，材料尚未验收入库。其会计分录如下：

借：在途物资——甲材料　　340 000
　　　　　　——乙材料　　210 000
　应交税费——应交增值税(进项税额)　　71 500
　贷：银行存款　　621 500

对于[例 4-13]中所发生的经济业务，实际发生的采购费用应在甲、乙两种材料中进行分配，而后再进行会计分录的编制。假设本例采用材料的重量(甲材料 6 800 千克，乙材料 2 100 千克)标准进行分配。其计算过程如下：

采购费用分配率＝8 900÷(6 800＋2 100)＝1(元/千克)

甲材料应分担的采购费用＝6 800×1＝6 800(元)

乙材料应分担的采购费用＝2 100×1＝2 100(元)

其会计分录如下：

借：在途物资——甲材料　　6 800
　　　　　　——乙材料　　2 100
　贷：银行存款　　8 900

【例 4-14】 承[例 4-13]，月末，上述购入的甲、乙两种材料已验收入库，计算并结转已验收入库材料的实际采购成本。

购入材料的实际采购成本，一般由买价和采购费用组成。[例 4-13]中，该企业购入并已验收入库的甲材料和乙材料，其物资采购明细账中归集的买价和采购费用为：甲材料采购总成本为 346 800 元；乙材料采购总成本为 212 100 元。两种材料已验收入库，一方面库存材料增加，应记入“原材料”账户的借方，另一方面材料采购过程完毕，要从“在途物资”账户的贷方转出。其会计分录如下：

借：原材料——甲材料　　346 800
　　　　　——乙材料　　212 100
　贷：在途物资——甲材料　　346 800
　　　　　　　——乙材料　　212 100

第四节　产品生产业务的核算

一、核算内容

在生产过程中，工人借助生产资料对劳动对象进行加工，制成劳动产品。企业在生产经营过程中的费用按其用途不同，可分为生产费用和期间费用。

生产费用是工业企业进行产品生产发生的，以货币表现的生产耗费。生产费用应当计入产品制造成本。产品制造成本也称产品生产成本，是指工业企业为生产一定种类、一定数量的产品而发生的各项生产费用的总和。也就是将企业发生的生产费用，按一定的产品对象进行分配和归集，某一产品应承担的生产费用被称为该产品的制造成本。它包括直接材料、直接人工和制造费用。直接材料是指直接用于产品生产、构成产品实体的原料及主要材料、外购半成品、有助于产品形成的辅助材料以及其他直接材料；直接人工是指参加产品生产的生产工人的职工薪酬；制造费用是指为生产产品和提供劳务所发生的各项间接费用，包括车间管理人员薪酬、折旧费、修理费、办公费、水电费、劳动保护费以及其他制造费用。

期间费用是指与生产产品没有直接关系，不能直接归属于某个特定产品而直接计入当期损益的费用，包括销售费用、财务费用、管理费用。期间费用不计入产品成本。

在生产过程中，发生的主要经济业务有：车间领用材料制造产品和一般消耗原材料；从银行提取现金发放工资；计算和分配职工工资；计提职工福利费用、社会保险费、住房公积金等；计提固定资产折旧；分配制造费用；计算产品制造成本；产品完工，结转完工产品实际生产成本等。

在发出、领用原材料时，由于不同批次购入或形成的原材料的单位成本不同，企业应按一定方法计算确定发出、领用原材料的实际成本。企业可根据实际情况，选择采用先进先出法、月末一次加权平均法、移动平均法和个别计价法。

二、设置的主要账户

（一）“生产成本”账户

“生产成本”账户属于成本类账户，主要用来归集产品生产过程中所发生的应计入产品成本的全部生产费用。本账户的借方登记企业为生产产品而发生的各项直接生产成本，包括原材料、车间工人薪酬及生产车间应负担的制造费用等；贷方登记应结转的企业已经生产完成并已验收入库的产成品及自制半成品；其期末余额表示企业尚未加工完成的在产品成本。为了具体反映每一种产品的生产费用和实际生产成本，本账户可按“基本生产成本”和“辅助生产成本”设置明细分类账，并可按成本核算对象(产品种类)进行三级明细核算。“生产成本”账户的结构如表 4-13 所示。

表 4-13 “生产成本”账户

借方	贷方
① 直接材料 ② 直接人工 ③ 期末分配转入的制造费用	已完工并验收入库产品的生产成本
期末余额:在产品的实际生产成本	

(二)“制造费用”账户

“制造费用”账户属于成本类账户，主要用来归集和分配在车间范围内为组织和管理产品的生产所发生的不便于直接记入“生产成本”账户的各项间接费用。本账户的借方登记生产车间发生的机物料消耗、管理人员薪酬、固定资产折旧、办公费、水电费、季节性停工损失等费用;贷方登记期末分配计入有关成本核算的产品对象的数额，分配后一般无余额。本账户按不同车间、部门和费用项目设置明细分类账。“制造费用”账户的结构如表 4-14 所示。

表 4-14 “制造费用”账户

借方	贷方
企业期内发生的各种制造费用	企业期末分配转入生产成本借方应由各种产品负担的制造费用
期末一般无余额	

特别注意，车间设备的小修理、日常维护等，是不会增加固定资产价值的，所以通常都作费用化处理，计入日常管理费用。

车间设备的大修理、更换主要部件等，明显增加固定资产价值和使用年限的，通常要作资本化处理，计入固定资产成本。

(三)“应付职工薪酬”账户

“应付职工薪酬”账户属于负债类账户，主要用于核算企业按有关规定应付给职工的各种薪酬，包括职工工资、奖金、津贴、职工福利费、各种社会保险费等。本账户的贷方登记应付给职工的各种薪酬;借方登记支付给职工的各种薪酬及支付的工会经费、职工教育经费、交纳的社会保险费、住房公积金等;期末贷方余额表示企业应付未付的职工薪酬。本账户可按“工资”“职工福利”“社会保险费”“住房公积金”“工会经费”“职工教育经费”“非货币性福利”“辞退福利”“股份支付”等设置明细分类账。“应付职工薪酬”账户的结构如表 4-15 所示。

表 4-15 "应付职工薪酬"账户

借方	贷方
企业应付职工薪酬的减少数	企业计算的应由本期承担的薪酬增加数
	期末余额：应付未付职工薪酬

（四）"累计折旧"账户

"累计折旧"账户属于资产类账户，是固定资产的抵减账户，主要用来核算固定资产因磨损而减少的价值。它的贷方登记按期计提的固定资产折旧；借方登记处置固定资产时结转的累计折旧减少额；其期末贷方余额表示现有固定资产累计折旧额。"累计折旧"账户的贷方余额抵销"固定资产"账户的借方余额后，为现有固定资产的价值，即为现有固定资产的净值。"累计折旧"账户的结构如表 4-16 所示。

表 4-16 "累计折旧"账户

借方	贷方
折旧的减少	按期计提的固定资产折旧
	期末余额：现有固定资产累计折旧额

（五）"库存商品"账户

"库存商品"账户属于资产类账户，主要核算企业库存的各种商品的实际成本，包括库存产成品、外购商品以及完工验收入库的来料加工制造的代制品以及为外单位修理的代修品等。生产企业的库存商品主要指产成品。产成品是指企业已完成全部生产过程并已验收入库可供销售的产成品的实际成本。本账户的借方登记已经生产完工验收入库的各种产品的实际生产成本；贷方登记结转已经出售的各种产品的生产成本；其期末借方余额表示企业库存商品的实际成本。"库存商品"账户的结构如表 4-17 所示。

表 4-17 "库存商品"账户

借方	贷方
完工验收入库产品的实际成本	已销产品的实际生产成本
期末余额：库存产品的实际成本	

三、主要产品生产业务核算举例

【例 4-15】 月末，某企业本月发料凭证汇总表显示，共耗用甲材料 700 000 元，其中，A 产品耗用 400 000 元，B 产品耗用 300 000 元；共耗用乙材料 400 000 元，其中，A 产品耗用 200 000 元，B 产品耗用 200 000 元；车间一般耗用丙材料 100 000 元。

该项经济业务的发生，一方面使企业库存材料减少 1 200 000 元，另一方面也使生产费用增加 1 200 000 元，其中，用于产品生产所耗用的，应计入所生产的产品的生产成本；车间一般耗用的，应计入制造费用。因此，这笔经济业务的发生，涉及"原材料""生产成本"和"制造费用"三个账户。材料的减少应记入"原材料"账户的贷方；生产成本的增加应记入"生产成本"账户的借方；制造费用的增加应记入"制造费用"账户的借方。

其会计分录如下：

借：生产成本——A产品　　600 000
　　　　　　——B产品　　500 000
　　制造费用　　100 000
　　贷：原材料——甲材料　　700 000
　　　　　　　——乙材料　　400 000
　　　　　　　——丙材料　　100 000

【例4-16】 月末，某企业根据本月工资核算汇总表，应发本月工资总额为100 000元，其中生产A产品的生产工人的工资50 000元，生产B产品的生产工人的工资30 000元，车间管理人员的工资8 000元，厂部管理人员的工资12 000元。

该笔经济业务的发生，一方面使企业应向职工支付的工资增加100 000元；另一方面也使企业应计入产品成本的生产费用增加88 000元(包括生产工人的工资80 000元和车间管理人员的工资8 000元)和应计入期间费用的管理费用增加12 000元。因此，该笔经济业务涉及“应付职工薪酬”“生产成本”“制造费用”和“管理费用”四个账户。生产工人的工资作为直接生产费用直接记入“生产成本”账户的借方；车间管理人员的工资作为间接生产费用记入“制造费用”账户的借方；厂部管理人员的工资作为期间费用记入“管理费用”账户的借方；应付工资的增加是企业负债的增加，应记入“应付职工薪酬”账户的贷方。其会计分录如下：

借：生产成本——A产品　　50 000
　　　　　　——B产品　　30 000
　　制造费用　　8 000
　　管理费用　　12 000
　　贷：应付职工薪酬——应付工资　　100 000

【例4-17】 承[例4-16]，根据工资总额的14%计提职工福利费。

这笔经济业务的发生，一方面会引起企业计入产品成本的生产费用和计入期间费用的管理费用的增加，涉及“生产成本”“制造费用”“管理费用”三个账户；另一方面也会使企业对职工的负债增加，应记入“应付职工薪酬”账户的贷方。金额具体计算如下：

A产品生产工人福利费＝50 000×14%＝7 000(元)
B产品生产工人福利费＝30 000×14%＝4 200(元)
车间管理人员福利费＝8 000×14%＝1 120(元)
厂部管理人员福利费＝12 000×14%＝1 680(元)

其会计分录如下：

借：生产成本——A产品　　7 000
　　　　　　——B产品　　4 200
　　制造费用　　1 120
　　管理费用　　1 680
　　贷：应付职工薪酬——应付福利费　　14 000

【例 4-18】 月末，某企业从银行提取现金 100 000 元用于发放职工工资。

该项经济业务的发生，涉及提现和实际发放工资两笔业务，应编制两笔会计分录。

（1）从银行提取现金业务，其会计分录如下：

借：库存现金　　100 000
　　贷：银行存款　　100 000

（2）以现金发放职工工资业务，其会计分录如下：

借：应付职工薪酬——应付工资　　100 000
　　贷：库存现金　　100 000

【例 4-19】 月末，某企业计算本月应计提折旧 7 800 元，其中，车间用固定资产应提 6 000 元，厂部用固定资产应提 1 800 元。

这笔经济业务的发生，一方面使企业应计入生产费用的折旧费用增加 7 800 元；另一方面也使企业的固定资产折旧额增加 7 800 元。该业务涉及“制造费用”“管理费用”和“累计折旧”三个账户。车间折旧费的增加应记入“制造费用”账户的借方；厂部折旧费的增加应记入“管理费用”账户的借方；折旧额的增加应记入“累计折旧”账户的贷方。其会计分录如下：

借：制造费用　　6 000
　　管理费用　　1 800
　　贷：累计折旧　　7 800

【例 4-20】 某企业本年年初已预付全年报刊订阅费 1 200 元，12 月末计算本月应分摊的报刊费。

该项经济业务的发生，一方面使管理费用增加，记入“管理费用”账户的借方；另一方面使预付账款减少，应记入“预付账款”账户的贷方。其会计分录如下：

借：管理费用　　100
　　贷：预付账款　　100

【例 4-21】 月末，某企业用银行存款支付车间办公用品费 2 000 元，水电费 3 000元。

该项经济业务的发生，一方面使企业的银行存款减少 5 000 元；另一方面也使企业的制造费用增加 5 000 元，涉及“银行存款”和“制造费用”两个账户。制造费用的增加应记入“制造费用”账户的借方；银行存款的减少应记入“银行存款”账户的贷方。其会计分录如下：

借：制造费用　　5 000
　　贷：银行存款　　5 000

【例 4-22】 承[例 4-15]至[例 4-21]，月末，将本月发生的制造费用总额分配转入“生产成本”账户。

这笔业务的发生，首先应归集计算出本月发生的制造费用总额，其次将其在本月所生产的A、B两种产品之间采用一定的分配方法进行分配，最后编制会计分录。

当企业在同一月份同一生产车间同时加工生产两种或两种以上的产品时，对于本月发生的制造费用，应在所加工生产的各种产品之间，选用一定的分配标准进行分配。常用的分配标准有生产工时和生产工人的工资。

制造费用分配率＝制造费用总额÷分配标准之和

某产品应负担的制造费用＝该产品的分配标准×制造费用分配率

【例4-23】 假设某企业采用生产工人的工资比例对制造费用予以分配，工资比例详见[例4-16]，则计算过程如下：

制造费用总额＝100 000＋8 000＋1 120＋6 000＋5 000＝120 120(元)

制造费用分配率＝120 120÷(50 000＋30 000)＝1.501 5

甲产品应分担的制造费用＝50 000×1.501 5＝75 075(元)

乙产品应分担的制造费用＝30 000×1.501 5＝45 045(元)

其会计分录如下：

借：生产成本——A产品　　75 075
　　　　　　——B产品　　45 045
　贷：制造费用　　120 120

【例4-24】 承[例4-15]至[例4-23]，月末，A、B产品全部完工，A产品共2 000件，B产品共1 000件，已全部验收入库，月初无在产品，计算并结转已完工验收入库产品的生产成本。

该项经济业务的发生，一方面表明产品全部完工验收入库，应按发生的实际成本转账，记入"生产成本"账户的贷方；另一方面表示产品增加，记入"库存商品"账户的借方。其会计分录如下：

A产品成本＝600 000＋50 000＋7 000＋75 075＝732 075(元)

B产品成本＝500 000＋30 000＋4 200＋45 045＝579 245(元)

借：库存商品——A产品　　732 075
　　　　　　——B产品　　579 245
　贷：生产成本——A产品　　732 075
　　　　　　　——B产品　　579 245

四、产品生产成本的计算

计算产品成本必须按规定的成本项目，归集生产过程中所发生的费用总额(包括期初在产品成本)。

如果月末某种产品全部完工，则该种产品的"生产成本"明细账中所归集的费用总额，就是该种完工产品的总成本，除以该种产品的产量，即可计算出该种产品的单位成本；如果月末某种产品全部未完工，则该种产品的"生产成本"明细账中所归集的费用总额，就是该种产品的在产品总成本。

如果月末某种产品一部分完工一部分未完工，这时，归集在该种产品的“生产成本”明细账中的费用总额，还要采用适当的分配方法在完工产品和在产品之间进行分配，然后根据“完工产品成本＝月初在产品成本＋本月发生的生产费用－月末在产品成本”的计算公式，求得完工产品的总成本，再除以完工产品产量，得出该种产品的单位成本。

生产费用如何在完工产品和在产品之间进行分配，是成本计算中的一个既重要又复杂的问题，这一问题将在后续“成本会计学”课程中详细讲述。

【例 4-25】 承[例 4-24]，为简化成本核算，假设某企业 20×7 年 12 月初无在产品，本月投产的 A、B 两种产品均已全部完工，因此，月末也无在产品成本。所以，要计算完工产品成本，只需要计算本月发生的生产费用，具体计算如表 4-18 所示。

表 4-18 A、B 产品成本计算表

编制单位：某企业　　20×7 年 12 月　　单位：元

成本项目	A 产品(2 000 件)		B 产品(1 000 件)	
	总成本	单位成本	总成本	单位成本
直接材料	600 000	300.000 0	500 000	500.000
直接人工	57 000	28.500 0	34 200	34.200
制造费用	75 075	37.537 5	45 045	45.045
产品生产成本	732 075	366.037 5	579 245	579.245

第五节 销售过程的核算

(一) 核算内容

产品销售是企业的主要经济活动。销售过程是企业生产经营过程的最后阶段，也是企业的生产耗费获得补偿的过程。企业要将完工产品销售出去，并向购货单位收取货款，以补偿产品制造上的资金耗费，保证企业再生产活动的正常进行。在销售过程中，企业还会发生各种销售费用，如包装费、运输费、装卸费、保险费、展览费、广告费以及为销售本企业产品而专设的销售机构的职工工资、福利费、社会保险费、住房公积金、业务费等经常费用。这些耗费从企业取得的销售收入中得到补偿。此外，企业还要按照国家规定的税率计算交纳销售税金并确定经营成果。

(二) 设置的主要账户

1. “主营业务收入”账户

“主营业务收入”账户属于损益类账户，主要核算企业因销售商品、提供劳务等日常活动中所产生的主营业务收入。本账户的贷方登记已销售产品、提供劳务等取得的收入；借方登记期末余额转入“本年利润”账户的数额，本账户在期末结转后应无余额。“主营业务收入”账户的结构如表 4-19 所示。

表 4-19 “主营业务收入”账户

借方	贷方
期末转入“本年利润”账户的数额	企业本期实现的主营业务收入
	期末一般无余额

2. “主营业务成本”账户

“主营业务成本”账户属于损益类账户，主要核算企业已销售商品的生产成本的计算和结转。本账户的借方登记本期销售各种产品、提供劳务计算的应结转的主营业务成本；贷方登记期末转入“本年利润”账户的数额；本账户在期末结转后应无余额。“主营业务成本”账户的结构如表 4-20 所示。

表 4-20 “主营业务成本”账户

借方	贷方
企业从“库存商品”账户转入的本期已销售商品的生产成本	企业期末转入“本年利润”账户的数额
期末一般无余额	

3. “税金及附加”账户

依据财会〔2016〕22 号文规定，全面试行“营业税改征增值税”后，“营业税金及附加”账户改为“税金及附加”账户。“税金及附加”账户属于损益类账户，主要核算企业日常活动应负担的税金及附加，包括企业经营活动发生的消费税、城市维护建设税、资源税、教育费附加及房产税、城镇土地使用税、车船税、印花税等相关税费，需要注意的是，之前在“管理费用”账户中列支的“四小税”——房产税、城镇土地使用税、车船税、印花税，也同步调整到“税金及附加”账户。

本账户的借方登记按规定税率计算确认的与经营活动有关的各种税费；贷方登记期末余额转入“本年利润”账户的数额；本账户在期末结转后应无余额。“税金及附加”账户的结构如表 4-21 所示。

表 4-21 “税金及附加”账户

借方	贷方
企业按规定税率计算应负担的税金及附加	企业期末转入“本年利润”账户的数额
期末一般无余额	

4. “其他业务收入”账户

“其他业务收入”账户属于损益类账户，主要核算企业主营业务以外的其他销售或其他业务的收入，包括材料销售等业务。本账户的贷方登记本期各项其他业务收入的发生数；借方登记期末余额转入“本年利润”账户的数额，本账户在期末结转后应无余额。“其他业务收入”账户的结构如表 4-22 所示。

表 4-22 “其他业务收入”账户

借方	贷方
期末转入“本年利润”账户的数额	企业实现其他业务收入
	期末一般无余额

5. “其他业务成本”账户

“其他业务成本”账户属于损益类账户，主要核算企业主营业务以外的其他销售或其他业务所发生的支出。本账户的借方登记本期各项其他业务成本的发生数；贷方登记期末余额转入“本年利润”账户的数额；本账户期末结转后无余额。“其他业务成本”账户的结构如表 4-23 所示。

表 4-23 “其他业务成本”账户

借方	贷方
企业发生的其他业务支出	企业期末转入“本年利润”账户的数额
期末一般无余额	

6. “应收账款”账户

“应收账款”账户属于资产类账户，主要核算企业因销售业务应向购买单位收取货款的结算情况。本账户的借方登记应向购货单位或接受劳务单位收取的账款；贷方登记收回的应收账款；其期末余额表示企业尚未收回的应收账款。本账户应按债务人设置明细分类账。“应收账款”账户的结构如表 4-24 所示。

表 4-24 “应收账款”账户

借方	贷方
企业由于销售业务而发生的应收货款	已经收回的应收货款
期末余额：尚未收回的应收货款	

7. “应收票据”账户

“应收票据”账户属于资产类账户，主要核算企业采用商业汇票结算方式销售商品等而与购货单位发生的结算债权的增减变动及其余额情况。本账户的借方登记收到购货单位或接受劳务单位的商业汇票所载明的金额；贷方登记收回商业汇票的票据款；其期末余额表示企业尚未收回的应收票据。本账户应按债务人设置明细分类账。“应收票据”账户的结构如表 4-25 所示。

表 4-25 “应收票据”账户

借方	贷方
企业收到购货方承兑的汇票	企业收到购货方偿还的应付票据款
期末余额：尚未到期的应收票据款	

8. “预收账款”账户

“预收账款”账户属于负债类账户，主要核算企业预收购买单位货款的发生和偿付情况。本账户贷方登记按照合同或协议预收的款项和企业收到的补付货款，借方登记实现的销售收入和企业退还多收的预收款；期末贷方余额表示企业尚未用商品或劳务偿付的预收款。“预收账款”账户的结构如表 4-26 所示。

表 4-26 “预收账款”账户

借方	贷方
① 企业用商品或劳务偿付的预收款 ② 企业退还多收的预收款	① 企业发生的预收款 ② 企业收到的补付货款
	期末余额：企业尚未用商品或劳务偿付的预收款

9. “销售费用”账户

“销售费用”账户属于损益类账户，主要核算企业在商品销售过程中所发生的各种销售费用，如广告费，产品销售过程中发生的运输费、装卸费、包装费、展览费，企业专设销售机构经费等。本账户借方登记月内发生的各种销售费用；贷方登记期末余额转入“本年利润”账户的数额；本账户期末结转后无余额。“销售费用”账户的结构如表 4-27 所示。

表 4-27 “销售费用”账户

借方	贷方
企业发生的各种销售费用	企业期末转入“本年利润”账户的数额
期末一般无余额	

（三）主要业务的核算

【例 4-26】 20×7 年 12 月 20 日，某企业向雷川公司销售 A 产品 100 件，单价为 700 元，增值税专用发票上注明的价款为 70 000 元，增值税税率为 13%，；向平和公司销售 B 产品 300 件，单价为 1 000 元，增值税专用发票上注明的价款为 300 000 元，增值税税率为 13%。货已发出，款项已通过银行转账收讫。其会计分录如下：

借：银行存款　　418 100
　贷：主营业务收入——A 产品　　70 000
　　　　　　　　　——B 产品　　300 000
　　应交税费——应交增值税(销项税额)　　48 100

【例 4-27】 20×7 年 12 月 22 日，某企业向雷铭企业销售 A 产品 400 件，每件售价为 700 元，增值税专用发票上注明的货款为 280 000 元，增值税税率为 13%，收到该企业开出并承兑的期限为 2 个月、票面金额为 316 400 元的不带息商业承兑汇票一张。其会计分录如下：

借：应收票据——雷铭企业　　316 400
　贷：主营业务收入——A 产品　　280 000
　　应交税费——应交增值税(销项税额)　　36 400

【例 4-28】 20×7 年 12 月 23 日，某企业向南方企业销售 B 产品 100 件，货款为 100 000元，适用增值税税率为 13%，货款尚未收到，已办妥托收手续。其会计分录如下：

借：应收账款——南方企业　　113 000
　贷：主营业务收入——B 产品　　100 000
　　应交税费——应交增值税（销项税额）　　13 000

【例 4-29】 承［例 4-28］，10 日后，收到南方企业寄来一张期限为 3 个月的商业承兑汇票，金额为 113 000 元，抵付上述产品的款项。其会计分录如下：

借：应收票据——南方企业　　113 000
　贷：应收账款——南方企业　　113 000

【例 4-30】 承［例 4-29］，2 个月期满后，应收票据到期，如数收回票面金额 113 000元存入银行。其会计分录如下：

借：银行存款　　113 000
　贷：应收票据——南方企业　　113 000

如果该票据到期，南方企业无力偿还票款，则应将到期票据的票面金额转入“应收账款”账户。其会计分录如下：

借：应收账款——南方企业　　113 000
　贷：应收票据——南方企业　　113 000

【例 4-31】 20×7 年 12 月 24 日，某企业向雷川公司销售 B 产品 20 件，雷川公司先预付 20 000 元货款。该企业有关业务会计处理如下：

12 月 24 日，收到雷川公司预付的货款 20 000 元时，其会计分录如下：

借：银行存款　　20 000
　贷：预收账款——雷川公司　　20 000

12 月 27 日，发出产品，开出增值税专用发票，发票上注明的价款为 20 000 元，增值税税率为 13%，款项共计 22 600 元，原预付货款不足部分雷川公司以银行存款支付，其会计分录如下：

借：预收账款——雷川公司　　22 600
　贷：主营业务收入——B 产品　　20 000
　　应交税费——应交增值税（销项税额）　　2 600

借：银行存款　　2 600
　贷：预收账款——雷川公司　　2 600

【例 4-32】 承［例 4-26］至［例 4-31］，月末，结转本月已销 A、B 产品的销售成本。注：A、B 两种产品的单位成本数据来自表 4-18。

该项经济业务的发生，一方面增加已销产品的成本，应计入主营业务成本；另一方面减少库存的商品，应计入库存商品。

本期共销售 A 产品 500 件，单位成本为 366.037 5 元，已售 A 产品成本合计为

183 018.75元；本期共销售 B 产品 420 件，单位成本为 579.245 元，已售 B 产品成本合计为 243 282.9 元。其会计分录如下：

借：主营业务成本——A 产品　　183 018.75
　　　　　　　　——B 产品　　243 282.90
　贷：库存商品——A 产品　　183 018.75
　　　　　　　——B 产品　　243 282.90

【例 4-33】 20×7 年 12 月 26 日，某企业对外出售不需用的丁材料 500 千克，单价为 100 元，增值税专用发票上注明的价款为 50 000 元，增值税税率为 13%，共计 56 500 元。款项已通过银行收取。

该项经济业务的发生，一方面使企业实现材料的销售收入 50 000 元、增值税销项税额增加 6 500 元；另一方面也使企业的银行存款增加 56 500 元。因此，该业务涉及“其他业务收入”“应交税费——应交增值税(销项税额)”和“银行存款”三个账户。其会计分录如下：

借：银行存款　　56 500
　贷：其他业务收入——丁材料　　50 000
　　　应交税费——应交增值税(销项税额)　　6 500

【例 4-34】 结转[例 4-33]中所销售的丁材料的实际成本 30 000 元。

该项经济业务的发生，一方面使企业库存材料减少 30 000 元；另一方面使企业的其他业务成本增加 30 000 元。因此，本业务涉及“原材料”和“其他业务成本”两个账户，其中，其他业务成本的增加应记入“其他业务成本”账户的借方。其会计分录如下：

借：其他业务成本　　30 000
　贷：原材料——丁材料　　30 000

【例 4-35】 20×7 年 12 月 28 日，某企业用银行存款支付广告费 5 000 元。

该项经济业务的发生，一方面使企业的银行存款减少 5 000 元；另一方面也使企业负担的广告费用增加 5 000 元，广告费用属于企业的产品销售费用。因此，本业务涉及“银行存款”和“销售费用”两个账户。其中，产品销售费用的增加应记入“销售费用”账户的借方。其会计分录如下：

借：销售费用——广告费　　5 000
　贷：银行存款　　5 000

【例 4-36】 20×7 年 12 月 31 日，假定某企业计算出本月应交纳的城市维护建设税6 936 元，教育费附加 4 800 元。该项经济业务的发生，一方面使企业的税金及附加增加 11 736 元；另一方面也使企业的应交税费增加 11 736 元。因此，本业务涉及“税金及附加”和“应交税费”两个账户。其中，城市维护建设税和教育费附加的增加应记入“税金及附加”账户的借方，同时记入“应交税费”账户的贷方。其会计分录如下：

借：税金及附加　　11 736

　　贷：应交税费——应交城市维护建设税　　6 936

　　　　　　　——应交教育费附加　　4 800

第六节　利润和利润分配的核算

一、工业企业的财务成果构成及其计算

财务成果是企业在一定会计期间取得的体现在财务上的最终经营成果，即利润或亏损。它包括营业利润、利润总额和净利润。它们的计算过程如下所示：

营业收入＝主营业务收入＋其他业务收入

营业成本＝主营业务成本＋其他业务成本

期间费用＝管理费用＋财务费用＋销售费用

营业利润＝营业收入－营业成本－税金及附加－期间费用－研发费用
　　　　－资产减值损失－信用减值损失±公允价值变动损益
　　　　±投资收益±资产处置损益

利润总额＝营业利润＋营业外收入－营业外支出

企业实现的利润，应按规定向国家交纳所得税，剩下的部分为税后净利润。

净利润＝利润总额－所得税费用

企业实现的净利润，要按照有关规定在投资者和企业之间进行分配。因此，计算确定企业实现的利润和对利润进行分配，就构成了企业财务成果业务核算的主要内容。

二、利润分配业务的内容

企业按国家规定进行利润分配的主要内容和顺序如下。

(一) 提取盈余公积

法定盈余公积一般按本年税后利润的10%提取。当企业法定盈余公积达到企业注册资本的50%时，可不再提取。企业的盈余公积主要用于弥补亏损或者转增资本，当转增资本时，转增后企业盈余公积的数额不得少于其注册资本的25%。

(二) 向投资者分红

根据本年可供分配的利润在各投资者之间按照投资额的大小进行分配。本年可供分配的利润的计算公式如下：

本年可供分配的利润＝年初未分配利润＋本年税后利润－本年提取的盈余公积

利润分配后的余额为企业年末未分配利润，即下1年的年初未分配利润，它是指企业留到以后年度分配的利润或待分配的利润。

三、设置的主要账户

（一）“管理费用”账户

“管理费用”账户属于损益类账户，主要核算企业行政管理部门为组织和管理生产经营活动所发生的各项费用，包括行政管理部门人员的工资及福利费、办公费、折旧费、工会经费、职工教育经费、业务招待费等。本账户借方登记本期发生的管理费用；贷方登记期末余额转入“本年利润”账户的数额；本账户在期末结转后应无余额。本账户可按费用项目设置明细分类账。“管理费用”账户的结构如表 4-28 所示。

表 4-28 “管理费用”账户

借方	贷方
企业发生的各种管理费用	企业期末转入“本年利润”账户的数额
期末一般无余额	

（二）“财务费用”账户

“财务费用”账户属于损益类账户，主要核算企业为筹集生产经营资金所发生的各项费用，包括银行借款利息和手续费等项目。本账户的借方登记本期发生的各项财务费用；贷方登记期末余额转入“本年利润”账户的数额；本账户在期末结转后应无余额。本账户可按费用项目设置明细分类账。“财务费用”账户的结构如表 4-29 所示。

表 4-29 “财务费用”账户

借方	贷方
企业发生的各种财务费用	企业期末转入“本年利润”账户的数额
期末一般无余额	

（三）“营业外收入”账户

“营业外收入”账户属于损益类账户，主要核算企业发生的与生产经营活动无直接关系的各项收入，包括非流动资产报废利得、非货币性资产交换利得、政府补助、债务重组利得、盘盈利得、捐赠利得等。本账户的贷方登记企业发生的各项营业外收入；借方登记期末余额转入“本年利润”账户的数额；本账户在期末结转后应无余额。本账户按营业外收入项目设置明细分类账。“营业外收入”账户的结构如表 4-30 所示。

表 4-30 “营业外收入”账户

借方	贷方
企业期末转入“本年利润”账户的数额	企业发生的各种营业外收入
	期末一般无余额

（四）“营业外支出”账户

“营业外支出”账户属于损益类账户，主要核算企业发生的与生产经营无直接关系的各项支出，包括非流动资产报废损失、非货币性资产交换损失、债务重组损失、盘亏损失、非常损失、捐赠支出等。本账户借方登记企业发生的各项营业外支出；贷方登记期末余额转入“本年利润”账户的数额;本账户在期末结转后应无余额。本账户按营业外支出项目设置明细分类账。“营业外支出”账户的结构如表 4-31 所示。

表 4-31 “营业外支出”账户

借方	贷方
企业发生的各种营业外支出	企业期末转入“本年利润”账户的数额
期末一般无余额	

(五)“本年利润”账户

“本年利润”账户属于所有者权益类账户,主要核算企业本年度累计实现的净利润或发生的亏损情况。其贷方登记期末从“主营业务收入”“其他业务收入”“营业外收入”“投资收益”“公允价值变动损益”“资产处置损益”等账户贷方转入的本期取得的各项收入;借方登记期末从“主营业务成本”“其他业务成本”“税金及附加”“销售费用”“管理费用”“财务费用”“信用减值损失”“资产减值损失”“营业外支出”等账户贷方转入的本期发生的各项费用;收入总额(贷方发生额)与费用总额(借方发生额)相抵后,如收入大于费用,即为贷方余额,表示本期实现的利润;如收入小于费用,则为借方余额,表示企业本期发生的亏损。在年度内,该账户的余额保留在本账户,不予结转,表示截至本月本年累积已实现的利润或发生的亏损。年末,应将该账户余额转入“利润分配”账户,该账户年末结转后无余额。“本年利润”账户的结构如表 4-32 所示。

表 4-32 “本年利润”账户

借方	贷方
企业从费用类账户转入的数额	企业从收入类账户转入的数额
期末余额:本期的亏损总额 年末结转后无余额	期末余额:本期的利润总额 年末结转后无余额

(六)“所得税费用”账户

“所得税费用”账户属于损益类账户,主要核算企业按规定从本期损益中扣除的所得税费用。其借方登记期末应计入本期损益的所得税费用;贷方登记期末转入“本年利润”账户借方的所得税费用转出数;该账户期末结转后无余额。“所得税费用”账户的结构如表 4-33 所示。

表 4-33 “所得税费用”账户

借方	贷方
企业本期应计所得税费用	企业期末转入“本年利润”账户的数额
期末一般无余额	

(七)“利润分配”账户

“利润分配”账户属于所有者权益类账户,主要核算企业已分配的利润数额。其借方登记提取的盈余公积、应付股利等以及从“本年利润”账户转入的本年累计亏损数;贷方登记盈余公积弥补的亏损数额以及年末从“本年利润”账户转入的本年累计的净利润数额；该账户在年度中间为借方余额，表示截至本期企业已累计分配的利润数额；如有贷方余额，表示未分配利润。“利润分配”账户的结构如表 4-34 所示。

表 4-34 “利润分配”账户

借方	贷方
① 企业提取的盈余公积 ② 分配给投资者的利润 ③ 年末从“本年利润”账户转入的本年累计亏损	① 企业年末从“本年利润”账户转入的本年累计的利润 ② 企业用盈余公积弥补的亏损
期末余额：未弥补亏损	期末余额：未分配利润

（八）“盈余公积”账户

“盈余公积”账户属于所有者权益类账户，主要核算企业从净利润中提取的盈余公积增减变动和结存情况。本账户的贷方登记提取的盈余公积数；借方登记用以弥补企业亏损或转增资本数；期末贷方余额表示盈余公积结余数。本账户要按提取的不同用途设置明细分类账，包括“法定盈余公积”“任意盈余公积”等明细分类账；外商投资企业还应分别按规定提取储备基金、企业发展基金等，并设立明细分类账。“盈余公积”账户的结构如表 4-35 所示。

表 4-35 “盈余公积”账户

借方	贷方
企业用以弥补亏损及转增资本的数额	企业提取的盈余公积数额
	期末余额：提取的结余数额

（九）“应付股利”账户

“应付股利”账户属于负债类账户，主要核算企业经股东大会确定分配的现金股利。本账户的贷方登记应付给投资者的股利或利润数；借方登记实际支付的股利和利润数；期末贷方余额为企业应付未付的股利和利润数。本账户可按投资者设置明细分类账。“应付股利”账户的结构如表 4-36 所示。

表 4-36 “应付股利”账户

借方	贷方
企业实际支付的股利和利润数	企业计算的应付给投资者的股利和利润数
	期末余额：尚未支付的股利和利润数

四、利润计算及利润分配业务核算举例

【例 4-37】 某企业以银行存款 3 000 元支付业务招待费。

该项经济业务的发生，一方面使企业的银行存款减少 3 000 元；另一方面也使企业的管理费用增加 3 000 元。因此，此业务涉及“银行存款”和“管理费用”两个账户。其会计分录如下：

借：管理费用　　3 000
　　贷：银行存款　　3 000

【例 4-38】 某企业以库存现金 1 500 元支付厂部水电费。

该项经济业务的发生，一方面使企业的库存现金减少 1 500 元；另一方面也使企业的管理费用增加 1 500 元。因此，此业务涉及“库存现金”和“管理费用”两个账户。其会计分录如下：

借：管理费用　　1 500
　　贷：库存现金　　1 500

【例 4-39】 采购员金迪出差归来，实际发生差旅费 2 500 元，经审核可以全部报销，扣除原借款 1 500 元后，差额以现金支付。

该项经济业务的发生，一方面使企业负担的差旅费增加 2 500 元；另一方面也使企业的现金减少 1 000 元，同时对金迪的债权减少 1 500 元。差旅费的增加是企业管理费用的增加，应记入“管理费用”账户的借方；现金的减少应记入“库存现金”账户的贷方，企业对职工的债权的减少，应记入“其他应收款”账户的贷方。其会计分录如下：

借：管理费用　　2 500
　　贷：其他应收款——金迪　　1 500
　　　　库存现金　　1 000

【例 4-40】 某企业以银行存款 30 000 元支付本月银行借款利息。

该项经济业务的发生，一方面使企业的银行存款减少 30 000 元；另一方面也使企业的财务费用增加 30 000 元。因此，此业务涉及“银行存款”和“财务费用”两个账户。其会计分录如下：

借：财务费用　　30 000
　　贷：银行存款　　30 000

【例 4-41】 某企业以银行存款支付合同违约金 10 000 元。

该项经济业务的发生，一方面使企业的银行存款减少 10 000 元；另一方面也使企业的营业外支出增加 10 000 元。因此，此业务涉及“银行存款”和“营业外支出”两个账户。其会计分录如下：

借：营业外支出　　10 000
　　贷：银行存款　　10 000

【例 4-42】 某企业获得捐赠收入 10 000 元，款项存入银行。

该项经济业务的发生，一方面使企业的银行存款增加 10 000 元；另一方面也使企业的营业外收入增加 10 000 元。因此，此业务涉及“银行存款”和“营业外收入”两个账户。其会计分录如下：

借：银行存款　　10 000
　　贷：营业外收入　　10 000

【例 4-43】 承[例 4-26]至[例 4-42],月末,结转本期各损益类账户余额至"本年利润"账户。

结转前各损益类账户余额分别为:主营业务收入 770 000 元、其他业务收入 50 000 元、营业外收入 10 000 元;主营业务成本 426 301.65 元、税金及附加 11 736 元、其他业务成本 30 000 元、管理费用 23 380 元、销售费用 5 000 元、财务费用 30 000 元、营业外支出 10 000 元。其会计分录如下:

(1) 结转本期损益收入类账户的余额至"本年利润"账户的贷方:

借:主营业务收入　　770 000
　　其他业务收入　　50 000
　　营业外收入　　10 000
　　贷:本年利润　　830 000

(2) 结转本期损益支出类账户的余额至"本年利润"账户的借方:

借:本年利润　　536 417.65
　　贷:主营业务成本　　426 301.65
　　　　其他业务成本　　30 000.00
　　　　税金及附加　　11 736.00
　　　　管理费用　　23 380.00
　　　　销售费用　　5 000.00
　　　　财务费用　　30 000.00
　　　　营业外支出　　10 000.00

通过以上账户余额结转,本月发生的全部收入和成本费用都汇集在"本年利润"账户中,将收入与其成本费用对比,其差额即为本月实现的利润或发生的亏损。根据以上数字计算,本月实现的利润总额为 293 582.35 元(830 000－536 417.65)。

【例 4-44】 承[例 4-43],已知企业所得税税率为 25%,计算并结转本月应交所得税(计算结果保留两位小数)。

本月应交所得税＝293 582.35×25%＝73 395.59(元)

此业务涉及以下两笔会计分录:

(1) 计算出本月应交所得税业务,一方面使企业的所得税费用增加 73 395.59 元,另一方面也使企业的应交税费增加 73 395.59 元。此业务涉及"所得税费用"和"应交税费"两个账户,其中,所得税费用的增加,应记入"所得税费用"账户的借方。其会计分录如下:

借:所得税费用　　73 395.59
　　贷:应交税费——应交所得税　　73 395.59

(2) 结转本月所得税费用业务。即将本月"所得税费用"账户的借方余额转入"本年利润"账户的借方。其会计分录如下:

借:本年利润　　73 395.59
　　贷:所得税费用　　73 395.59

【例 4-45】 承[例 4-44]，月末，用银行存款支付本月应交所得税 73 395.59 元。

该项经济业务的发生，一方面使企业的银行存款减少 73 395.59 元；另一方面也使企业的应交所得税减少 73 395.59 元。其会计分录如下：

借：应交税费——应交所得税　　73 395.59
　　贷：银行存款　　73 395.59

【例 4-46】 承[例 4-45]，年末，结转本年实现的净利润。

净利润＝293 582.35－73 395.59＝220 186.76(元)

这笔转账业务，就是将本年实现的净利润 220 186.76 元，从“本年利润”账户的借方转入“利润分配——未分配利润”账户的贷方。其会计分录如下：

借：本年利润　　220 186.76
　　贷：利润分配——未分配利润　　220 186.76

【例 4-47】 承[例 4-46]，年末，按税后利润的 10%提取法定盈余公积(计算结果保留两位小数)。

应提取的盈余公积＝220 186.76×10%＝22 018.68(元)

该项经济业务的发生，一方面使企业的利润分配增加 22 018.68 元，另一方面也使企业的盈余公积增加 22 018.68 元。利润分配的增加应记入“利润分配——提取法定盈余公积”账户的借方；盈余公积的增加，应记入“盈余公积”账户的贷方。其会计分录如下：

借：利润分配——提取法定盈余公积　　22 018.68
　　贷：盈余公积　　22 018.68

【例 4-48】 承[例 4-46]，经股东大会决定，向投资者分配利润 100 000 元。

该项经济业务的发生，一方面使企业的利润分配额增加 100 000 元；另一方面也使企业应付投资者的利润增加 100 000 元，涉及“利润分配”和“应付股利”两个账户。利润分配额的增加，应记入“利润分配——应付利润”账户的借方；应付利润的增加是企业负债的增加，应记入“应付股利”账户的贷方。其会计分录如下：

借：利润分配——应付利润　　100 000
　　贷：应付股利　　100 000

课程思政教学案例

明星偷税漏税该当何罪

本章小结

本章以工业企业的经济业务核算为例，较详细地介绍了工业企业的资金筹集、供应、生产产品、产品销售、财务成果等主要经济业务发生后应设置的账户及其相互之间的对应关系，进一步阐述了设置账户的实际应用问题，并采用借贷记账法对这些业务进行了账务处理。

通过对本章的学习，学生应了解工业企业经济业务和资金运动的全貌，并掌握会计账户和借贷记账法的运用。

课后习题

一、单项选择题

1. 企业实际收到投资者投入的资金属于企业所有者权益中的(　　)。
   A. 固定资产　　B. 银行存款　　C. 实收资本　　D. 利润分配
2. 工业企业因采购材料而发生的装卸搬运费，支付时应记入(　　)账户。
   A. “周转材料”　　B. “在途物资”
   C. “管理费用”　　D. “营业外支出”
3. 为了反映企业库存材料的增减变化及其结存情况，应设置(　　)账户。
   A. “在途物资”　　B. “原材料”　　C. “存货”　　D. “库存材料”
4. 企业结转已销售产品的制造成本时，应借记(　　)账户。
   A. “主营业务收入”　　B. “本年利润”
   C. “主营业务成本”　　D. “库存商品”
5. “实收资本”账户一般按(　　)设置明细账户。
   A. 企业　　B. 投资人　　C. 捐赠者　　D. 受资企业
6. 甲公司月初“银行存款”账户借方余额为100万元。本月发生下列业务：①以银行存款购买原材料10万元；②向银行借款60万元，款项存入银行；③以银行存款归还前欠货款30万元；④收回应收账款20万元，款项已存入银行。月末，甲公司“银行存款”账户借方余额为(　　)万元。
   A. 60　　B. 100　　C. 120　　D. 140
7. 计提基本生产车间所使用的生产设备折旧时，应编制的会计分录是(　　)。
   A. 借记“生产成本”账户，贷记“累计折旧”账户
   B. 借记“生产成本”账户，贷记“固定资产”账户
   C. 借记“制造费用”账户，贷记“累计折旧”账户
   D. 借记“制造费用”账户，贷记“固定资产”账户
8. 甲公司为增值税一般纳税人，购入一台不需要安装即可投入使用的生产设备，取得的增值税专用发票上注明的价款为200 000元，增值税额为26 000元，发生运费5 000元。假定不考虑其他相关税费，该设备的取得成本为(　　)元。
   A. 200 000　　B. 205 000　　C. 234 000　　D. 239 000
9. 下列各项中，(　　)不应作为本企业库存商品。
   A. 库存产成品　　B. 发出展览的商品

C. 已实现销售的发出商品　　D. 存放在门市部准备出售的商品

10. 企业通过银行转账偿付所欠原材料采购款。该业务应编制的会计分录是(　　)。

A. 借：银行存款
　　贷：应收账款

B. 借：应收账款
　　贷：银行存款

C. 借：银行存款
　　贷：应付账款

D. 借：应付账款
　　贷：银行存款

11. 下列关于预付账款的表述中,错误的是(　　)。

A. 预付账款是企业按照合同规定预付的货款

B. 企业预付货款后有权要求对方按照合同规定发货

C. 预付账款是支付给对方的购货款项,属于负债

D. 不设置“预付账款”账户的,也可以通过“应付账款”账户核算

12. 不单独设置“预付账款”账户的企业,下列选项中,(　　)账户可用于核算预付的货款。

A. “应收账款”　B. “预收账款”　C. “应付账款”　D. “其他应付款”

13. 下列各项中,不属于企业应收款项的是(　　)。

A. 应收账款　B. 预收账款　C. 应收票据　D. 其他应收款

14. 甲公司月初“应付账款”账户贷方余额为 400 万元。本月发生下列业务:①赊购原材料一批并已验收入库,取得增值税专用发票上记载的价款为 100 万元,增值税税额为 13 万元;②偿付上月所欠货款 280 万元。月末甲公司“应付账款”账户余额为(　　)万元。

A. 借方 233　B. 贷方 233　C. 借方 563　D. 贷方 563

15. 下列各项中,应当贷记“应付账款”账户的是(　　)。

A. 赊购商品而发生的应付账款　　B. 偿还应付账款

C. 冲销无法支付的应付账款　　D. 确认当期应交纳的所得税

16. 分配生产车间直接参加产品生产工人的职工薪酬时,应借记的账户是(　　)。

A. “生产成本”　B. “制造费用”　C. “管理费用”　D. “应付职工薪酬”

17. 下列各项中,(　　)属于企业生产经营过程中形成的债务项目。

A. 应收票据　B. 预付账款　C. 应付账款　D. 实收资本

18. (　　)账户是用来核算企业收到投资者出资额超过其在注册资本中所占份额的部分。

A. “实收资本”　B. “资本公积”　C. “盈余公积”　D. “营业外收入”

19. 下列经济业务中,(　　)会引起企业资产和所有者权益同时增加。

A. 预收购货单位货款　　B. 从银行取得一笔短期借款

C. 自当期净利润中提取盈余公积　　D. 收到外单位作为资本投入的机器设备

20. 企业发生的下列费用中,(　　)不应计入销售费用。

A. 销售人员工资　　B. 销售商品广告费

C. 销售部门办公设备折旧费　　D. 销售商品应结转的商品成本

21. (　　)账户期末一般无余额。

A. “管理费用”　B. “生产成本”　C. “利润分配”　D. “应付账款”

22. 企业期末结转利润时,不应将(　　)账户余额转入“本年利润”账户。

A. “财务费用”　B. “销售费用”　C. “管理费用”　D. “制造费用”

23. “利润分配”账户的年末余额如果在借方,则表示(　　)。

A. 历年积存未分配利润　　B. 本年未分配利润

C. 历年积存未弥补亏损　　D. 本年未弥补亏损

24. 某企业年初未分配利润为 100 万元,当年实现净利润 2 000 万元,按 10%计提法定盈余公积,向投

资者分配利润300万元，该企业年末未分配利润为(　　)万元。

A. 1 600　　B. 1 800　　C. 1 900　　D. 2 100

25. 张华出差时借款900元，回来后报销差旅费800元，退回现金100元。其会计分录应为(　　)。

A. 借：管理费用　800
　　库存现金　100
　贷：其他应收款——张华　900

B. 借：管理费用　900
　贷：其他应收款——张华　800
　　库存现金　100

C. 借：其他应收款——张华　900
　贷：管理费用　800
　　库存现金　100

D. 借：库存现金　100
　　其他应收款——张华　800
　贷：管理费用　900

二、多项选择题

1. 下列费用中，应计入外购材料采购成本的有(　　)。

A. 买价　　B. 运输费

C. 装卸费　　D. 一般纳税人支付增值税的进项税额

2. 工业企业的期间费用包括(　　)。

A. 管理费用　　B. 制造费用　　C. 销售费用　　D. 财务费用

3. 计提固定资产折旧时，可能涉及的账户有(　　)。

A. “固定资产”　　B. “累计折旧”　　C. “制造费用”　　D. “管理费用”

4. 下列关于“库存商品”账户的表述中，正确的有(　　)。

A. 借方登记验收入库的库存商品成本

B. 贷方登记发出的库存商品成本

C. 期末借方余额反映库存商品的实际成本或计划成本

D. 期末借方余额反映已销售商品成本

5. 下列关于“应付账款”账户的表述中，正确的有(　　)。

A. 一般应按照债权人设置明细账户进行明细核算

B. 借方登记偿还的应付账款或已冲销的无法支付的应付账款

C. 贷方登记企业购买材料、商品和接受劳务等而发生的应付账款

D. 期末贷方余额反映企业尚未支付的应付账款

6. 下列项目中，通过“应付职工薪酬——职工福利”来核算的有(　　)。

A. 职工的医疗费用　　B. 职工生活困难补助费

C. 医务人员的工资　　D. 集体福利设施建设

7. 下列业务中，应确认为债权的有(　　)。

A. 预收销货款　　B. 预付购货款　　C. 应收销货款　　D. 预支差旅费

8. 下列关于“应收账款”账户期末余额的表述中，正确的有(　　)。

A. 借方余额反映企业预收的款项　　B. 借方余额反映企业尚未收回的应收账款

C. 贷方余额反映企业预收的款项　　D. 贷方余额反映企业尚未收回的应收账款

9. 企业预付货款采购物资时，( )应当借记“预付账款”账户。
   A. 向供应单位预付款项 B. 收到所购物资确认物资成本
   C. 补付所欠货款 D. 收回多付的货款
10. 企业根据职工提供服务的受益对象进行职工薪酬分配时，下列表述中，正确的有( )。
   A. 属于产品生产人员的，应记入“生产成本”账户
   B. 属于车间管理人员的，应记入“制造费用”账户
   C. 属于销售人员的，应记入“销售费用”账户
   D. 属于财务人员的，应记入“财务费用”账户
11. 下列各项职工薪酬中，( )能够计入产品成本。
   A. 车间生产工人薪酬 B. 车间管理人员薪酬
   C. 专设销售机构人员薪酬 D. 企业管理部门人员薪酬
12. 下列各项中，( )属于企业生产经营过程中形成的债务项目。
   A. 短期借款 B. 应付账款 C. 应交税费 D. 应付职工薪酬
13. 股份有限公司接受投资者投入资本，可能贷记的账户有( )。
   A. “股本” B. “资本公积” C. “盈余公积” D. “营业外收入”
14. 企业接受投资者投资时，( )账户的余额可能发生变化。
   A. “盈余公积” B. “资本公积” C. “实收资本” D. “利润分配”
15. 下列费用中，应通过“管理费用”账户核算的有( )。
   A. 诉讼费 B. 研究费用
   C. 消费税 D. 日常经营活动聘请中介机构费
16. 下列税费中，( )通过“税金及附加”账户核算。
   A. 增值税 B. 消费税 C. 教育费附加 D. 城市维护建设税
17. 下列损益类账户中，期末应将其余额转入“本年利润”账户借方的有( )。
   A. “营业外收入” B. “主营业务成本” C. “主营业务收入” D. “营业外支出”
18. 下列各项中，( )账户在年末结转后无余额。
   A. “预付账款” B. “税金及附加” C. “本年利润” D. “利润分配”
19. 下列关于“利润分配——未分配利润”账户的表述中，正确的有( )。
   A. 未分配利润的期末贷方余额表示本年净利润减去分配的利润
   B. 未分配利润的期末贷方余额表示累计未分配的利润
   C. 未分配利润的期末借方余额表示本年超额分配的利润
   D. 未分配利润的期末借方余额表示累计未弥补的亏损
20. 下列各项中，( )账户与“利润分配”账户借方形成对应关系。
   A. “本年利润” B. “应付股利” C. “盈余公积” D. “所得税费用”

三、判断题

1. 为管理企业的生产经营活动发生的工资、材料消耗、固定资产折旧费等项支出，应记入“管理费用”账户。( )
2. 购进两种以上材料发生的共同费用，不能直接计入每种材料的采购成本时，应按照材料的重量、体积或价值比例分配计入各种材料的采购成本。( )
3. 企业预付货款时，应记入“预付账款”账户的借方。( )
4. “生产成本”账户的借方登记生产过程中发生的各项生产费用，期末借方余额表示期末尚未加工完成的在产品实际生产成本。( )

5. 制造费用是指企业行政管理部门为组织和管理生产经营活动而发生的各项费用。（ ）
6. 由于“累计折旧”账户属于资产类账户，故其余额一般在借方，表明企业现有固定资产累计已提的折旧。（ ）
7. 结转已完工产品的生产成本，应借记“生产成本”账户，贷记“库存商品”账户。（ ）
8. 结转已销售产品的生产成本，应借记“库存商品”账户，贷记“主营业务成本”账户。（ ）
9. 工业企业支付国内采购材料的货款、运输费、装卸费和各种税金，都构成材料的采购成本。（ ）
10. 企业在销售货物时，按销售额和适用税率计算并向购货方收取的增值税销项税额，应通过“税金及附加”账户核算。（ ）
11. 某公司购入一台管理用设备，取得的增值税专用发票上注明的价款为200万元，增值税额为26万元（根据税法有关规定允许抵扣），发生保险费0.5万元，则该设备的入账价值为226.5万元。（ ）
12. 销售方按销售合同规定已确认销售（如已收到货款），但尚未发运给购货方的商品，应作为购货方的存货而不应再作为销货方的存货。（ ）
13. 企业计提的固定资产折旧费用除了计入制造费用以外，都应该计入管理费用。（ ）
14. 固定资产是指使用寿命超过一个会计年度的有形资产。（ ）
15. “应交税费”账户期末余额如在借方，反映企业多交或尚未抵扣的税费。（ ）
16. 各项借款、应付和预收款项都是企业的债务。（ ）
17. “应付账款”账户贷方登记企业购买材料、商品和接受劳务等而发生的应付账款，借方登记偿还的应付账款或已冲销的无法支付的应付账款等。（ ）
18. 利润是收入与成本配比相抵后的差额，是经营成果的最终要素。（ ）
19. 企业出售原材料取得的款项扣除其成本及相关费用后的净额，应当计入营业外收入或营业外支出。（ ）
20. 费用与成本是既有联系又有区别的两个概念，费用与特定计量对象相联系，而成本则与特定的会计期间相联系。（ ）

四、业务核算题

（一）**目的**：练习企业筹资业务的核算。

资料：某公司20×7年8月发生下列经济业务。

(1) 收到甲企业投入资金1 000 000元，存入银行。

(2) 收到乙公司投入本企业专利权一项，投资双方确认其价值为300 000元。

(3) 收到丙公司投入全新设备一套，投资双方确认其价值为500 000元。

(4) 因流动资金不足，从工商银行借入300 000元，存入银行，期限为3个月。

(5) 因建设新厂房，从建设银行借入1 000 000元，存入银行，期限为5年。

要求：根据上述资料编制会计分录。

（二）**目的**：练习材料采购成本的计算。

资料：某工业企业20×7年8月购进A、B两种材料，有关资料如表4-37所示。

表4-37 A、B两种材料的采购明细表 金额单位：元

材料名称	单位	单价	重量	买价	运杂费	增值税额
A材料	千克	4	80 000	320 000		41 600
B材料	千克	2	40 000	80 000		10 400
合计			120 000	400 000	6 000	52 000

要求：按 A、B 两种材料的重量分配运杂费(不考虑增值税)，计算 A、B 材料的采购成本(包括材料采购的总成本和单位成本)。

(三) **目的：**练习企业供应业务的核算。

资料：某公司 20×7 年 8 月发生下列有关材料采购的经济业务。

(1) 采购员王明预支差旅费 500 元，以现金支付。

(2) 购入甲、乙两种原材料，增值税税率为 13%，企业向供应商出具为期 3 个月的商业承兑汇票，具体资料如表 4-38 所示。

表 4-38 采购材料明细表

项 目	采购数量(千克)	采购单价(元/千克)	采购价款(元)	增值税税率	增值税额(元)
甲材料	1 600	10	16 000	13%	2 080
乙材料	800	16	12 800	13%	1 664
合计			28 800		3 744

(3) 以银行存款支付上述材料运费 2 400 元，以现金支付运达仓库后的装卸费 480 元；按甲、乙材料的重量分配运费和装卸费。

(4) 上述购买的甲、乙材料已验收入库，按材料的实际成本入账。

(5) 向洪天公司购入丙材料 3 000 千克，单价为 25 元，共计 75 000 元，增值税税率为 13%，增值税额为9 750元，材料已经入库，款项尚未支付。

(6) 上述购买的甲、乙材料的商业承兑汇票到期，公司以银行存款支付。

(7) 以银行存款支付购入丙材料的材料款，共计 84 750 元。

要求：根据上述材料采购的经济业务，编制会计分录。

(四) **目的：**练习企业生产成本的核算。

资料：甲公司 20×7 年 8 月发生下列有关生产业务的经济业务。

企业某生产车间生产完成 A 产品 200 件和 B 产品 300 件，月末完工产品全部入库。有关生产资料如下：

(1) 领用原材料 6 000 吨，其中 A 产品耗用 4 000 吨，B 产品耗用 2 000 吨，该原材料单价为 150 元。

(2) 生产产品发生的直接生产人员工时中，A 产品为 5 000 小时，B 产品为 3 000 小时，每工时的标准工资为 20 元。

(3) 生产车间发生管理人员工资、折旧费、水电费等 100 000 元，该车间本月仅生产了 A 和 B 两种产品，甲公司采用生产工人工时比例法对制造费用进行分配。假定月初、月末均不存在任何在产品。

要求：

(1) 计算 A 产品应分配的制造费用。

(2) 计算 B 产品应分配的制造费用。

(3) 计算 A 产品当月生产成本。

(4) 计算 B 产品当月生产成本。

(5) 编制产品完工入库的会计分录。

（五）**目的**：练习企业生产业务的核算。

资料：某公司 20×7 年 8 月发生下列有关生产的经济业务：

(1) 从仓库领用材料一批用于生产 A、B 两种产品和其他一般耗用。具体情况如表 4-39 所示。

表 4-39　材料应用情况表

项　目	甲材料		乙材料		丙材料		金额合计（元）
	数量（千克）	金额（元）	数量（千克）	金额（元）	数量（千克）	金额（元）	
A 产品耗用	100	25 000	500	150 000	180	18 000	193 000
B 产品耗用	360	90 000	135	40 500	50	5 000	135 500
生产车间一般耗用	180	45 000	80	24 000			69 000
管理部门耗用	70	17 500			65	6 500	24 000
合　计	710	177 500	715	214 500	295	29 500	421 500

(2) 结算本月应付职工工资，按用途归集如下：A 产品生产工人工资 8 000 元；B 产品生产工人工资 7 000 元；车间管理职工工资 6 000 元；企业行政管理人员的工资 4 000 元。

(3) 以现金 600 元支付生产车间的办公经费。

(4) 计提本月份的固定资产折旧费 3 500 元，其中：车间用固定资产折旧 3 000 元，企业行政管理部门用固定资产折旧 500 元。

(5) 以银行存款支付本月份的水电费 1 200 元，其中：生产车间耗用的水电费为 900 元，企业行政管理部门耗用的水电费为 300 元。

(6) 将本月发生的制造费用按生产工人工资的比例分摊到 A、B 产品的产品成本中。

(7) 假设本月 A、B 两种产品全部完工，其中：本月 A 产品完工 320 件，B 产品完工 200 件，完工产品按实际成本转账。

要求：根据上述经济业务编制会计分录。

（六）**目的**：练习企业销售业务的核算。

资料：某公司 20×7 年 8 月发生下列有关销售的经济业务。

(1) 向甲公司出售 A 产品 500 件，每件售价为 60 元，增值税税率为 13%，货款已经收到，存入银行。

(2) 向乙公司出售 B 产品 300 件，每件售价为 150 元，增值税税率为 13%，货款尚未收到。

(3) 按出售的 A、B 两种产品的实际销售成本转账，其中每件 A 产品的成本为 45 元，每件 B 产品成本为 115 元。

(4) 以银行存款支付 A、B 两种产品在销售过程中的运输费 800 元，包装费 200 元。

(5) 结算本月份专设销售机构的职工工资 8 000 元。

(6) 按规定计算和登记 B 产品应交纳的消费税，消费税税率为销售价格的 10%。

(7) 向丙工厂出售闲置的材料物资 100 千克，每千克售价为 12 元，增值税税率为 13%，货款已收到，存入银行。

(8) 按出售材料的实际成本转账，每千克材料的成本为 10 元。

(9) 收到乙公司的账款 50 850 元，款项已存入银行。

要求：根据上述各项经济业务编制会计分录。

（七）**目的**:练习财务成果的核算。

资料:1. 某工厂 20×7 年 12 月发生下列收支经济业务：

(1) 出售Ⅰ产品一批,售价 50 000 元,按 13%税率计算增值税,货款已收到并存入银行。

(2) 按出售Ⅰ产品的实际销售成本 35 000 元转账。

(3) 按售价的 10%计算销售产品应交纳的消费税 5 000 元。

(4) 以现金支付产品销售过程中的运输费 500 元、包装费 300 元。

(5) 以银行存款支付企业行政管理部门的办公经费 300 元。

(6) 以银行存款支付银行借款利息 1 700 元,其中 1 200 元是前期已经确认的利息费用。

(7) 以银行存款支付违约金 500 元。

(8) 某企业将取得的罚款净收入 800 元转作营业外收入,款项已存入银行。

2. 计算、结转和分配利润：

(1) 计算 12 月份的利润总额。

(2) 按 12 月份利润总额的 25%计算应交纳的所得税(假设没有其他调整项目)。

(3) 将 12 月份的所得税转入"本年利润"账户。

(4) 将全年实现的净利润自"本年利润"账户转入"利润分配"账户。

(5) 按 12 月份税后利润的 10%计算应提取的法定盈余公积。

要求:根据上述资料的各项经济业务内容编制会计分录。

（八）**目的**:练习工业企业主要经营过程的核算。

资料:某公司 20×7 年 8 月发生下列经济业务。

(1) 1 日,永生公司以厂房一幢作为投资,价值 350 000 元,交接手续已办妥。

(2) 10 日,向永新公司购买甲材料 12 吨,单价为 500 元,共计买价 6 000 元,乙材料 3 吨,单价为 800 元,共计买价 2 400 元,发生运输费 600 元。价款、运输费均以银行存款付讫,材料均已验收入库(运费按材料重量分配,列出计算过程)。

(3) 15 日,为生产 A 产品领用甲材料,共计 4 000 元;为 B 产品领用乙材料共计 9 000 元;生产车间一般耗用领用甲材料,共计 2 000 元;行政管理部门耗用乙材料,共计 3 000 元。

(4) 计算出应付给生产工人和车间管理人员工资共计 60 000 元,其中生产 A 产品的生产工人工资 10 000 元,生产 B 产品的生产工人工资 15 000 元,车间管理人员工资 35 000 元。

(5) 26 日,向新世纪公司销售 A 产品 200 件,每件售价 350 元,共计 70 000 元,货款尚未收到。

(6) 27 日,以银行存款支付希望工程捐赠款 4 600 元。

(7) 31 日,提取本月份生产车间固定资产折旧费 9 500 元。

(8) 31 日,分配结转本月发生的制造费用(按 A、B 产品生产工人工资进行分配,列出计算过程)。

(9) 31 日,结转本月已验收入库材料的实际采购成本。

(10) 31 日,本月投产的 A 产品 1 000 件,B 产品 200 件,全部完工入库,结转已验收入库的 A、B 产品成本。

(11) 31 日,结转本月份已销售 200 件 A 产品的产成品成本。

(12) 31 日,企业按规定计算本月应交消费税 3 000 元。

(13) 31 日,结转本月份的主营业务收入、主营业务成本、税金及附加、管理费用、营业外支出。

(14) 31 日,按规定计算本月所得税费用。

(15) 31 日,企业提取盈余公积。

要求:根据上述资料编制会计分录。

（九）**目的**:工业企业主要经营过程的核算。

资料:某公司 20×7 年 12 月有关损益类账户的本年累计发生额如表 4-40 所示。

表 4-40　损益类账户累计发生额表

科目名称	本年累计发生额(元)	发生额方向
主营业务收入	4 500 000	贷
其他业务收入	525 000	贷
投资收益	450 000	贷
营业外收入	37 500	贷
主营业务成本	3 450 000	借
其他业务成本	300 000	借
税金及附加	60 000	借
销售费用	375 000	借
管理费用	450 000	借
财务费用	75 000	借
营业外支出	150 000	借

假设该公司适用的所得税税率为 25%且当年不存在纳税调整事项;该公司按当年净利润的 10%提取法定盈余公积,按当年净利润的 5%提取任意盈余公积,并决定向投资者分配利润 50 000 元。

要求:(1) 编制该公司年末结转各损益类账户余额的会计分录。

(2) 计算该公司 20×7 年应交所得税金额。

(3) 编制该公司确认并结转所得税费用的会计分录。

(4) 编制该公司将“本年利润”账户余额转入“利润分配”账户的会计分录。

(5) 编制该公司提取盈余公积和宣告分配利润的会计分录。

(十) **目的:**工业企业主要经营过程的核算。

资料:长河公司 20×7 年 12 月发生下列经济业务。

(1) 收到投资者(新化公司)投入资本 50 000 元,存入银行。

(2) 向东方公司购买甲材料 6 000 千克,单价为 50 元;购买乙材料 4 000 千克,单价为 35 元,增值税税率为 13%,款项以银行存款支付。

(3) 以银行存款支付购买甲、乙材料的运输费 1 500 元,以现金支付购买甲、乙材料的装卸费 500 元;运输费、装卸费按照甲、乙材料的重量分配。

(4) 向欣欣公司购买丙材料 1 000 千克,单价为 30 元,增值税税率为 13%,款项以商业承兑汇票结算。

(5) 上述购买的甲、乙、丙材料验收入库,按材料的实际成本入账。

(6) 鼎盛公司归还前欠货款 200 000 元,款项存入银行。

(7) 以银行存款支付应交消费税 2 500 元。

(8) 以银行存款向希望工程捐赠 2 000 元。

(9) 以现金支付公司行政管理部门的办公费 200 元。

(10) 从工商银行取得为期 3 个月的短期借款 30 000 元,年利率为 2%,存入银行。

(11) 取得罚款收入 1 000 元,存入银行。

(12) 公司签发的商业承兑汇票到期,以银行存款向欣欣公司支付票据款 33 900 元。

(13) 以现金支付公司销售部门的办公经费 300 元。

(14) 以银行存款支付本月的水电费 1 300 元，其中：生产车间的水电费为 900 元，公司管理部门的水电费为 400 元。

(15) 公司行政管理部门的职工李海出差回来，报销差旅费 1 200 元，不足部分财会部门以现金支付。李海上月的出差借款为 1 000 元。

(16) 以银行存款支付本月发生的广告费 1 000 元。

(17) 计提本月固定资产折旧费 4 000 元，其中车间用固定资产折旧 3 000 元，公司行政管理部门用固定资产折旧 1 000 元。

(18) 本月出售 A 产品 500 件，每件售价为 650 元；出售 B 产品 400 件，每件售价为 350 元。增值税税率 13%，款项已存入银行。

(19) 结转上述出售的 A、B 产品成本，A 产品的单位成本 400 元，B 产品的单位成本 200 元。

(20) 确认本月应付的短期借款利息 300 元。

(21) 以银行存款支付本月的电话费 2 300 元，其中：生产车间的电话费为 1 900 元，公司管理部门的电话费为 400 元。

(22) 结算本月份应付职工工资 15 000 元，其用途分类如下：生产 A 产品工人工资 6 000 元；生产 B 产品工人工资 4 000 元；车间管理人员工资 3 000 元；公司管理人员工资 2 000 元。

(23) 从银行提取现金 15 000 元，以备发放工资。

(24) 发放本月职工工资。

(25) 出售多余的甲材料 200 千克，每千克售价为 60 元，增值税税率为 13%，款项已收到，存入银行。

(26) 结转上述出售材料的实际成本 10 000 元。

(27) 汇总本月使用的甲、乙、丙材料的使用情况，具体领用情况如表 4-41 所示。

表 4-41　材料领用情况表

项　目	甲材料		乙材料		丙材料		金额合计（元）
	数量（千克）	金额（元）	数量（千克）	金额（元）	数量（千克）	金额（元）	
A 产品耗用	3 500	175 000	2 000	70 000	700	21 000	266 000
B 产品耗用	1 000	50 000	500	17 500			67 500
生产车间一般耗用	300	15 000	100	3 500	50	1 500	20 000
合　计	4 800	240 000	2 600	91 000	750	22 500	353 500

(28) 将制造费用按生产工人工资比例摊入 A、B 产品成本。

(29) 本月完工验收入库的 A 产品 750 件，结转完工产品成本 300 000 元。

(30) 根据本月应交的流转税，计提本月应交的城市维护建设税 210 元，教育费附加 90 元。

(31) 将本月各损益类账户余额转入“本年利润”账户，结出 12 月份的利润。

(32) 按 12 月份利润总额的 25%计算应交所得税(假设没有调整项目)。

(33) 按 12 月份税后利润的 10%计算应提取的法定盈余公积。

(34) 按 12 月份税后利润的 10%计算登记应付给投资者的利润。

(35) 将 12 月份的所得税费用转入“本年利润”账户。

（36）将全年实现的净利润自“本年利润”账户转入“利润分配”账户。

要求：根据上述资料编制会计分录。

（十一）**目的**：区别收付实现制和权责发生制下收入与费用的确认。

资料：某公司 20×7 年 6 月发生下列经济业务：

（1）以银行存款预付下半年度的门市房屋租金 6 000 元。

（2）以银行存款支付本季度的短期借款利息 6 300 元，其中本月确认的利息费用为 2 100 元，其余部分在上两个月确认。

（3）预收下月的销货款 80 000 元。

（4）本月销售商品 60 600 元，货款当月收到，存入银行。

（5）计提固定资产折旧 30 000 元，其中生产车间应计提 20 000 元，厂部应计提 10 000 元。

（6）分摊本月应负担的门市房屋租金 1 000 元。

（7）以银行存款支付上月所欠的材料采购货款 7 500 元。

（8）本月实现上月预收货款的产品销售收入 50 000 元。

（9）本月以银行存款支付行政办公费 3 600 元。

要求：根据上述资料，请分别按照收付实现制和权责发生制填写收入和费用表，如表 4-42 所示。

表 4-42 收入和费用表

单位：元

项　目	权责发生制		收付实现制	
	收入	费用	收入	费用
1				
2				
3				
4				
5				
6				
7				
8				
9				
合　计				

课后习题电子版

CHAPTER 5

第五章

商品流通企业主要经营过程核算

Learning objectives 学习目标

学习目标

- 了解商品流通企业主要经济业务核算的内容
- 理解商品流通企业借贷记账法的运用
- 掌握商品购进、销售、储存、费用和税金以及财务成果等账务处理的基础知识和操作技能

案例讨论

王刚和李铁都是会计专业本科毕业生。毕业后，王刚进入一家食品加工厂当会计；李铁也在一家大型百货商场从事会计工作。在一次聚会中，有朋友问起："你们俩都是会计，但是在不同的行业，有什么不一样的吗？"王刚说："我们公司属于生产制造业，经营过程较为复杂，要'采购→生产加工→销售。'"李铁说："我们商场主要从事各种百货销售。它的运作模式是，向厂家批发商品，再向消费者销售。超市的经营过程非常简单，'采购→储存→销售'，没有复杂的生产加工过程。"另一朋友又问："既然商场和生产制造业的经营过程有这么大差别，那你们做的账也应该有很大的不同吧？"

生产制造业和商场的会计有差别吗？如果你是李铁，应该如何向他们解释？

第一节　主要经营过程和需要设置的主要账户

一、商品流通企业的概念及其主要经营过程

（一）商品流通企业的概念

商品流通企业是指从事商品购销的行业，它是工业和农业之间、城市和乡村之间、生产和消费之间及国内市场和国际市场之间的纽带，是国民经济的一个重要的组成部分。

我国的商品流通企业包括商业、粮食、物资、供销、外贸、医药商业、石油商业、烟草商业、图书发行以及从事其他商品流通的企业。

商品流通企业作为生产与消费的枢纽，对促进生产、引导生产、繁荣市场起着积极作用。为此，企业必须科学、合理地设置各种组织形式，使商品流通渠道畅通无阻。

商品流通企业的组织形式，按其在商品流通中所处的地位和作用不同，可以分为批发企业和零售企业两种类型。

(1) 批发企业是指向生产企业或其他企业购进商品，供应给零售企业或其他批发企业用以转售，或供应给其他用以进一步加工的商品流通企业。它处于商品流通的起点或中间环节，是组织城乡之间、地区之间商品流通的桥梁。

(2) 零售企业处于商品流通的终点，是指向批发企业或生产企业购进商品，销售给个人，或销售给企事业单位等用于生产和非生产的商品流通企业，是直接为人民生活服务的基层商品流通企业。

零售企业按其经营商品种类的多少，可分为专业性零售企业和综合性零售企业。专业性零售企业是指专门经营某一类或几类商品的零售企业，如钟表、眼镜、交通器材、家用电器、照相器材、金银首饰等商店。综合性零售企业是指经营商品类别繁多的零售企业，如百货、食品、服装鞋帽、五金、日用杂货、综合商店等。

(二) 商品流通企业主要经营过程

商品流通企业是从事商品流通的经营者。商品流通企业通过购销活动,组织商品流通,满足市场需要。因此,商品流通企业的主要经营过程,就是商品流转过程。商品流转是指工农业产品通过买卖方式,从生产领域进入消费领域的转移过程。商品流通企业通过商品购进、销售、调拨、储存(包括运输)等经营业务实现商品流转,其中购进和销售是完成商品流通的关键业务,调拨、储存、运输等活动都是围绕商品购销展开的。

商品流通企业的产品进入消费领域,通常要经过批发和零售两个环节。商品在批发环节的流转活动,称为批发商品流转;商品在零售环节的流转活动,称为零售商品流转。批发商品流转是整个商品流转的起点和中间环节,零售商品流转是整个商品流转的终点。

会计对象的基本内容就是企业的资金及其运动,具体是指企业经营资金运动。商品流通企业的经营过程分为购进和销售两个过程。商品流通企业开展商品购销业务,必须拥有一定数量的商品以及其他各项为商品流转服务的物质和技术设备。这些商品、物质和财产的货币表现就是商品流通企业的资金。资金随着商品购销业务的进行,不断地发生周转变化,从而形成了企业的资金运动。在购进过程中,随着商品采购,货币资金转化为商品资金。因此,商品流通企业的资金运动方式是沿着"货币资金→商品资金→货币资金"的形式连续不断地循环和周转的。

二、经营过程核算需要设置的主要账户

商品流通企业在商品经营活动中,各项资产、负债、所有者权益必然会发生增减变动并会发生收入和费用,这些业务都是会计核算和监督的具体内容。为了全面、系统、分类地核算和监督商品流通企业的各项经济活动,以及由此而引起资金的增减变动情况,就必须结合经营管理的需要,通过设置会计科目,对会计要素的具体内容进行科学的分类。

财政部于 2006 年 10 月 30 日公布的《企业会计准则——应用指南》规定,工业生产企业与商品流通企业使用统一的会计科目和财务报表。为了不重复,并结合商品流通企业商品流转的特点,我们只介绍几个主要的账户。

(一) "在途物资"账户

本账户是资产类账户,用来核算采用商品进价核算的企业购入商品货款已付、尚未验收入库的在途物资的采购成本。本账户的借方登记货款已付而商品尚未入库的商品进价;贷方登记商品到达并已验收入库的商品进价;期末借方余额表示货款已付但商品尚未验收入库的在途商品进价成本。本账户按供货单位和商品品种设置明细分类账。

(二) "库存商品"账户

本账户是资产类账户,用来核算企业库存的各种用于销售的商品进价,包括存放在仓库、门市部和寄存在外库的商品,委托其他单位代管代销的商品,发出展览的商品等。本账户的借方登记商品购进的进价;贷方登记商品销售的进价;借方余额表示库存商品的进价。本账户可以按照商品的品种、规格、等级设置明细分类账。

库存商品按售价核算的企业,其进价与售价之间的差额在"商品进销差价"账户中核算。

(三)“商品进销差价”账户

本账户是资产类账户,是“库存商品”账户的抵减账户,用来核算商品流通企业采用售价核算的商品售价与进价之间的差额。本账户的贷方登记售价大于进价的差额,借方登记售价小于进价的差额、销售商品已实现的差价;期末余额表示库存商品的实际进销差价。本账户可以按照商品类别或实物负责人设置明细分类账。

(四)“销售费用”账户

本账户是损益类账户,用来核算商品流通企业在购进和销售过程中发生的运输费、装卸费、包装费、保险费、展览费、广告费、商品维修费、进货销售途中合理损耗和入库前挑选整理费以及为销售商品而专设的销售机构的本企业职工薪酬、业务费、折旧费等经营费用。

至于“应交税费”“应付账款”“主营业务收入”“主营业务成本”“管理费用”“财务费用”“本年利润”“利润分配”“所得税费用”“营业外收入”“营业外支出”“盈余公积”等账户,均与工业生产企业相同。

第二节　批发企业商品流转的核算

一、批发企业商品的核算方法

批发企业大批地向工农业生产部门采购商品,又成批地供应出去,将社会产品从生产领域转入流通领域和再生产领域,它是工业与农业、地区与地区、生产企业与零售企业之间的纽带。批发企业需要储备一定数量的商品,随时掌握各种商品进、销、存的数量和结存金额,因此一般采用数量、金额核算的方法,即同时采用数量和金额两种计量单位进行双重核算,反映商品的进、销、存情况。由于批发企业规模不一,日常经营活动中的商品入账价格不同,又分为数量进价金额核算方法和数量售价金额核算方法。

(一)数量进价金额核算方法

数量进价金额核算是指以实物数量和进价金额两种指标来反映商品流通过程及其结果的一种核算方法,具体说就是库存商品的总分类账户和明细分类账户除均按进价金额反映外,同时明细分类账户还必须反映商品实物数量。采用这种核算方法,可以根据已销商品的数量按进价结转商品销售成本。其主要内容有:

(1)“库存商品”的总分类账和明细分类账统一按进价记账。

(2)“库存商品”明细分类账按商品编号、品名、规格和等级分户,登记数量和金额。

(3)设置类目账,按商品大类分户,控制明细分类账。

(4)在业务部门和仓库设置商品调拨账和商品保管账,分户方法与“库存商品”明细分类账相同,只记数量,不记金额,以随时掌握各种商品数量变化情况。

(5)根据商品不同特点,采用不同方法,定期计算和结转已销商品的进价成本。

数量进价金额核算法的优点是:能全面反映各种商品进、销、存的数量和金额,便于从数量和金额两个方面进行控制。其缺点是:由于每笔进货、销货业务都要填制凭证,按商品品种逐笔登记明细分类账，核算工作量较大，手续较繁。

（二）数量售价金额核算方法

数量售价金额核算是指以实物数量和售价金额两种指标来反映商品流通过程及其结果的一种核算方法。它具体是指库存商品除总分类账户和明细分类账户均按售价金额反映外，同时明细分类账户还必须反映商品的实物数量。采用这种核算方法，必须按每一商品的品名、规格设置商品明细分类账，以随时掌握各种商品的结存数量。其主要内容与数量进价金额核算基本相同，而不同点为：

（1）库存商品的总分类账、类目账和明细分类账均按售价记账。

（2）设置"商品进销差价"账户，记载售价金额和进价金额之间的差额，定期分摊进销差价，计算已销商品进价成本和结存商品的进价金额。

数量售价金额核算方法的优点是：由于对每种商品按数量和售价金额实行双重控制，有利于加强对库存商品的管理和控制，对商品销售收入的管理与控制也较为严密。其缺点是：每逢商品售价变动，就要盘存库存商品，调整商品金额和差价，核算工作量较大。

数量进价金额核算方法一般适用于从事批发商品经营的大中型企业。小型企业和需要掌握贵重商品的零售商品经营企业，可采用数量售价金额核算方法。我们在此节中所述批发企业商品的核算，是按数量进价金额核算方法来讲述的。

二、批发企业商品购进的核算

批发企业商品的流转过程包括商品购进、销售和储存三个环节。商品购进是商品流转的起点，为商品销售、储存提供物质基础。

批发企业商品购进是指企业为了销售或加工后销售，通过货款结算而购进商品的交易行为。购进商品实际成本是指商品流通企业为采购一定种类和数量的商品而发生的各种耗费之和，一般由以下两部分构成：

（1）买价，即完成采购商品过程支付货款后，由供应商开具的增值税专用发票上所开列的购买商品本身的价格。一般根据所购买商品的单价和数量计算确定，不包括增值税专用发票上的增值税进项税额。

（2）进货费用，即商品流通企业在采购商品过程中发生的运输费、装卸费、保险费以及其他可归属于商品采购成本的费用。

企业购进商品，由于距离采购地点远近不同、货款结算方式不同等原因，可能造成商品验收入库和货款结算并不总是同步完成；同时购进商品还可能采用预付货款方式、赊购方式等。因此，商品流通企业购进商品应根据具体情况，分别进行处理。

（一）商品验收入库和货款结算同时完成

【例 5-1】 东华股份有限公司向当地乐华冰箱厂购进双门电冰箱 20 台，每台价款 1 800 元，另付增值税 4 680 元，款项以银行存款付讫。

这笔经济业务表明，一方面购入商品用银行存款支付货款，应记入"银行存款"账户的贷方；另一方面商品已验收入库，可直接记入"库存商品"账户和"应交税费"账户的借方。其会计分录如下：

借：库存商品——乐华冰箱厂　　36 000
　　应交税费——应交增值税(进项税额)　　4 680
　　贷：银行存款　　40 680

(二) 货款已结算但商品尚在运输途中

【例 5-2】 东华股份有限公司从外地广东新龙化工厂购入药皂 20 000 块，每块 1.10元，增值税税率为 13%；厂方代垫运费 500 元，应扣增值税 45 元，已通知银行支付，商品未到。

(1) 支付货款，商品尚在运输途中。

这笔经济业务表明，一方面，支付货款，银行存款减少，应记入"银行存款"账户的贷方；另一方面，购入商品，商品增加，但尚在运输途中，应记入"在途物资"账户的借方，同时增加增值税，记入"应交税费"账户的借方，发生的运费属于经营费用，应记入"销售费用"账户的借方。需要特别注意的是：财政部规定，企业购进商品物资所支付的运输费用，根据运费结算单据(普通发票)所列金额，一般按 9% 的扣除率计算进货税额，准予扣除。但随同运费支付的装卸费、保险费等其他杂费，不得计算扣除进项税额。

本例运费 500 元，扣除增值税 45 元后，应支出销售费用 455 元。其会计分录如下：

借：在途物资　　22 000
　　应交税费——应交增值税(进项税额)　　2 905
　　销售费用　　455
　　贷：银行存款　　25 360

(2) 商品运达企业，经仓库点验入库。

这笔经济业务表明，药皂已运到并验收入库，在途物资减少，记入"在途物资"账户的贷方，同时商品入库，增加库存商品，记入"库存商品"账户的借方。其会计分录如下：

借：库存商品——药皂　　22 000
　　贷：在途物资　　22 000

(三) 商品已验收入库但货款尚未结算

【例 5-3】 某年 3 月 28 日，东华股份有限公司向本地塘口贸易公司购入牙刷 40 000 支。商品已到，验收入库，但货款未付。至 3 月 31 日，该批货物的发票账单等结算凭证尚未到达。按过去的经验，该牙刷估计单价 2 元。

在商品已运达企业并验收入库，但发票账单等结算凭证尚未到达、货款尚未结算的情况下，企业在收到商品时可以先不进行会计处理。如果本月内结算凭证能够到达企业，按发票账单等结算凭证确定商品成本。参见[例 5-2]。如果月末时结算凭证仍未到达，为了全面反映资产及负债情况，应对收到的商品按暂估价值入账。下月初再编制相同的红字记账凭证予以冲回。

这笔经济业务表明，月末商品先验收入库，则库存商品增加，记入"库存商品"账户的借方。货款未付，使负债增加，记入"应付账款"账户的贷方，但因发票账单等结算凭证未到，无法确定实际成本，只能暂估价款入账。其会计分录如下：

借：库存商品——牙刷　　80 000
　　贷：应付账款——暂估应付账款　　80 000

下月初用红字冲回。

(四) 采用预付货款方式购入商品

【例 5-4】 东华股份有限公司向外地食品加工厂购进方便面 10 000 件，每件 2.60 元，共计 26 000 元。根据合同规定先预付货款，15 天后交货。签发转账支票，预付货款。

这笔经济业务表明，先支付货款，则银行存款减少，记入“银行存款”账户的贷方，同时增加一项资产预付账款，记入“预付账款”账户的借方。其会计分录如下：

借：预付账款——××食品加工厂　　26 000
　　贷：银行存款　　26 000

【例 5-5】 东华股份有限公司业务部门转来外地食品加工厂开来的增值税专用发票上注明货款 26 000 元，增值税税率为 13%，税款 3 380 元。商品已运到，并验收入库。

这笔经济业务表明，商品验收入库，使商品增加，记入“库存商品”账户的借方，发生的增值税记入“应交税费”账户的借方，同时冲减预付货款，记入“预付账款”账户的贷方。其会计分录如下：

借：库存商品——方便面　　26 000
　　应交税费——应交增值税(进项税额)　　3 380
　　贷：预付账款　　29 380

三、批发企业商品销售的核算

批发商品销售过程是商业资金循环的第二阶段，是商品资金向货币资金转化的过程，其主要经济业务是销售商品，收回货币。一般情况有：发出商品，同时收回货款；发出商品，办妥结算手续，取得收款权利；先收货款，后发货等。

(一) 发出商品，同时收回货款

【例 5-6】 东华股份有限公司售给本地塘南商店内衣 1 000 件，每件售价 6.20 元，共计 6 200 元，增值税税率 13%，税款 806 元，货款送存银行。

这笔经济业务表明，一方面销售商品，收入增加，应记入“主营业务收入”和“应交税费”账户的贷方；另一方面货款送存银行，银行存款增加，应记入“银行存款”账户的借方。其会计分录如下：

借：银行存款　　7 006
　　贷：主营业务收入　　6 200
　　　　应交税费——应交增值税(销项税额)　　806

【例 5-7】 结转[例 5-6]已销内衣 1 000 件的销售成本 5 600 元。

批发商品销售成本的计算和结转，一般有逐日结转和定期结转两种方法。如采用逐日结转的方法，则在反映商品销售收入以后，还要反映商品销售时点的成本，计算商品销售毛利。这笔经济业务表明，一方面增加商品销售成本，另一方面减少库存商品，分别记入“主营业务成本”账户的借方和“库存商品”账户的贷方。

借：主营业务成本　　5 600
　　贷：库存商品——内衣　　5 600

(二) 发出商品,办妥结算手续,取得收款权利

【例 5-8】 东华股份有限公司售给外地某服装厂棉布 2 000 米,每米售价 4 元,共计 8 000 元,增值税税率 13%,税款 1 040 元,另以银行存款代垫运杂费 400 元,已办妥委托银行收款手续。

这笔经济业务表明,一方面销货收入增加 8 000 元,另一方面办妥委托银行收款手续,取得收款的权利,应同时记入“主营业务收入”“应交税费”账户的贷方和“应收账款”账户的借方。另外,代垫运杂费属于应收账款性质,也一并委托银行代收。其会计分录如下:

借：应收账款——××服装厂　　400
　　贷：银行存款　　400

借：应收账款——××服装厂　　9 440
　　贷：主营业务收入　　8 000
　　　　应交税费——应交增值税(销项税额)　　1 040
　　　　应收账款——××服装厂(代垫运费)　　400

【例 5-9】 承[例 5-8],接银行通知,上述服装厂销售款已收回。

这笔经济业务表明,委托银行所收款项已收回入账,一方面记入“应收账款”账户的贷方,另一方面记入“银行存款”账户的借方。其会计分录如下:

借：银行存款　　9 760
　　贷：应收账款　　9 760

(三) 先收货款,后发货

【例 5-10】 东华股份有限公司 3 月 15 日预收新华百货购买牙刷 500 支的价税款合计 2 260 元,已存入银行。

这笔经济业务表明,收到货款,银行存款增加,记入“银行存款”账户的借方,同时增加一项负债,记入“预收账款”账户的贷方。其会计分录如下:

借：银行存款　　2 260
　　贷：预收账款　　2 260

【例 5-11】 东华股份有限公司 3 月 20 日向新华百货发出牙刷 500 支,每支售价 4 元,价款 2 000 元,应交增值税销项税额 260 元。抵减 3 月 15 日所收预收款项。

这笔经济业务表明,销售商品,使收入增加,记入“主营业务收入”账户的贷方,发生的增值税,记入“应交税费”账户的贷方。同时,冲减负债,使负债减少,记入“预收账款”账户的借方。其会计分录如下:

借：预收账款　　2 260
　　贷：主营业务收入　　2 000
　　　　应交税费——应交增值税(销项税额)　　260

四、批发企业商品销售成本的计算

商品销售成本是指已销商品的进价成本，即购进价格。因为批发商品库存是按购进的价格记账的，商品流通费用则另设账户核算，不记入“库存商品”账户，因此，批发商品销售成本，除某些特定商品外，实际上是已销商品的原进价。由于批发企业的进货渠道、进货批量、进货时间和付款条件不同，同种规格的商品，前后进货的单价也可能不同。除了能分清批次的商品，可以直接按原进价确定商品销售成本外，在一般情况下，销售的商品都要采用一定的方法来确定一个适当的进货单价，以计算商品销售成本并确定库存价值，据以核算商品销售损益，反映经营成果。

商品销售成本的计算，有顺算成本法和倒算成本法两种方法。

（一）顺算成本法

顺算成本法是先计算商品销售成本，再计算期末库存金额的方法。其计算公式如下：

本期商品销售成本＝本期商品销售数量×进货单价

期末库存商品金额＝期末库存数量×进货单价

（二）倒算成本法

倒算成本法是先计算期末库存金额，再计算商品销售成本的方法。其计算公式如下：

期末库存商品金额＝期末结存数量×进货单价

本期商品销售成本＝期初库存金额＋本期增加金额－本期非商品销售减少金额－期末库存金额

注：非商品销售减少金额是指商品短缺、加工商品发出等金额。

无论是顺算成本法还是倒算成本法，其结果都是相同的。现行制度规定的加权平均法、先进先出法、个别计价法等计算商品销售成本的方法，都是确定存货单价的计算方法。

第三节　零售企业商品流转的核算

零售商品经营特点是：经营品种多，规格复杂，交易次数频繁，数量零星，成交时间短，销售对象是广大消费者，主要是一手交钱、一手交货的现金交易。因此，库存商品核算一般采用售价金额核算方法，反映商品进、销、存情况。由于零售企业经营商品的入账价格不同，又可采用进价金额核算方法。

根据经营商品的特点，售价金额核算方法一般适用于日用工业品，进价金额核算方法一般适用于鲜活农副产品。

一、售价金额核算方法

售价金额核算又称拨货计价、实物负责制，是指“库存商品”总分类账户和明细分类账户都只反映商品的售价金额，不反映实物数量的一种核算方法。这是一种售价记账与实物负责相结合的核算制度。采用这种核算方法，库存商品的结存数量，只能通过实地盘点来掌握，其商品明细分类账按经营商品的商品业柜组或门市部设置。因此，它不仅是一种核算方法，也是一种商品管理制度。它的主要内容有：

(1) 建立实物负责制。根据岗位责任制的要求，按商品经营的品种和地点，划分若干柜组，确定实物负责人，对其经营的商品承担全部责任。

(2) 售价记账，金额控制。零售商品的进、销、存，一律按销售价格入账，只记金额，不记数量。“库存商品”总分类账反映售价总金额，明细分类账按实物负责人分设，反映各实物负责人所经营商品的售价金额，在总分类账控制下，随时反映各实物负责人的经济责任。

(3) 设置“商品进销差价”账户。由于“库存商品”账户按售价反映，而商品购进支付的货款是按进价计算的；为了反映商品资金实际占用额，正确计算销售商品的进价成本和毛利，就需要设置“商品进销差价”账户来反映零售商品进价与售价之间的差额。

(4) 加强物价管理。零售商品按售价核算后，如有售价变动，就会直接影响库存商品总额，因此，必须加强物价管理，明码标价。价格如有变动，应及时调整账面。

(5) 健全商品盘点制度。由于“库存商品”明细账按售价记账，只有金额控制，没有数量指标。只有通过盘点才能确定实际数量。因此，加强商品盘点，可以检查库存商品账实是否相符，以检查实物负责人的工作质量和经济责任。

零售商品按售价核算，可以控制商品的售价，简化核算手续，减少工作量，有利于提高零售商品经营工作效率和服务质量。由于只记金额，不记数量，其不足之处是库存商品账不能提供数量指标来控制商品进、销、存情况，一旦发生差错，难以查明原因。

(一) 零售企业商品购进过程的核算

零售商品购进过程的核算与批发商品购进过程大致相同，设置和使用的账户也基本一致。所不同的是增设“商品进销差价”账户。

商品购进过程是货币资金转化为商品资金的过程，购进的商品应以商品实际进价为核算基础。但因零售商品是以售价金额入账的，这样，库存商品中的金额就包括商品的实际进价和未实现的进销差价两部分。为了正确反映财产的真实情况，在按售价记入“库存商品”账户的同时，还必须把商品进价与售价之间的差额记入“商品进销差价”账户。

在商品购进时，应同时根据进货发票支付进项增值税，并按零售额记入“库存商品”账户。

1. 同城购进

【例 5-12】 东华股份有限公司是一家商品零售企业，向市副食品公司购进奶粉 4 箱共 100 袋，进价 162.50 元/箱，货款 650 元，增值税 84.50 元，共 734.50 元，零售价 10 元/袋，商品已由食品柜验收，货款以转账支票付讫。

这笔经济业务表明，购入商品，商品增加，按进价记入“在途物资”账户的借方，增值税记入“应交税费”账户的借方，同时开出商业承兑汇票，负债增加，记入“应付票据”账户的贷方。另外，商品入库，在途物资减少，记入“在途物资”账户的贷方，库存商品增加，按售价记入“库存商品”账户的借方，在途物资与库存商品的差额，记入“商品进销差价”账户。其会计分录如下：

借：在途物资——副食品公司　　650.00
　　应交税费——应交增值税(进项税额)　　84.50
　　贷：银行存款　　734.50

借：库存商品——食品柜　　1 000
　　贷：在途物资——副食品公司　　650
　　　　商品进销差价　　350

2. 异地购进

1）商品验收入库和货款结算同时完成

【例 5-13】 东华股份有限公司向杏花酒厂购入白酒 100 箱，单价 116 元/箱，价款 11 600元，税额 1 508 元，每箱含税零售价 172 元，开出商业汇票结算货款。商品已经验收入库。

这笔经济业务表明，购入商品，商品增加，按进价先记入“在途物资”账户的借方，增值税记入“应交税费”账户的借方，同时开出商业承兑汇票，负债增加，记入“应付票据”账户的贷方。另外，商品入库，在途物资减少，记入“在途物资”账户的贷方，库存商品增加，按售价记入“库存商品”账户的借方，在途物资与库存商品的差额，记入“商品进销差价”账户。其会计分录如下：

借：在途物资——白酒　　11 600
　　应交税费——应交增值税(进项税额)　　1 508
　　贷：应付票据——杏花酒厂　　13 108

含税售价＝172×100＝17 200(元)

借：库存商品——白酒　　17 200
　　贷：在途物资——白酒　　11 600
　　　　商品进销差价　　5 600

2）货款已结算但商品尚在运输途中

【例 5-14】 东华股份有限公司向品源公司购进饼干 250 千克，单价 4.00 元，共 1 000 元，应交增值税 130 元，签发转账支票付讫。这批饼干零售单价 4.80 元，共 1 200 元，商品尚未运达。

货款已支付，商品尚在运输途中。

这笔经济业务表明，购入商品，商品增加，按买价记入“在途物资”账户的借方，增值税记入“应交税费”账户的借方，同时签发转账支票，银行存款减少，记入“银行存款”账户的贷方。其会计分录如下：

借：在途物资——饼干　　1 000
　　应交税费——应交增值税(进项税额)　　130
　　贷：银行存款　　1 130

商品运达企业，经仓库验收入库。

商品入库，在途物资减少，记入“在途物资”账户的贷方；同时库存商品增加，按售价记入“库存商品”账户的借方，在途物资与库存商品的差额，记入“商品进销差价”账户。其会计分录如下：

借：库存商品——饼干　　1 200
　　贷：在途物资——饼干　　1 000
　　　　商品进销差价——饼干　　200

3）商品已验收入库但货款尚未结算

【例 5-15】 东华股份有限公司 4 月 27 日从思源批发企业购入了 100 个旅行包，旅行包已运达企业并已验收入库，但发票账单等结算凭证尚未到达。月末时，该批商品的结算凭证仍未到达。东华股份有限公司对该批旅行包估价 29 000 元入账。5 月 2 日结算凭证到达公司，增值税专用发票上注明，旅行包的单位进价 300 元，增值税 3 900 元，所有款项通过银行转账支付。该批商品的零售单价为 585 元。

4 月 27 日，商品运达，结算凭证未到达，不作会计处理。

月末，结算凭证仍未到达，对该批旅行包暂估价值入账。商品增加，记入“库存商品”账户的借方；货款未付，且为暂估价，记入“应付账款——暂估应付账款”账户的贷方。其会计分录如下：

借：库存商品　　29 000
　　贷：应付账款——暂估应付账款　　29 000

下月初，用红字冲回估价入账。

借：库存商品　　[29 000]
　　贷：应付账款——暂估应付账款　　[29 000]

购入商品，库存商品增加，按售价记入“库存商品”账户的借方，支付货款及税款，银行存款减少，按实际支付的货款增值税进项税额，记入“银行存款”账户的贷方，按其差额，记入“商品进销差价”账户。其会计分录如下：

借：库存商品——旅行包　　58 500
　　应交税费——应交增值税(进项税额)　　3 900
　　贷：银行存款　　33 900
　　　　商品进销差价——旅行包　　28 500

4）采用预付货款方式购入商品

【例 5-16】 东华股份有限公司向市内洪都批发公司购进下列 A、B 两个品种，由于 A、B 两种商品极为畅销，洪都批发公司要求先付款，后发货。东华股份有限公司按合同支付了 A、B 两种商品的全部价款，共计 50 000 元。

这笔经济业务表明，支付了货款，银行存款减少，记入“银行存款”账户的贷方，但没有收到商品；预先支付货款，预付款增加，记入“预付账款”账户的借方。其会计分录如下：

借：预付账款　　50 000
　　贷：银行存款　　50 000

【例 5-17】 承[例 5-16]，东华股份有限公司购入的 A、B 两种商品运达。

(1) 进销价格如表 5-1 和表 5-2 所示。

表 5-1　A、B 两种商品的进价　　单位：元

商品名称	商品进价	进项税额(13%)	进价合计
A	30 000	3 900	33 900
B	20 000	2 600	22 600
合计	50 000	6 500	56 500

表 5-2　A、B 两种商品的销售价　　单位：元

商品名称	商品进价	毛利率	毛利额	销项税额(13%)	销售价
A	30 000	20%	6 000	36 000×13%=4 680	40 680
B	20 000	15%	3 000	23 000×13%=2 990	25 990
合计	50 000		9 000	7 670	66 670

(2) 进销差价(即毛利)9 000 元。

(3) 货款不足部分，签发转账支票补付货款 6 500 元。

这笔经济业务表明，购入商品，商品增加，按买价记入"在途物资"账户的借方，增值税记入"应交税费"账户的借方，以预付账款抵货款，预付账款减少，记入"预付账款"账户的贷方。另外，商品入库，在途物资减少，记入"在途物资"账户的贷方，库存商品增加，以售价(包括销项税额)记入"库存商品"账户的借方，在途物资与库存商品的差额，记入"商品进销差价"账户。签发转账支票，银行存款减少，记入"银行存款"账户的贷方，补付货款，增加预付账款，记入"预付账款"账户的借方。

其会计分录如下：

借：在途物资——A　　30 000
　　　　　　——B　　20 000
　　应交税费——应交增值税(进项税额)　　6 500
　　贷：预付账款　　56 500

借：库存商品——A　　40 680
　　　　　　——B　　25 990
　　贷：在途物资——A　　30 000
　　　　　　　　——B　　20 000
　　　　商品进销差价　　16 670

借：预付账款　　6 500
　　贷：银行存款　　6 500

上列会计分录中库存商品以零售价反映，商品进销差价包含了增值税销项税额。

（二）零售企业商品销售的核算

零售商品销售以后，同时按售价结转营业成本，月末再进行调整。对于销项税额，也需到月底才由财务部门统一转入“应交税费”账户内，以便于以零售价对库存商品进行控制。

【例5-18】 东华股份有限公司全月销售A商品28 250元，B商品23 730元，合计51 980元。其会计分录如下：

借：银行存款　　51 980
　　贷：主营业务收入　　51 980

借：主营业务成本　　51 980
　　贷：库存商品　　51 980

上列商品销售收入中包含了已销商品的销项税额，销售成本包含了进销差价，应于月底进行调整。

（1）已销商品销项税额的计算和结转。由于零售企业平时在“主营业务收入”账户中反映的是含税收入，因此月末就需要进行调整，将含税收入中的销项税额分离出来，使“主营业务收入”账户反映企业真正的销售额。含税收入的调整公式如下：

$$\text{销售额}=\frac{\text{含税收入}}{1+\text{增值税税率}}$$

$$\text{销项税额}=\text{含税收入}-\text{销售额}$$

或：

$$\text{销项税额}=\text{销售额}\times\text{增值税税率}$$

为了正确反映已销商品的进价成本，在月度终了时，必须计算和结转已销商品的销项税额。

【例5-19】 根据[例5-18]的资料，东华股份有限公司的销项税额计算如下：

$$\frac{51\ 980}{1+13\%}\times 13\%=46\ 000\times 13\%=5\ 980(\text{元})$$

上列销项税额应从销售收入中分解出来。其会计分录如下：

借：主营业务收入　　5 980
　　贷：应交税费——应交增值税(销项税额)　　5 980

（2）已销商品进销差价的计算和结转期末应分摊的已销商品进销差价。零售企业由于平时按商品售价结转商品销售成本，月末为了核算商品销售业务的经营成果，就需要通过计算和结转已销商品的进销差价，将商品销售成本由售价调整为进价。

$$\text{商品进销差价率}=\frac{\text{结转前“商品进销差价”账户余额}}{\text{期末“库存商品”账户余额}+\text{本期“主营业务收入”账户贷方发生额}}$$

$$\text{本期已销商品进销差价}=\text{本期“主营业务收入”账户贷方发生额}\times\text{商品进销差价率}$$

【例 5-20】 根据[例 5-17][例 5-18]的资料,已销商品进销差价的计算如下:

商品进销差价率=25%

当期销售商品应分摊的商品进销差价(含税)

=本期"主营业务收入"账户贷方发生额×商品进销差价率

=51 980×25%

=12 995(元)

上列已销商品进销差价(含税)应从商品销售成本中分解出来。其会计分录如下:

借:商品进销差价	12 995	
贷:主营业务成本		12 995

如果企业的商品进销差价率各期之间比较均匀,也可采用上期商品进销差价率计算分摊本期商品进销差价。年度终了应对商品进销差价进行核算调整。

【例 5-21】 某商厦各营业组本日销货款(含税):百货组 7 910 元,针织组 9 040 元,服装组 5 650 元,收入现金由收银员全部送存银行,取得银行收款单。其会计分录如下:

借:库存现金	22 600	
贷:主营业务收入——百货组		7 910
——针织组		9 040
——服装组		5 650
借:银行存款	22 600	
贷:库存现金		22 600

同时,按售价(含税)注销库存商品,结转商品销售成本。

借:主营业务成本	22 600	
贷:库存商品——百货组		7 910
——针织组		9 040
——服装组		5 650

月末调整已销商品增值税销项税额。

(1) 计算应交增值税销项税额。其公式如下:

$$\text{应交增值税销项税额}=\frac{23\ 400}{1+13\%}\times 13\%=20\ 000\times 13\%=2\ 600(\text{元})$$

(2) 调整账务将销项税额从销售收入中分解出来。其会计分录如下:

借:主营业务收入	2 600	
贷:应交税费——应交增值税(销项税额)		2 600

【例 5-22】 某零售企业月末分摊进销差价,"商品进销差价"账户余额为 120 000 元,"库存商品"账户余额为 220 000 元,本月"主营业务收入"账户贷方发生额为 580 000 元。其会计分录如下:

$$商品进销差价率=\frac{120\ 000}{220\ 000+580\ 000}=15\%$$

本月销售商品应分摊进销差价=580 000×15%=87 000(元)

借：商品进销差价　　　　87 000
　　贷：主营业务成本　　　　87 000

二、进价金额核算方法

进价金额核算又称进价记账、盘存计销核算法，它是指"库存商品"总分类账户和明细分类账户都只反映商品的进价金额，不反映实物数量的一种核算方法。由于这种方法不记实物数量，所以必须通过对库存商品的实地盘点计算出期末结存金额，才能倒算出已销商品的销售成本。其主要内容有：

(1)"库存商品"总分类账和明细分类账只记金额，不记数量。

(2) 商品购进按进价记入"库存商品"账户。

(3) 商品销售收入按售价记入"主营业务收入"账户。

(4) 月末采用以存计销方法，实地盘点库存商品，倒计已销商品的进价成本。

采用进价金额核算方法，优点是记账手续最为简便，工作量小。其缺点是平时不能反映商品进、销、存的数量，手续不够严密，平时不能掌握商品的库存情况，差错、事故不能控制，容易产生弊端，不易发现企业经营管理中存在的问题。

零售商品中有一部分农副业生产的蔬菜、瓜果、禽蛋、肉类、鱼虾等鲜活商品，这些商品季节性强，时新鲜嫩，容易变质、损耗，质量等级变化大，数量和售价变动频繁，为了简化手续，节约人力、物力，符合鲜活商品的特点，一般采用进价记账、盘存计销和进价记账、售价控制的进价金额核算方法。

(一) 进价记账、盘存计销核算的主要内容

(1)"库存商品"总分类账和明细分类账(按商品大类或营业组设置)只记金额，不记数量。如营业上需要掌握数量的商品，可设备查簿。

(2) 商品购进时，按进价记入"库存商品"账户。对于在购进过程中发生的正常溢余或损耗，一般以增减商品损耗处理，列入"销售费用"账户。

(3) 每天发生的商品销售收入，按销售金额记入"主营业务收入"账户。在销售过程中发生的一般损耗、等级变化及售价调整等，财务部门不作账务处理。如发生事故损失，应查明原因，分清责任，按规定及时处理。

(4) 月末采用以存计销方法计算已销商品进价时，先实地盘点库存商品，按原进价或其他规定的进价计算出库存商品进价总金额，再倒挤销售成本。其计算公式如下：

$$期末库存商品进价总额=\sum 最后进货单价\times 盘存数量$$

$$本期商品销售结转成本=期初库存商品余额+本期进货总额-期末库存商品进价总额$$

【例 5-23】 东华副食品商店的禽蛋组月初库存商品 3 000 元，本期购进总额为 100 000 元。本期销售收入总额为 140 400 元(增值税进项税和销项税的税率为 13%)，

期末库存商品为 5 000 元。

(1) 月内平时进货时,按进价作会计分录如下:

借:在途物资——禽蛋组　100 000
　应交税费——应交增值税(进项税额)　13 000
　贷:银行存款　113 000

借:库存商品——禽蛋组　100 000
　贷:在途物资——禽蛋组　100 000

(2) 月内平时销货时,按售价作会计分录如下:

借:银行存款　135 600
　贷:主营业务收入　120 000
　　应交税费——应交增值税(销项税额)　15 600

(3) 月末一次计算并结转商品销售成本,其会计分录如下:

本期商品销售成本=3 000+100 000−5 000=98 000(元)

借:主营业务成本　98 000
　贷:库存商品——禽蛋组　98 000

【例 5-24】 东华股份有限公司 3 月 1 日购入玻璃杯子 100 个,单价 15 元,金额 1 500 元;购入茶杯 40 个,单价 12 元,金额 480 元(为简化核算,均不考虑税费)。3 月 9 日购入玻璃杯子 50 个,单价 13 元,金额 650 元;购入茶杯 60 个,单价 14 元,金额 840 元。本月销售 12 000 元。经盘点玻璃杯子库存 40 个,茶杯 30 个,账上显示:上月玻璃杯子库存 4 000 元,茶杯库存 3 000 元,结存 7 000 元。

(1) 3 月 1 日购入商品的会计分录如下:

借:库存商品　1 980
　贷:银行存款　1 980

(2) 3 月 9 日购入商品的会计分录如下:

借:库存商品　1 490
　贷:银行存款　1 490

(3) 月内平时销货时,按售价作会计分录如下:

借:银行存款　12 000
　贷:主营业务收入　12 000

(4) 月末一次计算并结转商品销售成本,其会计分录如下:

本次盘点的库存金额:玻璃杯子=40×13=520(元),茶杯=30×14=420(元),合计 940 元;发出成本=盘点期初成本+本月购进成本−结存成本=7 000+1 980+1 490−940=9 530(元)。

借：主营业务成本　　　　　　　　　　　　　　　　9 530

　　贷：库存商品　　　　　　　　　　　　　　　　　　9 530

企业为及时了解库存及经营情况，也可以按旬结转商品销售成本。

(二) 进价记账、售价控制核算的主要内容

采用进价记账、盘存计销的核算方法，必须加强各个环节的手续制度管理，相互牵制。为了弥补进价记账、盘存计销核算方法的不足，加强鲜活商品的核算与管理，可以在采用进价记账、盘存计销方法的同时，辅之以售价控制。其主要内容为：

(1) 财务部门仍采用进价金额记账，月末倒轧成本，但对各实物小组实行售价控制。

(2) 购进鲜活商品，由业务部门填制商品内部调拨单，按售价拨给营业柜组实物，由负责人直接验收。

(3) 商品销售后，按实收金额列入商品销售收入。

(4) 每日营业终了，各营业柜组进行商品盘点，计算出本日应销金额。其计算公式如下：

本日应销金额＝(昨日库存数量＋本日进货数量－本日存货数量)×销货零售单价(含税)

(5) 将应销金额与实销金额进行核对，如有不符，应及时查明原因。

(6) 按上述(4)的计算公式，计算出已销商品的进价，并计算出当日的已销商品成本和毛利，填制鲜活商品核算日报表(见表 5-3)以考核经营成果。

表 5-3　鲜活商品核算日报表

填制单位：　　　　　　　　　　　　　　　　年　月　日

<table>
<tr><th rowspan="2">品名
规格</th><th rowspan="2">摘要</th><th colspan="2">昨日存货</th><th colspan="2">本日供货</th><th colspan="2">本日存货</th><th colspan="3">本日应销</th><th rowspan="2">备注</th></tr>
<tr><th>数量</th><th>金额</th><th>数量</th><th>金额</th><th>数量</th><th>金额</th><th>数量</th><th>售价</th><th>金额</th></tr>
<tr><td></td><td></td><td></td><td></td><td></td><td></td><td></td><td></td><td></td><td></td><td></td><td></td></tr>
<tr><td>合计</td><td></td><td></td><td></td><td></td><td></td><td></td><td></td><td></td><td></td><td></td><td></td></tr>
<tr><td rowspan="2">销售
记录</td><td colspan="2">本日应销</td><td colspan="2">本日实销</td><td colspan="2">本日溢余</td><td colspan="2">本日损耗</td><td>销售
成本</td><td>销售
毛利</td><td>毛利率</td></tr>
<tr><td colspan="2"></td><td colspan="2"></td><td colspan="2"></td><td colspan="2"></td><td></td><td></td><td></td></tr>
</table>

进价金额核算方法适用于一般鲜活商品，对于质量较为稳定、等级变化不大而无须随时调整售价的，也可采用售价金额核算方法。

第四节　商品流通费用的核算

商品流通费用是商品在流通领域中所支出的各种费用，是商业企业在组织商品流通过程中耗费的活劳动和物化劳动的货币表现。它构成社会再生产过程的必要费用，是商业企业经营成果的重要因素。降低商品流通费用，对于提高企业效益，增加积累，具有十分重要的意义。

一、商品流通费用的范围

商品流通费用的范围是指国家规定应列作商品流通企业商品流通费用开支的项目及其内容。

按现行制度规定，商品流通费用的范围有以下几项：

（1）商品流通企业职工的工资及工资附加，如福利费、工会经费和工资性津贴。

（2）支付给国民经济其他部门的劳务费，如运输费、邮电费等。

（3）商品流通过程中的物质损耗，如固定资产折旧费、低值易耗品摊销、办公用品和包装材料的消耗等。

（4）商品在运输、保管和销售过程中的合理损耗。

（5）商品经营过程中发生的利息净支出、汇兑净损失及支付给金融机构的手续费等。

（6）按制度规定应列入费用的支出，如房产税、车船税、城镇土地使用税和印花税等。

（7）商品流通过程中的其他必要开支。

根据财务管理的要求，凡不是企业商品流通过程中的实际耗费以及与商品流通没有直接关系的支出，都不属于商品流通费的范围。例如，税金（不包括房产税、车船税、城镇土地使用税和印花税）、罚款、赔款支出、财产损失、商品加工费和基建支出等，都不能作为商品流通费用处理。

二、商品流通费用的核算方式

商品流通费用包括销售费用、管理费用和财务费用。

商品流通费用的内容繁多，其发生与支出的时间不完全一致。为了正确核算企业经营成果，企业需要考核、比较各个会计期间的商品流通费用支出情况。根据权责发生制原则，商品流通费用的核算分为直接支付、转账摊销、预付待摊、预提应付等方式。

（一）直接支付费用的核算

直接支付费用是指企业日常支付的属于本期负担的费用。它是根据费用凭证直接以现金或银行存款支付，并应由本期负担的费用，支付本期的运杂费、保管费、水电费、手续费、业务招待费、修理费和其他各项费用等。

【例 5-25】 东华股份有限公司签发现金支票支付本月水费 2 300 元，其中仓库耗用 300 元，商场耗用 1 500 元，行政管理部门耗用 500 元。

这笔经济业务表明，签发现金支票，银行存款减少，记入“银行存款”账户的贷方。水费增加，应分别记入“销售费用”账户的借方和“管理费用”账户的借方。其会计分录如下：

借：销售费用——保管费	300	
——其他费用	1 500	
管理费用——其他费用	500	
贷：银行存款		2 300

（二）转账摊销费用的核算

转账摊销费用是指不通过货币结算而用转账摊销的形式计入本期负担的费用。比如，固定资产折旧费、低值易耗品和包装物的摊销等。

【例 5-26】 企业的业务部门领用手推车一辆，原值 300 元，按五五摊销法摊销。

低值易耗品在使用过程中会逐渐磨损减少其价值。为此，在领用时即将此减少价值部分摊入费用。这笔经济业务表明，业务部门已领用手推车，一方面应减少手推车的价值，记入“周转材料”账户的贷方（也可单独设置“低值易耗品”账户）；另一方面将此减少的价值，记入“管理费用”账户的借方。其会计分录如下：

借：管理费用——低值易耗品摊销	150	
贷：周转材料——低值易耗品		150

（三）预付待摊费用的核算

预付待摊费用是指本期支付应由本期和以后各期负担的费用。如预付的保险费、租赁费和报刊费的摊销等。对于一次支付金额过大应由本期和以后各期负担的分摊期在 1 年以上的各项费用，如固定资产改良支出、大修理等费用可以采用先预付后分摊的方法。预付待摊费用是通过“长期待摊费用”账户进行核算的。“长期待摊费用”账户是资产类账户，用来核算已经发生但应由本期和以后各期负担的分摊期在 1 年以上的各项费用，本账户的借方登记费用的发生数；贷方登记费用的摊销数；其期末借方余额表示尚未摊销完毕的长期待摊费用。本账户可按费用项目设置明细分类账。

【例 5-27】 东华股份有限公司 1 月 2 日以转账支票预付华厦保险公司明年的财产保险费 36 000 元；1 月 31 日摊销应由本月份负担的财产保险费 3 000 元，其中：商场负担 80%，行政管理部门负担 20%。

（1）预付财产保险费。这笔经济业务表明，以转账支票预付财产保险费，银行存款减少，记入“银行存款”账户的贷方，支付保险费时，费用实际还没有产生，应为资产增加，记入“预付账款”账户的借方。其会计分录如下：

借：预付账款——保险费	36 000	
贷：银行存款		36 000

（2）摊销应由本月负担的财产保险费。这笔经济业务表明，增加的费用分别记入“销售费用”和“管理费用”账户的借方。费用已经支付，减少相应资产，记入“预付账款”账户的贷方。其会计分录如下：

借：销售费用	2 400	
管理费用	600	
贷：预付账款		3 000

（四）预提应付费用的核算

预提应付费用是指本期发生但尚未支付，应由本期负担的费用。比如，预提的固定资产租赁费、职工福利费、短期借款利息等。

【例 5-28】 东华股份有限公司年初向银行借入了一笔短期借款，借款合同规定，到期连本带利一起归还。月末预提本月应付利息1 200元。

借款利息,每月都会产生,当期产生了费用,就应由当期负担。这笔经济业务表明增加利息,费用增加,记入“财务费用”账户的借方;虽然利息产生了,但没有支付,则负债增加,记入“应付利息”账户的贷方。其会计分录如下:

借:财务费用　　1 200

　　贷:应付利息　　1 200

第五节　利润和利润分配的核算

一、利润的构成

利润是指企业通过一定时期的经营管理活动所取得的全部收入,抵补全部费用后实现的总成果;反之,若全部收入抵补不了全部费用,则为亏损。利润是综合反映企业一定时期生产经营成果的重要指标。

商品流通企业的利润(或亏损)与工业生产企业一样,也是由营业利润、营业外收支和所得税费用组成的。其计算公式如下:

商业企业利润总额=营业利润±营业外收支

利润总额的各个组成部分的内容如下:

营业利润=营业收入-营业成本-税金及附加-销售费用
　　　　　-管理费用-财务费用±投资收益

营业外收支=营业外收入-营业外支出

净利润=利润总额-所得税费用

综合收益=净利润+其他综合收益

二、利润和利润分配核算

利润和利润分配的内容,主要是核算与监督利润的结转和利润分配。

(一)利润的结转

商品流通企业于每个会计期末将当期的全部收入和全部费用进行比较,计算本期实现的净利润或发生的净亏损。

在会计实务中,会计期末结转本年利润的方法有账结法和表结法两种。目前,我国商品流通企业大多采用表结法进行当期利润计算。

表结法是指各损益类账户每月末只需结出本月发生额和月末累计余额,而不需要进行余额结转,但需要将损益类账户的本月发生额合计数填入利润表的本月数栏内,通过利润表计算反映本期的利润(或亏损),只有在年终时才将各损益类账户全年累计余额结转到“本年利润”账户。“本年利润”账户是所有者权益账户,用来核算企业在本年度内实现的净利润。收入类账户转入“本年利润”账户的贷方;费用类账户转入“本年利润”账户的借方。期末余额在贷方，表示企业实现了盈利，若余额在借方表示企业发生了亏损。年终结转后，该账户应无余额。

【例 5-29】 东华股份有限公司 20×7 年 12 月 1～31 日损益类账户发生额如表 5-4所示。

表 5-4 损益类账户发生额 单位：元

账户	发生额	账户	发生额
主营业务收入	800 000	销售费用	30 000
其他业务收入	60 000	管理费用	50 000
税金及附加	8 000	财务费用	18 000
其他业务成本	35 000	营业外支出	16 000
主营业务成本	320 000	营业外收入	2 400

根据收入类账户余额，转入“本年利润”账户的贷方；根据支出类账户余额，转入“本年利润”账户的借方。其会计分录如下：

借：主营业务收入 800 000
　　其他业务收入 60 000
　　营业外收入 2 400
　　贷：本年利润 862 400

借：本年利润 477 000
　　贷：主营业务成本 320 000
　　　　其他业务成本 35 000
　　　　销售费用 30 000
　　　　管理费用 50 000
　　　　财务费用 18 000
　　　　营业外支出 16 000
　　　　税金及附加 8 000

【例 5-30】 承[例 5-29]，东华股份有限公司按所得税税率 25％计算 12 月应交纳的所得税。

利润总额＝862 400－477 000＝385 400(元)
所得税费用＝385 400×25％＝96 350(元)

其会计分录如下：

借：所得税费用 96 350
　　贷：应交税费——应交所得税 96 350

【例 5-31】 承[例 5-30]，东华股份有限公司通过损益类账户的结转，将净利润 289 050 元(385 400－96 350)转入“利润分配”账户进行分配。期末“本年利润”账户无余额。其会计分录如下：

借：本年利润　　　　289 050
　　贷：利润分配——未分配利润　　　　289 050

（二）利润分配

利润分配是指企业按照国家规定的政策和企业章程的规定，对已实现的净利润在企业和投资者之间进行分配。商品流通企业实现的利润，应按国家规定进行分配，这是正确处理投资者、企业、职工利益的一项重要内容。

商品流通企业进行利润分配应具备两个基本条件：本年度必须实现净利润，而不能发生净亏损；进行利润分配之前必须先弥补以前年度亏损额，如果无法补足，则不能进行利润分配。

利润分配的顺序基本上也是按照企业和投资者的顺序进行的，企业利润分配的具体程序为：

（1）以税前利润弥补亏损。

（2）以税后利润弥补亏损。

（3）提取法定盈余公积。

（4）分派优先股股利。

（5）提取任意盈余公积。

（6）分派普通股股东股利。

企业的利润总额在交纳所得税后，剩余的部分称为税后利润，又称为净利润，它应按规定的比例提取法定盈余公积。法定盈余公积按净利润10%的比例提取。剩余部分可以作为投资者的收益，按投资的比例向投资者进行分配。

【例5-32】 东华股份有限公司全年净利润65 250元，按10%提取法定盈余公积，按70%比例分配给投资者。其会计分录如下：

借：利润分配——法定盈余公积　　　　6 525
　　　　　　——应付利润　　　　45 675
　　贷：盈余公积　　　　6 525
　　　　应付股利　　　　45 675

年终清算后，"本年利润"账户归集了企业全年实现净利润，而"利润分配"账户则归集了全年已分配的利润和历年积存的未分配利润，同时必须结束旧账，开设新账。

企业在结束旧账前，应将"本年利润"账户余额和"利润分配"账户下"提取法定盈余公积""应付股利"等明细分类账户的余额全部转入"利润分配"账户下"未分配利润"明细分类账户。

期末结转"利润分配"账户下各明细分类账户：

借：利润分配——未分配利润
　　贷：利润分配——法定盈余公积
　　　　　　　　——任意盈余公积
　　　　　　　　——应付利润

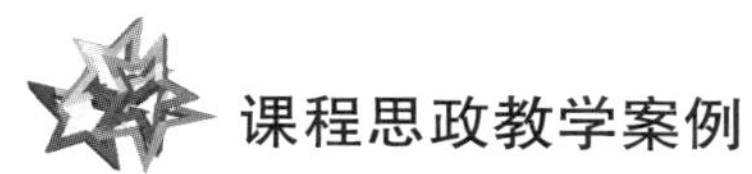

课程思政教学案例

聚焦惠企政策保障，助力企业长久发展

本章小结

商品流通企业的主要经营过程，包括商品购进和销售两个阶段，产品进入消费领域，通常要经过批发和零售两个环节。商品流通企业在组织商品流转过程中，需要有一定数量的商品储备以及为商品流转服务的物质和技术设备，这些商品、物质和财产的货币表现就是资金。在商品流转过程中，资金一般是以“货币→商品→货币”的形式运动的。

批发商品经营具有规模大、商品储存多、经营网络分散、购销对象多、购销方式多样的特点。其商品核算主要是组织库存商品的核算。批发商品库存的核算，一般采用数量、金额核算的方法，即同时采用数量和金额两种计量单位进行双重核算，反映商品的进、销、存情况。由于批发企业规模不一，日常经营活动中的商品入账价格不同，又分为数量进价金额核算方法和数量售价金额核算方法。

零售商品经营具有经营品种多、规格复杂、交易次数频繁、数量零星、成交时间短、销售对象是广大消费者等特点，主要是一手交钱、一手交货的现金交易。零售商品的库存商品核算，一般采用金额核算方法，反映商品进、销、存情况。由于零售经营商品的入账价格不同，金额核算方法又分售价金额核算方法和进价金额核算方法两种。售价金额核算方法一般适用于日常工业品，进价金额核算方法一般适用于鲜活农副品。

商品流通费用包括销售费用、管理费用和财务费用。商品流通费用是商业在组织商品流通过程中耗费的活劳动和物化劳动的货币表现。它是商业企业经营成果的重要因素。降低商品流通费用，对于提高企业效益，增加积累，具有十分重要的意义。根据权责发生制原则，商品流通费的核算分为直接支付、转账摊销、预付待摊、预提应付等方式。

商品流通企业的利润(或亏损)与工业生产企业一样，也是由营业利润、营业外收支和所得税费用等部分组成的。企业的利润要按国家政策和企业章程规定进行分配。

课后习题

一、名词解释

①资金静态；②“商品进销差价”账户；③批发商品的流转过程；④售价金额核算；⑤商品流通费用。

二、选择题

1. 商品流通企业的(　　)经营过程,概括地说就是商品流转过程。
   A. 主要　B. 一般　C. 次要　D. 普通
2. 批发商品库存的核算,一般采用数量、金额核算的方法,即同时采用数量和金额两种计量单位进行(　　)核算,反映商品的进、销、存情况。
   A. 单一　B. 双重　C. 同时　D. 先后
3. 售价金额核算又称拨货计价、实物负责制。这是一种售价记账与实物负责(　　)的核算制度。
   A. 不同时　B. 不相同　C. 相结合　D. 有主次
4. 商品流通费用是商业企业在组织商品流通过程中耗费的活劳动和物化劳动的(　　)表现。
   A. 实物　B. 时间　C. 空间　D. 货币

三、判断题

1. 在商品流转过程中,资金一般是以“货币→商品→货币”的形式运动的。(　　)
2. 批发商品库存的核算,一般采用数量核算的方法,即只采用数量计量单位进行核算,反映商品的进、销、存情况。(　　)
3. 零售商品经营的特点是:经营品种多、规格复杂、交易次数频繁、数量零星、成交时间短、销售对象是广大消费者,主要是一手交钱、一手交货的现金交易。(　　)
4. 商品流通费只包括销售费用、管理费用,不包括财务费用。(　　)
5. 企业的利润要按国家规定进行分配。(　　)

四、问答题

1. 批发商品主要有几种核算方法?其主要内容是什么?
2. 批发商品购进过程和销售过程需要设置哪些账户?其主要核算内容是什么?
3. 售价金额核算的主要内容包括哪些方面?如何核算?
4. “销售费用”账户的核算内容是什么?
5. 利润的形成和分配应通过什么账户进行核算?怎样核算?

五、会计分录题

资料:(1) 东华批发商场从本市南昌草珊瑚牙膏厂购入大号牙膏 100 箱,每箱 21 元,增值税税率 13%,货款以转账支票付清,商品已验收入库。

(2) 9 月 2 日,东华批发商场向上海日用化工厂购进力士香皂 100 盒,每盒进价 24 元,增值税税率 13%,上海日用化工厂代垫运杂费 50 元。现接到银行转来的托收承付凭证,当即承付货款,商品未到。

(3) 9 月 15 日,力士香皂到货,经验收无误,入库保管。

(4) 东华批发商场以转账支票支付某运输公司运输、装卸费用 3 080 元。

(5) 东华批发商场以银行存款支付广告费 3 000 元。

要求:编制上述经济业务的会计分录。

课后习题电子版

CHAPTER 6

第六章

账户的分类

Learning objectives 学习目标

学习目标

- 了解企业账户的共性及其内在联系
- 理解各类账户在整体账户体系中的作用
- 掌握运用各账户进行会计核算的实务知识及相应技能

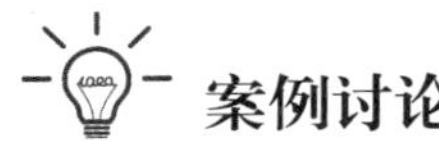

案例讨论

张强同学在学习过程中发现，企业在进行主要经济业务核算时需要设置很多账户，他觉得要完全掌握整个账户体系有一定困难。他发现"固定资产"账户和"累计折旧"账户虽然都是资产类账户，但它们两个账户的结构却并不相同，"固定资产"账户的借方登记增加额，贷方登记减少额；"累计折旧"账户的借方登记减少额，贷方登记增加额，正好与"固定资产"账户相反。"利润分配"账户和"本年利润"账户都是所有者权益类账户，但它们的结构也不相同。他越想越困惑，这当中存在什么问题呢？

同学们，你们想一想，这到底是什么原因呢？难道是会计要素划分出了问题吗？

第一节　账户按经济内容分类

账户是按照规定的会计科目在账簿中进行设置的，每一个账户之间都是彼此独立又相互联系的，它们共同组成了一个完整的账户体系。为了正确设置和运用账户，有必要进一步研究账户的分类，了解各个账户的地位及作用，为进一步理解各账户反映的经济内容、用途和结构，正确运用和设置账户提供必要的前提条件。

本节主要对本书所涉及的一般企业设置的主要账户进行分类。

一、账户按经济内容分类的意义

账户的经济内容，即账户所核算与监督会计对象的具体内容。账户的本质，不仅是账户分类的基础，同时还是进一步按用途和结构分类的根据。账户按其所反映的经济内容不同，可分为资产类、负债类、共同类、所有者权益类、成本类和损益类六大类，各大类又可被分为若干小类。这样分类可以准确地了解每类和每个账户具体应该核算与监督的内容，设置能适应有关单位的经营管理需要的账户体系，为学习账户的其他分类打下基础。

二、账户按经济内容分类的具体内容

（一）资产类账户

资产类账户是用来核算和监督各种资产的增减变动及其结余额的账户。资产按流动性不同，可分为流动资产和非流动资产，所以资产类账户包括流动资产账户与非流动资产账户。

1. 流动资产类账户

流动资产类账户所反映的是可以在1年或者超过1年的一个营业周期内变现或者耗用的资产。其主要账户包括"库存现金""银行存款""交易性金融资产""应收票据""应收账款""其他应收款""预付账款""材料采购""原材料""库存商品"等账户。

2. 非流动资产类账户

非流动资产类账户所反映的是不能在1年或者超过1年的一个营业周期内变现或者耗用的资产，即除了流动资产以外的资产。其主要账户包括“长期股权投资”“固定资产”“在建工程”“无形资产”“长期待摊费用”“累计折旧”“固定资产减值准备”等账户。

（二）负债类账户

负债类账户是用来核算和监督各种负债的增减变动及结余额的账户。按照负债的还款期不同，可以相应地分为流动负债类账户和非流动负债类账户。

1. 流动负债类账户

流动负债类账户是指将在1年或者超过1年的一个营业周期内偿还的债务。其主要账户包括“短期借款”“应付账款”“应付票据”“预收账款”“应付职工薪酬”“应交税费”“应付股利”“其他应付款”等账户。

2. 非流动负债类账户

非流动负债类账户是指将在1年或超过1年的一个营业周期以上偿还的负债，又称为长期负债类账户。其主要账户包括“长期借款”“应付债券”“长期应付款”等账户。

（三）共同类账户

共同类账户是用来核算和监督具有资产和负债双重性质的账户。该类账户主要包括“清算资金往来”“货币兑换”“衍生工具”“套期工具”和“被套期项目”五个账户。共同类账户的特点是需要从该类账户的期末余额所在的方向界定账户性质，如当“衍生工具”“套期工具”“被套期项目”账户的期末余额在借方时，其反映的是资产类账户；反之，当“衍生工具”“套期工具”“被套期项目”账户的期末余额在贷方时，则反映的是负债类账户。

（四）所有者权益类账户

所有者权益类账户是用来核算和监督所有者权益增减变动及其结余额的账户。所有者权益按其来源和构成可以分为核算所有者原始投资的账户、核算经营积累的账户和所有者权益其他来源的账户三类。它的主要账户包括“实收资本（股本）”“资本公积”“其他综合收益”“盈余公积”“本年利润”“利润分配”等账户。

（五）成本类账户

成本类账户核算的内容是企业为生产产品、提供劳务而发生的经济利益的流出。它是针对相应的成本计算对象进行核算的，反映了由此发生的企业经济资源的相关耗费。该类主要账户包括“生产成本”“制造费用”等账户。

（六）损益类账户

损益类账户核算和监督的是一定会计期间内的一切经营活动和非经营活动的所有损益内容。损益类账户一般可以分为收入类账户和费用类账户两大类。收入类账户主要包括“主营业务收入”“其他业务收入”“营业外收入”“投资收益”等账户；费用类账户主要包括“主营业务成本”“税金及附加”“其他业务成本”“财务费用”“管理费用”“销售费用”“资产减值损失”“信用减值损失”“营业外支出”“投资收益（投资损失）”等账户。

一般企业设置的主要会计账户按经济内容分类，如图6-1所示。

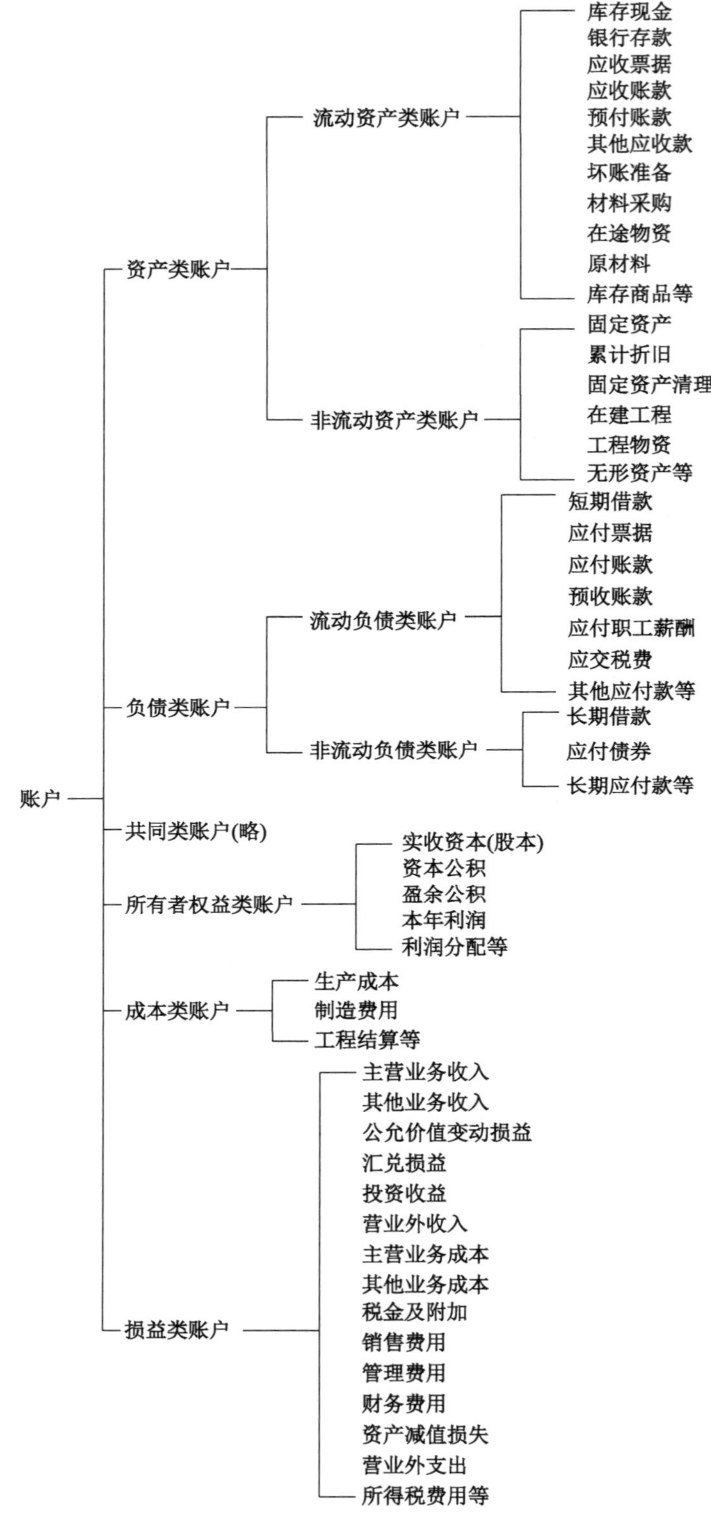

图 6-1　一般企业设置的主要会计账户按经济内容分类

第二节　账户按用途和结构分类

账户按用途和结构分类，是在账户按经济内容分类的基础上，对用途和结构基本相同的账户所进行的归类。账户的用途是指账户的作用，即设置、运用账户的目的和账户记录所能提供的经济内容；账户的结构是指在账户中如何提供相关经济内容，即账户能够登记增加、减少和结余的三个部分以及各自所能反映的经济内容。

账户按用途与结构划分，可以分为三大类、十小类。三大类包括：基本账户、调整账户、业务账户。十小类包括：盘存账户、资本账户、结算账户、跨期摊配账户、待处理账户、调整账户、集合分配账户、成本计算账户、损益结转账户、财务成果账户。

一、基本账户

基本账户是用来核算监督资产、负债和所有者权益的增减变动和实有数情况的账户。将其称为基本账户，是因为它所反映的内容都是经济活动的基本内容。基本账户一般都有期末余额，且期末余额都反映在资产负债表上。其具体包括盘存账户、资本账户、结算账户、跨期摊配账户和待处理账户共五类。

（一）盘存账户

盘存账户是用来核算和监督各项实物资产和货币资金增减变动及实存数情况的账户。这类账户可以通过财产清查的方法，即实地盘点查明实际结存数量。盘存账户包括企业主要的资产账户，如“库存现金”“银行存款”“原材料”“库存商品”“固定资产”等账户。

盘存账户结构的特点是借方登记各项货币资金、财产物资的增加数，贷方登记各项货币资金、财产物资的减少数，余额在借方，表示期末各项财产物资和货币资金的实有数。“生产成本”账户的期初、期末余额表示在产品，也同时具有盘存账户的性质。

盘存账户的基本结构如表 6-1 所示。

表 6-1　盘存账户

借方	贷方
期初余额：货币资金或财产物资期初实有数 本期发生额：货币资金或财产物资的本期增加数	本期发生额：货币资金或财产物资的本期减少数
期末余额：货币资金或财产物资期末实有数	

（二）资本账户

资本账户也称所有者权益账户，是用来反映和监督企业资本金的所有者权益增减变动情况及其实有数额的账户。属于这类账户的主要有“实收资本”“资本公积”“盈余公积”“利润分配”等账户。

资本账户结构的特点是贷方登记各项投资和积累的增加数,借方登记其减少数,余额在贷方,表示各项投资和积累的实有数;如果没有余额或该账户的余额在借方,在有限责任公司的企业组织形式下,表示投资者的权益已降到零。

资本账户的基本结构如表 6-2 所示。

表 6-2 资本账户

借方	贷方
本期发生额:本期各项投资和积累的减少数	期初余额:期初各项投资和积累的实有数 本期发生额:本期各项投资和积累的增加数
	期末余额:期末各项投资和积累的实有数

(三)结算账户

结算账户是用来核算和监督企业同其他单位或个人以及企业各单位之间债权(应收)、债务(应付)结算关系的账户。根据结算业务的性质不同,可以将其分为资产结算账户、负债结算账户和资产负债结算账户三类。

1. 资产结算账户

资产结算账户又称债权结算账户,是用来核算和监督企业各种债权的增减变化及其实有数的账户。这类账户主要包括“应收票据”“应收股利”“应收利息”“应收账款”“预付账款”“其他应收款”等账户。

资产结算账户的特点是借方登记各项债权的增加数;贷方登记其减少数;余额一般在借方,表示各项债权的实有数。

债权结算账户的基本结构如表 6-3 所示。

表 6-3 债权结算账户

借方	贷方
期初余额:应收(预付)款项的期初实有数 本期发生额:应收(预付)款项的本期增加数	本期发生额:应收(预付)款项的本期减少数
期末余额:应收(预付)款项的期末实有数	

2. 负债结算账户

负债结算账户又称债务结算账户,是用来核算和监督企业各种债务的增减变化及其实有数的账户。这类账户主要包括“短期借款”“应付票据”“应付账款”“预收账款”“应交税费”“其他应交款”“应付职工薪酬”“应付股利”“其他应付款”“长期借款”“应付债券”“长期应付款”等账户。

负债结算账户的特点是贷方登记各项债务的增加数;借方登记减少数;余额一般在贷方,反映各项债务的实有数。

负债结算账户的基本结构如表 6-4 所示。

表 6-4 负债结算账户

借方	贷方
本期发生额:应付(预收)款项的本期减少数	期初余额:应付(预收)款项的期初实有数 本期发生额:应付(预收)款项的本期增加数
	期末余额:应付(预收)款项的期末实有数

3. 资产负债结算账户

资产负债结算账户又称为债权、债务结算账户,是专门用来核算、监督企业与其他单位或个人以及企业内部各部门之间往来结算业务的账户。由于这种相互之间的往来结算时常会发生变动,企业有时会处于债权人地位,有时会处于债务人地位。在这样的情况下,为了能在同一账户中反映本企业与其他单位的债权、债务的增减变化,简化核算手续,在借贷记账法下,可以设置同时具有债权、债务双重性质的结算账户。例如,会计制度规定,预付货款情况不多的企业,也可以将预付货款直接记入"应付账款"账户的借方,这样,"应付账款"账户可以同时核算和监督企业应付账款和预付账款的增减变动情况,从而成为一个债权、债务结算账户。同理,预收货款不多的企业也可将预收货款直接记入"应收账款"账户的贷方。有的企业为了简化手续专门设置了"其他往来"账户,作为一个典型的资产负债结算账户,可以同时核算、监督企业其他应收款和其他应付款的增减变动情况及其结果。

资产负债结算账户的特点是借方登记债权的增加和债务的减少,贷方登记债务的增加和债权的减少,余额可能在借方,也有可能在贷方。如余额在借方,表示仍未收回的债权净额;如余额在贷方,表示仍未偿还的债务净额。

资产负债结算账户的基本结构如表 6-5 所示。

表 6-5 资产负债结算账户

借方	贷方
期初余额:债权大于债务的期初差额 本期发生额:① 债权的本期增加数 ② 债务的本期减少数	期初余额:债务大于债权的期初差额 本期发生额:① 债务的本期增加数 ② 债权的本期减少数
期末余额:债权大于债务的期末差额	期末余额:债务大于债权的期末差额

(四)跨期摊配账户

跨期摊配账户是用来核算和监督应由若干个会计期间共同负担的费用,并将这些费用摊配到各个会计期间的账户。企业在整个生产经营过程当中所发生的收益期超过了 1 年的费用,必须严格按照权责发生制的要求,划分费用的归属期并合理分摊到各个会计年度,以正确计算各个会计期间的损益。设置此类账户的目的在于按照配比原则,以准确计算各成本计算期的产品成本。比如“长期待摊费用”账户，用来反映已经发生或支付，但应由以后各期负担或应由本期及以后各期负担的费用。

“长期待摊费用”账户的基本结构如表6-6所示。

表6-6 “长期待摊费用”账户

借方	贷方
期初余额：已经支付尚未摊销的费用 本期发生额：本期发生的摊销期在1年以上的待摊费用	本期发生额：摊销应由本期负担的费用
期末余额：已经支付但应由以后各期负担的摊销期在1年以上的费用	

（五）待处理账户

待处理账户是用来反映企业尚未批准核销的盘盈、盘亏和毁损的财产物资的一种过渡性质的账户。例如“待处理财产损溢”账户。

为了保证会计资料的相关性及可靠性，核算过程中必须正确运用待处理账户。企业清查的各种财产的盘盈、盘亏和毁损，应于期末前查明原因，报经批准后，在期末结账前处理完毕。

“待处理财产损溢”账户的借方登记待处理的各种财产的盘亏和毁损数，以及盘盈财产的转销数；贷方登记待处理的各种财产的盘盈数，以及盘亏财产的转销数。处理前的借方余额，反映企业尚未处理的各种财产的净损失；处理前的贷方余额，反映企业尚未处理的各种财产的净溢余。处理后本账户应无期末余额。

“待处理财产损溢”账户的基本结构如表6-7所示。

表6-7 “待处理财产损溢”账户

借方	贷方
本期发生额：① 待处理财产物资盘亏和毁损净额 ② 经批准后的盘盈转销数	本期发生额：① 待处理财产物资的盘盈数 ② 结转已批准处理的财产盘亏及毁损净额
期末余额：尚待批准处理财产盘亏及毁损净额	期末余额：尚待批准处理的财产物资盘盈数

二、调整账户

调整账户是用来调整有关账户（即被调整账户）的账面余额，以明确被调整账户的实际余额的账户。在整个会计核算的过程中，为适应管理上的需要或者其他一些相关原因，对于某些会计核算对象，有的需要同时开设两个账户来进行记录反映。其中一个账户用来记录反映原始数字，另一个账户用来反映对原始数字的调整数字，将原始数字同调整数字相加或相减，即可求得被调整后的实际余额。两者之间的相互配合既能全面、完整地反映同一个会计对象，又能满足管理上对不同会计信息的需要。

此类账户可以按照调整的方式分为备抵调整账户、附加调整账户、备抵附加调整账户三种。

（一）备抵调整账户

备抵调整账户又称抵减账户，它是用来抵减被调整账户的余额，以求得被调整对象的实有数额的账户。其调整方法，可用下列公式表示：

被调整账户余额－抵减账户余额＝被调整账户实际余额

备抵调整账户按被调整账户的性质和内容，又具体可以分为资产类备抵账户和权益类备抵账户两类。

1. 资产类备抵账户

资产类备抵账户用来抵减被调整资产账户的余额，以求得该资产的实际价值。比如，“累计折旧”账户是用来抵减“固定资产”账户余额的，两者互相抵减，即可求得固定资产的净值。两个账户的关系如表 6-8 所示。

表 6-8　两个账户的关系

借方	固定资产		贷方
余额：固定资产的原始价值	600 000		

借方	累计折旧		贷方
固定资产的原始价值	600 000		
减：　累计折旧	100 000	余额：固定资产的累计损耗数	100 000
固定资产的账面净值	500 000		

再如，“坏账准备”是“应收账款”“其他应收款”账户的抵减账户。此外，“存货跌价准备”“长期股权投资减值准备”“固定资产减值准备”等也属于抵减账户。

资产类备抵账户的特点是其结构与被调整账户的结构相反，余额方向也相反。

2. 权益类备抵账户

权益类备抵账户用来抵减某一权益账户的余额，以求得该权益的实际数额。比如，“利润分配”账户是“本年利润”账户的抵减账户。

（二）附加调整账户

附加调整账户又称补充账户，是用来增加被调整账户余额，以求得被调整账户的实有数额的账户。附加调整账户的特点是它与被调整账户余额的结构和方向相一致。其调整方法，可用下列公式表示：

被调整账户余额＋附加调整账户余额＝被调整账户实际余额

附加调整账户在实际工作当中的应用相对来说较少。例如，企业溢价发行债券，发行时按债券的票面金额贷记“应付债券——债券面值”账户，按溢价金额贷记“应付债券——债券溢价”账户，即“应付债券——债券面值”是被调整账户，而“应付债券——债券溢价”账户是附加调整账户，两者期末贷方余额之和表示该项债券的实际发行金额（发行在外的债券总面值＋债券溢价＝发行在外的债券的实际负债额）。两个账户的关系如表 6-9 所示。

表 6-9　两个账户的关系

借方　　　　应付债券——债券面值　　　　贷方

借方		贷方	
		余额:债券的票面金额	500 000

借方　　　　应付债券——债券溢价　　　　贷方

借方		贷方	
债券的票面金额 加:债券的溢价金额	500 000 70 000	余额:债券的溢价金额	70 000
债券的实行发行金额	570 000		

（三）备抵附加调整账户

备抵附加调整账户是同时具备备抵与附加两种调整职能的账户，此类账户有可能用来抵减，也有可能用来增加被调整账户的余额，以确定被调整账户实际余额的账户。其调整方法，可用下列公式表示：

被调整账户的余额±备抵附加调整账户余额＝被调整账户实际余额

即：当备抵附加调整账户与被调整账户的余额方向相同时，起附加作用，调整的方式与附加账户相同；当备抵附加调整账户与被调整账户余额方向相反时，起抵减作用，调整的方式与备抵账户相同。如企业材料核算的方式采用了按计划成本核算的方式，则必须设置“材料采购”“原材料”“材料成本差异”三个账户，并且需要分别计算材料的实际采购成本和计划成本，以及实际采购成本同计划成本的差异额。“材料成本差异”就是“原材料”账户的备抵附加调整账户，以调整“原材料”账户的账面余额。这样，“材料成本差异”账户与“原材料”账户之间就成立了一种调整与被调整的关系：

结存材料的计划成本＋结存材料的超支差异＝结存材料的实际成本

由此可见，当“材料成本差异”账户出现借方余额时，表示实际成本大于计划成本的超支数，以附加的方式，将“原材料”账户所反映的材料的计划成本调整为实际成本，这时，“材料成本差异”账户执行的是附加职能；相反，当“材料成本差异”账户出现贷方余额时，表示实际成本小于计划成本的节约数，则以抵减的方式，将“原材料”账户所反映的材料的计划成本调整为实际成本，这时，“材料成本差异”账户执行的是抵减职能。

三、业务账户

业务账户是用来核算与监督企业在供应、生产、销售过程中业务活动的账户。其特点是能及时考核企业账户和成本计划的完成情况，从而对企业经济效益作出全面的评价。具体来说，业务账户可分为集合分配账户、成本计算账户、损益结转账户和财务成果账户。

（一）集合分配账户

集合分配账户是用来归集和分配企业整个经营过程中某一阶段所发生的有关成本费用，并据以核算和监督有关成本费用计划的执行和分配情况的账户。该类账户在结构上的特点是借方登记费用汇集的发生额；贷方登记费用的分配结转额；分配后该账户期末一般无余额。“制造费用”账户属于该类账户。集合分配账户的基本结构如表6-10所示。

表 6-10　集合分配账户

借方	贷方
本期发生额：汇集经营过程中某种费用的数额	本期发生额：分配到各成本计算对象的费用数额

（二）成本计算账户

成本计算账户是用来核算经营过程中某一生产阶段所发生的全部费用，并据以计算并确定该阶段各个成本计算对象实际总成本和单位成本的账户。比如，“材料采购”“生产成本”和“在建工程”账户均属于该类账户。成本计算账户的主要特点是：借方登记经营过程中某一阶段应计入某成本计算对象的全部费用；贷方登记已完成某阶段经营活动结转的成本计算对象的实际成本，反映该阶段上成本计算对象的实际成本；期末若有余额，则余额在借方，反映尚未完成的某经营过程的某一阶段上成本计算对象的实际成本。成本计算账户的基本结构如表6-11所示。

表 6-11　成本计算账户

借方	贷方
期初余额：期初尚未完成某一过程的成本计算对象的实际成本 本期发生额：生产经营过程某一阶段所发生的应计入成本的费用	本期发生额：结转已完成某一过程的成本计算对象的实际成本
期末余额：尚未完成某一过程的成本计算对象的实际成本	

（三）损益结转账户

损益结转账户是用来归集经营过程中某一期间所发生的某种收入或费用，并如期予以结转，以确定经营期内的财务成果的账户。该类账户按其性质和经济内容，又分为收入类结转账户和费用类结转账户两类。

1. 收入类结转账户

收入类结转账户是用来归集和结转企业在某一会计期间从事生产经营活动或其他活动所产生的某种收入的账户。该类账户包括“主营业务收入”“其他业务收入”“营业外收入”“投资收益”等账户。

收入类结转账户在结构上的主要特点是：贷方登记一定会计期间收入的增加额，反映企业经营业务收入或其他收入的形成或确认；借方登记当期收入的减少数或期末转入“本年利润”账户的数额;结转后,该类账户期末无余额。收入类结转账户的基本结构如表 6-12 所示。

表 6-12　收入类结转账户

借方	贷方
本期发生额:① 收入的减少额 ② 期末,将余额转入“本年利润”账户	本期发生额:本期取得的收入收益(收入增加额)

2. 费用类结转账户

费用类结转账户是用来归集和结转企业在某一会计期间从事生产经营活动或其他活动所发生的某种费用或支出的账户。这类账户包括“主营业务成本”“税金及附加”“其他业务成本”“财务费用”“销售费用”“管理费用”“营业外支出”“所得税费用”等账户。

费用类结转账户在结构上的主要特点是:借方登记一定会计期间为实现收入而发生的费用或支出数;贷方登记费用支出的减少额及当期期末转入“本年利润”账户的数额;结转后,该类账户期末一般无余额。费用类结转账户的基本结构如表 6-13 所示。

表 6-13　费用类结转账户

借方	贷方
本期发生额:本期发生的成本、费用、税金、损失等	本期发生额:① 费用支出减少额 ② 期末,将余额转入“本年利润”账户

(四) 财务成果账户

财务成果账户是用来核算和监督企业在一定期间全部经济活动的最终财务成果(利润或亏损)的账户。这类账户主要是指“本年利润”账户。“本年利润”账户属于财务成果计算的典型账户。

“本年利润”账户的借方登记期末从损益结转账户的贷方转入的各项费用(支出),贷方登记期末从损益结转账户的借方转入各项收入、收益。年内该账户余额为借贷两方发生额对比求得的差额,反映某期间经济活动的最终财务成果,余额在贷方表现为利润;反之,在借方表现为亏损。年末,该账户余额应结转到“利润分配——未分配利润”账户,年末结转后“本年利润”账户无余额。财务成果账户的基本结构如表 6-14 所示。

表 6-14　财务成果账户

借方	贷方
本期发生额:转入的各项费用	本期发生额:转入的各项收入、收益
期末余额:本期发生的亏损总额	期末余额:本期实现的净利润

一般企业主要账户按用途和结构分类,如图 6-2 所示。

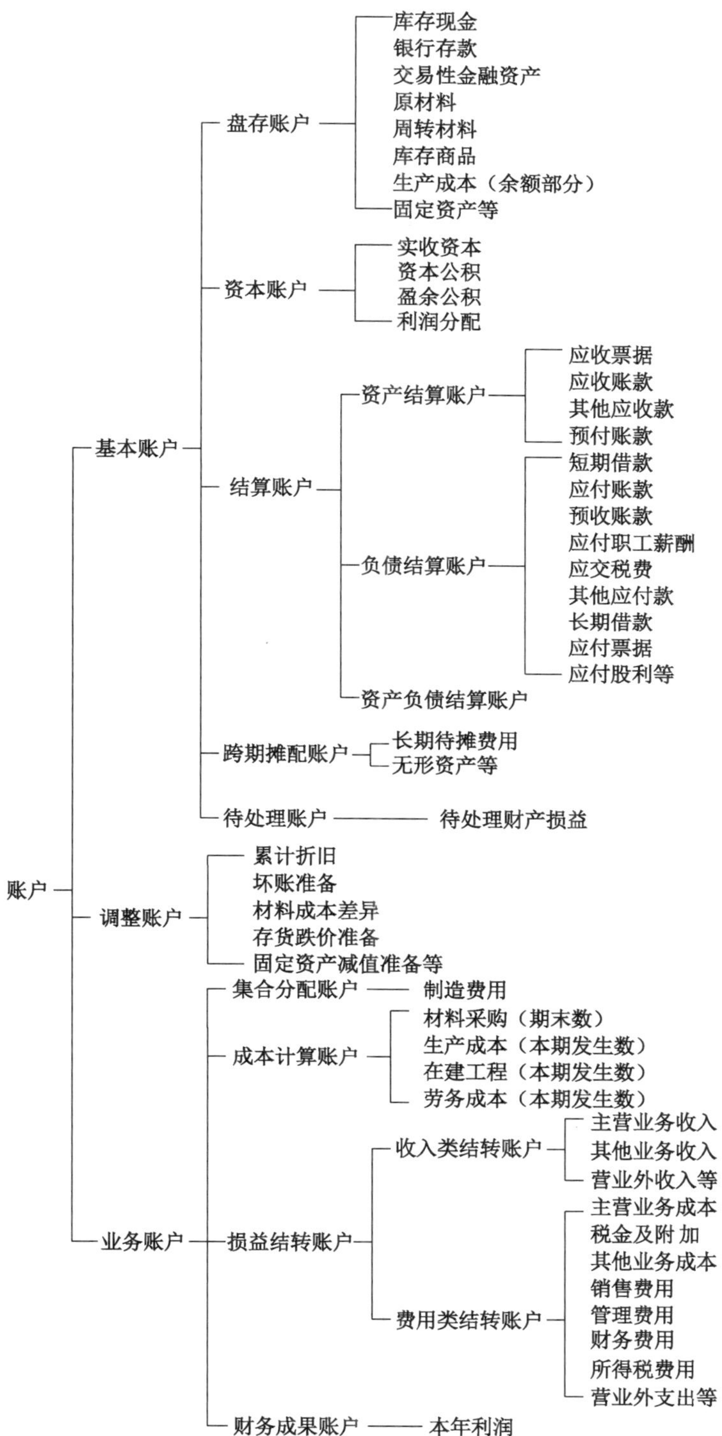

图 6-2　一般企业主要账户按用途和结构分类

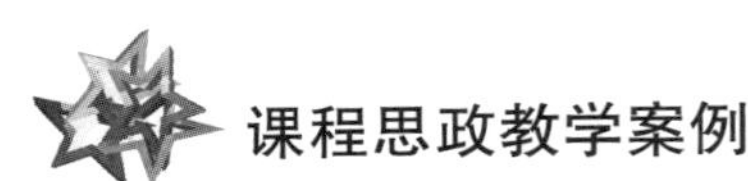

课程思政教学案例

小小会计贪污、挪用巨额财产

本章小结

本章的主要内容是对账户的归纳和总结。具体介绍了账户的分类，对所有账户进行了分类，分类的标志主要包括两种：一是按经济内容作为分类标志，这是账户最基本、最主要的分类，具体可以分为资产类、负债类、共同类、所有者权益类、成本类和损益类六大类，各大类以下又分为若干小类；二是按用途与结构作为分类标志，此分类是对按经济内容分类的必要补充，具体可以划分为三大类、十小类。其中三大类包括：基本账户、调整账户、业务账户。十小类具体包括：盘存账户、资本账户、结算账户、跨期摊配账户、待处理账户、调整账户、集合分配账户、成本计算账户、损益结转账户、财务成果账户。账户的其他分类见其他相关章节内容。

课后习题

一、名词解释

①资产负债结算账户；②调整账户；③财务成果账户。

二、单项选择题

1. 下列属于收入账户的是(　　)。
   A. “营业外收入”账户　B. “本年利润”账户　C. “实收资本”账户　D. “财务费用”账户
2. 资产负债结算账户的贷方登记(　　)。
   A. 债权的增加　B. 债务的增加，债权的减少
   C. 债务的增加　D. 债务的减少，债权的增加
3. 通过“累计折旧”账户对固定资产的调整，反映固定资产的(　　)。
   A. 原始价值　B. 折旧额　C. 增加额　D. 净值
4. 下列不属于按用途和结构分类的是(　　)。
   A. 调整账户　B. 共同类账户
   C. 财务成果账户　D. 成本计算账户
5. 成本类账户期末如有余额，这个余额属于企业的(　　)。

A. 资产　　B. 负债　　C. 损益　　D. 权益

6. 下列不属于盘存账户的是(　　)。

A. “库存现金”账户　　B. “固定资产”账户　　C. “应收账款”账户　　D. “库存商品”账户

7. “制造费用”账户按其用途和结构分类属于(　　)。

A. 成本费用账户　　B. 负债账户

C. 集合分配账户　　D. 成本计算账户

8. “材料成本差异”账户是用来抵减或附加(　　)账户。

A. “原材料”　　B. “材料采购”　　C. “生产成本”　　D. “库存商品”

9. “生产成本”账户期末如有余额，按用途和结构分可以是(　　)。

A. 盘存账户　　B. 成本计算账户

C. 结算账户　　D. 费用账户

10. 下列账户中，属于资产类账户的是(　　)账户。

A. “预付账款”账户　　B. “应付股利”账户

C. “营业外收入”账户　　D. “生产成本”账户

三、判断题

1. 当调整账户与被调整账户的余额在相反方向时，被调整账户所反映的具体会计对象的实际数额＝调整账户的余额－被调整账户的余额。(　　)
2. 债权结算账户在一定条件下也可以转化为债务结算账户。(　　)
3. “累计折旧”账户是资产类账户，因此，当折旧增加时应记入“累计折旧”账户的借方。(　　)
4. 集合分配账户的期末余额一般在借方。(　　)
5. 资产类账户的期末余额都应在借方。(　　)

四、问答题

1. 什么是调整账户？为什么在核算中要设置调整账户？调整方式有几种？试举例说明。
2. 账户按经济内容分类，可以分为哪几个大类？
3. 账户按用途和结构分类，可以分为哪几个大类？
4. 账户分类的作用是什么？
5. 集合分配账户与费用账户在用途和结构上的异同点是什么？

课后习题电子版

CHAPTER 7

第七章

会计凭证

Learning objectives 学习目标

学习目标

- 了解会计凭证的概念、意义和分类
- 理解会计凭证的种类和内容以及审核的具体内容
- 掌握会计凭证的填制方法和要求
- 了解会计凭证的传递和保管中需要注意的问题

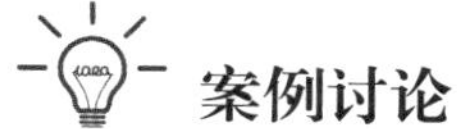

案例讨论

据相关报道，由于我们中国人购物没有索取发票的习惯，导致麦当劳和肯德基每年从中国掠走将近2亿元的税收。同学们怎么看待这个现象？同学们去超市购物，餐馆吃饭，坐出租车，坐火车，电脑维修……有没有索要发票的习惯？发票的样式是什么？我们从超市取得的购物清单或购物小票是不是发票？发票的作用是什么？发票能为我们的日常生活带来哪些便利或好处？我们有没有必要索取发票呢？

第一节　会计凭证的意义与种类

会计凭证是被用来记录经济业务发生或完成情况，作为记账的书面凭证，其形式有纸质和电子之分。会计凭证的登记可以明确经济责任，也是如实反映企业经济资金运营情况，保证会计信息的真实性和准确性的基本前提。正确地填制和审核会计凭证是会计核算职能的起点和基本工作。

会计循环主要包括企业从交易或事项发生后取得或填制原始凭证起，根据原始凭证填制记账凭证，根据记账凭证登记会计账簿，到期末编制财务会计报告为止的一系列处理程序，所以会计凭证在把经济活动转化为会计语言的过程中，应载明经济业务的内容、数量、金额并签名或盖章，以明确对该项经济业务的真实性和准确性负责的责任人，然后经专门人员审核无误后，才能作为记账的依据，因此，准确地填制和审核会计凭证，具有重要的意义。

一、会计凭证的意义

会计凭证是原始凭证和记账凭证的统称，是用来记载交易或事项的发生和完成情况，明确经济责任，并据以登记账簿、进行会计监督的重要书面文件。填制和审核会计凭证，作为会计核算工作的起点，其主要的意义体现为以下内容。

（一）提供经济业务信息的重要载体

会计信息作为经济信息的主要组成部分，任何一项经济业务，都必须按照规定的程序和要求，及时取得和编制会计凭证。通过会计凭证的填制和审核，会计人员对日常繁杂、分散的会计凭证进行整理分类，进而如实地反映各项经济业务的具体情况。

（二）登记账簿的必要依据

会计凭证只是对经济业务所作出的初步归类记录，要全面反映经济活动情况，还必须对经济业务在账户中作出进一步归类和系统化的记录。任何单位都不能凭空记账，登记账簿必须以经过审核无误的会计凭证为依据，保证会计核算资料的真实性和准确性。

（三）明确经济责任，强化内部控制

任何一项经济业务都要填制或取得会计凭证，并由有关部门和人员签章，这就要求

有关部门对经济活动的真实性和准确性负责，无形之中就明确了有关部门和人员的责任，增强了经办人员以及其他有关人员的责任感，促使他们能严格依据相关政策办事，防止违法乱纪现象的发生，另外也有利于今后发现问题时查明责任归属，从而加强岗位责任制。

（四）实施会计监督的主要手段

认真地填制和审核会计凭证，可以检查和监督企业的每一项经济业务是否符合国家有关政策、法律、法规和制度等规定，另外，由于一切的经济活动都从填制会计凭证开始，无论是现金的收支、财产的增加还是商品的生产，均通过凭证来记载，所以审核会计凭证便可以监督企业计划和预算的进度，及时发现是否有违法乱纪、铺张浪费等行为，监督经济活动的真实性、合法性和合理性，充分发挥会计的监督作用。

二、会计凭证的种类

不同单位经济活动和财务收支的多样性和复杂性，决定了各单位会计凭证的多式多样。在正常情况下，会计凭证按其填制的程序和用途的不同来划分，可以分为原始凭证和记账凭证两类。

（一）原始凭证

原始凭证又称原始单据，是在经济业务发生或完成时取得或填制的，用来作为办理经济业务手续，记录或证明经济业务的发生或完成情况的原始凭据，是会计核算的原始资料和重要依据。电子原始凭证是指在经济业务发生或完成时，由经办人员通过计算机等电子设备直接录入或由外部单位通过网络传输等方式形成的，以电子数据形式存在和传递，并能作为会计核算依据的原始凭证。来源可靠、程序规范、要素合规的电子会计凭证与纸质会计资料具有同等法律效力，可仅以电子形式接收、处理、生成和归档保存。凡是不能证明交易业务、会计事项发生或完成情况的凭证，如购销合同、计划书、银行对账单、购销申请书等，都不能作为原始凭证。原始凭证的质量决定了会计信息的真实性和可靠性。

1. 原始凭证按其取得途径分类

会计凭证按照取得途径不同，可以分为自制原始凭证和外来原始凭证。

（1）自制原始凭证，简称自制凭证，是指由本单位内部经办业务的部门或人员，在执行或完成某项经济业务时自行填制的、仅供本单位内部使用的原始凭证，按照填制手续及内容不同，可以分为一次原始凭证、累计原始凭证和汇总原始凭证。

一次原始凭证简称一次凭证，是指一次填制完成、只反映一笔经济业务的原始凭证。一次凭证是一次有效的凭证，其格式复杂、样式繁多。自制的原始凭证大部分都属于一次凭证，如材料、产品入库时，仓库保管人员填制的入库单；支付工资时填制的工资单；还有收据、发货票、销货发票、收料单、银行结算凭证等。

累计原始凭证简称累计凭证，是指在企业一定时期内连续记录重复发生的同类型经济业务的原始凭证，其填制手续随着经济业务的发生而分次进行的原始凭证。特点是:在一张凭证内可以连续登记相同性质的经济业务,随时结出累计数及结余数,并按照费用限额进行费用控制,期末按实际发生额记账。累计凭证是多次有效的原始凭证,可以有效地简化原始凭证的填制手续,减少凭证的张数。这类凭证的填制手续是多次进行才能完成的。它一般为自制原始凭证,最具有代表性的累计凭证是限额领料单。

汇总原始凭证简称汇总凭证,又称原始凭证汇总表,是根据许多同种性质的原始凭证汇总编制而成的,具体是指对一定时期内反映经济业务内容相同的若干张原始凭证,为了简化记账凭证的填制工作,按照一定标准综合填制的原始凭证,即汇总原始凭证,它也是一种自制的原始凭证。比如,收料凭证汇总表、发出材料汇总表、工资结算汇总表、差旅费报销单、销售日报等。

(2) 外来原始凭证是指在经济业务发生或完成时,从其他单位或个人直接取得的原始凭证,如购买材料时取得的增值税专用发票、银行转来的各种结算凭证、对外支付款项时取得的收据、职工出差取得的飞机票、车船票等。外来的原始凭证一般都是一次凭证。

2. 原始凭证按照格式不同分类

原始凭证按格式的不同可以分为通用凭证和专用凭证两种。

(1) 通用凭证是指在全国或者地区、系统范围内,由有关部门统一印制或规定、具有统一格式和使用方法的原始凭证。通用凭证的使用范围,因制作部门不同而异,可以是某一地区、某一行业使用,也可以是全国通用。比如,全国统一的异地结算银行凭证,部门统一规定的收料单、领料单,地区统一规定的发货单等。

(2) 专用凭证是指由各单位自行印制或规定其格式和使用方法的,仅在本单位内部使用的原始凭证。比如,领料单、差旅费报销单、折旧计算表、借款单、工资费用分配表等。

3. 原始凭证按来源不同分类

原始凭证按来源不同可以分为受监制的原始凭证和单位自制的原始凭证。

(1) 受监制的原始凭证是指样式、编号规则和使用受主管部门监督管理的凭证,是与本单位发生经济业务往来的外单位为相关业务开具受监制的凭证,包括发票、财政票据、铁路客票报销凭证、车船客票报销凭证、航空客运行程单、银行回单、其他受监制凭证等。

(2) 单位自制的原始凭证是指各单位或个人自定义的业务运行和收付款等凭证,是本单位因相关经济业务产生的事前审批及事后确认的记录或单据,如业务申请单、报销审批单和费用签领单及其他自制凭证等。

上述分类是互相联系的,同一张原始凭证从不同的角度看,可以属于不同的类别。比如,增值税的专业凭证,它既是一次凭证,也是通用凭证,对开票企业而言,它是自制凭证;对接受发票的单位来说,它又是外来凭证。

会计凭证的具体分类如图 7-1 所示。

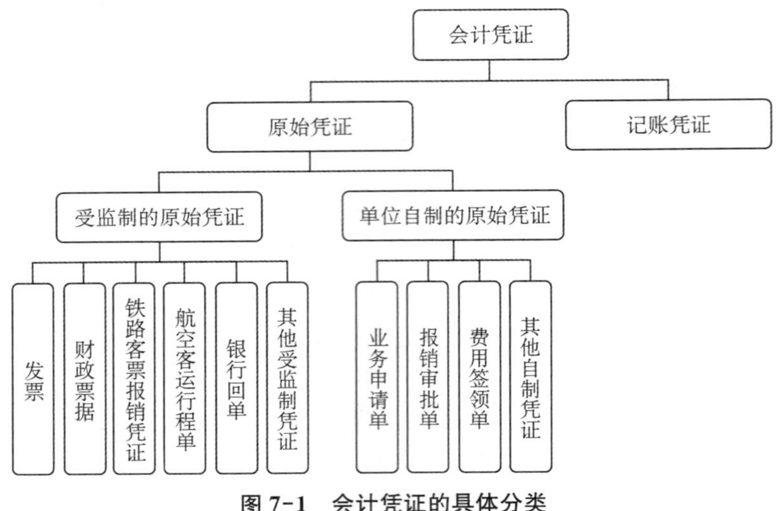

图 7-1　会计凭证的具体分类

（二）记账凭证

记账凭证又称记账凭单、分录凭证，是会计人员根据审核无误的原始凭证，按照经济业务事项的内容加以归类，并据以确定会计分录后所填制的会计凭证。它是登记账簿的直接依据，按照登记账簿的要求，确定账户的名称、记账方向和金额的一种记录，是登记明细分类账和总分类账的依据。

1. 记账凭证按其反映的经济内容分类

记账凭证按其适用的经济业务，可以分为专用记账凭证和通用记账凭证。

（1）专用记账凭证是指专门用来记录某一类经济业务的记载凭证。专用记账凭证按其所记录的经济业务是否与现金和银行存款的收付有关，分为收款凭证、付款凭证和转账凭证。

收款凭证是指会计人员根据反映库存现金、银行存款收款业务的原始凭证而编制的会计凭证。收款凭证又可分为现金收款凭证和银行存款收款凭证。现金收款凭证是根据现金收入业务的原始凭证编制的收款凭证，如以现金结算的发票记账联；银行存款收款凭证是根据银行存款收入业务的原始凭证编制的收款凭证，如银行进账通知单。

付款凭证是指会计人员根据反映库存现金、银行存款付款业务的原始凭证编制的记账凭证。付款凭证又可分为现金付款凭证和银行存款付款凭证。现金付款凭证是根据现金付出业务的原始凭证编制的付款凭证，如以现金结算的发票联；银行存款付款凭证是根据银行存款付出业务的原始凭证编制的付款凭证，如现金支票、转账支票存根。

转账凭证是指会计人员根据不涉及库存现金、银行存款的其他业务的原始凭证编制的记账凭证。它是根据有关转账业务（即在经济业务发生时，不需要收付现金或银行存款的各项业务，注意与银行转账业务区分）的原始凭证填制的，如企业内部的领料单、出库单等；应收应付账款、预收预付账款、计提固定资产折旧、期末结转成本等也是转账行为。

(2) 通用记账凭证是指可以适用于各类经济业务、具有统一格式的记账凭证，也称标准凭证。通用记账凭证的格式，不再分为收款凭证、付款凭证和转账凭证，而是以一种格式记录全部经济业务。通用记账凭证一般在业务量少、凭证不多的单位中应用。

2. 记账凭证按其编制方法分类

记账凭证按照其编制方法的不同，可分为单式记账凭证和复式记账凭证两种。

(1) 单式记账凭证是指在一张记账凭证上，只反映同一经济业务会计分录中的一个账户及其金额的记账凭证，如果同一经济业务涉及几个账户，就要独立编制几张记账凭证。反映借方账户的为借项记账凭证，反映贷方账户的为贷项记账凭证。单式记账凭证反映的账户单一，优点是便于分工记账和按账户进行汇总；缺点是一张凭证不能反映每一笔经济业务的全貌，填制记账凭证的工作量也比较大，而且出现差错不易查找。

(2) 复式记账凭证是指将在一张记账凭证上，反映一笔经济业务的全部账户及其发生额的记账凭证，无论涉及几个账户，都编制在一张记账凭证上。上述提到的收款凭证、付款凭证、转账凭证和通用记账凭证都是复式凭证，是实际工作中应用最普遍的记账凭证。复式记账凭证可集中反映一项经济业务的账户对应关系，便于分析对照，了解有关经济业务的全貌，减少了凭证数量，但不利于会计人员分工记账。

3. 记账凭证按不同的用途分类

根据记账凭证的不同用途，可以将其分为分录凭证、汇总记账凭证和联合凭证。

(1) 分录凭证就是依据审核无误的原始凭证直接填制的，载明会计科目，记账方向和涉及金额的凭证，如前面涉及的专用凭证等。

(2) 汇总记账凭证是根据分录凭证按一定的方法汇总填制的记账凭证。汇总记账凭证按汇总方法不同，可分为分类汇总凭证和全部汇总凭证。

分类汇总凭证是根据一定期间的记账凭证按其种类分别汇总填制的，如根据现金或银行存款的收款凭证汇总填制的现金汇总收款凭证和银行存款汇总收款凭证；根据现金或银行存款付款凭证汇总填制的“现金汇总付款凭证”和“银行存款汇总付款凭证”；以及根据转账凭证汇总填制的“汇总转账凭证”都是分类汇总凭证。

全部汇总凭证是根据一定期间的记账凭证全部汇总填制的，如科目汇总表就是全部汇总凭证。

(3) 联合凭证是既有原始凭证或者原始凭证汇总表的内容，同时具备记账凭证内容的凭证，如在自制原始凭证汇总表上同时印有对应账户、用以代替记账凭证，作为记账的依据。

三、记账凭证和原始凭证的区别

记账凭证与原始凭证最大的区别在于：我国会计记录具体程序的第一个步骤是根据原始凭证编制记账凭证；记账凭证具有分类归纳原始凭证和据以登记会计账簿的作用；记账凭证是介于原始凭证与账簿之间的中间环节，是登记明细分类账和总分类账的依据。具体区别如下：

(1) 原始凭证是由经办人员填制的，记账凭证一律由会计人员填制。

(2) 原始凭证是根据发生或完成的经济业务填制的，记账凭证是根据审核后的原始凭证填制的。

(3) 原始凭证用来记录、证明经济业务已经发生或完成，记账凭证要依据会计科目对已经发生或完成的经济业务进行归类、整理。

(4) 原始凭证是填制记账凭证的依据，记账凭证是登记账簿的依据。

第二节　原始凭证的填制与审核

原始凭证作为会计工作的起点和基础，其质量直接影响到分类核算和会计报表的质量，我国《会计法》规定，如果进行会计核算，必须要填制或者取得原始凭证，并及时提供给会计部门，会计部门必须对原始凭证进行审核，并根据审核的原始凭证及有关资料填制记账凭证。

一、原始凭证的内容

原始凭证的样式多种多样，由于经济业务内容和经济管理要求不同，原始凭证的名称、格式和内容也多种多样。但是，不管哪种原始凭证，都必须详细地反映有关经济业务发生或完成情况，明确经办单位和人员的经济责任。因此，原始凭证概括起来应该具备以下共同的基本内容，即凭证要素：

(1) 原始凭证的名称。

(2) 填制原始凭证的日期。

(3) 接受原始凭证单位的名称(抬头的客户名称)。

(4) 经济业务内容(含实物的数量、金额等)。

(5) 填制单位和填制人员签章(签名、盖章)。

(6) 原始凭证的编号。

上面罗列的要素只是原始凭证应该具备的，有些原始凭证不仅要满足财会工作的需要，还要满足计划、统计等其他业务的需要，因此，有的原始凭证除了上述内容，还包括一些特有的内容。原始凭证的内容需要根据经济业务的客观情况和企业经济管理的具体需要来决定。

二、原始凭证的填制

原始凭证的填制就是把经济业务的具体事项反映在原始凭证上的过程，一个单位的会计工作是从取得或填制原始凭证开始的，原始凭证填制的正确与否，直接影响会计核算的质量。因此，填制原始凭证必须符合《会计法》和《会计基础工作规范》的相关规定要求。

(一) 原始凭证的填制要求

1. 记录真实，手续完备

要求经办人员严肃认真地填制原始凭证，原始凭证是具有法律效力的证明文件，所填列的经济业务的实际情况、凭证的日期、所有的数据必须真实可靠，符合实际情况。所有的经办人员和有关部门的负责人都要在凭证上签名或者盖章，对凭证的真实性和完整性负责。而且原始凭证因其来源不同，所需的手续也不同：单位自制的原始凭证必须有经办单位领导人或者其他指定的人员签名盖章；对外开出的原始凭证必须加盖本单位公章；从外部取得的原始凭证，必须盖有填制单位的公章；从个人取得的原始凭证，必须有填制人员的签名盖章。

电子原始凭证应当遵循国家统一的会计数据标准，保证会计信息系统输入、处理、输出等各环节的安全可靠，部分电子凭证结构化数据文件按照要求封装到版式文件中交付，还可应用密码算法和技术及电子签章或数字签名技术保证数据安全，接收端可参照相关标准规范验签。通过完善会计信息系统功能、建立比对机制等方式，对接收的电子原始凭证等会计数据进行验证，确保其来源合法、真实，对电子原始凭证的任何篡改能够被发现，并设置必要的程序防止其重复入账。单位以电子会计凭证的纸质打印件，或纸质会计凭证的电子影像文件作为报销、入账、归档依据的，必须同时保存打印该纸质件的电子会计凭证原文件，并建立与其对应电子文件的检索关系。

2. 内容完整，书写清楚规范

原始凭证所要求填列的项目必须逐项填列齐全，不得遗漏和省略。各类纸质凭证的书写要用蓝黑墨水，文字不得使用未经国务院公布的简化汉字，金额必须大小写相符且填写规范：

(1) 小写金额用阿拉伯数字逐个书写，不得写连笔字；在金额前要填写人民币符号“¥”，人民币符号“¥”与阿拉伯数字之间不得留有空白；金额数字一律填写到角、分，无角、分的，写“00”或符号“—”；有角无分的，分位写“0”，不得用符号“—”。

(2) 大写金额前未印有“人民币”字样的，应加写“人民币”三个字，“人民币”字样和大写金额之间不得留有空白；大写金额到元为止的，后面要写“整”或“正”字；到角为止的，可以写“整”或“正”字；有分的，不写“整”或“正”字。

(3) 有关零的写法：金额数字尾部的“0”，不管有一个还是有连续几个，大写金额到非零数位后，用一个“整(正)”字结束，都不需用“零”来表示；小写金额数字中间只有一个“0”的，大写金额数字要写成“零”字；小写金额数字中间连续有几个“0”的，大写金额数字可以只写一个“零”字；小写金额数字元位是“0”，或者数字中间连续有几个“0”，元位也是“0”，但角位不是“0”时，大写金额数字中间可以只写一个“零”，也可以不写“零”；小写金额数字角位是“0”而分位不是“0”时，大写金额“元”字后必须写“零”字。

(4) 原始凭证有错误的，应当由出具单位重开或更正，更正时，应采用划线更正法，即将错误的文字和数字，用红色墨水划线注销，再将正确的数字和文字用蓝字写在划线部分的上面，更正处应当加盖出具单位印章。原始凭证金额有错误的，应当由出具单位重开，不得在原始凭证上更正。

(5) 电子凭证的代码编号规则。凭证类型代码编号规则：凭证类型代码编号由监制单位代码、类型顺序码组成，其结构如图 7-2 所示。

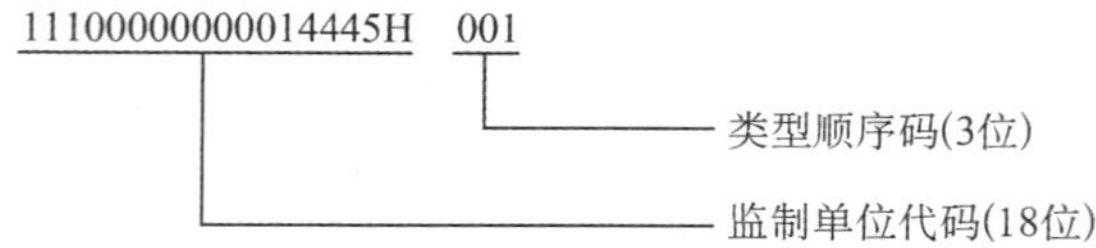

图 7-2　电子凭证类型代码的编号结构

图 7-2 中，各部分取值规则说明如下：监制单位代码，取值为电子凭证监制单位的统一社会信用代码；类型顺序码，监制单位对其管理下的凭证类型设定的顺序号。

凭证样式代码编号结构：凭证样式代码编号由凭证类型代码、发布年度和版本号组成，其结构如图 7-3 所示。

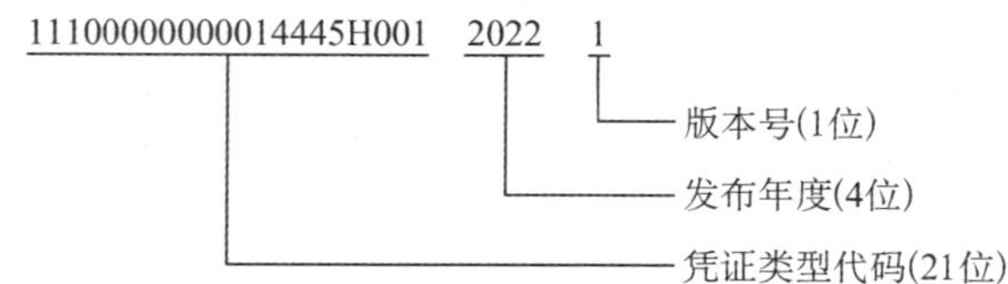

图 7-3　电子凭证样式代码的编号结构

图 7-3 中，各部分取值规则说明如下：凭证类型代码，编号结构见图 7-2；发布年度，即凭证样式发布的年度，如 2022 年发布可取值为“2022”；版本号，即凭证样式发布年度内的版本号，如 2022 年第 1 次发布可取值为“1”。电子原始凭证开具端应按照电子凭证相关数据标准，生成电子凭证结构化数据文件及元素清单相应字段，使用统一的命名规则对其生成的结构化数据。

3. 编号连续，及时填制

如果纸质原始凭证已预先印定编号，在写坏作废时，应加盖“作废”戳记，妥善保管，不得撕毁。电子凭证编号要与企业的业务流程和整体管理体系紧密结合。在一个完整的财务处理流程中，从电子凭证的开具、传递、入账到归档，编号应贯穿始终，保持连贯性和逻辑性。经济业务发生时，应及时填制原始凭证，并按规定送交会计机构。一般来说，原始凭证送交会计机构的时间最迟不应超过一个会计结算期。

（二）原始凭证的填制方法

由于企业的经济业务内容和经济管理要求不同，原始凭证的名称、格式和内容也多种多样。现分别以常见的几种类型为例说明原始凭证的填制方法。

1. 自制原始凭证的填制

（1）一次原始凭证的填制，以收料单和领料单为例。

收料单是在外购的材料物资验收入库时，由仓库保管员根据供货单位开来的发票账单和购入材料的实际验收情况填制的凭证。收料单通常是一料一单，一式三联，一联验收人员留底，一联交仓库保管人员据以登记明细账，一联连同发票交财会部门办理结算。

【例 7-1】 20×7 年 5 月 25 日，某企业从邯郸钢铁厂购入 Φ25 mm 圆钢 6 吨，每吨 2 500元，共计 15 000 元，发生运费 1 200 元，材料由保管员王致文如数验收入库。要求填制收料单一套(专用发票编号为 2013000087)。其格式和内容如表 7-1 所示。

表 7-1 收 料 单

供货单位:邯郸钢铁厂　　　　凭证编号: 0434

发票编号:2013000087　　　　20×7 年 5 月 25 日　　　　收料仓库:1 号仓库

材料类别	材料编号	名称及规格	单位	数量		金额(元)			
				应收	实收	单价	买价	运杂费	合计
钢铁	3089	圆钢 Φ25 mm	吨	6	6	2 500	15 000	1 200	16 200
合计				6	6	2 500	15 000	1 200	16 200

仓库主管:张武　　记账:何杰　　仓库保管:王致文　　收料人:李梦

领料单是车间或部门从仓库领用各种材料时,由领料经办人根据需要材料的情况填写的一次性原始凭证。为了便于分类汇总,领料单要“一料一单”地填制。领用原材料需经领料车间负责人批准后,方可填制领料单;车间负责人、收料人、仓库管理员和发料人均需在领料单中签章,无签章或签章不全的均属无效,不能作为记账的依据。领料单通常都是一式三联,一联留领料部门备查,一联留仓库据以登记材料明细,一联交财会部门作为材料总分类核算的依据。

【例 7-2】 20×7 年 6 月 4 日,某企业加工车间为生产轴承从仓库领用 Φ5 cm 圆钢 2 吨,每吨实际成本 2 800 元。领料人唐灿,发料人王致文。要求填制领料单,其格式和内容如表 7-2 所示。

表 7-2 领 料 单

领料部门: 加工车间　　　　凭证编号: 0126

用　　途: 生产轴承　　　　20×7 年 6 月 4 日　　　　发料仓库: 2 号仓库

材料类别	材料编号	名称及规格	单位	数量		单价(元)	金额(元)
				请领	实发		
钢材	2341	Φ5 cm 圆钢	吨	2	2	2 800	5 600
合计				2	2	2 800	5 600

审批:张三　　记账:何杰　　发料人:王致文　　领料人:唐灿

(2) 累计原始凭证的填制。累计原始凭证是在一张凭证上连续、累计登记一定时期内相同的经济业务,可反映同类业务的累计发生额,也可减少凭证数量。典型的累计凭证是企业的限额领料单。

限额领料单是在有效期间内(通常是 1 个月),只要领用数量累计不超过限额就可以连续使用的累计领发料凭证。限额领料单由生产计划部门根据下达的生产任务和材料消耗定额按每种材料用途分别开出,一料一单,一式两联,一联交仓库据以发料,一联交领料部门据以领料;领料单位领料时,在该单内注明请领数量,经负责人签章批准后,持往仓库领料。仓库发料时,根据材料的品名、规格在限额内发料,同时将实发数量及限量余额填写在限额领料单内,领发料双方在单内签章。月末,在此单内结出实发数量和金额转交会计部门。其具体格式如表 7-3 所示。

表 7-3　限额领料单

领料部门：　　　　　　　　　　　　　　　　　　　　　第　　号：

用　　途：　　　　　　　　年　月　日　　　　　　　发料仓库：

材料编号	材料名称规格	计量单位	计划投产量	单位消耗定额	领用限额	实发																		
						数量	单价								金额									
							十	万	千	百	十	元	角	分	千	百	十	万	千	百	十	元	角	分

日期	领用			退料			限额结余数量
	数量	领料人	发料人	数量	退料人	收料人	

生产计划部门：　　　　　　　　供销部门：　　　　　　　　仓　库：

(3) 汇总原始凭证的填制。汇总原始凭证是将许多同类经济业务的原始凭证进行汇总编制，能简化核算手续，提高核算工作效率。常见的汇总原始凭证有：发料凭证汇总表、工资结算汇总表、差旅费报销单等。以“发料凭证汇总表”为例，其具体格式如表7-4所示。

表 7-4　发料凭证汇总表

第　号

年　月　日　　　　　　　附件　张

领料部门	领料用途	材　料(元)		合　计(元)
		原料	辅料	
一车间	生产 A 产品	20 000	12 000	32 000
	机物料		1 000	1 000
二车间	生产 B 产品	30 000	13 000	43 000
	机物料	400	2 400	2 800
行政管理部门	办公	3 400	2 100	5 500
合　计		53 800	30 500	84 300

2. 外来原始凭证的填制方法

主要以普通发票和增值税专用发票的填制为例。

(1) 普通发票的填制。填制普通发票首先要写清购货单位的名称全称，不能过于简略(如仅填写××公司，未写明是××市公司还是××县公司)，然后按凭证格式和内容逐项填列齐全。发票要如实填写，不能按购货人的要求填写。经办人的签章和单位的公章都要齐全。其具体格式如表 7-5 所示。

表 7-5　××市普通发票

（发票联）

客户名称：　　　　　　　　　年　　月　　日　　　　　　　　　　№：

品　名	规格	单位	数量	单价	金　额							
					十	万	千	百	十	元	角	分
合计金额												
开票单位	（盖章有效）	备注										

开票人（章）　　　　　　　　　　　　　　　　　　　　　　收款人（章）

（2）增值税专用发票的填制。增值税专用发票是一般纳税人于销售货物时开具的销货发票，一式四联，销货单位和购货单位各两联。其中留销货单位的两联，一联存有关业务部门，一联作会计部门的记账凭证；交购货单位的两联，一联作购货单位的结算凭证，一联为税款抵扣凭证。购货单位向一般纳税人购货，应取得增值税专用发票，因为只有在增值税专用发票税款抵扣联上注明的进项税额才能在购货单位作为“进项税额”列账，同时避免销货单位漏税，给国家带来损失。

其具体格式如表 7-6 所示。

表 7-6　增值税专用发票

开票日期：　　年　　月　　日　　　　　　　　　　　　　　　　№：

购货单位	名　称		纳税人登记号	
	地址、电话		开户银行及账号	

商品或劳务名称	计量单位	数量	单价	金　额									税率（%）	税　额							
				百	十	万	千	百	十	元	角	分		十	万	千	百	十	元	角	分
合计																					
价税合计（大写）														小写金额¥							

销货单位	名　称		纳税人登记号	
	地址、电话		开户银行及账号	

四、记账联

收款人　　　　　　　　　　　　　　　　　　开票单位（未盖章无效）

外来原始凭证一般由税务局等部门统一印制，或经税务部门批准由经济单位印制，在填制时加盖出具凭证单位公章方有效。

（三）原始凭证的审核

我国《会计法》第十四条规定：会计机构、会计人员必须按照国家统一的会计制度的规定对原始凭证进行审核，对不真实、不合法的原始凭证有权不予接受，并向单位负责人报告；对记载不准确、不完整的原始凭证予以退回，并要求按照国家统一的会计制度的规定更正、补充。对原始凭证进行审核，是确保会计信息质量，充分发挥会计监督作用的重要环节，也是会计机构、会计人员的法定职责。原始凭证的审核内容如下。

1. 原始凭证的真实性和完整性

真实性的审核内容包括：凭证日期是否真实、业务内容是否真实、数据是否真实等。对外来原始凭证，必须有填制单位公章和填制人员签章；对自制原始凭证，必须有经办部门和经办人员的签名或盖章。此外，对于电子原始凭证，应采用数据签名、封装版式文件等技术进行处理，对于接收的电子凭证进行验签，以保障电子凭证来源合法、真实可靠和未被篡改。对通用原始凭证，还应审核凭证本身的真实性防止以假冒的原始凭证记账。

完整性的审核内容包括：原始凭证各项基本要素是否齐全，是否有漏项情况，日期是否完整，数字是否清晰，文字是否工整，有关人员的签章是否齐全，凭证联次是否正确等。

2. 原始凭证的合法性和合理性

合法性审核是指审核原始凭证所记录经济业务是否有违反国家法律、法规的情况，是否符合规定的审核权限，是否履行了规定的凭证传递和审核程序，是否有贪污腐化等行为。

合理性审核是指审核原始凭证所记录经济业务是否符合企业生产经营活动的需要、是否符合有关的计划和预算等。

3. 原始凭证的正确性和规范性

审核原始凭证中摘要的填写是否符合要求，数量、单位、金额、合计数的计算和填写是否正确，大小写金额是否相符，书写是否清楚规范，电子原始凭证的格式是否符合规定的标准和要求，是否附有必要的支持性文件或附件等。

原始凭证的审核是一项十分细致而严肃的工作，会计人员必须坚持原则，严格履行会计人员的职责。在审核过程中，对于不真实、不合法的原始凭证，会计人员有权不予受理，并向单位负责人报告，请求查明原因，追究有关当事人的责任；对于真实、合法、合理但内容不够完整、填写有错误的原始凭证，应退回给有关经办人员，由其负责将有关凭证补充完整、更正错误或重开后，再办理正式会计手续。

第三节　记账凭证的填制与审核

记账凭证是会计人员根据审核无误的原始凭证及有关资料，对企业的经济业务按性质分类，并据此登记账簿的会计凭证，是登记账簿的直接依据。

一、记账凭证的基本内容

记账凭证是对原始凭证进行分类、整理,按照借贷记账法的要求,运用会计科目,编制会计分录,是登记账簿的依据。由于记账凭证所反映的内容有所不同,因此在具体的格式上也有一些不同,但为了概括地反映经济业务,满足登账的需要,记账凭证必须具备以下基本内容(也称记账凭证要素):

(1) 记账凭证的名称,即收款凭证、付款凭证和转账凭证。

(2) 记账凭证的填制日期和凭证的编号。

(3) 经济业务事项的内容摘要。

(4) 经济业务事项所涉及的会计科目及其记账方向和金额。

(5) 所附原始凭证张数。

(6) 会计主管、记账、审核、出纳、制单等有关人员签章。此外,收款凭证和付款凭证还需要出纳人员的签章。

二、记账凭证的填制要求

记账凭证是进行会计处理的直接依据,也是会计核算中的基础环节之一,正确、及时、完整地填制记账凭证是正确、及时地提供会计信息的保证。填制记账凭证,除了要遵循填制原始凭证的要求外,还必须遵循以下几点。

(一) 必须以审核无误的原始凭证为依据

记账凭证可以根据每一张原始凭证填制,也可根据若干张同类原始凭证填制,还可以根据汇总原始凭证填制,但都必须是经过审核无误的原始凭证。另外,以自制的原始凭证或者原始凭证汇总表代替记账凭证的,也必须具备记账凭证应有的项目。

(二) 记账凭证的填制日期

记账凭证的填制日期,即编制记账凭证日期,不能提前或者拖后,而非原始凭证日期,收付款凭证的日期应按货币资金的实际收付日期填写,与原始凭证所记载的日期不一定相同;而转账凭证原则上按收到原始凭证的日期填写,但经济业务实际发生的日期应在摘要栏上注明。根据权责发生制原则计算收益、分配费用、结转成本和利润等调整分录和结账分录的记账凭证,如果在下月填写的,为了方便在当月账内进行登记,仍应填写当月月末的日期。

(三) 记账凭证的“摘要”栏

记账凭证的“摘要”栏是对经济业务的简要说明,必须针对不同性质的经济业务的特点,考虑登记账簿的要求,用简练的文字确切概括,不可漏填或错填。

(四) 会计分录的编写

根据经济业务的性质和内容,按照会计制度的规定,编制正确的会计分录。会计分录正确即指会计科目和记账方向、金额都要正确。会计科目必须按照会计制度规定的会计科目名称及核算内容进行运用,如果有明细科目的,还必须写上明细科目,并且要全称,不能简写。

记账方向应正确,保持清晰明确的借贷关系。编制分录要先借后贷,可以填制一借多贷或一贷多借的会计分录。如果某项经济业务本身需要编制一笔多借多贷的会计分录时，为了反映该项经济业务的全貌，可以采用多借多贷的账户对应关系，不必人为地将一项经济业务所涉及的账户分开，编制两张记账凭证。

首先，金额方面要与原始凭证的金额保持一致，并且要书写规范，平行对准科目栏次和借贷栏次，防止错栏串行，金额数字要填写到分位。其次，每笔业务填入金额后，要在合计行上填上合计金额，并在合计数前填写货币符号"￥"，不是合计数，则不填写货币符号。最后，记账凭证金额栏若有空行，应划斜线或"S"形线注销。划线应从金额栏最后一笔金额数字下的空行划到合计数行上面的空行，注意斜线两端都不能划到金额数字的行次上。

（五）记账凭证的编号

记账凭证在 1 个月内应当连续编号，以便查考。在使用通用记账凭证时，可按经济业务发生的顺序编号。填制专用记账凭证的，可采用字号编号法，即按凭证类别顺序编号。企业既可以按收款、付款、转账三类业务分别编号，如收字第×号、付字第×号、转字第×号，也可以细分为现收、现付、银收、银付、转账五类分别编号，如现收第×号、现付第×号、银收第×号、银付第×号、转字第×号等，还可采用双重编号法，即按总字顺序编号与按类别编号相结合。如某付款凭证为"总字第×号，付字第×号"。

一笔经济业务，需要编制多张凭证时，可采用分数编号法，如一笔经济业务需要编制 4 张转账凭证，凭证的顺序号为"18"时，可编转字 $18\frac{1}{4}$ 号，转字 $18\frac{2}{4}$ 号，转字 $18\frac{3}{4}$ 号，转字 $18\frac{4}{4}$ 号。前面的整数表示业务顺序，分子表示 4 张转账凭证中的第 1、第 2、第 3 和第 4 张。在使用单式记账凭证时，也可采用分数编号法。

（六）附原始凭证和注明张数

每张凭证都要注明附件张数，以备查考。除更正错账和期末结账的记账凭证，都必须附有原始凭证并注明附加张数，以便查核。所附原始凭证的张数，一般以自然数为准。如果根据同一原始凭证填制数张记账凭证时，则应在未附原始凭证的记账凭证上注明"附件第×张，见第×号记账凭证"。如果原始凭证需要另行保管的，则应在附件栏目内加以注明。

（七）记账凭证填制错误的处理

记账凭证如填制错误，且未入账，应当重新填制。已经登记入账的记账凭证，在当年内发现填写错误时，可以用红字填写一张与原内容相同的记账凭证，在摘要栏注明"注销某月某日某号凭证"的字样，同时再用蓝字重新填写一张正确的记账凭证，在摘要栏注明"订正某月某日某号凭证"字样。如果会计科目没有错误，只是金额错误，也可以将正确数字与错误数字之间的差额，另编一张调整的记账凭证，调增金额用蓝字，调减金额用红字。若发现以前年度记账凭证有错误的，应当用蓝字填制一张更正的记账凭证。

当错误的电子原始凭证已经作为记账凭证的依据完成记账，并且错误影响到了财务数据的准确性时，需要采用红字冲销法进行更正。首先，根据错误的电子原始凭证，填制一张与原凭证完全相同的红字电子记账凭证，将原来错误记录的金额等信息用红字冲销，以表示对原记录的抵销。如果错误的电子原始凭证已经记账，但错误只是部分内容（如摘要描述不准确、明细科目使用不当等），且不影响账户借贷平衡，可采用补充更正法。通过填制一张补充的电子记账凭证，对错误的部分进行更正。当错误的电子原始凭证导致前期财务报表出现错误，且该错误对财务报表具有重大影响时，需要采用追溯调整法。这涉及对以前年度或期间的财务报表进行重新编制或调整，以反映正确的财务状况和经营成果。

（八）填写完毕签名或盖章

记账凭证填写完毕，有关人员均要签名或盖章，明确责任。同时应进行复核和检查，按所使用的记账方法进行试算平衡。出纳人员根据收款凭证收款，或根据付款凭证付款时，要在凭证上加盖“收讫”或“付讫”戳记，以免重收重付、防止差错。法律规定，可靠的电子签名与手写签名或者盖章具有同等的法律效力。对于电子凭证，开具端试点单位在生成电子凭证时，需按照规定对电子凭证进行签名或盖章处理。

三、记账凭证的填制方法

（一）通用记账凭证的填制

通用记账凭证是一种适合各种经济业务的记账凭证。采用通用记账凭证，将经济业务所涉及的会计科目全部填列在一张凭证内，借方在前，贷方在后，将各会计科目所记应借、应贷的金额填列在“借方金额”或“贷方金额”栏内。借方、贷方金额合计数应相等。日期按业务发生日期填写，编号按顺序编号法。有关人员应签名盖章，并填写所附原始凭证的张数。

【例 7-3】 20×7 年 11 月 5 日，甲公司向乙公司销售价值 100 万元的货物一批，增值税为 13 万元，货款尚未收到。填制通用记账凭证如表 7-7 所示。

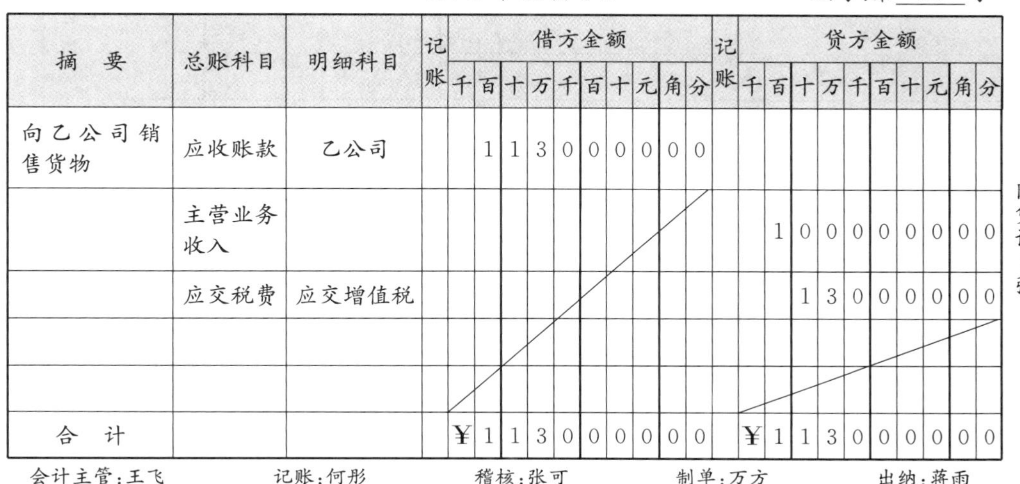

表 7-7 记 账 凭 证

20×7 年 11 月 5 日　　　　编号：第 12 号

摘 要	总账科目	明细科目	记账	借方金额										记账	贷方金额									
				千	百	十	万	千	百	十	元	角	分		千	百	十	万	千	百	十	元	角	分
向乙公司销售货物	应收账款	乙公司			1	1	3	0	0	0	0	0	0											
	主营业务收入															1	0	0	0	0	0	0	0	0
	应交税费	应交增值税															1	3	0	0	0	0	0	0
合 计				¥	1	1	3	0	0	0	0	0	0		¥	1	1	3	0	0	0	0	0	0

附凭证 2 张

会计主管：王飞　　记账：何彤　　稽核：张可　　制单：万方　　出纳：蒋雨

（二）专用记账凭证的填制

1. 收款凭证的填制

凡涉及现金或银行存款增加的业务，都必须填制收款凭证。在借贷记账法下，收款凭证的左上方“借方科目”处写“库存现金”或“银行存款”科目；右上方的编号应按“收字第×号”或“现收字第×号”“银收字第×号”顺序编号。在凭证内，所反映的贷方科目，应填列与“库存现金”或“银行存款”相对应的科目。“摘要栏”内填写业务的简要内容，“金额”栏填列贷方科目的金额，其合计数即为借方科目的金额，“记账”栏是根据记账凭证登账后做记号用的，避免重记或漏记。在凭证的右侧填写所附原始凭证张数，下方为有关人员签名或盖章。

【例 7-4】 20×7 年 8 月 16 日，甲企业向乙企业销售 A 产品 60 台，货款为 30 万元；销售 B 产品 40 台，货款为 8 万元，增值税共计 4.94 万元，款项均已收妥并存入银行。收款凭证的格式和内容如表 7-8 所示。

表 7-8 收 款 凭 证

借方科目：银行存款　　　　20×7 年 8 月 16 日　　　　银收字 13 号

摘　要	贷方总账科目	明细科目	金额										记账
			千	百	十	万	千	百	十	元	角	分	
向乙公司销售 A 产品和 B 产品	主营业务收入	A 产品			3	0	0	0	0	0	0	0	
	主营业务收入	B 产品				8	0	0	0	0	0	0	
	应交税费	应交增值税				4	9	4	0	0	0	0	
合　计				¥	4	2	9	4	0	0	0	0	

附凭证 4 张

会计主管：王飞　　记账：何彤　　稽核：张可　　制单：万方　　出纳：蒋雨

2. 付款凭证的填制

凡涉及现金或银行存款减少的业务，都必须填制付款凭证。在借贷记账法下，付款凭证的填制与收款凭证的填制大致相同，区别在于左上方和表内所列科目相反。付款凭证左上方为贷方科目，表内是借方科目，编号原则与收款凭证相同。

【例 7-5】 20×7 年 9 月 3 日，甲企业向乙企业购入原材料一批，买价为 10 万元，增值税为 1.3 万元，开出支票一张支付货款。材料已验收入库。付款凭证的内容和格式如表 7-9 所示。

表 7-9 付 款 凭 证

贷方科目:银行存款　　　　20×7 年 9 月 3 日　　　　银付字 19 号

摘　要	借方总账科目	明细科目	金　额										记账
			千	百	十	万	千	百	十	元	角	分	
向乙公司购入材料	原材料				1	0	0	0	0	0	0	0	
	应交税费	应交增值税				1	3	0	0	0	0	0	
合　计				¥	1	1	3	0	0	0	0	0	

附凭证 3 张

会计主管:王飞　　记账:何彤　　稽核:张可　　制单:万方　　出纳:蒋雨

需要注意的是:对于现金和银行存款之间相互划转的业务,如从银行提取现金,或将现金存入银行,为了避免重复记账,只编制付款凭证,不编制收款凭证。

3. 转账凭证的编制

凡是不涉及货币资金增减的业务,都必须编制转账凭证。在借贷记账法下,将经济业务所涉及的会计科目全部填列在凭证内,借方科目在前,贷方科目在后,借贷金额合计数应该相等。有关人员签名盖章,并在凭证的右侧填写所附原始凭证的张数。

【例 7-6】 20×7 年 3 月 10 日,生产部门领用材料 3 万元,管理部门领用材料 1 万元,生产 A 产品领用材料 10 万元,生产 B 产品领用材料 6 万元。根据领料单填制转账凭证如表 7-10 所示。

表 7-10 转 账 凭 证

20×7 年 3 月 10 日　　　　转字 45 号

摘　要	借　方		贷　方		金　额										记账
	总账科目	明细科目	总账科目	明细科目	千	百	十	万	千	百	十	元	角	分	
领用材料	制造费用							3	00	0	0	0	0	0	
	管理费用							1	0	0	0	0	0	0	
	生产成本	A 产品					1	0	0	0	0	0	0	0	
	生产成本	B 产品						6	0	0	0	0	0	0	
			原材料				2	0	0	0	0	0	0	0	
合　计						¥	2	0	0	0	0	0	0	0	

附凭证 4 张

会计主管:王飞　　记账:何彤　　稽核:张可　　制单:万方

四、记账凭证的审核

为了保证账簿记录的真实性和会计信息的质量，以便正确地登记账簿和监督款项收付，记账凭证必须经过有关稽核人员的审核，才能登记账簿。如前所述，记账凭证是根据原始凭证填制的，因此，记账凭证的审核，除了要对原始凭证进行复审外，还包括以下的审核：

(1) 审核记账凭证是否附有原始凭证，所附原始凭证是否齐全，记账凭证的经济内容是否与所附的原始凭证的内容相符等。

(2) 审核记账凭证中载明的业务内容是否合法、正常，会计科目的使用是否正确，账户对应关系是否清楚，所使用的会计科目及核算内容是否符合会计制度的规定，记账方向和金额是否准确等。

(3) 审核记账凭证上的项目是否填写清楚、完整，编号是否连续，有关人员是否已签名盖章。

电子凭证入账前应进行整理和查验，还包括以下查验要求：

(1) 电子凭证应接收或采集完整，凭证的查验或信息提取不再依赖于外部信息系统。

(2) 接收或采集的电子凭证应符合《GB/T 42133 信息技术 OFD 档案应用指南》，或采用其他符合《DA/T47 版式电子文件长期保存格式需求》要求的文件格式。

(3) 电子凭证的类型、开具方以及开具时间等内容信息应与经济活动事项的证明要求相匹配。

(4) 电子凭证应包含不依赖业务系统的安全保护措施。

在审核记账凭证过程中，如发现填制有误，应查明原因，并按规定的方法及时更正，只有经过审核无误的记账凭证，才能据以登记账簿。对会计凭证的审核，是保证会计信息质量，实施会计监督的重要手段，是一项政策性很强的工作。为了做好这项工作，会计人员既要熟悉和掌握国家政策、法令、制度和计划、预算等有关规定，又要熟悉和了解本单位的经营状况。

第四节　会计凭证的传递与保管

一、会计凭证的传递

会计凭证的传递是指会计凭证按照一定的程序，从取得或填制到归档保管的整个过程中，在本单位内部各有关部门和人员之间传递、办理有关凭证手续的全过程。会计凭证传递的内容主要包括传递线路和传递时间。

科学的会计凭证传递既要能够满足内部控制制度的要求，使传递程序合理有效，又要尽量节约传递时间，减少传递的工作量，强化会计核算和监督。

因此，为了促进经济业务的顺利开展，确保会计核算的及时进行，在制定会计凭证传递程序时，应当注意遵循以下原则。

（一）适应性原则

会计凭证的传递程序，要视经济业务的手续程序而定。既要使各有关部门和人员能利用凭证了解经济活动情况，并按规定手续处理经济业务，又要减少凭证传递流程中的不必要环节，加快传递速度。

（二）时效性原则

会计凭证的传递时间，要根据在正常情况下完成办理经济业务手续所需的时间而定。既要保证办理业务手续的时间，又要防止不必要的耽搁，从而使会计凭证以最快的速度传递，充分发挥它及时传递信息的作用。

（三）合理性原则

会计凭证传递过程中的衔接手续，应该做到既完备严密，又简便易行。为了确保会计凭证的安全和完整，在各个环节中都应指定专人办理交接手续，做到责任明确，手续完备、严密、简便易行。执行中如有不合理的地方，可随时根据实际情况加以修改。

会计凭证的传递，作为会计管理活动的重要组成部分，会计机构应当充分调研设计相关程序，并在会计制度中明确规定。正确地组织会计凭证的传递，有利于及时地反映各项经济业务的发生或完成情况，合理地组织经济活动，贯彻经济责任制，加强会计监督。

处理电子凭证活动主要分为开具和交付、传输、接收、入账、归档和利用等环节，这些活动的参与方同时也是经济活动的参与方。税务和财政等部门监管凭证的开具、交付和使用，会计和审计等部门以会计核算、归档和利用环节的凭证数据为依据，对经济活动实施监督，相关过程如图 7-4 所示。

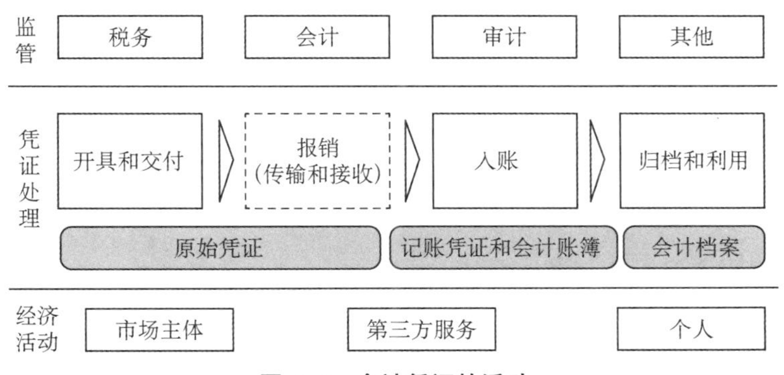

图 7-4　会计凭证的活动

图 7-4 对应的说明如下：

（1）开具和交付环节产生各种原始凭证，如发票、财政票据和银行回单等。

（2）报销环节对外部原始凭证进行整理，并合并单位内部对业务活动的自制凭证。内部自制凭证与外部收取的原始凭证统称原始凭证。

（3）入账环节对经整理的原始凭证进行审核，形成记账凭证和会计账簿，必要时生成财务会计报告及其他会计资料。

（4）会计凭证、会计账簿、财务会计报告及其他会计资料等在一定会计核算周期后经归档操作形成会计档案，通过对应档案系统进行管理。

上述环节的形态全周期如下：

(1) 与本单位发生经济业务往来的外单位为相关业务开具受监制的凭证，如发票、财政票据等作为外来原始凭证，包括其随附材料；本单位因相关经济业务产生的事前审批及事后确认的记录或单据，如差旅申请单、报销审批单等，作为自制原始凭证。

(2) 原始凭证通过报销环节完成资料整理和业务查验，进入会计核算环节；银行作为经济活动的支撑环境，其出具的回单或对账单等证明，作为佐证业务活动发生的重要原始凭证；核算后产生记账凭证，形成一笔明细账对应的完整凭证链。

(3) 会计核算将依据记账凭证输出会计账簿、财务会计报告及其他会计资料。

(4) 会计档案在会计核算软件中按相关规则要求生成和整理，移交至会计档案系统继续管理。

会计档案系统可从会计档案中加载复原会计记账信息，重现经济业务活动轨迹，支持导出符合《财经信息技术会计核算软件数据接口》标准(GB/T 24589 所有部分)等要求的结构化数据。

二、会计凭证的保管

会计凭证作为企业经济活动和经办人员责任的历史记录，是重要的经济资料和会计档案，也是依法处理违法乱纪行为的有效证据。其保管是指会计凭证记账后的整理、装订、归档和存查工作。因此，企业在记账后，必须按规定的立卷归档制度，将会计凭证妥善保管，不得丢失或任意销毁。对会计凭证的保管的主要要求如下。

(一) 会计凭证应定期装订成册，防止散失

从外单位取得的原始凭证遗失时，应取得原签发单位盖有公章的证明，并注明原始凭证的号码、金额、内容等，由经办单位会计机构负责人、会计主管人员和单位负责人批准后，才能代作原始凭证。若确实无法取得证明的，如车票丢失，则应由当事人写明详细情况，由经办单位会计机构负责人、会计主管人员和单位负责人批准后，代作原始凭证。

(二) 会计凭证封面注明事项

会计凭证封面应注明：单位名称、凭证种类、凭证张数、起止号数、年度、月份、会计主管人员、装订人员等有关事项，会计主管人员和保管人员应在封面上签章。

(三) 会计凭证应加贴封条，防止抽换凭证

原始凭证不得外借，其他单位如有特殊原因确实需要使用时，经本单位会计机构负责人、会计主管人员批准，可以复制。向外单位提供的原始凭证复制件，应在专设的登记簿上登记，并由提供人员和收取人员共同签名和盖章。

(四) 会计凭证的保管机构

原始凭证较多时，可单独装订，但应在凭证封面注明所属记账凭证的日期、编号和种类，同时在所属的记账凭证上应注明“附件另订”及原始凭证的名称和编号，以便查阅。各种经济合同、存出保证金收据以及涉外文件等重要的原始凭证，应另编目录，单

独登记保管，并在有关的记账凭证和原始凭证上相互注明日期和编号。每年装订成册的会计凭证，在年度终了时可暂由单位会计机构保管1年，期满后应当移交本单位档案机构统一保管；未设立档案机构的，应当在会计机构内部指定专人保管。出纳人员不得兼管会计档案。

（五）会计凭证的保管期限

各单位应严格遵守会计凭证的保管期限要求，期满前不得任意销毁。任何单位不得擅自销毁会计凭证。

最新的《会计档案管理办法》规定：一般会计凭证保管期限为30年，未满保管期限的会计凭证不得任意销毁；会计凭证保管期满后，必须按照规定的审批手续，报经批准后才能销毁，但销毁前要填制“会计档案销毁目录”，交档案部门编入会计档案销毁清册；批准销毁后要进行监销，并取得销毁过程中有关人员的签名和盖章。电子会计凭证的保管期限与纸质会计凭证一致。

（六）电子会计凭证注意事项

单位以电子会计凭证的纸质打印件作为报销、入账、归档依据的，必须同时保存打印该纸质件的电子会计凭证原文件，并建立纸质会计凭证与其对应电子文件的检索关系。单位以纸质会计凭证的电子影像文件作为报销、入账、归档依据的，必须同时保存纸质会计凭证，并建立电子影像文件与其对应纸质会计凭证的检索关系。单位应当按照国家有关电子会计档案管理的规定，建立和完善电子会计资料的形成、收集、整理、归档和电子会计档案保管、统计、利用、鉴定、处置等管理制度，采取可靠的安全防护技术和措施，保证电子会计档案在传递及存储过程中的真实性、完整性、可用性和安全性，加强电子会计资料归档和电子会计档案管理。符合电子凭证会计数据标准的入账信息结构化数据文件应当与电子会计凭证同步归档。

第五节　电子凭证的相关要求

一、电子凭证要素要求

可入账的电子凭证应由会计数据、样式和内容、安全保护措施三部分要素组成。各类型凭证的开具方会计数据应包含定义的核心信息项，或公布与这些信息项的对应关系；扩展信息项时，应符合如下要求。

不同类型凭证的业务内容，可由其业务主管部门会同国家会计主管部门协商确定；或者由其业务主管部门按照要求自行确定。业务主管部门对凭证内容和信息项进行自行确定的，应提出公开的标准。业务主管部门可对电子凭证核心信息项进行扩展。扩展时，仅允许下列扩展类型：

（1）增加新的信息项，但在作为行业或国家标准发布前，该项的英文名称及短名开头应为“KZ_”。

（2）建立代码表，代替数据格式及类型为“自由文本”的现有信息项的值域。

(3) 对值域为代码表的信息项的值域进行扩充。

(4) 对现有信息项施加更严格的可选性限制。

电子凭证的核心信息项如表 7-11 所示。

表 7-11 电子凭证的核心信息项

序号	中文名称	英文名称	短名	数据类型及格式	约束	备注
1	凭证名称	credentialName	PZMC	C..100	M	凭证的监制或开具单位确定的凭证命名，通常与所属凭证类型的类型名称相同
2	凭证类型代码	credentialTypeCode	PZLXDM	C21	(	国家电子文件管理协调机构或国家会计主管部门为该类型凭证分配的唯一代码
3	凭证编号	credentialNumber	PZBH	C..60	M	凭证监制单位、凭证开具单位或其委托的第三方按照一定规则为该凭证赋予的唯一编号
4	收款方	payee	SKF	C..100	C	凭证证明的收付款交易活动的资金接收一方的规范名称
5	收款方代码	payeeCode	SKFDM	C..18	(	收款方的唯一代码，通常取其统一社会信用代码或身份证件号码
6	付款方	payer	FKF	C..100	C	凭证证明的收付款交易活动的资金支付一方的规范名称
7	付款方代码	payerCode	FKFDM	C..18	0	付款方的唯一代码，通常取其统一社会信用代码或身份证件号码
8	交易金额	amount	JYJE	n..20.6	M	该凭证所证明的收付款交易的合计资金数量
9	交易币种	currency	JYBZ	C3	(	收付款交易使用的货币种类代码，使用 GB/T 12406 中规定的字母代码，默认值为 CNY(人民币)
10	开具日期	issuingDate	KJRQ	YYYYMMDD	0	凭证开具的日期，用阿拉伯数字将年、月、日标全，月、日不标虚位，或符合 GB/T 7408.1
11	凭证样式代码	credentialFormID	PZYSDM	C26	0	国家电子文件管理协调机构或国家会计主管部门为该凭证样式确定的唯一代码

资料来源：《会计信息化工作规范》(财会〔2024〕11 号)。

二、电子凭证样式及载体要求

（一）样式兼容性要求

具体类型电子凭证的设计应充分考虑与现有传统载体凭证的衔接，开具和交付电子凭证可随时按照固定版式输出到纸张等传统载体，以实现与传统业务处理模式的衔接，主要要求包括：

（1）凭证的明细内容应安排在电子凭证文件的页面中进行描述。

（2）凭证的背景文件宜与凭证区分描述。

（3）凭证的背景文件与凭证组合使用时，可作为文档附件。

注：凭证的背景文件，即与凭证紧密关联，作为凭证证明的经济业务发生的佐证材料，如购销的商品清单等。

（二）电子印章要求

电子凭证应使用与传统模式下印模相同或相近的“监制章”“专用章”的电子印章，电子签章后可实现与纸质文件盖章操作相似的可视效果。电子印章的印模宜采用矢量图描述。如使用栅格图像，则该栅格图像的分辨率应在200 DPI以上。电子凭证内的结构化数据包含有数字签名的，应在凭证票面或页面中设计触发该数字签名验证的可交互区域。

（三）版式文件要求

电子凭证版式文件应符合以下要求：

（1）显示和打印所需的全部字型数据包含在文件中，除非同时满足以下条件：①字符编码在文件格式标准规定的豁免嵌入的字符集范围内。②使用的字型在文件格式标准规定的豁免嵌入的字型列表内。③电子凭证文件显示和打印所需的图像资源包含在文件中。④电子凭证文件中若使用二维码，其码制符合《GB/T 18284快速响应矩阵码》或《GB/T 27766—2011二维条码网格矩阵码》。

（2）电子凭证版式文件中不使用以下特性：①动态元素，如动画、音视频等。②宽度为0的线条。③条件控制的显示和打印特性，如缩略图、替换资源等。④文档集。⑤大纲、书签等导航和交互特性。⑥文档权限声明。

二、电子凭证技术要求

可入账的电子凭证应满足如下要求：

（1）申明所属的凭证类型，明确标记代表监制或开具单位的标志或名称。

（2）通过合法的流程开具，以明确方式标记该流程所涉及的各参与方。

（3）包含核心信息项，如凭证名称、凭证编号、交易双方名称和代码、交易金额等，并符合该类凭证对应的会计数据标准。

（4）存储、传输和入账时应以XML、XBRL等结构化数据为依据。

（5）人机交互时采用OFD、PDF等国家标准版式文档格式。

（6）符合国家档案行政主管部门关于电子文件归档和长期保存的有关规定。

（7）具有数字签名、电子签章等安全保护措施。

(8) 采用的安全保护措施支持互认互验。

三、电子凭证会计数据要求

单个凭证的样式、内容和会计数据等内容应组织在一个文件中，以文件为单位进行流转，其会计数据内容的格式应符合《可扩展商业报告语言（XBRL）技术规范》（GB/T 25500 所有部分）和具体类型电子凭证的相关标准。

（一）明细信息的组织

电子凭证内容包含多次或多项交易的，应在其会计数据中列出其明细组成，并形成与电子凭证核心信息项的层次结构。会计数据的组织应有利于计算机快速区分、检索、获取各组成中的细节内容。

（二）安全要求

可入账的电子凭证应满足如下安全要求：

(1) 电子凭证采用密码技术保护其真实性、完整性、有效性的，应用的密码技术和产品符合国家密码主管部门的相关要求。

(2) 电子凭证中应用数字签名或电子印章时，应符合相关规定（数字签名数据结构符合《GB/T 35275—2017 信息安全技术 SM2 密码算法加密签名消息语法规范》，电子签章数据结构符合《GB/T 38540—2020 信息安全技术安全电子签章密码技术规范》）。

(3) 电子签章或数字签名数据保护的范围涵盖电子凭证的全部内容。

(4) 电子签章或数字签名数据使用国家商用密码算法。

(5) 数字签名或电子印章在电子凭证相关信息系统中的应用符合《GB/T 33481—2016 党政机关电子印章应用规范》。

(6) 电子凭证的电子签章数据或数字签名验证不依赖特定的软件或系统。

课程思政教学案例

私自销毁会计凭证，老板和会计均受严惩

本章小结

本章主要介绍了会计凭证的定义、意义、种类、填制及内容。会计凭证是记录经济活动，明确经济责任的书面证据，也是会计循环的基本前提。通过会计凭证，可以及时地反映各项经济业务的完成情况，为登记账簿提供依据。根据会计凭证上的签名和盖章，可以明确经济责任，强化内部控制，加强经济管理上的责任制。会计凭证的填制和审核是会计核算的专门方法。通过会计凭证的审核，可以监督经济活动，控制经济运行，有效地发挥会计的监督作用。

会计凭证按其填制的程序和用途的不同，可以分为原始凭证和记账凭证两类。根据原始凭证编制记账凭证是我国会计程序的第一步，记账凭证具有分类归纳原始凭证和满足登记会计账簿的作用，记账凭证是介于原始凭证与账簿之间的中间环节，是登记明细分类账和总分类账的依据。会计凭证传递是指会计凭证从取得或填制到归档保管，在本单位内部各有关部门和人员之间传递的过程，正确地组织会计凭证的传递，有利于及时地反映各项经济业务的发生或完成情况，合理地组织经济活动，贯彻经济责任制，加强会计监督。会计凭证的保管是指会计凭证记账后的整理、装订、归档和存查工作。企业在记账后，必须按规定的立卷归档制度，将会计凭证妥善保管，不得丢失或任意销毁。

课后习题

一、单项选择题

1. 下列各项中，(　　)是在实际工作中确定会计分录的依据。
   A. 原始凭证　　B. 记账凭证　　C. 账簿　　D. 会计科目
2. 下列说法中，错误的是(　　)。
   A. 出差乘坐的车票属于原始凭证　　B. 采购材料的发票属于原始凭证
   C. 领料单属于原始凭证　　D. 银行存款收款凭证属于原始凭证
3. 下列原始凭证中，(　　)属于外来原始凭证。
   A. 提货单　　B. 发出材料汇总表　　C. 购货发票　　D. 领料单
4. 根据在某一时期内连续、不断重复发生而分次进行的特定业务编制的原始凭证是(　　)。
   A. 一次凭证　　B. 累计凭证
   C. 记账凭证　　D. 汇总原始凭证
5. 下列各项中，(　　)通常表明外来原始凭证的特征。
   A. 一次凭证　　B. 汇总凭证
   C. 累计凭证　　D. 原始凭证汇总表
6. 按填制的手续及内容分类，下列对差旅费报销单性质的描述中，正确的是(　　)。
   A. 一次凭证　　B. 累计凭证　　C. 汇总凭证　　D. 专用凭证
7. 下列关于限额领料单性质的描述中，正确的是(　　)。
   A. 属于外来原始凭证　　B. 属于累计凭证
   C. 属于一次凭证　　D. 属于汇总凭证
8. 下列各项中，(　　)不能作为原始凭证。
   A. 发票　　B. 领料单
   C. 工资结算汇总表　　D. 银行存款余额调节表
9. 记账凭证的填制是由(　　)进行的。
   A. 出纳人员　　B. 会计人员　　C. 经办人员　　D. 主管人员

10. 下列各项中,(　　)属于从银行提取库存现金的业务应编制的凭证。
A. 库存现金收款凭证　　B. 银行存款凭证
C. 库存现金付款凭证　　D. 银行存款付款凭证

二、多项选择题

1. 下列关于记账凭证的说法中,正确的有(　　)。
A. 记账凭证又称记账凭单,是会计人员根据审核无误的原始凭证对经济业务事项的内容加以归类,并据以确定会计分录后填制的会计凭证
B. 记账凭证具有分类归纳原始凭证的作用
C. 记账凭证具有据以登记会计账簿的作用
D. 在实际工作中,会计分录是通过填制记账凭证来完成的
2. 下列说法中,错误的有(　　)。
A. 企业不能编制多借多贷的会计分录
B. 从某一会计分录看,借方账户与贷方账户互为对应账户
C. 通过试算平衡,若全部账户的借贷方金额相等,则账户记录是正确的
D. 从某个企业看,全部借方账户与全部贷方账户互为对应账户
3. 会计分录的内容包括(　　)。
A. 经济业务内容摘要　　B. 会计科目名称
C. 经济业务发生额　　D. 应借应贷方向
4. 下列各项中,(　　)不能作为原始凭证。
A. 购货合同　　B. 车间派工单　　C. 材料请购单　　D. 工资表
5. 下列属于记账凭证基本内容的有(　　)。
A. 记账凭证的名称　　B. 经办业务事项的数量、单价和金额
C. 记账标记　　D. 经办人员的签章
6. 下列关于会计凭证的说法中,正确的有(　　)。
A. 会计凭证是记录经济业务发生和完成情况的书面证明
B. 会计凭证是登记账簿的依据
C. 任何单位,每发生一项经济业务,经办人员必须按照规定的程序和要求,认真填制会计凭证
D. 任何会计凭证均可作为登记账簿的依据
7. 下列各项中,(　　)属于原始凭证的填制要求。
A. 记录真实　　B. 内容完整　　C. 手续完备　　D. 书写清楚、规范
8. 下列各项中,(　　)属于记账凭证的基本内容。
A. 填制凭证的日期和凭证的编号　　B. 会计科目的名称、记账方向和金额
C. 所附科目的名称、记账方向和金额　　D. 制证、复核、会计主管等有关人员的签章
9. 下列各项中,(　　)属于记账凭证按照填制的方式不同所进行的分类。
A. 通用记账凭证　　B. 专用记账凭证
C. 复式记账凭证　　D. 单式记账凭证
10. 下列各项中,(　　)属于记账凭证。
A. 转账凭证　　B. 收款凭证　　C. 科目汇总表　　D. 汇总记账凭证

三、判断题

1. 原始凭证是会计核算的原始资料和重要依据,是登记会计账簿的直接依据。(　　)

2. 记账凭证对经济业务的发生和完成有证明效力。 （ ）
3. 填制会计凭证是会计核算的方法之一，也是会计核算工作的起始环节。 （ ）
4. 原始凭证都是以实际发生或完成的经济业务为依据而填制的。 （ ）
5. 自制原始凭证是企业内部经办业务的部门和人员填制的凭证。 （ ）
6. 外来原始凭证都是一次凭证。 （ ）
7. 领料汇总表属汇总原始凭证。 （ ）
8. 自制原始凭证是由企业财会部门自行填制的原始凭证。 （ ）
9. 一次凭证只能反映一项经济业务，累计凭证可以反映若干项经济业务。 （ ）
10. 汇总凭证可以将不同类内容的经济业务汇总填列在一张汇总凭证中。 （ ）

课后习题电子版

CHAPTER 8

第八章

会计账簿

Learning objectives 学习目标

学习目标

- 了解会计账簿的意义和种类
- 明确各类账簿的格式和内容
- 掌握登记账簿的方法和规则
- 掌握对账和结账的要求和方法
- 掌握错账的更正方法

案例讨论

南京市高淳区的一位老人，从高中毕业(1970 年)开始坚持家庭记账，至今从未间断。在他的 11 本手写账簿以及平时收集的一些摘抄中，记录了老人所在家庭几十年来的收入、支出，大到建房搬迁，小到买米买肉。除了家庭收支，市场上的物价变化也被记载下来并不断更新。老人记录的不仅仅是一个家庭的变迁，更是一个时代的更迭。账簿是什么？同学们有没有记账的习惯？从企业的角度来看，需不需要建立账簿？不同的经济业务形式，是不是需要不同的账簿格式？账簿有哪些意义和分类呢？下面让我们一起来了解会计账簿。

第一节　会计账簿的意义与种类

一、会计账簿的意义

会计账簿简称账簿，是以会计凭证为依据，对全部经济业务进行全面、系统、连续、分类的记录和核算的簿籍，是具有格式、并由一定形式联结在一起的账页组成的。

设置和登记会计账簿是会计工作的重要环节。账簿与账户的区别在于，账户是在账簿中按规定的会计科目开设的户头，而账簿是账户的归结，是一本本的账册。虽然各单位将每日发生的经济业务反映在会计凭证上，但会计凭证数量多、资料分散，每张凭证只能记载个别的经济业务，所提供的资料是零星的。为了全面、系统、连续地反映企事业单位的经济活动和财务收支情况，需要把会计凭证所记载的大量分散的资料加以分类、整理。这一任务是通过设置和登记账簿来实现的。合理地设置和登记账簿，能系统地记录和提供企业经济活动的各种数据。它对加强企业经济核算、改善和提高经营管理有着重要意义，主要表现在以下三个方面。

(一) 可以系统、全面地积累会计信息资料

通过设置和登记账簿，可以系统地归纳和积累会计核算资料，为改善企业经营管理，合理使用资金提供资料。通过账簿的叙事核算和分类核算，把企业经营活动情况，收入的构成和支出的情况，财务的购置、使用、保管情况，全面、系统地反映出来，用于监督计划、预算的执行情况和资金的合理有效使用，促使企业改善经营管理。

(二) 可以为企业财务报告的编制提供基础性数据资料

通过设置和登记账簿，可以为计算财务成果、编制会计报表提供依据。根据账簿记录的费用、成本和收入、成果资料，可以计算一定时期的财务成果，检查费用、成本、利润等计划的完成情况。经核对无误的账簿资料及其加工的数据，为编制会计报表提供总括和具体的资料，是编制会计报表的主要依据。

(三)可以为考核企业财务状况,评价经营者业绩等提供依据

通过设置和登记账簿,利用账簿的核算资料,为开展财务分析和会计检查提供依据。通过对账簿资料的检查、分析,可以了解企业贯彻有关方针、政策、制度的情况,可以考核各项计划的完成情况。另外,对资金使用是否合理,费用开支是否符合标准,经济效益有无提高,利润的形成与分配是否符合规定等作出分析、评价,从而找出差距,挖掘潜力,提出改进措施。

二、会计账簿的种类

为了满足企业经营管理者的需要,各单位应该按照国家规定和经济业务需要设置账簿。会计账簿的种类多种多样,为了更好地了解和正确地运用账簿,通常按以下标准进行分类。

(一)按照账簿的用途分类

会计账簿按其用途可以分为序时账簿、分类账簿和备查账簿三类。

1. 序时账簿

序时账簿也称为日记账,是按经济业务发生或完成的先后顺序进行登记的账簿。它逐日按照记账凭证(或记账凭证所附的原始凭证)逐笔进行登记。早期的日记账也称分录簿,即把每天发生的经济业务所编制的会计分录,全部按时间顺序逐笔登记,这种日记账也叫普通日记账。由于登记普通日记账要花费大量的时间和精力,而且查阅也不方便,以后逐渐被各种日记账所代替。比如,现金日记账、银行存款日记账等。

2. 分类账簿

分类账簿简称分类账,是对经济业务按照账户进行分类登记的账簿。按照总分类账户进行分类登记的账簿,称为总分类账簿,简称总账;按明细分类账户开设的、用来分类登记某类经济业务详细情况、提供明细核算资料的账簿,称为明细分类账簿,简称明细账。总分类账和明细账,统称分类账,是按照账户对经济业务进行分类核算和监督的账簿。

3. 备查账簿

备查账簿也称为辅助账簿,是对某些不能在序时账和分类账中反映和记录的经济业务或者会计事项进行补充登记的账簿,主要用来记录一些供日后查考的有关经济事项。例如,以经营租赁方式租入固定资产的备查账簿、受托加工材料的备查账簿、重要空白凭证领用簿等。它只是对账簿记录的一种补充,没有固定的格式,可以自行设计,与其他账簿之间不存在严密的依存、钩稽关系。

(二)按照账簿的外表形式分类

纸质账簿按外表形式的不同,即按装订的方式不同,可分为订本式账簿、活页式账簿和卡片式账簿三种。电子账簿按照记录方式的不同可以分为手工录入的电子账簿和系统自动生成的电子账簿。来源可靠、程序规范、要素合规的电子会计账簿与纸质会计资料具有同等法律效力,可仅以电子形式接收、处理、生成和归档保存。

1. 订本式账簿

订本式账簿简称订本账，是在账簿启用前将编有顺序页码的一定数量账页装订成册的账簿。订本账一般用于带有统驭性质和比较重要的现金日记账、银行日记账和总分类账。其优点是：可以防止账页的散失和非法抽换；其缺点是：账页固定后，缺少灵活性，在同一时间，只能由一个人登账，不便于分工记账，也不能根据记账需要增减账页。

2. 活页式账簿

活页式账簿简称活页账，是将一定数量的账页置于活页夹内，可根据记账内容的变化而随时增加或减少部分账页的账簿。其优点是：可以根据需要增添或重新排列账页，并且可以组织同时分工记账；其缺点是：账页容易丢失和被抽换。采用活页账，平时应按账页顺序编号，并在会计期末装订成册。装订完毕后，应按实际账页数顺序编号并加入目录。这种账簿主要用于一般的明细分类账。

3. 卡片式账簿

卡片式账簿简称卡片账，是将一定数量的卡片式账页存放于专设的卡片箱中，可以根据需要随时增添账页的账簿。卡片账是由专门格式、分散的卡片作为账页组成的账簿。这种账一般用卡片箱装置，可以随取随放，它实际上也是一种活页账。卡片账簿具有一般活页账的优缺点，而且它不需每年更换，可以跨年度使用。“固定资产”明细账和“低值易耗品”明细账一般采用这种形式。

根据上述分类，会计账簿可以归纳为如图 8-1 所示。

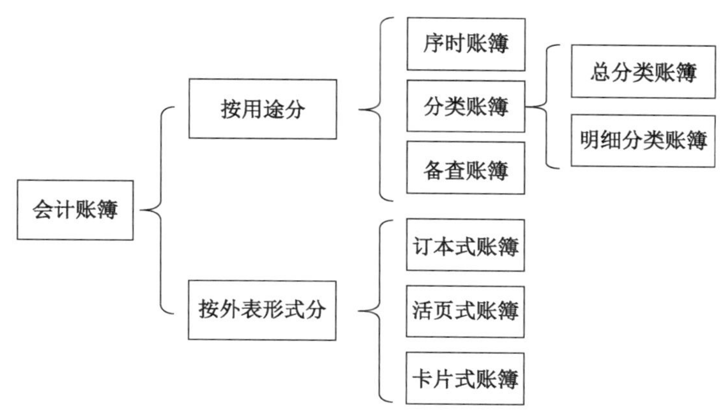

图 8-1 会计账簿的分类

4. 手工录入的电子账簿

这类电子账簿的数据主要通过人工手动输入方式记录。企业财务人员根据原始凭证，将经济业务的相关信息逐一录入到电子账簿系统中。虽然这种方式相对较为传统，但在一些小型企业或特定业务场景下仍然被广泛使用。其优点是操作相对简单，不需要复杂的系统接口和数据转换；其缺点是效率较低，容易出现人为录入错误，且财务人员的工作量较大。

5. 系统自动生成的电子账簿

随着信息技术的发展，企业的财务系统与其他业务系统（如销售系统、采购系统、库存系统等）实现集成，电子账簿的数据可以由相关业务系统自动生成并传输到财务系统中。这种方式大大提高了数据的准确性和及时性，减少了人工干预，提高了财务工作效率，但对企业信息系统的集成度和稳定性要求较高。

第二节　会计账簿的设置与内容

一、会计账簿的设置

依法设置会计账簿，是单位进行会计核算最基本的要求。所有实行独立核算的国家机关、社会团体、企业、事业单位和其他组织都必须依法设置、登记会计账簿，并保证其真实、完整。会计账簿是会计资料的主要载体之一，也是会计资料的重要组成部分。会计账簿设置的好坏关系到整个会计制度的健全与否。会计账簿的设置必须根据经济业务的特点和管理要求，科学、合理地进行，并需要满足如下要求。

（一）结合实际，满足需要

设置账簿要能够保证全面、系统地核算和监督每一个会计主体的经济活动和财务收支情况。所以企业要在国家有关规定的允许范围之内，根据单位自身的客观情况，比如单位的规模、所在行业特点、经济业务的繁简、会计机构及人员的设置等，按照实际需要全面记录发生的交易或事项、会计信息的加工整理。

（二）组织严密，简明扼要

账簿的组织应当严密，避免出现重复登记或者遗漏的情况，各账簿既要分工明确，又要互相衔接，不能少设，也不可多设，账簿之间要互相衔接、互相补充、互相制约，能清晰地反映账户的对应关系，以便提供完整、系统的会计信息。要在满足实际需要的前提之下，尽量简化账簿的格式和数量，满足复式记账和平行登记要求。账簿的设置应力求精简，格式应简单明了，方便记录与保管。

二、日记账的设置和登记

《会计法》规定，各单位发生的各项经济业务事项应当在依法设置的会计账簿上统一登记、核算，不得违反会计法和国家统一的会计制度的规定，私设会计账簿登记、核算。现以企业为例说明设置和登记日记账和分类账的一般方法。

日记账有普通日记账和特种日记账两类。

（一）普通日记账

普通日记账是逐日序时登记特种日记账以外经济业务的账簿，在不设置特种日记账的企业，则要序时地逐笔登记企业的全部经济业务，因此，普通日记账也称分录簿。普通日记账的格式如表 8-1 所示。它一般分为“借方金额”和“贷方金额”两栏，登记每一分录的借方账户和贷方账户及金额。这种账簿不结余额。

表 8-1 普通日记账

第 页

年		会计科目	摘要	借方金额	贷方金额	过账
月	日					

（二）特种日记账

常用的特种日记账有现金日记账和银行存款日记账。除此之外，有的单位还设置转账日记账，有的商业企业还设置购货日记账和销货日记账。

1. 现金日记账

现金日记账是由出纳人员根据审核无误的现金收付凭证，序时逐笔登记的账簿。一般是指现金收付日记账，如进一步细分，可以分为现金收入日记账和现金付出日记账。

现金日记账的格式如表 8-2 所示。它的基本结构为“收入”“付出”和“结余”三栏。出纳人员应在每日业务终了时，将收付款项逐笔登记，并结出余额，同时与库存现金相核对，借以检查每日现金的收、付、存情况以及库存现金限额的执行情况。

表 8-2 现金日记账

第 页

年		凭证号码		对方科目	摘要	收入	付出	结余
月	日	现收	现付					

现金收入日记账的格式如表 8-3 所示。现金付出日记账的格式，如表 8-4 所示。它们一般采用多栏式。其结构要点是：现金收入要按对应科目，将金额记入有关的“贷方科目”栏内，同时加计“收入合计”栏；现金支出要按对应科目，将金额记入有关的“借方科目”栏内，同时加计“支出合计”栏；每日终了要将现金付出日记账的支出合计，登入现金收入日记账的“支出合计”栏，并结计“余额”栏。

表 8-3 现金收入日记账

第 页

年		收款凭证		摘要	贷方科目				收入合计	支出合计	余额
月	日	字	号								

表 8-4 现金付出日记账

第 页

年		付款凭证		摘要	结算凭证		借方科目			
月	日	字	号		种类	号数				支出合计

2. 银行存款日记账

银行存款日记账是由出纳人员根据审核无误的银行收付凭证，序时逐笔登记的账簿。一般是指银行存款收付日记账，如进一步细分，可以分为银行存款收入日记账和银行存款付出日记账。

3. 转账日记账

转账日记账是根据转账凭证登记除现金、银行存款收支业务以外的经济业务的一种序时账簿。设置转账日记账是为了便于集中反映转账业务的发生情况，但也有些企业不单独设立转账日记账。转账日记账的格式，与普通日记账基本相同。

三、分类账的设置和登记

分类账有总分类账和明细分类账。

（一）总分类账

总分类账也称总账，是按总分类账户（总分类科目）进行分类登记的账簿。总分类账能全面、总括地反映和记录经济业务引起的资金运动和财务收支情况，并为编制会计报表提供数据。因此，每一单位都必须设置总分类账，一般为三栏式，其格式如表 8-5 所示。

表 8-5 总分类账

会计科目：　　　　第 页

年		凭证号码	对方科目	摘要	借方	贷方	借或贷	余额
月	日							

总分类账可以按记账凭证逐笔进行登记，也可以按记账凭证汇总表进行登记，还可以按转账凭证汇总表和多栏式现金、银行存款日记账在月末汇总登记。

（二）明细分类账

明细分类账也称明细账，是按明细分类账户进行分类登记的账簿。明细分类账的格式，应根据各单位经营业务的特点和管理需求来确定。常用的有三栏式、数量金额式、多栏式、平行式等多种格式。

1. 三栏式明细分类账

三栏式明细分类账页的格式同总分类账的格式基本相同，它只设“借方”“贷方”和“余额”三个金额栏，不设“数量”栏。

2. 数量金额式明细分类账

这种账簿在“收入”“发出”“结存”三栏内，再分别设置“数量”“单价”“金额”等栏目，以分别登记实物的数量和金额，其格式如表 8-6 所示。

表 8-6　明细分类账

（数量金额式账页）

会计科目：　　　　　　　　　　　　　　　　　　　　　　　　　第　页

年		凭证号码	摘要	收入			发出			结存		
月	日			数量	单价	金额	数量	单价	金额	数量	单价	金额

数量金额式明细账适用于既要进行金额明细核算，又要进行数量明细核算的财产物资项目。比如，“原材料”“库存商品”等账户的明细核算。

3．多栏式明细分类账

多栏式明细分类账的格式视管理需要而呈现多种形式。它在一张账页上，按明细科目分设若干专栏，集中反映有关明细项目的核算资料。比如，制造费用明细分类账，它在“借方”栏下，可分设若干专栏：“工资和福利费”“折旧费”等企业发生的制造费用，其格式如表 8-7 所示。

表 8-7　制造费用明细分类账

明细科目：　　　　　　　　　　　　　　　　　　　　　　　　　第　页

年		凭证号码	摘要	借方				贷方	余额
月	日			工资和福利费	折旧费	办公费	水电费		

新准则规定无论行政管理部门还是企业生产车间的固定资产日常修理费用，都计入管理费用，车间的固定资产日常修理费不再计入制造费用。

4．平行式明细分类账

平行式明细分类账也称横线登记式明细账。它的账页结构特点是：将前后密切相关的经济业务在同一横行内进行详细登记，以检查每笔经济业务完成及变动情况，其格式如表 8-8 所示。

表 8-8　在途物资明细分类账

物资名称或类别：　　　　　　　　　　　　　　　　　　　　　　　　　　第　页

年		凭证号码	摘要	借方金额			贷方金额	结余金额
月	日			买价	采购费用	合计		

第三节　登记账簿的规则

一、会计账簿的启用规则

会计账簿是企业重要的经济档案。为了保证账簿记录的合法性和合理性，保证账簿资料的完整性，防止舞弊行为，明确记账责任，会计人员启用会计账簿时，应当在账簿封面上写明单位名称和账簿名称，并在账簿扉页上附启用表。启用订本式账簿应当从第一页到最后一页顺序编定页数，不得跳页、缺号。使用活页式账簿应当按账户顺序编号，并须定期装订成册，装订后再按实际使用的账页顺序编定页码，另加目录以便于记明每个账户的名称和页次。账簿启用及交接表如表 8-9 所示。

表 8-9　账簿启用及交接表

账簿名称：　　　　　　　　　　　　　　　　单位名称：
账簿编号：　　　　　　　　　　　　　　　　账簿册数：
账簿页数：　　　　　　　　　　　　　　　　启用日期：
会计主管(签章)　　　　　　　　　　　　　　记账人员(签章)

提交日期			移交人		接管日期			接管人		会计主管	
年	月	日	姓名	盖章	年	月	日	姓名	盖章	姓名	盖章

此外，在启用电子账簿时，要将企业的期初余额等初始数据准确录入系统。在某些情况下，企业启用电子账簿可能需要向相关监管部门备案。在电子账簿启用过程中，企业应建立相应的内部控制制度，对电子账簿的操作流程、数据安全等进行规范和监督，防范财务风险，保证财务信息的质量。

二、会计账簿的登记规则

为了保证账簿记录的正确性，必须根据审核无误的会计凭证登记会计账簿，并符合有关法律、行政法规和国家统一的会计准则制度的规定，会计账簿的登记规则主要包括：

(1) 为了保证账簿记录的准确性，必须根据审核无误的会计凭证，及时地登记各种账簿。登记账簿时，应将会计凭证的日期、编号、摘要、金额等逐项登记入账，做到数字准确、摘要简明清楚、登记及时。

(2) 账簿登记完毕，应在"过账"栏内注明账簿的页数，表示已登记入账，以免重登、漏登，也便于查阅、核对，并在记账凭证上签名或盖章。

(3) 为了使账簿记录清晰，防止涂改，记账时必须用钢笔和蓝黑墨水笔或规定可以使用的圆珠笔书写，不能使用铅笔或不合规定的圆珠笔登账，红色墨水只能在结账划线、改错和冲账时使用。

(4) 各种账簿必须按事先编写的页码，逐页、逐行顺序连续登记，不得隔页、缺号、跳行，如不慎发生此种情况，应在空页或空行处用红色墨水笔划对角线注销，并注明"作废"字样，同时由经手人员和会计机构负责人在更正处盖章。对各种账簿的账页不得任意抽换和撕毁，以防舞弊。

(5) "摘要"栏内的说明应简明扼要，文字要规范，"金额"栏的数字应与账页上表明的位数对准，各账户结出余额后，应在"借或贷"栏内写明"借"或"贷"。没有余额的账户在"借或贷"栏内写"平"字，在"余额"栏内写"θ"。

(6) 每一账页登记完毕，应在账页最末一行加计本页发生额及余额，并在"摘要"栏内注明"过次页"，同时在新账页的首行记入上页加计的发生额和余额，并在"摘要栏"内注明"承前页"，以便对账和结账。

(7) 账簿记录发生错误时，不得刮、擦、挖、补，随意涂改或用褪色药水更改字迹，应根据错误的情况，按规定的方法进行更正。

三、账簿更正规则

(一) 错账产生的原因

在会计核算过程中，难免会发生差错，从而引起借贷不平、账实不符等差错。从会计实务看主要有以下五种差错情况。

1. 方向记错

本应记借方，但错记为贷方，这种差错可能是登账时因粗心造成的，也有可能是制作记账凭证时因业务生疏造成的。

2. 漏过分录

有时过账只过了借方分录，而忘了过贷方分录，这是精力分散造成的。在过账时，应将已过账凭证上的分录划"√",避免漏过分录。

3. 重记分录

将某笔记账凭证的分录连续在总账上记两次。

4. 数额记错

(1) 在编制记账凭证或过账时,将数量或金额的大数与小数颠倒了,如将 98 元记为 89 元,将 65 元记为 56 元等。这种情况主要是精力不集中,或眼睛疲劳,下笔时没有注意到记账凭证上的数额。

(2) 在编制记账凭证或过账时,将大数误记成小数,小数误记成大数了,如将 1 800 元记为 180 元,将 20 元记为 200 元。

5. 会计凭证有错

在填制原始凭证或记账凭证时已发生差错,并且将错误内容记到了账簿上,如,本该记入"管理费用"账户,却误记入"制造费用"账户,并据已登账。

错账的原因多种多样,因此要求记账人员在记账时,必须严肃认真,不可疏忽。当发现账目不符时,一定要查找错账的原因并及时利用专门的错账更正方法进行更正。

(二) 更正错账的方法

1. 划线更正法

划线更正法是指划红线注销原有错误记录,然后在划线上方更正错账的一种方法。划线更正法主要适用于结账前发现账簿记录中文字、数字有误而记账凭证无误的情况。划线更正的方法是:先将错误的文字或数字划一条红线以示注销,然后在所划线的上方空白处写上正确的文字或数字,并由更正人员盖章,以明确责任。值得注意的是:在划线时,不得涂抹,应保持其整洁,且使原有字迹清晰可辨,以备查考;对于错误的数字,应整个划掉,不能仅仅划掉其中的几个错误数字。例如,记账人员李艳误将 8 764 元记为 8 674 元,应作如下更正:

8 764

~~8 674~~ 李艳

2. 红字更正法

此方法是指用红字冲减或冲销原有错误记录,以更正或调整账簿记录的一种方法。红字更正法适用于两种情况:第一,记账凭证中会计科目、记账方向正确,但所记金额大于应记金额,导致账簿记录错误;第二,记账凭证中会计科目或记账方向有误而使账簿记录有误。

对于第一种情况,采用红字更正法将多记金额予以冲销,具体操作为:编制一张会计科目、记账方向与原错误记账凭证相同的凭证,用红字填写多记的金额,在摘要栏注明"更正某年某月某日某号凭证",并据以登记入账。

【例 8-1】 结转销售 A 产品成本,价值 50 000 元,原记账凭证误写成:

借:主营业务成本	500 000	
贷:库存商品		500 000

并已登记入账。更正时应用红字填制一张记账凭证,冲减多记金额 45 000 元,并

据以登记入账。

借：主营业务成本　　450 000

　　贷：库存商品　　450 000

有关账户记录更正用“T”形账户结构表示，如图 8-2 所示。

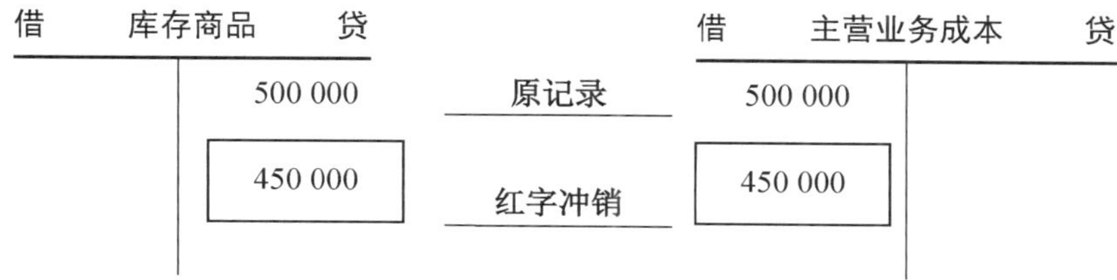

图 8-2　[例 8-1]账户记录的更正图

对于第二种情况，先用红字金额填制一张内容与原错误的记账凭证完全相同的记账凭证，在摘要栏注明“注销某年某月某日某号凭证”，并据以记账；再用蓝字金额填制一张正确的记账凭证，在摘要栏注明“更正某年某月某日某号凭证”，并据以记账。

【例 8-2】　结转销售材料的账面成本 3 000 元，原记账凭证误记为：

借：生产成本　　3 000

　　贷：原材料　　3 000

并已登记入账。更正时，先用红字金额填制一张内容完全相同的记账凭证并登记入账。

借：生产成本　　3 000

　　贷：原材料　　3 000

然后用蓝字填制一张正确的记账凭证并登记入账。

借：其他业务成本　　3 000

　　贷：原材料　　3 000

有关账户记录的更正用“T”形账户结构表示，如图 8-3 所示。

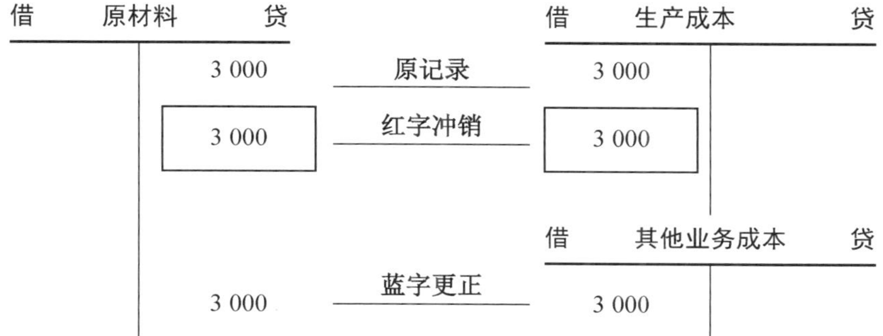

图 8-3　[例 8-2]账户记录的更正图

3. 补充登记法

补充登记法是指通过编制一张蓝字记账凭证来补充账户中少记金额的一种方法。补充登记法适用于记账凭证中会计科目、记账方向正确，但所记金额少于应记金额并使账簿记录也少记了金额。

更正时，用蓝字将少记的金额编制一张与原会计科目、记账方向相同的记账凭证并据以记账。

【例 8-3】 通过银行转账支付原已计提的长期借款利息 30 000 元，误记为：

借：长期借款 3 000
　　贷：银行存款 3 000

并已登记入账。更正时，应用蓝字金额填制一张补充的记账凭证，补足金额并据以登记入账：

借：长期借款 27 000
　　贷：银行存款 27 000

有关账户记录的更正用“T”形账户结构表示，如图 8-4 所示。

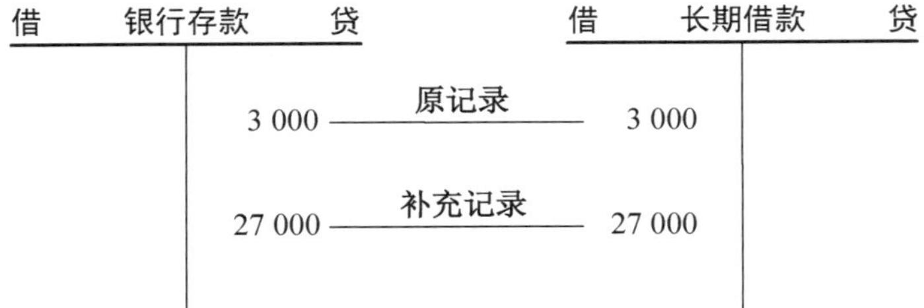

图 8-4 [例 8-3]账户记录的更正图

第四节 对账与结账

登记账簿作为会计核算的专门方法之一，它包括记账、对账和结账三个相互联系而不可分割的工作环节。在第三节中，我们讨论了各种账簿的记账方法，本节将进一步讨论对账和结账的要求和方法。

一、对账

为了保证账簿记录的真实可靠，对账簿和账户所记录的有关数据加以检查和核对，这种核对工作，在会计上叫对账。账簿记录的准确与真实可靠，不仅取决于账簿的本身，还涉及账簿与凭证的关系，以及账簿记录与实际情况是否相符。

（一）账证核对

账证核对是指将各类账簿记录与有关的会计凭证相核对，以保证账证相符的一项对账工作，这也是保证账账相符、账实相符的基础。账证核对工作，平常是通过编制凭证和记账中的"复核"环节进行的。在结账时，如果发现账证不符，就应回过头去对账簿记录与会计凭证进行核对，将凭证的内容、数量、金额和会计科目等都要进行对比，账证核对主要检查登账过程中出现的错误。

（二）账账核对

账账核对是指在账证核对的基础上，将总账与其所属明细账之间有关指标相核对，以保证账账相符的一项对账工作，下列各种账簿间，可以直接进行核对，对内容较多的可以通过编表进行核对。其主要内容如下。

1. 总账之间的核对

期末通过编制总账账户本期发生额和余额表核对当前全部总账账户的本期借方发生额合计数应同贷方发生额合计数相符。全部账户的借贷双方的余额合计数也应当相等，如果不符，就应及时查明原因。

2. 总账与明细账的核对

期末核对总账账户的本期发生额与其所属的明细账的本期发生额之和是否相符，总账余额与其所属明细账的余额是否相符，方向是否一致。

3. 总账与日记账的核对

在总分类账中，"库存现金"和"银行存款"账户的余额数应同相对应的日记账余额数核对相符，方向一致。

4. 明细分类账之间的核对

会计部门有关财产物资明细分类账的余额，应与财产物资保管部门或使用部门相应的明细分类账（卡）定期进行核对，以保证内容相符。

（三）账实核对

账实核对是指在账账核对的基础之上，将会计账簿的记录与财产物资的实有记录进行核对，以保证账实相符的一项对账工作，包括账物核对和账款核对。主要内容为：

（1）各种材料、物资明细账的结存量应定期同实存量核对相符。

（2）现金日记账的账面余额应同现金的实际库存数每日核对相符。

（3）银行存款日记账的账面余额应同银行对账单核对相符，每月至少核对一次。

（4）各种应收、应付款项等明细分类账各账户的余额，应定期与有关单位或个人核对相符；已上交的税金及其他预交款应按规定时间与有关监交部门核对相符。

上述账实（包括账物、账款）核对工作中，结算款项一般利用对账单的形式进行核对，各种财产物资一般通过财产清查进行核对。为了保证账证、账账和账实核对相符，对账工作至少每年年度终了要进行一次。

二、结账

为了归结某一会计期间的经济活动情况，考核经营成果，必须进行定期结账。所谓结账，是指在把一定会计期间内所发生的经济业务全部登记入账的基础上，按规定的方法结算出各个账户的本期发生额和期末余额的工作。通过结账，将持续不断的经济活动按照会计期间进行了分期总结，可反映一定期间的财务状况和经营成果，为编制会计报表提供依据。

（一）结账前的准备工作

为了做好结账工作，应做好以下准备工作：

(1) 检查所发生的经济业务是否都按规定填制或取得了会计凭证，并全部据以登账，如发现有遗漏、错误应及时补充、更正。

(2) 按权责发生制要求，结合财产清查，进行有关账项调整的会计处理，主要包括应计收入、预计收入、应计费用、预付费用等的账项调整，以合理确认本期收入和费用。

(3) 计算结转相关的成本、费用、收入，均应编制记账凭证，并据以登账。

(4) 认真对账，确保账证、账账、账实相符。

（二）结账的具体方法

结账工作通常按月进行，分月结、季结和年结三种。一般在会计期末用划线结账的方法进行。月结时划通栏单红线，年结时划通栏双红线。具体方法为：

(1) 现金、银行存款日记账和需要按月结计发生额的收入、费用等明细账：每月结账时，要在最后一笔经济业务记录下面划通栏单红线，结出本月发生额和余额，在摘要栏内注明“本月合计”，在借贷双方结计出本月发生额合计，再在下面划通栏单红线。

(2) 不需要按月结计本期发生额的账户：如各种应收、应付款项及财产物资明细账，每次记账以后都随时结出余额，每月最后一笔余额即为月末余额。结账时，只需在最后一笔经济业务记录下划通栏单红线，与下月记录分开。

(3) 需要结计本年累计发生额的某些明细账户：结账时，在最后一笔记录下划通栏单红线，并在下一行摘要栏注明“本月合计”，在借贷双方结出月初至月末的发生额；在下一行结出年初至本月月末的累计数额，在摘要栏内注明“本年累计”，并在下面划通栏单红线，12 月末的“本年累计”数即全年的累计数，此时须划通栏双红线。

(4) 总账账户平时只需结出月末余额，一般不需结计本月发生额。年末结账时为了核对账目，需在最后一笔记录的下一行结出所有总账账户的全年发生额和余额，在“摘要”栏注明“本年合计”，并在下面划通栏双红线。

年度终了结账时，凡有余额的账户，应在“借或贷”栏内写明“借”或“贷”的字样；若无余额，应在“借或贷”栏写“平”字，并在“余额”栏内写“θ”，并将有余额的账户，转入下年新账。在下年新账的第一页第一行“摘要”栏内注明“上年结转”或“年初余额”字样。

为了总结某一会计期间的经营活动情况，必须定期进行结账。结账就是把一定时期内发生的经济业务在全部登记入账的基础上，将各种账簿记录结出本期发生额和期末余额，以便编制会计报表。

第五节　会计账簿的更换与保管

一、会计账簿的更换

为了保持会计账簿资料的连续性，在每一会计年度终了、新的会计年度开始时，应按会计制度规定，进行会计账簿的更换。电子账簿如果出现以下情况也可能需要提前更换：电子账簿系统进行重大升级或更换，导致原账簿数据无法兼容或继续使用；企业因经营管理需要，对会计核算体系、科目设置等进行重大调整，原电子账簿无法满足新的核算要求等。

会计账簿更换的具体做法是：

（1）总账、日记账和大部分的明细分类账，要每年更换一次。年初，将旧账簿中各账户的余额直接记入新账簿中有关账户新账页的第一行"余额"栏内。同时，在"摘要"栏内加盖"上年结转"戳记，将旧账页最后一行数字下的空格，划一条斜线注销，并在旧账页最后一行"摘要"栏内加盖"结转下年"戳记。在新旧账户之间转记余额，可不必填制凭证。

在年度内，订本账记满更换新账时，应办理与年初更换新账簿相似的手续。

（2）部分明细分类账，如"固定资产"明细分类账等，因年度内变动不多，年初可不必更换账簿。但在"摘要"栏内加盖"结转下年"戳记，以划分新旧年度之间的金额。

二、会计账簿的保管

会计账簿、会计凭证和会计报表等都是企业重要的经济档案和历史资料，必须妥善保管，不得任意丢失和销毁。

年末结账后，会计人员应在活页账簿前面加放账簿启用及交接表装订成册，并加上封面，统一编号后，与各种订本账簿一并归档。

电子会计账簿的文件格式应符合国家标准归档格式或相关规定，确保在保存期限内能够正常读取和使用，特殊格式的电子会计档案应当与其读取平台一并移交。应采取有效措施防止电子会计档案被篡改，如设置访问权限、加密存储等，使用的电子档案管理系统要符合长期保管要求，并建立与其他纸质会计档案的检索关系，以便于查询和管理。

各种会计账簿应按年度分类归档，编制目录，妥善保管。既保证在需要时能迅速查阅，又保证各种会计账簿的安全和完整。

各种会计账簿的保管年限和销毁的审批程序，应按会计制度的规定严格执行。各类会计账簿的保管期限为 30 年。

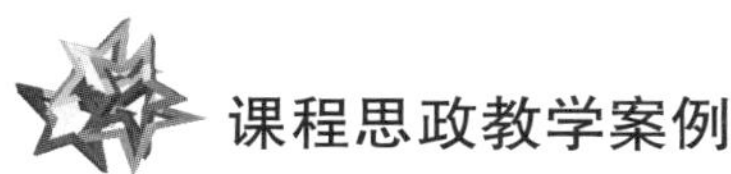

课程思政教学案例

"账簿丢失"的后果

本章小结

会计账簿是以会计凭证为依据，对全部经济业务进行全面、系统、连续、分类的记录和核算的簿籍，是由专门格式并以一定的形式联结在一起的账页所组成的。合理地设置和登记账簿，能系统地记录和提供企业经济活动的各种数据。它对加强企业经济核算、改善和提高经营管理有着重要意义。账簿的种类多种多样，为了更好地了解和正确地运用账簿，通常按用途和外表形式的不同对账簿进行分类。按用途分为序时账簿、分类账簿和备查账簿；按外表形式分为订本式账簿、活页式账簿和卡片式账簿；按账页格式分为两栏式账簿、三栏式账簿、数量金额式账簿、多栏式账簿和平行式账簿。

为了保证账簿记录的真实可靠，应对账簿和账户所记录的有关数据加以检查和核对，这种核对工作，在会计上叫对账。对账方法有账证核对、账账核对和账实核对。

所谓结账，是指在把一定会计期间内所发生的经济业务全部登记入账的基础上，按规定的方法结算出各个账户的本期发生额和期末余额的工作。通过结账，将持续不断的经济活动按照会计期间进行了分期总结，可反映一定期间的财务状况和经营成果，为编制会计报表提供依据。

发现错账要及时更正，更正错账的方法有划线更正法、红字更正法和补充登记法。

课后习题

一、单项选择题

1. 下列各项中，(　　)适用于三栏式银行存款日记账。
   A. 序时账　　B. 明细账　　C. 总分类账　　D. 备查账
2. 下列各项中，其主要用途是对主要账簿未能记载和记载不全的事项进行补充登记的是(　　)。
   A. 序时账簿　　B. 分类账簿　　C. 卡片式账簿　　D. 备查账簿
3. 下列各项中，(　　)是将账簿分为序时账簿、分类账簿和备查账簿的依据。
   A. 用途　　B. 外表形式　　C. 格式　　D. 启用时间
4. 下列账簿形式中，(　　)是现金日记账和银行存款日记账必须采用的形式。
   A. 活页式　　B. 订本式　　C. 备查式　　D. 复式
5. 下列账簿形式中，(　　)适用于原材料、库存商品等存货类明细分类账。
   A. 三栏式　　B. 多栏式　　C. 数量金额式　　D. 横线登记式
6. 下列各项中，(　　)适合于采用活页式账簿形式。
   A. 明细分类账　　B. 银行存款日记账　　C. 现金日记账　　D. 备查账
7. 下列各项中，(　　)适用于出纳所登记的现金日记账。
   A. 序时账簿　　B. 分类账簿　　C. 备查账簿　　D. 卡片式账簿
8. 下列各项中，(　　)一般适用于序时账簿和总分类账簿。
   A. 订本式　　B. 活页式　　C. 卡片式　　D. 辅助式
9. 更正错账时，划线更正法的适用范围是(　　)。
   A. 记账凭证上会计科目或记账方向错误，导致账簿记录错误

B. 记账凭证正确，在记账时发生错误，导致账簿记录错误

C. 记账凭证上会计科目或记账方向正确，所记金额大于应记金额，导致账簿记录错误

D. 记账凭证上会计科目或记账方向正确，所记金额小于应记金额，导致账簿记录错误

10. 下列各种凭证中，(　　)属于采用补充登记法纠正错误时应编制的凭证。

A. 红字记账凭证　　B. 蓝字记账凭证

C. 一张红字及一张蓝字记账凭证　　D. 不能确定

二、多项选择题

1. 下列各项中，(　　)属于会计账簿的主要分类标准。

A. 用途　　B. 账页格式　　C. 外形特征　　D. 金额

2. 下列关于会计账簿与账户关系的说法中，正确的有(　　)。

A. 账户存在于账簿之中，账簿中的每一账页就是账户的存在形式和载体

B. 没有账簿，账户就无法存在

C. 账簿只是一个外在形式，账户才是其真实内容

D. 账簿与账户的关系是形式和内容的关系

3. 下列关于账簿运用的说法中，正确的有(　　)。

A. 现金及银行存款日记账必须用订本账　　B. 总账用订本账

C. 明细分类账用活页账　　D. 备查账用卡片账

4. 下列各项中，(　　)属于备查账簿。

A. 应收账款明细分类账　　B. 租入固定资产登记簿

C. 受托加工材料登记簿　　D. 工作人员登记簿

5. 下列账簿中，(　　)通常采用三栏式账页格式。

A. 现金日记账　　B. 银行存款日记账

C. 总分类账　　D. 周转材料明细分类账

6. 下列各项中，(　　)属于账簿按照账页格式不同所分类别。

A. 单式账簿　　B. 三栏式账簿

C. 多栏式账簿　　D. 数量金额式账簿

7. 下列各项中，(　　)属于账簿按其经济用途不同所进行的分类。

A. 序时账簿　　B. 分类账簿　　C. 备查账簿　　D. 总分类账簿

8. 下列各项中，(　　)属于明细分类账通常格式。

A. 三栏式　　B. 多栏式　　C. 数量金额式　　D. 两栏式

9. 现金日记账的登记依据有(　　)。

A. 现金收支的原始凭证　　B. 现金收款凭证

C. 现金付款凭证　　D. 银行存款付款凭证

10. 下列各项中，(　　)可以作为现金日记账的记账依据。

A. 现金收款凭证　　B. 现金付款凭证

C. 银行存款收款凭证　　D. 银行存款付款凭证

课后习题电子版

CHAPTER 9

第九章

财产清查

Learning objectives 学习目标

学习目标

- 了解财产清查的作用和种类
- 理解“待处理财产损溢”账户的运用
- 理解永续盘存制和实地盘存制的意义、优缺点及适用范围
- 熟悉财产清查的步骤
- 掌握财产清查的方法以及财产清查结果的账务处理

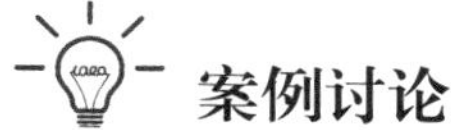

案例讨论

在实际经济生活中，会计人员是通过对账、试算平衡、错账查找与更正等方法，来保证凭证和账簿记录的正确性。对于一些财产物资，有时即使凭证和账簿记录正确无误，但由于各种主观或客观原因，如自然灾害、计量差错、人为失误等，均可能会导致账存与实存不一致。如果账存与实存不一致，即使账面记录正确无误，也可以说凭证记录及账簿提供的信息依然是错误的。因此，为了保证账存数能够准确地反映实存数，企业一般都会定期或不定期地进行财产清查。通过财产清查可以真实了解实存数，所以财产清查也是控制账簿记录正确性的一项重要措施。

A是刚毕业的大学生，到某公司担任仓库保管员。在年终公司进行的财产清查中，A保管的材料短缺100千克，该批材料总成本为10 000元。A非常担心企业会要求他赔偿这笔款项，毕竟对于一名刚毕业的大学生而言，这笔款项实在太大。同学们，你们认为公司会怎么处理该批短缺的材料？

第一节　财产清查的意义和种类

一、财产清查的概念

财产清查是通过对实物、现金进行盘点，对银行存款和债权、债务进行核对，确定财产的实存数额，并查明实存数额与账存数额是否相符的一种专门的会计核算方法。

经济业务的发生会引起企事业单位各项财产的增减变动，这些变动情况及其结果是通过账簿记录来反映的。但在实际工作中，由于人为的和自然的因素，其账面数和实存数往往不一致。其主要原因有：

(1) 在收发各项财产时，由于计量不准确，导致其品种、数量或质量上出现差错。

(2) 在财产物资的保管过程中，发生的自然损耗。

(3) 在管理和核算方面，由于手续不健全或制度上的不严密，发生了计算或登记上的错误。

(4) 由于管理不善或工作人员失职而造成了财产物资的毁损和短缺。

(5) 由于不法分子的贪污盗窃等行为而发生了财产物资的损失。

(6) 在结算过程中，由于未达账项等原因而造成的单位之间的账账不符。

为了查明上述这些偶然的或人为的账实不符的现象，保证会计账簿记录的真实、正确，就需要企业在编制会计报表前，对其各项财产物资进行清查，以做到账实相符。

二、财产清查的意义

《会计法》规定，各单位应当定期将会计账簿记录与实物、款项及有关资料相互核对，保证会计账簿记录与实物及款项的实有数相符。

为了保证会计账簿记录的真实、正确，为经济管理提供可靠的信息，必须定期或不定期地进行财产清查，查明各项财产实存数额与账存数额的差异，以及发生差异的原因和责任，一方面，对于发生的差异，按照规定的程序和办法调整有关账面记录，从而做到账实相符；另一方面，完善企业的生产经营管理，及时纠正错误。因此，运用财产清查手段，对各种财产物资进行定期或不定期的核对或盘点，具有十分重要的意义。

（一）保证各项财产的安全完整

通过财产清查，查明账款、账物是否相符，有无物资的毁损短缺，从而发现财产管理中的问题，以便及时采取措施，堵塞漏洞，建立和健全财产保管的岗位责任制度，保证各项财产的安全完整。

（二）挖掘物资潜力，提高物资使用效率

通过财产清查，可以查明物资的储备情况和利用情况，对超储积压、闲置不用的物资，要采取措施，积极处理，以达到合理储备；对于财产的不合理应用，应及时采取措施，做到物尽其用，从而挖掘企业财产的潜力，减少储备资金占用，加速资金的周转。

（三）保证财经纪律和结算纪律的执行

通过对财产、物资、货币资金及往来账款的清查，可以查明单位有关业务人员是否遵守财经纪律和结算制度，有无贪污盗窃、挪用公款的情况；查明各项资金使用是否合理，是否符合国家的方针政策和法规，从而使工作人员更加自觉地遵纪守法，自觉维护和遵守财经纪律。

（四）保证会计资料的真实性

通过财产清查，可以将各项财产的实存数与账存数进行对比，确定盘盈盘亏，及时调整账簿记录，做到账实相符，以保证账簿记录的真实、正确，为经济管理提供可靠的信息。

三、财产清查的种类

财产清查按不同分类标准可分成不同的种类。

（一）按财产清查的范围分类

财产清查按其清查范围的不同，可分为全面清查和局部清查。

1. 全面清查

全面清查是指对所有的财产和资金进行全面盘点与核对。其清查对象主要包括原材料、在产品、自制半成品、库存商品、库存现金、短期借款、有价证券及外币、在途物资、委托加工物资、往来款项、固定资产等。全面清查范围广，工作量大，一般在年终决算或企业撤销、合并或改变隶属关系时进行。

2. 局部清查

局部清查也称重点清查，是指根据需要只对财产中某些重点部分进行的清查，如流动资产中变化较频繁的原材料、库存商品等。除年度全面清查外，还应根据需要随时轮流盘点或重点抽查。各种贵重物资每月至少要清查一次，库存现金要天天核对，银行存款要按银行对账单逐笔核对。

（二）按财产清查的时间分类

按财产清查的时间不同，账户清查可分为定期清查和不定期清查。

1. 定期清查

定期清查是按预先安排的时间对财产进行的清查。这种清查一般是在年末、季末、月末结账时进行的。定期清查的范围不定，可以是全面清查，也可以是局部清查。

2. 不定期清查

不定期清查是根据需要进行的临时性清查。如更换出纳员时，对现金、银行存款进行的清查；更换物资保管人员时，对其保管的财产进行的清查；财产发生非常灾害和意外损失时，对受损失的财产进行的清查；上级主管部门、财政、银行、物价、审计等部门对单位进行检查时，按检查要求和范围进行的清查。不定期清查的范围可以是全面清查，也可以是局部清查。

（三）按财产清查的执行单位分类

按财产清查的执行单位不同，账户清查可分为内部清查和外部清查。

1. 内部清查

内部清查是指由本单位的有关部门和人员组成的清查小组所进行的清查。这种清查可以是定期的，也可以是不定期的；可以是全部的，也可以是局部的。其目的在于及时检查和督促工作，研究和解决财产清查工作中出现的问题，提高经济效益。

2. 外部清查

外部清查是指由外单位的有关部门和人员组成的清查小组所进行的清查。这种清查一般是局部的清查。比如，审计部门或会计师事务所等对企业进行的财产清查。

四、财产清查前的准备工作

财产清查工作是一项极其复杂的工作，其所涉及的人员较多、工作内容面广，因此，在财产清查之前必须充分地做好组织上和业务上的准备工作。

（一）组织准备

组织准备是指先在思想上高度重视。成立财产清查领导小组，具体负责财产清查的组织工作。在单位总会计师或有关主管负责人的领导下，建立有各职能部门人员、会计人员、技术人员、实物保管人员参加的财产清查组织，负责财产清查的领导和组织工作。其主要任务如下。

1. 制订清查计划

清查计划应包括财产清查的目的和要求、对象和内容、方法和步骤、人员组织和时间安排等。

2. 学习有关文件

清查人员应具有一定的政策水平和专业知识，成立财产清查组织后要组织其成员学习现行有关的财经政策、财会制度以及清查的技术方法，并全面了解所制订的清查计划。

3. 清查过程中的检查、督促工作

在财产清查过程中，要及时掌握工作进度，进行具体组织、检查和督促，研究和解决财产清查中出现的问题。

4. 对财产清查的结果进行处理

财产清查结束后，对财产清查的结果要提出处理意见和建议，并书面报告上级有关部门审批处理。

（二）业务准备

业务准备是指各业务部门特别是会计部门应积极主动配合，做好准备工作。具体应做好以下业务准备工作。

（1）财会人员在财产清查前，应将所有的经济业务登记入账，在此基础上核对各账户余额；将总分类账中的货币资金、财产和债权、债务的有关账户与其所属的明细分类账核对清楚，做到账证、账账相符。

（2）实物保管人员必须对准备清查的各种实物进行整理并码放整齐，挂上标签，标明名称、品种、规格和结存数量。

（3）准备进行清查所必要的计量器具，以及有关清查需要的各种表册。

（4）银行存款、债权、债务等应在清查前取得或编制对账单，以便对方进行核对。

第二节　财产清查的方法

一、财产物资的盘存制度

财产物资的盘存制度是通过对财产物资的实物盘查、核对，来确定其实际结存情况的一种制度。在会计实务中，盘存制度一般有永续盘存制和实地盘存制两种。

（一）永续盘存制

永续盘存制又称账面盘存制，是以账簿记录为依据来确认财产物资账面结存数量的方法。这种制度的特点是平时对各项财产物资的增加数和减少数，都要根据会计凭证连续记入有关账簿，并且随时结出账面结存数量。在永续盘存制下，财产物资账面期末余额的核算方法如下：

账面期末余额＝账面期初结存数＋本期增加数－本期减少数

【例 9-1】 某公司对库存原材料采用永续盘存制，其中 A 材料于 20×7 年 12 月初结存 300 千克，单价为每千克 10 元，结存成本为 3 000 元，本月 A 材料收发情况如下：

（1）4 日购入 500 千克，单价 10 元，计价 5 000 元。

（2）7 日发出 300 千克，单价 10 元，计价 3 000 元。

（3）15 日购入 400 千克，单价 10 元，计价 4 000 元。

（4）22 日发出 200 千克，单价 10 元，计价 2 000 元。

按永续盘存制的要求，A 材料在明细分类账上的记录如表 9-1 所示。

表 9-1　原材料明细分类账

金额单位:元

明细科目:A 材料　　　　计量单位:千克

20×7年		凭证号数	摘要	收入			发出			结存		
月	日			数量	单价	金额	数量	单价	金额	数量	单价	金额
12	1		期初余额							300	10	3 000
	4		购入材料	500	10	5 000				800	10	8 000
	7		发出材料				300	10	3 000	500	10	5 000
	15		购入材料	400	10	4 000				900	10	9 000
	22		发出材料				200	10	2 000	700	10	7 000
	31		本期发生及余额	900	10	9 000	500	10	5 000	700	10	7 000

这种方法的优点是对财产物资的收入和发出进行连续登记,可以随时了解各种财产物资的收入、发出和结存情况,便于从数量和金额两方面进行控制,有利于加强对财产物资的管理。其缺点是核算工作量较大,需要投入较多的人力、物力和财力。因此,采用永续盘存制,需要对各项财产物资定期进行实物盘点,以查明账实是否相符,以及账实不符的原因。一般企业对财产物资的核算采用永续盘存制。

(二) 实地盘存制

实地盘存制是指在期末以具体盘点实物的结果为依据来确定财产物资结存数量的方法。采用这种方法,平时在账簿中只登记财产物资的增加数,不登记减少数。到了期末,对各项财产物资进行盘点,再根据实地盘点所得的实存数来倒挤出本期的减少数,然后完成账面减少和结存的记录,使账实相符。

采用实地盘存制倒挤出本期减少数的计算公式如下:

本期减少数=账面期初结存数+本期增加数-期末实际结存数

根据以上计算倒挤出的本期减少数,再登记有关账簿。所以,每期期末对各项财产物资进行实地盘点的结果,是计算、确定本月财产物资减少数的依据。

【例 9-2】 承[例 9-1],如果某公司对库存原材料采用实地盘存制,进行收入、发出与结存的核算。月末实地盘点结果为:A 材料实存 600 千克;结存余额为6 000 元。则 A 材料明细分类账的记录与永续盘存制记录不相同。具体记录如表 9-2 所示。

通过实例可以看出,采用实地盘存制来核算库存材料,会计人员平时只要登记材料的增加数,它的发出数是月末通过实地盘点计算出材料库存 6 000 元,然后倒挤出本期发出额。

本期减少数=3 000+(5 000+4 000)-6 000=6 000(元)

这种方法的优点是:平时对财产物资的收发业务只记增加,不记减少,可以简化日

表 9-2　材料明细分类账(实地盘存制)

金额单位:元

材料名称:A 材料　　　　　　　　　　　　　　　　　计量单位:千克

20×7年		凭证号数	摘要	收入			发出			结存		
月	日			数量	单价	金额	数量	单价	金额	数量	单价	金额
12	1		上期结存							300	10	3 000
	4		购入	500	10	5 000				800	10	8 000
	15		购入	400	10	4 000				1 200	10	12 000
	31		本月发出				600	10	6 000	600	10	6 000
	31		本月合计	900	10	9 000	600	10	6 000	600	10	6 000

常核算工作,平时工作程序也比较简单。其缺点是:各项财产物资的减少数没有严格的手续,不便于实行会计监督;不能随时反映财产物资的收发和结存动态情况,难以利用账簿记录来加强财产物资管理工作;倒挤出的各项财产物资的减少数中原因复杂,除了正常耗用外,可能还有毁损和丢失的。

实地盘存制虽然有工作量少、方法简便的优点,但是在实际运用中其适应范围受到严格的限制,一方面,可能导致发出存货的成本虚高,成本计算不准确,甚至影响企业产品在市场上的竞争力;另一方面,不利于发挥会计的监督作用。所以非特殊原因,一般情况下不宜采用。

二、财产清查方法

(一) 实物的清查

实物的清查是指对原材料、在产品、库存商品、固定资产等在数量和质量上进行的清查。实物清查时,保管人员必须在场,并参加盘点工作。清查程序如下。

1. 清点实物

可采用实地盘点法,对实物进行点数、过秤或度量,来确定其实存数量。对于各种库存材料、库存商品,应注意核对其品名、数量是否与标签标明的内容相一致,有无名不符实或毁损变质的情况;对于在产品、半成品除清点数量外,同时还要注意其配套性和完工程度等;对委托加工的外存实物、在途实物的清查,可采用与外单位核对的方法,查明账实是否相符;对固定资产的清查,应着重检查使用情况、磨损情况,有无毁损和丢失,折旧的提取情况。清查后,要加强实物的管理,防止前清后乱。

2. 登记盘存单

清点实物后,应将清点结果记入事前准备的盘存单中,并由盘点人员和实物保管人员签字、盖章。盘存单是反映清查日实物的实有数量和质量情况,记录实物清查结果的原始凭证。根据此表核对账面结存与实际盘存是否相符。盘存单中各项实物的类别、编号、名称、规格和计量单位等,必须与会计账簿记录中所采用的相一致,以便与账面资料进行核对。实物盘存单的格式如表 9-3 所示。

表 9-3　实物盘存单

编制单位：
财产类别：
盘存地点：
存放地点：　　　　　　　　　　　　　　　　　　　　　　　　　编号：

编号	名称	规格型号	计量单位	数量	单价	金额	备注

盘点人签章：　　　　　　　　　　　　　　　　　　　　　　实物保管人签章：

3. 估价

财产清查后，发现实物有毁损变质等情况，使其实际价值与账面价值产生差异，或者不能从账面资料中求取其价值，就需要对其进行估价，以调整账面价值或确定其实有数额。对这些实物，在盘点单中要注明其性能、结构、磨损程度和未入账的原因，并对其估价后，将其价值填入盘存单。

4. 编制实存账存对比表

为了核对清查结果与账面余额是否一致，应根据盘存单的资料和账簿余额编制实存账存对比表。此表是确定各种实物实存数与账存数之间差异的依据，是分析清查结果，查找差异原因和调整账簿记录的直接依据，应由财会部门认真填写。实存账存对比表的格式如表 9-4 所示。

表 9-4　实存账存对比表

编号	类别名称	计量单位	实存		账存		盘盈		盘亏		备注
			数量	金额	数量	金额	数量	金额	数量	金额	

(二) 库存现金的清查

库存现金的清查采取实地盘点法，盘点库存现金的实存数，并与现金日记账的账面余额相核对。盘点现金时，出纳员必须在场。盘点时要注意检查有无挪用或以借条、收据抵冲现金的情况。对于现金的盘点结果，要填制库存现金盘点报告表，由盘点人和出纳员共同签字或盖章方能生效。库存现金盘点报告表是反映现金实有数的原始凭证，可以作为查找账实产生差异的原因和调整账簿记录的重要依据。其格式如表 9-5 所示。

表 9-5 库存现金盘点报告表

实存金额	账面金额	对比结果		备注
		短缺	盈余	

盘点人签章： 出纳员签章：

（三）银行存款的清查

银行存款的清查，是采取与开户银行核对账目的方法，即将本单位的银行存款日记账与从开户银行取得的对账单逐笔进行核对，发现差错（如漏记、错记）要及时查清更正。即使双方均无记账错误，银行存款日记账的金额和银行对账单的金额也往往不一致，这种不一致是由于未达账项造成的。

未达账项是指企业和银行一方已经入账，而另一方未接到有关凭证因而还没有入账的事项。由于未达账项而使银行账面余额与本单位账面余额之间所发生的差异，大体可分为以下四种情况：①企业已收款入账，银行尚未收款入账；②企业已付款入账，银行尚未付款入账；③银行已收款入账，企业尚未收款入账；④银行已付款入账，企业尚未付款入账。

在①④两种情况下，会使企业账面存款余额大于银行对账单的余额；而在②③两种情况下，又会使企业账面存款余额小于银行对账单的余额。对于未达账项应在查明后编制银行存款余额调节表。下面举例说明银行存款余额调节表的格式和编制方法。

【例 9-3】 20×7 年 6 月 30 日，某企业银行存款日记账余额为 103 000 元，银行对账单余额为 123 000 元，经核对发现以下未达账项：

（1）企业收到转账支票 5 000 元送存银行，企业已记账，作为银行存款增加，但银行尚未记账。

（2）企业开出转账支票 8 000 元购买原材料，企业已记账，作为银行存款数减少，但银行尚未记账。

（3）企业委托银行收到的货款 20 000 元，银行已记账，作为企业存款的增加，但企业未收到通知，因此尚未记账。

（4）银行代企业支付的电话费 3 000 元，银行已记账，作为企业存款的减少，但企业尚未收到通知，因此尚未记账。

根据上述未达账项，编制银行存款余额调节表（见表 9-6），调整双方余额。

表 9-6 银行存款余额调节表

20×7 年 6 月 30 日 单位：元

银行存款日记账	金额	银行对账单	金额
账面存款余额	103 000	银行对账单余额	123 000
加：银行已收单位未收款项	20 000	加：单位已收银行未收款项	5 000

（续表）

银行存款日记账	金额	银行对账单	金额
减:银行已付单位未付款项	3 000	减:单位已付银行未付款项	8 000
调节后的存款余额	120 000	调节后的存款余额	120 000

银行存款余额调节表的编制方法,是双方在账面余额基础上各自补记对方已记账、本身未记账的金额(包括增加金额和减少金额),经过调节后双方余额相等,说明双方记账均无错误。

银行存款双方余额的调节,也可以采取另一种方法,即各自把自身已经入账而对方尚未入账的金额从本身账面余额中冲销,然后验证经过调节后的双方余额是否相等。按这种方法计算,根据[例 9-3]资料,企业银行存款日记账余额经调节后如下:

103 000＋8 000－5 000＝106 000(元)

银行对账单余额经调节后为:

123 000＋3 000－20 000＝106 000(元)

银行存款双方余额调节相符后,对未达账项一般暂不作账务处理,对银行已入账而企业尚未入账的各项数字,待银行转来有关原始凭证后再登记入账。在清查过程中,对长期存在的未达账项,应查明原因及时处理。

(四)债权、债务的清查

对于债权、债务各项目的清查主要是采用询证核对法进行清查,即采取和对方单位核对账目的方法。应先自查,确认本单位的账簿记录准确无误后,再编制“往来款项对账单”,送往对方单位进行核对。该对账单一式两联,其中一联作为回单联,对方单位核对相符后,在回单联上加盖公章退回,表示已核对。如发现数额不符,则在回单联上注明不符情况,或另抄对账单退回,以便进一步核对。如有未达账项,需要双方进行调节。其调节方法与银行存款余额调节方法相同。在收到对方回单后,应填制往来账项清查表,其格式如表 9-7 所示。

表 9-7　往来账项清查表

总分类账户名称:　　　　　　　20×7 年×月×日

明细分类账户		清查结果		核对不符原因分析			备注
名称	账面余额	核对相符结果	核对不符金额	未达账项金额	有争议款项金额	其他	

通过对债权、债务的清查后,要及时催收该收回的账款,偿还该偿付的账款,对呆账也应及时研究处理。

第三节　财产清查结果的处理

一、财产清查结果处理的要求和步骤

对财产清查的结果，应按照国家的有关法规、制度，严肃认真地处理。具体要求如下。

（一）查明发生差异的性质和原因

通过财产清查所确定的清查资料和账簿记录之间的差异，如财产的盘盈、盘亏和多余积压，以及逾期债权、债务等，都要认真查明其性质和原因，明确经济责任，提出处理意见。按照规定程序经有关部门批准后，予以认真严肃处理。财产清查人员应以高度的责任心，深入调查研究，实事求是，问题定性要准确，处理方法要得当。

（二）积极处理多余物资

在清查过程中发现多余的、不需要的物资，应报请批准后积极处理，除努力在企业内部利用外，还应设法对外销售，减少资金占压，加速资金周转。

（三）总结经验教训，建立健全管理制度

通过财产清查，针对所发现的问题和漏洞，总结经验教训，提出改进措施，建立和健全以岗位责任制为中心的财产管理制度，加强财产管理，保护财产的安全和完整。

（四）调整账簿，做到账实相符

对于财产清查中发现的账实不符的账务处理分两步进行。

1. 报请批准前的账务处理

财产清查中发现的盘盈、盘亏或毁损数，在报经有关领导审批之前，应根据财产盘盈、盘亏或毁损数字，编制会计分录，在账簿上如实反映，使各项财产的账存数同实存数完全一致。如果财产清查在年终前进行，则财产的差异就必须在结账前登记入账，以便财务报表能如实反映各项财产的真实情况。

2. 批准后的账务处理

经批准后，应根据差异产生的原因和批准的处理意见，将处理结果编制会计分录，据以登记有关账簿。

二、财产清查结果的账务处理

为了完整地核算和监督企业在财产清查中各种财产物资的盘盈、盘亏和毁损的发生及处理情况，会计上应当设置和运用“待处理财产损溢”账户进行核算。

“待处理财产损溢”账户是一个暂记账户，是专门用来核算企业在财产清查过程中查明的各项财产物资的盘盈、盘亏和毁损的账户。该账户的贷方登记待处理财产物资的盘盈数及按照规定程序批准的盘亏、毁损转销数；借方登记待处理财产物资的盘亏和毁损数及按照规定程序批准的盘盈转销数；贷方余额表示尚待批准处理的财产物资盘盈数，借方余额表示尚待批准处理的财产物资盘亏和毁损数。企业财产的盘盈、盘亏和

毁损应查明原因，在期末结账前处理完毕，处理后本账户应无余额。

（一）存货盘盈、盘亏和毁损的账务处理

存货清查的核算过程可以分两步：第一步，将盘盈、盘亏和毁损的存货记入“待处理财产损溢”账户；第二步，期末或经董事会批准后，按会计准则的要求，分别根据不同原因进行转销。盘盈的存货，应冲减当期管理费用等；盘亏的存货，在减去过失人或者保险公司等赔款和残料价值之后，记入“管理费用”账户，属于非正常损失的，记入“营业外支出”账户等。

需要指出的是，根据《中华人民共和国增值税暂行条例》的规定，企业发生的非正常损失的购进货物以及非正常损失的在产品、产成品所耗用的购进货物或应税劳务的进项税额不得从销项税额中抵扣。因此，非正常损失的存货价值应包括其实际成本和应负担的进项税额两部分，发生非正常损失（因管理不善造成被盗、丢失、霉烂变质的损失）时，应按非正常损失的价值，借记“待处理财产损溢”账户，按非正常损失存货的实际成本，贷记有关存货账户，按非正常损失存货应负担的进项税额，贷记“应交税费——应交增值税（进项税额转出）”账户。

1. 存货盘盈的账务处理

【例 9-4】 企业在财产清查中盘盈甲材料 200 千克，单位成本 20 元/千克，经查属于材料收发计量方面的错误。

批准前，根据实存账存对比表，作会计分录如下：

借：原材料——甲材料　　4 000
　　贷：待处理财产损溢　　4 000

经董事会批准后，作会计分录如下：

借：待处理财产损溢　　4 000
　　贷：管理费用　　4 000

2. 存货盘亏和毁损的账务处理

【例 9-5】 企业在财产清查中，发现库存乙材料盘亏 600 千克，单位成本 10 元/千克，属于非常损失，该损失保险公司同意赔偿 4 000 元，其余经董事会批准后，转作营业外支出。

批准处理前，根据实存账存对比表，作会计分录如下：

借：待处理财产损溢　　6 000
　　贷：原材料——乙材料　　6 000

批准处理后，作会计分录如下：

借：其他应收款　　4 000
　　营业外支出　　2 000
　　贷：待处理财产损溢　　6 000

【例 9-6】 企业在财产清查中，发现盘亏丙材料 50 千克，其实际成本为 4 000 元，应承担的增值税为 520 元，经查该盘亏有一部分原因是保管员管理不善造成的，因此报

经上级批准，应由保管人员赔偿 1 000 元，其余部分作为经营损失。其会计分录如下：

批准处理前：

借：待处理财产损溢　　4 520
　　贷：原材料——丙材料　　4 000
　　　　应交税费——应交增值税(进项税额转出)　　520

批准处理后：

借：其他应收款　　1 000
　　管理费用　　3 520
　　贷：待处理财产损溢　　4 520

(二) 固定资产盘盈、盘亏的账务处理

1. 固定资产盘盈的账务处理

企业在清查中发现盘盈固定资产，应作为前期差错处理，盘盈的固定资产通过“以前年度损益调整”账户进行核算。对财产清查中固定资产的盘盈净值，借记“固定资产”账户，贷记“以前年度损益调整”账户。

【例 9-7】 某公司 12 月份在财产清查中发现账外电脑一台，经确认的重置价格为 7 000 元，按其新旧程度估计已提折旧 3 000 元，净值为 4 000 元，已将情况报上级有关部门批准，现作调整账项处理。其会计分录如下：

借：固定资产　　7 000
　　贷：以前年度损益调整　　4 000
　　　　累计折旧　　3 000

【例 9-8】 承[例 9-7]，盘盈电脑报上级部门批准后，作为前期差错处理，该企业适用所得税税率为 25%，按净值的 10%计提法定盈余公积。其会计分录如下：

借：以前年度损益调整　　4 000
　　贷：应交税费——应交所得税　　1 000
　　　　盈余公积——法定盈余公积　　300
　　　　利润分配——未分配利润　　2 700

2. 固定资产盘亏的账务处理

固定资产出现盘亏的原因主要有以下几个方面：自然灾害、责任事故、失窃等。对不同情况造成的固定资产盘亏，应进行不同的账务处理。

盘亏的固定资产，按其账面价值，借记“待处理财产损溢”账户，按已提累计折旧，借记“累计折旧”账户，按固定资产账面价值，贷记“固定资产”账户。

【例 9-9】 某公司在 12 月份的财产清查中发现盘亏设备一台，其账面原始价值为 100 000 元，已提折旧为 60 000 元，企业已将上述情况报上级有关部门批准，现作调整账项处理。其会计分录如下：

借：待处理财产损溢　　40 000
　　累计折旧　　60 000
　　贷：固定资产　　100 000

【例 9-10】 承[例 9-9],盘亏的电脑已批准将其损失计入营业外支出。其会计分录如下:

借:营业外支出　　40 000

　　贷:待处理财产损溢　　40 000

(三)无法收回或偿付的债权、债务的账务处理

企业的各项应收款项因购货人拒付、破产、死亡等原因而无法收回,一般称为坏账。因坏账造成的损失,称为坏账损失。在财产清查过程中,如果发现长期不能结清的往来款项,若属于上述坏账的标准范围,应及时进行处理,经有关部门批准予以转销。坏账损失的转销在批准前不作账务处理,即不通过"待处理财产损溢"账户,在报经批准后,应当冲减已提取的坏账准备。

1. 无法收回的应收账款的会计处理

【例 9-11】 企业在财产清查中查明应收东方公司货款中有 10 000 元无法收回,该企业采取备抵法核算。报经批准后,冲销已提取的坏账准备。

注意:财产清查中发现了不相符的应收账款,在批准前不能通过"待处理财产损溢"账户核算,平时计提坏账准备的企业,经批准后直接冲销已提取的坏账准备。其会计分录如下:

借:坏账准备　　10 000

　　贷:应收账款——东方公司　　10 000

2. 无法偿还的应付账款的会计处理

企业无法偿还的债务,经有关部门批准后,直接记入"营业外收入"账户。

【例 9-12】 企业在 12 月份的财产清查中应付 B 单位货款 6 000 元,因 B 单位解散,原应付账款确实无法支付,经上级领导部门批准转作营业外收入。

注意:应付账款在财产清查中被发现不相符的,在处理前不能通过"待处理财产损溢"账户核算,经批准后记入"营业外收入"账户。其会计分录如下:

借:应付账款——B 单位　　6 000

　　贷:营业外收入　　6 000

课程思政教学案例

小小岗位

本章小结

财产清查是会计核算的一种专门的会计核算方法。通过本章的学习，要求在理解财产清查的意义、种类的基础上，重点掌握财产清查的内容、方法以及财产清查结果的账务处理，需要正确地运用“待处理财产损溢”账户，并且正确地区分各项资产清查结果账务处理的不同点。

本章的难点主要包括如何确认在实际工作中存在的未达账项的四种情况，以及如何编制银行存款余额调节表。同时，按实地盘存制和永续盘存制确认期末存货成本和本期销售或耗用成本也是本章的难点之一，尤其是需要掌握存货本期销售或耗用成本的计价方法。

课后习题

一、单项选择题

1. 现金清查的方法是(　　)。
   A. 技术测算法　　B. 实地盘点法
   C. 函证核对法　　D. 与银行对账单相核对
2. 实地盘存制与永续盘存制的主要区别是(　　)。
   A. 盘点的方法不同　　B. 盘点的目标不同
   C. 盘点的工具不同　　D. 盘亏结果处理不同
3. 银行存款清查的方法是(　　)。
   A. 日记账与总分类账核对　　B. 日记账与收付款凭证核对
   C. 日记账和对账单核对　　D. 总分类账和收付款凭证核对
4. 对于大量成堆难以清点的财产物资，应采用的清查方法是(　　)。
   A. 实地盘点法　　B. 抽样盘点法　　C. 查询核对法　　D. 技术推算法
5. 在记账无误的情况下，造成银行对账单和银行存款日记账不一致的原因是(　　)。
   A. 应付账款　　B. 应收账款　　C. 未达账项　　D. 外埠存款
6. 存货实存账存对比表是调整账面记录的(　　)。
   A. 记账凭证　　B. 转账凭证　　C. 原始凭证　　D. 累计凭证
7. 下列项目中，清查时应采用函证核对法的是(　　)。
   A. 原材料　　B. 应付账款　　C. 现金　　D. 交易性金融资产
8. 对财产物资的收发都有严密的手续，且在账簿中有连续的记载便于确定结存的制度是(　　)。
   A. 实地盘存制　　B. 权责发生制　　C. 永续盘存制　　D. 收付实现制
9. 对于盘亏的固定资产的净值经批准后应借记的账户是(　　)。
   A. “营业外收入”　　B. “营业外支出”
   C. “管理费用”　　D. “待处理财产损溢”
10. 核销存货的盘盈时，应贷记的账户是(　　)。
    A. “管理费用”　　B. “营业外收入”
    C. “待处理财产损溢”　　D. “其他业务收入”

二、多项选择题

1. 使企业银行存款日记账余额大于银行对账单余额的未达账项有（　　）。
   A. 企业先收款记账而银行未收款未记账的款项
   B. 银行先收款记账而企业未收款未记账的款项
   C. 银行先付款记账而企业未付款未记账的款项
   D. 企业先付款记账而银行未付款未记账的款项
2. 财产物资的盘存制度有（　　）。
   A. 收付实现制　B. 权责发生制　C. 永续盘存制　D. 实地盘存制
3. 财产清查按照清查的时间可分为（　　）。
   A. 全面清查　B. 局部清查　C. 定期清查　D. 不定期清查
4. 财产清查按照清查的执行单位不同，可分为（　　）。
   A. 内部清查　B. 局部清查　C. 定期清查　D. 外部清查
5. 银行存款余额调节表是（　　）。
   A. 原始凭证　B. 调整账面记录的原始依据
   C. 只起到对账作用　D. 银行存款清查的方法
6. 常用的实物财产清查方法包括（　　）。
   A. 实地盘点法　B. 技术推算法　C. 函证核对法　D. 抽样盘点法
7. 按清查的范围不同，可将财产清查分为（　　）。
   A. 全面清查　B. 局部清查　C. 定期清查　D. 内部清查
8. 采用实地盘点法进行清查的项目有（　　）。
   A. 固定资产　B. 贵重的库存商品
   C. 银行存款　D. 现金
9. 编制银行存款余额调节表时，计算调节后的余额应以企业银行存款日记账余额（　　）。
   A. 加企业未入账的收入款项　B. 加银行未入账的收入款项
   C. 减企业未入账的支出款项　D. 加企业未入账的支出款项
10. 下列可用作原始凭证，调整账簿记录的有（　　）。
   A. 存货实存账存对比表　B. 未达账项登记表
   C. 现金盘点报告表　D. 银行存款余额调节表

三、判断题

1. 银行存款的清查，主要是将银行存款日记账与总账进行核对。（　　）
2. 未达账项是造成企业银行存款日记账与银行对账单余额不等的唯一原因。（　　）
3. 月末，企业银行存款的实有余额为银行对账单余额加上企业未收、银行已收款项，减去企业已付、银行未付的款项。（　　）
4. 产生未达账项的原因是记账错误，应采用适当的方法予以纠正。（　　）
5. 月末，应根据银行存款余额调节表中调整后的余额进行账务处理，使企业银行存款日记账的余额与调整后的余额一致。（　　）
6. 从财产清查的对象和范围看，年终决算前对企业财产物资所进行的清查一般属于全面清查。（　　）
7. 在采用永续盘存制下，还需要再对各项财产物资进行盘点。（　　）
8. 企业与其开户银行对账时所编制的“银行存款余额调节表”是企业发现该存款账实不符时进行会计核算的原始凭证。（　　）

9．对盘盈的存货，应于批准后计入营业外支出。 （　　）

10．对盘亏存货的净损失，属于一般营业损失部分经批准应计入管理费用。 （　　）

四、业务核算题

（一）**目的：**了解永续盘存制和实地盘存制的特点。

资料：某企业 20×7 年 8 月初，甲材料结存数量为 1 000 千克，单价为 5 元。

8 月份甲材料收发情况如下：

(1) 8 日，购进材料入库 200 千克，实际采购成本 1 000 元。

(2) 10 日，生产领用材料 300 千克，实际成本 1 500 元。

(3) 15 日，生产领用材料 420 千克，实际成本 2 100 元。

(4) 17 日，购进材料入库 250 千克，实际采购成本 1 250 元。

(5) 20 日，生产领用材料 550 千克，实际成本 2 750 元。

要求：

(1) 按永续盘存制登记甲材料明细分类账，如表 9-8 所示。

表 9-8　甲材料明细分类账（永续盘存制）

20×7 年		凭证号数	摘要	收入			发出			结存		
月	日			数量	单价	金额	数量	单价	金额	数量	单价	金额

(2) 按实地盘存制登记甲材料明细分类账（假定月末实地盘点数量为 210 千克，如表9-9 所示）。

表 9-9　甲材料明细分类账（实地盘存制）

20×7 年		凭证号数	摘要	收入			发出			结存		
月	日			数量	单价	金额	数量	单价	金额	数量	单价	金额

（二）**目的：**练习库存现金的清查结果的处理。

资料：某企业 20×7 年 8 月 31 日盘点库存现金，实存现金 1 500 元，现金日记账余额为 2 000 元。现金保险柜中有账外单据 5 张：

(1) 职工甲开出的白条借据 1 张,金额 350 元。

(2) 职工乙医药费用报销单据 2 张,金额 120 元。

(3) 职工丙市内交通费报销单据 2 张,金额 30 元。

上列各项,除白条借据 350 元应立即向甲职工收回现金外,其余各项均责令出纳员补记入账。

要求:根据以上清查情况及处理意见作会计分录。

(三) **目的:**练习编制银行存款余额调节表,进行银行存款清查。

资料:某公司 20×7 年 10 月 31 日银行存款日记账账面余额是 22 006 元,银行对账单上的余额是 25 006 元,经过逐笔核对发现有以下未达账项:

(1) 企业收到销货款 5 200 元,已登记银行存款增加,而银行尚未登记增加。

(2) 企业开出现金支票支付购料款 12 000 元,已登记银行存款减少,而银行未登记减少。

(3) 委托银行收款 2 000 元,银行已登记增加,而企业尚未登记增加。

(4) 银行代企业支付电话费 5 800 元,银行已登记减少,而企业尚未登记减少。

要求:根据上述资料编制银行存款余额调节表(如表 9-10 所示)。

表 9-10 银行存款余额调节表

年 月 日

项 目	金额	项 目	金额
企业银行存款日记账余额 加:银行已收,企业未收 减:银行已付,企业未付		银行对账单余额 加:企业已收,银行未收 减:企业已付,银行未付	
调节后的存款余额		调节后的存款余额	

(四) **目的:**练习编制银行存款余额调节表,进行银行存款清查。

资料:某企业 20×7 年 11 月 30 日,企业银行存款日记账余额 70 000 元,而银行对账单存款余额 84 000 元。该企业 11 月 30 日将企业银行存款日记账记录与银行送来的对账单核对以后,发现下列各项经济业务双方记录不符。

(1) 11 月 26 日,银行代企业付水费 2 000 元,企业尚未记账。

(2) 11 月 28 日,银行为企业代收销货款 26 000 元,企业尚未记账。

(3) 11 月 30 日,银行代付电费 500 元,企业尚未记账。

(4) 11 月 30 日,企业开出现金支票预付差旅费 600 元,持票人尚未到银行提取现金。

(5) 11 月 29 日,企业开出转账支票 2 500 元支付培训费,银行尚未记账。

(6) 11 月 27 日,企业收到转账支票 12 600 元,已入账,尚未将支票送存银行。

要求:根据以上资料,编制银行存款余额调节表,并确定企业 11 月 30 日银行存款的实际结存额。

(五) **目的:**练习存货清查结果的账务处理。

资料:某企业 6 月 30 日对存货清查发现有关情况如下:

(1) 库存 A 产品账面结存数量 2 000 件,单位成本 35 元,金额 70 000 元。实存 1 985 件,盘亏 15 件,价值 525 元。该盘亏系保管人员过失所致,经批准责令赔偿。

(2) 甲材料账面结存数量 250 千克,每千克 20 元,金额 5 000 元,全部毁损,作为废料处理,计价 100 元。经查明系自然灾害所致,其损失经批准作为非常损失处理。

(3) 乙材料账面结存数量 120 吨,每吨成本 100 元,价值 12 000 元,实存 118 吨,盘亏 2 吨,价值

200 元。经查明属于定额内损耗，经批准作转销处理。

（4）丙材料账面结存数量 300 千克，每千克 10 元，价值 3 000 元；实存 310 千克，盘盈 10 千克，价值 100 元。经查明为收发计量差错原因造成，经批准作转销处理。

要求：根据以上资料，编制存货清查结果审批前后的会计分录。

课后习题电子版

CHAPTER 10

第十章

财务会计报告

Learning objectives 学习目标

学习目标

- 了解财务会计报告的概念、作用及分类
- 理解编制财务会计报告的要求
- 掌握财务会计报告的结构、内容和编制方法

案例讨论

老张购买福利彩票，中了500万元。对于这笔巨款怎么使用，老张犯难了：存入银行吧，这几年利率降了又降，通货膨胀，只会贬值；自己做生意吧，又没有经验；投资股市吧，风险太大。最后，老张决定投资实业。正好有两个朋友的公司正在筹集资金，都想拉老张入股，但是投资哪家呢，老张又犯难了。有人出主意说："你看他们公司的报表啊，报表里什么都有。赚不赚钱，一看就知道了。"另一个人又说："别听他忽悠，报表都是骗人的，谁的商业秘密会放在报表里，让外人知道啊？"老张不懂会计，不知道他们谁说的对。财务报表到底是不是商业秘密？对投资者投资决策到底有没有帮助？财务报表应该包括哪些内容？披露哪些信息？

第一节　财务会计报告概述

一、财务会计报告的作用

（一）财务会计报告的内容

财务会计报告又称财务报告，是指企业对外提供的反映企业某一特定日期的财务状况和某一会计期间的经营成果、现金流量等会计信息的文件。

财务会计报告包括：会计报表、会计报表附注和其他应当在财务会计报告中披露的相关信息和资料（如财务情况说明书），如图10-1所示。

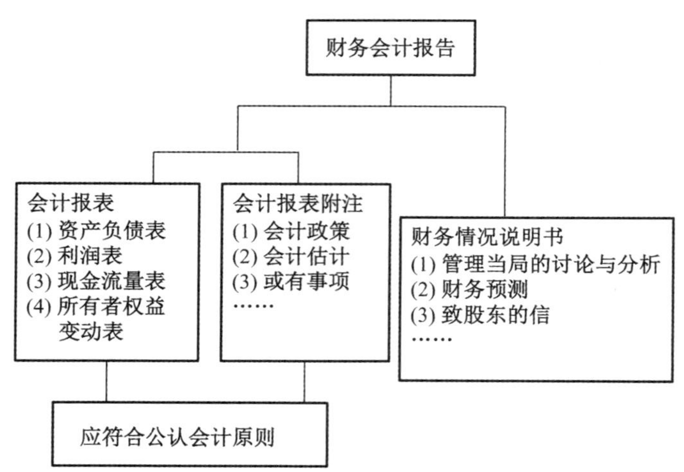

图10-1　财务会计报告

1. 会计报表

会计报表是指企业以一定的会计方法和程序由会计账簿的数据整理得出，以表格的形式反映企业财务状况、经营成果和现金流量的书面文件，是财务会计报告的主体和核心。财务状况是指企业在特定时日的资产规模与结构、产权关系及权益构成的基本状况；经营成果是指企业在一定期间所发生的费用、取得的收入以及实现的利润或亏损，表明企业的盈利情况；现金流量是指企业在经营、投资和筹资等活动中形成的现金流入与现金流出及现金净流量情况，表明企业的财务能力。企业会计报表按其反映的内容不同，分为资产负债表、利润表、现金流量表和所有者权益（股东权益）变动表。其中，相关附表是反映企业财务状况、经营成果和现金流量的补充报表，主要指国家统一会计制度规定的其他附表。

2. 会计报表附注

会计报表附注是指对在会计报表中列示项目所作的进一步说明，以及对未能在这些报表中列示项目的说明等。

会计报表附注是为便于会计报表使用者理解会计报表的内容而对会计报表的编制基础、编制依据、编制原则和方法及主要项目等所作的解释。会计报表附注是财务会计报告的一个重要组成部分，它有利于增进会计信息的可理解性，提高会计信息可比性和突出重要的会计信息。财务报表附注一般包括如下项目：

（1）企业的基本情况。

（2）财务报表编制基础。

（3）遵循企业会计准则的声明。

（4）重要会计政策和会计估计。

（5）会计政策和会计估计变更及差错更正的说明。

（6）重要报表项目的说明。

（7）其他需要说明的重要事项，如或有和承诺事项、资产负债表日后非调整事项，关联方关系及其交易等。

3. 财务情况说明书

财务情况说明书是对单位一定会计期间内财务、成本等情况进行分析总结的书面文字报告，也是财务会计报告的重要组成部分。财务情况说明书全面提供公司、企业和其他单位生产经营、业务活动情况。分析总结经营业绩和存在的问题及不足，是企业财务会计报告使用者，特别是单位负责人和国家宏观管理部门了解和考核各单位生产经营和业务活动开展情况的重要资料。财务情况说明书一般包括以下内容：

（1）公司、企业生产经营状况。

（2）利润实现和利润分配情况。

（3）资金增减和资金周转情况。

（4）税金交纳情况。

（5）各种财产物资变动情况。

（6）其他需要说明的事项。

（二）财务会计报告的作用

在市场经济条件下，企业需要进行筹资、投资和生产经营活动，由于企业所有权与经营权的分离，企业必须面向市场提供相关财务信息。财务会计报告的目标就是向财务会计报告使用者提供与企业财务状况、经营成果和现金流量等有关的会计信息，反映企业管理层受托经济责任履行情况，有助于财务会计报告使用者作出经济决策。企业财务会计报告的使用者包括投资者、债权人、政府及其有关部门和社会公众等。财务会计报告的作用主要包括以下几个方面。

1. 财务会计报告有助于投资者和债权人等合理进行经济决策

企业的经济资源主要有两个来源，一是所有者投入的资本，二是债权人提供的信贷资金。经济资源的这两种不同的来源分别形成了企业的所有者权益和债权人权益。因此，在企业财务会计报告的外部使用者中，投资者和债权人是财务会计报告最重要的使用者。财务会计报告提供的信息虽然主要是对过去经营成果和财务状况的反映与总结，但反映过去是为了预测未来。对于投资者和债权人来说，利用企业财务会计报告提供的信息，可以了解有关企业经济资源和经济义务等方面的信息，了解企业的经济业绩、盈利能力和偿债能力，并据以判断企业在激烈的市场竞争环境中生存、适应、成长和发展的能力。这些因素是投资者和债权人进行投资、信贷等决策时必须考虑的。

2. 财务会计报告可以反映管理当局受托经济责任的履行情况

当代企业的“两权分离”使所有者和企业管理当局之间产生了委托与受托的经济责任关系。所有者将资产投入企业，委托管理者进行经营管理。企业管理当局作为经营管理者主持企业的日常管理工作，对企业的资产进行调配和运用。所有者为了确保自身的经济利益，保证其投入资本的保值与增值，需要对管理当局的经营管理情况进行监督。通过财务会计报告所提供的相关信息，可以比较全面、系统、连续和综合地反映企业投入资本的来源、性质、分布情况及其运用效果，从而可以反映企业的财务状况、经营业绩，以及反映管理当局对受托资源经营管理责任的履行情况。

3. 财务会计报告有助于企业管理当局改善经营管理

企业管理当局的主要职能，既要协调企业与相关利益集团及各利益集团之间的关系，又要加强企业内部经营管理，不断提高企业经济效益。财务报告特别是报表附注及其他应当在财务报告中披露的相关信息和资料，可以从不同侧面反映企业经营管理活动中存在的问题。企业管理当局和企业内部管理人员，通过阅读、研究和分析财务会计报告，可以从资产、负债、所有者权益、收入、费用和利润等各会计要素之间的复杂联系中，掌握本单位经济活动、财务收支和财务成果的全面情况，科学地解释过去，从报表的指标体系分析中，寻找本单位在生产经营活动中存在的差距和原因，以便正确地规划未来，进行经营理财决策，进一步发掘提高经济效益的潜力。

4. 财务会计报告可以为国家制定宏观政策提供依据

政府是国民经济的组织者和管理者，也是财务会计报告的重要需求者。国家为了制定宏观调控政策，需要依据企业财务会计报告所提供的会计信息，在我国社会主义市场经济体制下，这一优点尤其重要。政府有关部门通过对企业财务报告所提供的信息进行汇总分析，可以考查国民经济各部门的运行情况，考核国家有关法律和规章制定的执行情况，并通过制定经济政策，发挥政府进行宏观调控管理的职能作用，实现社会资源的有效配置。

二、财务会计报告的分类

根据《会计法》第二十条第二款规定:财务会计报告由会计报表、会计报表附注和财务情况说明书组成。会计报表是财务会计报告的主干部分,是以企业的会计凭证、会计账簿和其他会计资料为依据,以货币作为计量单位总括地反映企业的财务状况、经营成果和现金流量,按照规定的格式、内容和填报要求定期编制并对外报送的书面报告文件。由于它一般以表格的形式简明扼要地体现出来,因而称为会计报表。这里讲的分类是指会计报表可以按照不同的标准进行分类。对会计报表进行分类的目的是为了加深对主要会计报表的意义及其结构内容的理解,掌握报表体系的规律性。

在会计实务中,会计报表可按以下不同标准进行分类。

(一)会计报表按其反映经济内容分类

会计报表按其反映经济内容的不同,分为财务状况报表和经营成果报表。

1. 财务状况报表

财务状况报表是反映会计主体在一定日期的财务状况和一定期间财务状况变动情况的会计报表,主要有资产负债表和现金流量表。

通过资产负债表,可以反映一个单位某一时点的资产、负债和所有者权益的基本情况,揭示单位资产、负债和所有者权益的规模、结构及其相互关系等财务状况。

通过现金流量表可以综合反映一定会计期间内资金来源和运用及其增减变动情况,系统地揭示会计主体在一定时期内重要的财务事项,对资金变化的原因作出具体说明。

2. 经营成果报表

经营成果报表是反映单位在一定时期内的收入实现、成本耗费和利润形成及其分配等情况的会计报表,主要有利润表。

通过利润表,可以反映单位的收入、成本和利润等基本情况,评价单位的经营业绩,揭示单位的获利能力。

(二)会计报表按其编制时间分类

会计报表按其编制时间的不同,可分为中期财务会计报表和年度财务会计报表。中期财务会计报表包括广义的中期财务会计报表和狭义的中期财务会计报表。广义的中期财务会计报表包括月度、季度、半年度报表。狭义的中期财务会计报表仅指半年度报表。

(1)年度报表(年报)是在年度终了后,按会计年度编制和报送,以全面反映会计主体全年经济活动、财务收支和财务成果的报表。年报在种类、揭示的指标信息等方面最为完整、齐全,如资产负债表、利润表、现金流量表等。

(2)月度报表是在月份终了后,按月编报、以简明扼要的形式反映某 1 月份财务状况和经营成果主要指标的报表,如资产负债表、利润表和应交增值税明细表。

(3)季度报表的编制按季度进行,在提供信息指标的详细程度上,介于月度报表和半年度报表之间。

(4)半年度报表是在每个会计年度的前 6 个月结束后编制的会计报表、主要包括资产负债表、利润表及其他附注资料。

(三) 会计报表按编制单位和编报范围不同分类

会计报表按照其编制单位和编报范围的不同,可分为基层财务会计报表和汇总财务会计报表。

基层财务会计报表是由实行独立核算的基层单位编制的会计报表。

汇总财务会计报表是根据上级主管部门所属单位的基层会计报表和本部门的会计报表资料汇总编制的会计报表。汇总财务会计报表通常按行政隶属关系逐级汇总,以反映某一部门、行业或地区的总括情况。

(四) 会计报表按其所反映的资金运动状况分类

会计报表按照其所反映资金运动状况的不同,可分为静态报表和动态报表。

静态报表是反映单位一定时日的财务状况的会计报表,如资产负债表。静态报表的编制依据一般是有关账簿的余额资料。

动态报表是反映单位在一定时期的经营成果或财务状况变动情况的会计报表,如利润表和现金流量表。动态报表的编制依据主要是有关账簿的发生额资料。

(五) 会计报表按其编制用途分类

会计报表按照其编制用途的不同,可分为外部会计报表和内部会计报表。

外部会计报表主要是指服务于企业外部使用者的报表,是单位按照统一会计制度的规定编制的,报送上级主管部门和其他政府管理部门以及单位的债权人和使用本单位相关资料的外部信息需求者的会计报表。在我国,企业对外报送的报表至少应当包括资产负债表、利润表、现金流量表、所有者权益变动表及其附注。

内部会计报表主要是指服务于企业内部经营管理用的报表,是单位根据自身需要编制的,提供本单位内部使用的会计报表。内部会计报表由单位的财会部门统一设置制定,经单位领导审批后,由单位的内部责任部门填报,借以满足单位加强经济责任制的核算和内部管理的需要。内部会计报表一般包括成本报表和管理会计报表等。内部会计报表没有统一的格式要求,可由企业根据需要自行确定提供报表的内容和格式。

(六) 会计报表按母、子公司之间的关系分类

会计报表按照母、子公司之间的关系进行分类,可分为合并会计报表和个别会计报表。

合并会计报表是由企业集团中对其他单位拥有控制权的母公司编制的综合反映企业集团整体经营成果、财务状况及其变动情况的会计报表。合并会计报表所包含的内容和报表指标与基层会计报表相同,只是其指标的数值中既包含母公司的情况,又包含其所属子公司的情况。

个别会计报表是由单位编制的单独反映本单位自身经营成果、财务状况及其变动情况的会计报表。

三、财务会计报告的编制要求

编制财务会计报告的基本目的是向会计信息使用者提供有关财务方面的信息资料,及时、准确、完整、清晰地反映会计主体的财务状况和经营成果。为了充分发挥会计信息的作用,确保信息质量,各会计主体单位必须按照《企业会计准则第 30 号——财务

报表列报》(以下简称财务报表列报准则)的规定,编制和对外提供合法、真实、完整和公允的财务会计报告。

(一)财务会计报告编报的时间要求

财务会计信息质量要求之一是及时性,也就是说信息是有时效性的,这就要求信息在对用户失效之前就应该提供给用户。财务会计报告只有及时编制和报送,才能有利于会计信息的利用。否则,即使是真实可靠、全面完整的财务会计报告,如果失去了编报的及时性,也就失去了其价值。

为了确保财务会计报告编报的及时性,政府有关部门对各单位财务会计报告的编报时间作出了明确的规定。一般来说,月度报告应于月份终了后6天内报出(节假日顺延,下同);季度中期财务会计报告应当于季度终了后15天内对外提供;半年度中期报告应于年度中期结束后60天内提供;年度报告应于年度终了后4个月内报出。这就要求会计部门必须加强日常的核算工作,认真做好记账、算账、对账、财产清查和调整账面等编报前的准备工作,加强会计人员的配合协作,高质、高效地完成会计信息的报送工作。

(二)财务会计报告编报的格式要求

各单位向外提供的会计报表包括资产负债表、利润表、现金流量表及有关附表,《企业会计制度》统一了其格式。各会计主体单位必须按照国家统一会计制度规定的内容、格式,编制和对外报送财务会计报告。单位内部使用的财务会计报告,其格式和要求由各单位自行规定。

(三)财务会计报告的编制要求

为了确保财务会计报告的质量,使会计信息真正成为使用者进行管理和决策的重要依据,财务会计报告的编制要做到以下要求。

1. 数字真实

财务会计报告是一个信息系统,其真实性是对会计信息质量的基本要求。在编制会计报表时,必须做到账账、账实、账表相符,不得匡计数字,更不得弄虚作假,隐瞒谎报,篡改数字,应如实地反映企业的财务状况、经营成果和现金流量。

2. 计算准确

日常的会计核算以及编制财务会计报告,涉及大量的数字计算,只有准确地计算,才能保证数字的真实可靠。这就要求编制财务会计报告必须以核对无误后的账簿记录和其他有关资料为依据,不能使用估计或推算的数据,更不能以任何方式弄虚作假,玩数字游戏或隐瞒谎报。

3. 内容完整

各种会计报表之间,以及会计报表的各项指标之间,是相互联系、互为补充的,因此,必须按照《企业会计准则》规定的种类、格式和内容填报。各会计主体对国家规定应予填报的各种报表和表内各项目,要填报齐全,不得随意漏编、漏报;应当汇总编制的所属各单位的会计报表必须全部汇总;报表附注和应该编制的附表及财务情况说明书,必须同时编报。财务报表应当反映企业经济活动的全貌,全面反映企业的财务状况和经营成果,才能满足各方面对会计信息的需要。凡是国家要求提供的财务报表,各企业必须全部编制并报送,不得漏编和漏报。凡是国家统一要求披露的信息,都必须披露。

4．说明清楚

会计报表编制之后，还必须按照《企业会计准则》和有关制度规定及上级主管部门的要求，对需要说明的诸如会计报表中主要指标的构成和计算方法、本报告期发生的特殊情况等问题，写出简要的文字说明，以便使用者了解与财务会计报告有关的情况，作出正确决策和判断。

第二节 资产负债表

一、资产负债表的定义及其作用

（一）资产负债表的定义

资产负债表是指反映企业在某一特定日期的财务状况的会计报表。资产负债表是企业基本的会计报表，反映企业资产、负债和所有者权益的总体规模和结构。

对资产负债表定义中的特定时间概念的理解如下：对一个持续经营的企业而言，其资金运动在每一个时点上都会呈现不同的状态，说明企业在各个时日都具有各个不相同的财务状况。但企业一般并不需要每天都对其财务状况进行反映，只有在按要求的编报时间编制资产负债表时才有这种必要。因而，所编制的资产负债表究竟反映的是该会计期间哪一天的财务状况就必须清楚地界定。定义中的“某一特定日期”是指编制资产负债表所涵盖的一定会计期间的某一日，一般是指该会计期间（月度、季度和年度）的最后一天。如编制某月度的资产负债表时，资产负债表的“特定日期”就是该月的最后一日；若编制某一年度的资产负债表时，“特定日期”就是该年度的最后一日。

（二）资产负债表的作用

资产负债表主要提供有关企业财务状况方面的信息，反映某一特定日期关于企业资产、负债和所有者权益的具体内容及其关系，是会计报表分析的主要信息来源，是进行各项经济活动分析的基础。资产负债表的主要作用包括以下几个方面。

（1）企业管理当局通过资产负债表，可以了解企业在生产经营活动中所控制的资产总量及其结构和承担的责任、义务。通过前后期资产负债表的对比，还可以从企业资产、负债的结构变化中，分析企业经营管理工作的绩效。

（2）企业的投资者通过资产负债表，可以考核企业管理人员是否有效地利用了经济资源，据以判断资本保值、增值的情况，从而对企业经营管理人员的业绩进行考核评价。

（3）企业债权人和供应商通过资产负债表，可以了解企业的偿债能力与支付能力及现有财务状况，对负债的保障程度，为他们掌握投资风险、预测企业发展前景、作出投资决策提供必要的信息。

（4）财政、税务等部门，根据资产负债表可以了解企业贯彻执行财经法规和交纳税款的情况，以便进行宏观调控。

（三）资产负债表的基本结构和内容

1．资产负债表的基本结构

资产负债表的结构包括两层含义：一是资产负债表如何体现资产、负债和所有者权益三者之间的基本关系；二是资产负债表如何揭示各个会计要素具体内容的结构关系。前者决定资产负债表的基本结构，而后者决定各会计要素具体项目的排列顺序。

资产负债表由表首和表体组成。表首部分列示报表的名称、编制单位、编制日期和货币计量单位等内容。资产负债表的表体根据"资产＝负债＋所有者权益"的基本公式，按照一定的标准和次序，把企业某一时日的资产、负债和所有者权益各要素按流动性进行项目分类。资产负债表表体常见的列式格式有三种：报告式、账户式和营运资金式。

报告式资产负债表的建立是以"资产－负债＝所有者权益"为基础，分上下两部分，上半部分列示资产，下半部分为负债和所有者权益。

账户式资产负债表的建立是以"资产＝负债＋所有者权益"为基础的，分左右两边，左边资产，右边负债和所有者权益。根据《企业会计准则》的规定，我国企业资产负债表采用账户式的格式。

营运资金式资产负债表在项目分列上突出"营运资金"项目，按"流动资产－流动负债＝营运资金""营运资金＋非流动资产－非流动负债＝所有者权益"的等式编列，使报表使用者对企业支付能力的大致情况一目了然。

2. 资产负债表的内容

(1) 资产负债表的基本内容分为资产、负债和所有者权益三类项目。

(2) 资产类项目以能否改变和变现速度的快慢作为项目排列标准。按照流动资产、非流动资产进行分类并分项列示。

(3) 负债类项目以偿还期限的长短作为项目排列标准。按照流动负债、非流动负债进行分类并分项列示。

(4) 所有者权益类项目以其永久性程度的高低作为项目排列标准。一般按照"实收资本""资本公积""盈余公积""未分配利润"等项目分别列示。

二、一般企业资产负债表的基本结构

我国资产负债表格式为账户式。

账户式资产负债表的结构特征如下：

(1) 资产负债表分为左右两方。左方列示资产，反映全部资产的分布及存在形态；右方列示负债和所有者权益，反映全部负债和所有者权益的内容及构成情况。由于全部资产的所有权总是属于投资人和债权人的，所以资产负债表左方的总计和右方总计始终保持平衡关系，即"资产＝负债＋所有者权益"。

(2) 资产负债表左右两方内部项目的排列，严格区分为流动性项目与非流动性项目。其中，流动性项目是在 1 年或长于 1 年的一个营业周期内发生变化的资产和负债项目；非流动性项目是在 1 年以上可以变现或需要偿还的项目。

(3) 左方资产内部各个项目按照各项资产的流动性的大小或变现能力的强弱来排列。流动性越大、变现能力越强的资产项目越往前排；流动性越小、变现能力越弱的资产项目越往后排。依此顺序，左方资产项目的排列顺序为流动资产和非流动资产，其中，流动资产内部各项目也按照各自的流动性大小来排列，前是货币资金，后是应收账款和存货。同样，非流动资产内部也按照各项目的流动性大小来排列，其排列顺序是：

长期股权投资、固定资产、无形资产及其他非流动资产等。

(4) 右方的权益项目包括负债和所有者权益两项，它们是按照权益的顺序排列的。由于企业的资产要先用来偿还债务，所以负债是第一顺序的权益，具有优先清偿的特征，列于所有者权益之前；而所有者权益则属于剩余权益，列于负债之后。

(5) 右方负债内部各个项目依其偿还顺序，即按照到期日由近至远的顺序排列，偿还期越近的流动负债项目越往前排，偿还期越远的非流动负债项目则越往后排。

(6) 右方所有者权益内部各个项目按照各项目的稳定性程度或永久性程度排列。稳定性程度越好或永久性程度越好的实收资本和资本公积项目越往前排，稳定性程度差或永久性程度差的盈余公积和未分配利润项目则往后排。

资产负债表各项目的排列顺序，实质上是提供企业偿债能力的资料。左方资产项目按照变现能力顺序排列，越往上层的项目，其变现速度越快，所以左方是反映企业可以用于偿还债务的资产；右方权益项目的排列顺序是：需要偿还的权益(负债)放于上层，而不需要清偿的所有者权益排在下层，需要立即清偿的流动负债放在最上层。这样，将左右双方对比，就能揭示企业的偿债能力信息。一般企业资产负债表的具体格式如表 10-1 和表 10-2 所示。①

表 10-1　资产负债表

(适用于未执行新金融准则、新收入准则和新租赁准则的企业

会企 01 表

编制单位：　　　　____年__月__日　　　　单位：元

资　产	期末余额	上年年末余额	负债和所有者权益(或股东权益)	期末余额	上年年末余额
流动资产：			流动负债：		
货币资金			短期借款		
以公允价值计量且其变动计入当期损益的金融资产			以公允价值计量且其变动计入当期损益的金融负债		
衍生金融资产			衍生金融负债		
应收票据			应付票据		
应收账款			应付账款		
预付款项			预收款项		
其他应收款			应付职工薪酬		

① 根据《关于修订印发 2019 年度一般企业财务报表格式的通知》(财会〔2019〕6 号)的规定，执行企业会计准则的非金融企业中，未执行新金融准则、新收入准则和新租赁准则的企业应当按照企业会计准则和本通知附件 1 的要求编制财务报表；已执行新金融准则、新收入准则和新租赁准则的企业应当按照企业会计准则和本通知附件 2 的要求编制财务报表；已执行新金融准则但未执行新收入准则和新租赁准则的企业，或已执行新金融准则和新收入准则但未执行新租赁准则的企业，应当结合本通知附件 1 和附件 2 的要求对财务报表项目进行相应调整。企业对不存在相应业务的报表项目可结合本企业的实际情况进行必要删减，企业根据重要性原则并结合本企业的实际情况可以对确需单独列示的内容增加报表项目。

（续表）

资　产	期末余额	上年年末余额	负债和所有者权益（或股东权益）	期末余额	上年年末余额
存货			应交税费		
持有待售资产			其他应付款		
一年内到期的非流动资产			持有待售负债		
其他流动资产			一年内到期的非流动负债		
流动资产合计			其他流动负债		
非流动资产：			流动负债合计		
可供出售金融资产			非流动负债：		
持有至到期投资			长期借款		
长期应收款			应付债券		
长期股权投资			其中：优先股		
投资性房地产			永续债		
固定资产			长期应付款		
在建工程			预计负债		
生产性生物资产			递延收益		
油气资产			递延所得税负债		
无形资产			其他非流动负债		
开发支出			非流动负债合计		
商誉			负债合计		
长期待摊费用			所有者权益（或股东权益）：		
递延所得税资产			实收资本（或股本）		
其他非流动资产			其他权益工具		
非流动资产合计			其中：优先股		
			永续债		
			资本公积		
			减：库存股		
			其他综合收益		
			专项储备		
			盈余公积		
			未分配利润		
			所有者权益（或股东权益）合计		
资产合计			负债和所有者权益（或股东权益）总计		

表 10-2 资产负债表①

(适用于已执行新金融准则、新收入准则和新租赁准则的企业

会企 01 表

编制单位： ____年__月__日 单位:元

资 产	期末余额	上年年末余额	负债和所有者权益（或股东权益）	期末余额	上年年末余额
流动资产：			流动负债：		
货币资金			短期借款		
交易性金融资产			交易性金融负债		
衍生金融资产			衍生金融负债		
应收票据			应付票据		
应收账款			应付账款		
应收款项融资			预收款项		
预付款项			合同负债		
其他应收款			应付职工薪酬		
存货			应交税费		
合同资产			其他应付款		
持有待售资产			持有待售负债		
一年内到期的非流动资产			一年内到期的非流动负债		
其他流动资产			其他流动负债		
流动资产合计			流动负债合计		
非流动资产：			非流动负债：		
债权投资			长期借款		
其他债权投资			应付债券		
长期应收款			其中:优先股		
长期股权投资			永续债		
其他权益工具投资			租赁负债		
其他非流动金融资产			长期应付款		
投资性房地产			预计负债		
固定资产			递延收益		
在建工程			递延所得税负债		
生产性生物资产			其他非流动负债		
油气资产			非流动负债合计		
使用权资产			负债合计		
无形资产			所有者权益(或股东权益)		

① 本教材主要阐述适用于已执行新金融准则、新收入准则和新租赁准则的企业的财务报表。

（续表）

资　产	期末余额	上年年末余额	负债和所有者权益（或股东权益）	期末余额	上年年末余额
开发支出			实收资本（或股本）		
商誉			其他权益工具		
长期待摊费用			其中：优先股		
递延所得税资产			永续债		
其他非流动资产			资本公积		
非流动资产合计			减：库存股		
			其他综合收益		
			专项储备		
			盈余公积		
			未分配利润		
			所有者权益（或股东权益）合计		
资产总计			负债和所有者权益（或股东权益）总计		

三、资产负债表项目的填列方法

（一）“上年年末余额”的填列方法

资产负债表中“上年年末余额”栏内各项目数字，应根据上年年末资产负债表“期末余额”栏内所列数字填列。

如果本年度资产负债表规定的各个项目的名称和内容同上年度不相一致，应对上年年末资产负债表各项目的名称和数字按本年度的规定进行调整，按调整后的数字填入本表“年初余额”栏内。

（二）“期末余额”的填列方法

1. 直接根据总账账户的余额填列

报表指标与账户名称完全一致，可用账簿余额直接填写报表的项目如下：

（1）资产类有：“交易性金融资产”等项目。

（2）负债类有：“短期借款”“应付票据”“应付职工薪酬”“应交税费”等项目。

（3）所有者权益类有：“实收资本”“资本公积”“其他综合收益”“盈余公积”等项目。

2. 根据几个总账账户的余额计算填列

报表中，有些项目应根据指标性质和有关账户间的相互关系，采用账户余额合计数法填列，如下：

（1）“货币资金”项目应根据“库存现金”“银行存款”“其他货币资金”账户的余额合计填列。

（2）“存货”项目应根据“材料采购”“原材料”“周转材料”“自制半成品”“库存商品”

“分期收款发出商品”“委托加工物资”“委托代销商品”“受托代销商品”“生产成本”等账户的余额合计数填列。

3. 根据有关明细账户的余额计算填列

报表中，有些项目应根据相关的若干个明细分类账户的余额分析计算填列，如下：

(1)“应收账款”项目应根据“应收账款”和“预收账款”总分类账户所属各明细账户的期末借方余额合计，减去“坏账准备”账户中有关应收账款计提的坏账准备期末余额后的金额填列。

(2)“预付款项”项目应根据“预付账款”和“应付账款”总分类账户所属各明细分类账户的期末借方余额合计填列。

(3)“应付账款”项目应根据“应付账款”和“预付账款”总分类账户所属各明细分类账户的期末贷方余额合计填列。

(4)“预收款项”项目应根据“预收账款”和“应收账款”总分类账户所属各明细分类账户的期末贷方余额合计填列。

【例 10-1】 东华股份有限公司 20×7 年年末结账前，“应收账款”账户所属明细账户中有借方余额50 000元，贷方余额 20 000 元；“预付账款”账户所属明细账户中有借方余额 13 000 元，贷方余额 5 000 元；“应付账款”账户所属明细账户中有借方余额 50 000元，贷方余额 120 000 元；“预收账款”账户所属明细账户中有借方余额 3 000 元，贷方余额 10 000 元；“坏账准备”账户余额为 0。

“预付款项”项目＝“预付账款”账户所属明细账户借方＋“应付账款”账户所属明细账户借方
＝13 000＋50 000＝63 000(元)

“应收账款”项目＝“应收账款”账户所属明细账户借方＋“预收账款”账户所属明细账户借方
＝50 000＋3 000＝53 000(元)

“应付账款”项目＝“应付账款”账户所属明细账户贷方＋“预付账款”账户所属明细账户贷方
＝120 000＋5 000＝125 000(元)

“预收款项”项目＝“预收账款”账户所属明细账户贷方
＋“应收账款”账户所属明细账户贷方
＝10 000＋20 000＝30 000(元)

【例 10-2】 东华股份有限公司 20×7 年年末结账前，“应收账款”“应付账款”“预收账款”“预付账款”账户所属明细账户余额如表 10-3 所示。

表 10-3　东华股份有限公司 20×7 年年末结账前账户所属明细账户余额　单位：元

总账账户	借方	贷方	所属明细账户	借方	贷方
应收账款	2 000		A 公司	2 400	
			B 公司		400
预付账款	4 000		C 公司	4 600	
			D 公司		600

（续表）

总账账户	借方	贷方	所属明细账户	借方	贷方
应付账款		2 500	甲公司	300	
			乙公司		2 800
预收账款		1 000	丙公司		1 200
			丁公司	200	

“预付款项”项目＝“预付账款”账户所属明细账户借方＋“应付账款”账户所属明细账户借方
＝4 600＋300＝4 900(元)
“应收账款”项目＝“应收账款”账户所属明细账户借方＋“预收账款”账户所属明细账户借方
＝2 400＋200＝2 600(元)
“应付账款”项目＝“应付账款”账户所属明细账户贷方＋“预付账款”账户所属明细账户贷方
＝2 800＋600＝3 400(元)
“预收款项”项目＝“预收账款”账户所属明细账户贷方＋“应收账款”账户所属明细账户贷方
＝1 200＋400＝1 600(元)

4. 根据总账账户和明细账户的余额分析计算填列

(1)“长期应收款”项目，应当根据“长期应收款”总账账户余额，减去“未实现融资收益”总账账户余额，再减去所属相关明细账户中将于1年内到期的部分填列。

(2)“长期借款”项目，应当根据“长期借款”总账账户余额扣除“长期借款”账户所属明细账户中将于1年内到期的部分填列。

(3)“应付债券”项目，应当根据“应付债券”总账账户余额扣除“应付债券”账户所属明细账户中将于1年内到期的部分填列。

(4)“长期应付款”项目，应当根据“长期应付款”总账账户余额，减去“未确认融资费用”总账账户余额，再减去所属相关明细账户中将于1年内到期的部分填列。

【例10-3】 东华股份有限公司20×7年12月31日企业长期借款情况如表10-4所示。

表10-4　东华股份有限公司长期借款情况

借款起始日期	借款期限(年)	金额(万元)
20×7年1月1日	3	100
20×7年1月1日	5	200
20×5年1月1日	4	150

该公司20×7年12月31日资产负债表中，“长期借款”项目金额为：100＋200＋150－150＝300(万元)。

该公司20×7年12月31日资产负债表中，“一年内到期的非流动负债”项目为150万元。

5. 根据总账账户与其备抵账户抵销后的净额填列

(1)"存货"项目,应当根据"原材料""库存商品""发出商品""周转材料"等账户期末余额,减去"存货跌价准备"账户期末余额后的金额填列。

(2)"长期股权投资"项目应根据"长期股权投资"账户的期末余额,减去"长期股权投资减值准备"账户中有关股权投资减值准备期末余额后的金额填列。

(3)"在建工程"项目,应根据"在建工程"账户的期末余额,减去"在建工程减值准备"账户期末余额后的金额填列。

(4)"固定资产"项目,应当根据"固定资产"账户期末余额,减去"累计折旧""固定资产减值准备"等账户期末余额后的金额填列。

(5)"无形资产"项目,应根据"无形资产"账户的期末余额,减去"无形资产减值准备"账户期末余额后的金额填列。

(6)"长期待摊费用"项目,应根据"长期待摊费用"账户的期末余额减去1年内(含1年)摊销的数额后的金额填列。

(7)"未分配利润"项目,在年度期间应根据"本年利润"账户期末贷方余额与"利润分配"账户期末借方余额的差额填列。但在年末时,该项目应直接根据"利润分配"账户金额填列。

【例 10-4】 东华股份有限公司20×7年12月31日有关账户余额如表10-5所示。

表 10-5 东华股份有限公司有关账户余额 单位:万元

账 户	借方账户余额	贷方账户余额
长期股权投资	100	
长期股权投资减值准备		6
投资性房地产	2 000	
投资性房地产累计折旧		450
投资性房地产减值准备		150
固定资产	1 000	
累计折旧		90
固定资产减值准备		200
在建工程	120	
在建工程减值准备		20
无形资产	488	
累计摊销		48.8
无形资产减值准备		93

要求:计算该公司20×7年12月31日资产负债表中,"长期股权投资""投资性房地产""固定资产""在建工程"和"无形资产"项目应该填列的金额。

“长期股权投资”项目的金额＝100－6＝94（万元）

“投资性房地产”项目的金额＝2 000－450－150＝1 400（万元）

“固定资产”项目的金额＝1 000－90－200＝710（万元）

“在建工程”项目的金额＝120－20＝100（万元）

“无形资产”项目的金额＝488－48.8－93＝346.2（万元）

四、资产负债表各项目的列报说明

资产负债表“期末余额”栏内各项数字，应当根据资产、负债和所有者权益期末情况填列，具体填列方法如下。

（一）资产项目的列报说明

（1）“货币资金”项目，反映企业持有的现金、银行存款和其他货币资金的总额，应当根据“库存现金”“银行存款”和“其他货币资金”各账户期末借方余额合计填列。

（2）“交易性金融资产”项目，反映资产负债表日企业分类为以公允价值计量且其变动计入当期损益的金融资产，以及企业持有的指定为以公允价值计量且其变动计入当期损益的金融资产的期末账面价值。该项目应根据“交易性金融资产”账户的相关明细账户的期末余额分析填列。自资产负债表日起超过 1 年到期且预期持有超过 1 年的以公允价值计量且其变动计入当期损益的非流动金融资产的期末账面价值，在“其他非流动金融资产”项目反映。

（3）“应收票据”项目，反映资产负债表日以摊余成本计量的、企业因销售商品、提供服务等收到的商业汇票，包括银行承兑汇票和商业承兑汇票。该项目应根据“应收票据”账户的期末余额，减去“坏账准备”账户中相关坏账准备期末余额后的金额分析填列。

（4）“应收账款”项目，反映资产负债表日以摊余成本计量的、企业因销售商品、提供服务等经营活动应收取的款项。该项目应根据“应收账款”账户的期末余额，减去“坏账准备”账户中相关坏账准备期末余额后的金额分析填列。

（5）“应收款项融资”项目，反映资产负债表日以公允价值计量且其变动计入其他综合收益的应收票据和应收账款等。

（6）“预付款项”项目，反映企业持有的按照购货合同规定预付给供应单位的款项。例如，“预付账款”账户所属有关明细账户期末有贷方余额的，应在本表“应付账款”项目内反映。“应付账款”账户所属明细账户有借方余额的，也应包括在本项目内。

（7）“其他应收款”项目，应根据“应收利息”“应收股利”和“其他应收款”账户的期末余额合计数，减去“坏账准备”账户中相关坏账准备期末余额后的金额填列。其中的“应收利息”账户仅反映相关金融工具已到期可收取但于资产负债表日尚未收到的利息。基于实际利率法计提的金融工具的利息应包含在相应金融工具的账面余额中。

（8）“存货”项目，反映企业持有的在库、在途和在加工中的各项存货的实际价值，包括各种材料、库存商品、在产品、半成品、周转材料（或者包装物及低值易耗品）、发出商品、委托加工物资等。该项目应当按照“存货”项目下各账户的期末余额，扣减提取的存货跌价准备后的净额填列。材料采用计划成本核算，以及库存商品采用计划成本或售价核算的企业,“存货”项目还应按加上或减去“材料成本差异”“商品进销差价”账户期末余额后的金额填列。

(9)“合同资产”项目,反映企业按照《企业会计准则第14号收入》(2017年修订)的相关规定根据本企业履行履约义务与客户付款之间的关系应确认的合同资产在资产负债表日的余额中的流动部分。该项目应根据“合同资产”账户的相关明细账户期末余额分析填列,同一合同下的合同资产和合同负债应当以净额列示,其中净额为借方余额的,其流动性部分在“合同资产”项目中填列,已计提减值准备的,还应减去“合同资产减值准备”账户中相关的期末余额后的金额填列。

(10)“持有待售资产”项目,反映资产负债表日划分为持有待售类别的非流动资产及划分为持有待售类别的处置组中的流动资产和非流动资产的期末账面价值。该项目应根据“持有待售资产”账户的期末余额,减去“持有待售资产减值准备”账户的期末余额后的金额填列。

(11)“一年内到期的非流动资产”项目,反映资产负债表日企业持有的将于1年内到期的非流动资产的期末账面价值。该项目应根据“债权投资”“其他债权投资”“长期应收款”账户所属明细账户余额中将于1年内到期的长期债权的数额之和计算填列。

(12)“其他流动资产”项目,反映企业持有的除上述流动资产以外的其他流动资产的净额。该项包括的内容主要有:①企业购入的以摊余成本计量的1年内到期的债权投资的期末账面价值。该部分金额应当根据“债权投资”账户的相关明细账户期末余额,减去“债权投资减值准备”账户中相关减值准备的期末余额后的金额确定。②企业购入的以公允价值计量且其变动计入其他综合收益的1年内到期的债权投资的期末账面价值。该部分金额应当根据“其他债权投资”账户相关明细账户的期末余额确定。③按照《企业会计准则第14号收入》(2017年修订)的相关规定确认为资产的合同取得成本的期末余额中的流动部分。该部分金额应当根据“合同取得成本”账户的明细账户初始确认时摊销期限在1年或长于1年的1个正常营业周期之内的部分,减去“合同取得成本减值准备”账户中相关的期末余额后的金额确定。④按照《企业会计准则第14号收入》(2017年修订)的相关规定确认为资产的应收退货成本的期末余额中的流动部分。该部分金额应当根据“应收退货成本”账户的明细账户余额分析确定。

(13)“债权投资”项目,反映资产负债表日企业以摊余成本计量的长期债权投资的期末账面价值。该项目应根据“债权投资”账户的相关明细账户期末余额,减去“债权投资减值准备”账户中相关减值准备的期末余额后的金额分析填列。自资产负债表日起1年内到期的长期债权投资的期末账面价值,在“一年内到期的非流动资产”项目反映。企业购入的以摊余成本计量的1年内到期的债权投资的期末账面价值,在“其他流动资产”项目反映。

(14)“其他债权投资”项目,反映资产负债表日企业分类为以公允价值计量且其变动计入其他综合收益的长期债权投资的期末账面价值。该项目应根据“其他债权投资”账户的相关明细账户的期末余额分析填列。自资产负债表日起1年内到期的长期债权投资的期末账面价值,在“一年内到期的非流动资产”项目反映。企业购入的以公允价值计量且其变动计入其他综合收益的1年内到期的债权投资的期末账面价值,在“其他流动资产”项目反映。

(15)“长期应收款”项目,反映企业融资租赁产生的应收款项和采用递延方式具有融资性质的销售商品和提供劳务等产生的应收款项。如果长期应收款计提了坏账准备,本项目则应当以扣减提取的坏账准备后的净额填列。本项目按减去相应的“未实现融资收益”期末余额后的金额填列。长期应收款中将于1年内到期的部分,在“一年内到期的非流动资产”项目反映。

(16)“长期股权投资”项目,反映企业持有的采用成本法和权益法核算的长期股权投资的实际价值。本项目应根据“长期股权投资”账户的期末余额,扣减“长期股权投资减值准备”账户的期末余额后填列。

(17)“其他权益工具投资”项目,反映资产负债表日企业指定为以公允价值计量且其变动计入其他综合收益的非交易性权益工具投资的期末账面价值。该项目应根据“其他权益工具投资”账户的期末余额填列。

(18)“投资性房地产”项目,反映企业持有的投资性房地产的实际价值,包括采用成本模式计量的投资性房地产和采用公允价值模式计量的投资性房地产。本项目应根据“投资性房地产”账户的期末余额,扣减“投资性房地产减值准备”账户期末余额后填列,采用成本模式计量的,还应扣减投资性房地产累计折旧(摊销)。

(19)“固定资产”项目,反映资产负债表日企业固定资产的期末账面价值和企业尚未清理完毕的固定资产清理净损益。该项目应根据“固定资产”账户的期末余额,减去“累计折旧”和“固定资产减值准备”账户的期末余额后的金额,以及“固定资产清理”账户的期末余额填列。

(20)“在建工程”项目,反映资产负债表日企业尚未达到预定可使用状态的在建工程的期末账面价值和企业为在建工程准备的各种物资的期末账面价值。该项目应根据“在建工程”账户的期末余额,减去“在建工程减值准备”账户的期末余额后的金额,以及“工程物资”账户的期末余额,减去“工程物资减值准备”账户的期末余额后的金额填列。

(21)“生产性生物资产”项目,反映企业(农业)持有的生产性生物资产的期末实际价值。本项目应根据“生产性生物资产”账户的期末余额,扣减“生产性生物资产累计折旧”账户的余额后填列。生产性生物资产计提了减值准备的,还应当扣减计提的减值准备金额。

(22)“油气资产”项目,反映企业(石油天然气开采)持有的矿区权益和油气、井及相关设施的实际价值。企业(石油天然气开采)与油气开采活动相关的辅助设备及设施在“固定资产”项目反映,不在本项目反映。本项目应根据“油气资产”账户的期末余额,扣减“累计折耗”账户的余额填列。油气资产计提了减值准备的,还应当扣减计提的减值准备金额。

(23)“使用权资产”项目,反映资产负债表日承租人企业持有的使用权资产的期末账面价值。该项目应根据“使用权资产”账户的期末余额,减去“使用权资产累计折旧”和“使用权资产减值准备”账户的期末余额后的金额填列。

(24)“无形资产”项目,反映企业持有的无形资产成本,包括专利权、非专利技术、商标权、著作权、土地使用权等。采用成本模式计量的已出租的土地使用权和持有并准备增值后转让的土地使用权，在“投资性房地产”项目反映，不在本项目反映。本项目应根据“无形资产”账户的期末余额，扣减“累计摊销”和“无形资产减值准备”账户的余额后填列。

(25)“开发支出”项目，反映企业进行研究与开发无形资产过程中发生的满足资本化条件的各项支出。本项目应根据“研发支出”账户的期末余额填列。

(26)“商誉”项目，反映企业合并中形成的商誉的期末价值。本项目可以根据“商誉”账户的期末余额填列。如果企业单独设置“商誉减值准备”账户核算商誉发生的减值，则本项目应当根据“商誉”账户的期末余额，扣减“商誉减值准备”账户的余额后填列。

(27)“长期待摊费用”项目，反映企业已经发生但应由本期和以后各期负担的分摊期限在 1 年以上的各项费用，如以经营租赁方式租入固定资产发生的改良支出。“长期待摊费用”账户中将于 1 年内摊销的部分，应在“一年内到期的非流动资产”项目中反映。

(28)“递延所得税资产”项目，反映企业根据企业会计准则确认的可抵扣暂时性差异产生的所得税资产的期末价值。根据税法规定可用以后年度税前利润弥补的亏损产生的所得税资产，也在本项目反映。本项目应根据“递延所得税资产”账户的期末余额填列。

(29)“其他非流动资产”项目，反映企业除以上资产以外的其他非流动资产，如企业期末持有的公益性生物资产，应在本项目反映。

(二) 负债项目的列报说明

(1)“短期借款”项目，反映企业向银行或其他金融机构等借入的期限在 1 年以下(含 1 年)的各种借款。本项目应根据“短期借款”账户的期末余额填列。

(2)“交易性金融负债”项目，反映资产负债表日企业承担的交易性金融负债，以及企业持有的指定为以公允价值计量且其变动计入当期损益的金融负债的期末账面价值。该项目应根据“交易性金融负债”账户的相关明细账户的期末余额填列。

(3)“应付票据”项目，反映资产负债表日以摊余成本计量的，企业因购买材料、商品和接受服务等开出、承兑的商业汇票，包括银行承兑汇票和商业承兑汇票。该项目应根据“应付票据”账户的期末余额填列。

(4)“应付账款”项目，反映资产负债表日以摊余成本计量的、企业因购买材料、商品和接受服务等经营活动应支付的款项。该项目应根据“应付账款”和“预付账款”账户所属的相关明细账户的期末贷方余额合计数填列。

(5)“预收款项”项目，反映企业按照合同规定向购货单位预收的款项。本项目应根据“预收账款”账户所属各明细账户的期末贷方余额合计填列。如“预收账款”账户所属各明细账户有借方余额的，应在资产负债表“应收账款”项目内填列。如“应收账款”账户所属各明细账户有贷方余额的，也应包括在本项目内。

(6)“合同负债”项目，反映企业按照《企业会计准则第 14 号收入》(2017 年修订)的相关规定根据本企业履行履约义务与客户付款之间的关系应确认的合同负债。该项目应根据“合同负债”账户的相关明细账户期末余额分析填列，同一合同下的合同资产和合同负债应当以净额列示，其中净额为贷方余额的，应当根据其流动性在“合同负债”或“其他非流动负债”项目中填列。

(7)“应付职工薪酬”项目，反映企业根据有关规定应付给职工的各种薪酬。外商投资企业按规定从净利润中提取的职工奖励及福利基金，也在本项目反映。本项目应根据“应付职工薪酬”账户的期末余额填列。应付职工薪酬期末转为债权的，以“－”号填列。

(8)“应交税费”项目，反映企业按照税法规定计算应交纳的各种税费，包括增值税、消费税、所得税、资源税、土地增值税、城市维护建设税、教育费附加、矿产资源补偿费等。企业代扣代交的个人所得税，也通过本项目反映。企业不需要预计应交数所交纳的税费，如房产税、城镇土地使用税、车船税、印花税等，不在本项目反映。本项目应根据“应交税费”账户的期末余额填列。

(9)“其他应付款”项目，应根据“应付利息”“应付股利”和“其他应付款”账户的期末余额合计数填列。其中的“应付利息”账户仅反映相关金融工具已到期应支付但于资产负债表日尚未支付的利息。基于实际利率法计提的金融工具的利息应包含在相应金融工具的账面余额中。

(10)“持有待售负债”项目，反映资产负债表日处置组中与划分为持有待售类别的资产直接相关的负债的期末账面价值。该项目应根据在负债类账户设置的“持有待售负债”账户的期末余额填列。

(11)“一年内到期的非流动负债”项目，反映资产负债表日企业持有的将于1年内到期的非流动负债的期末账面价值。该项目应根据“长期借款”“应付债券”“长期应付款”账户所属明细账户余额中将于1年内到期的数额之和计算填列。

(12)“其他流动负债”项目，反映企业承担的除上述流动负债以外的其他负债。企业期末“衍生工具”“套期工具”“被套期项目”账户的贷方余额，可在本项目反映。

(13)“长期借款”项目，反映企业向银行或其他金融机构借入的期限在1年以上(不含1年)的各项借款。本项目应根据“长期借款”账户的期末余额扣减将于1年内到期部分后的金额填列。

(14)“应付债券”项目，反映企业为筹集长期资金而发行的债券本金和利息。发行1年期及1年期以内的短期债券，在“以公允价值计量且其变动计入当期损益的金融负债”项目反映，不在本项目反映。本项目应根据“应付债券”账户的期末余额扣减将于1年内到期部分后的金额填列。

(15)“长期应付款”项目，反映资产负债表日企业除长期借款和应付债券以外的其他各种长期应付款项的期末账面价值。该项目应根据“长期应付款”账户的期末余额，减去相关的“未确认融资费用”账户的期末余额后的金额，以及“专项应付款”账户的期末余额填列。

(16)“预计负债”项目，反映企业根据或有事项等相关准则确认的各项预计负债，包括对外提供担保、未决诉讼、产品质量保证、重组义务、亏损性合同等预计负债。本项目应根据“预计负债”账户的期末余额填列。

(17)“递延所得税负债”项目,反映企业根据所得税准则确认的应纳税暂时性差异产生的所得税负债。本项目应根据“递延所得税负债”账户的期末余额填列。

(18)“其他非流动负债”项目,反映企业除上述非流动负债以外的负债,如企业“递延收益”账户的期末余额,应在本项目反映。

(三)所有者权益项目的列报说明

(1)“实收资本(或股本)”项目,反映企业接受投资者投入企业的实收资本。本项目应根据“实收资本(或股本)”账户的期末余额填列。

(2)“其他权益工具”项目,反映企业发行的除普通股(作为实收资本或股本)以外,按照金融负债和权益工具区分原则分类为权益工具的其他权益工具在资产负债表日的余额。本项目应根据“其他权益工具”账户的期末余额填列。

(3)“资本公积”项目,反映企业收到投资者出资额超出其在注册资本或股本中所占的份额,以及直接计入所有者权益的利得和损失等的期末余额。本项目应根据“资本公积”账户的期末余额填列。

(4)“其他综合收益”项目,是指企业根据企业会计准则规定未在损益中确认的各项利得和损失扣除所得税影响后的净额。本项目应根据“其他综合收益”账户的期末余额填列。

(5)“盈余公积”项目,反映企业从净利润中提取的盈余公积的期末余额。本项目应根据“盈余公积”账户的期末余额填列。

(6)“未分配利润”项目,反映企业尚未分配的利润。本项目应根据“利润分配——未分配利润”账户的期末余额填列。期末累计未分配利润为负数的,以“一”号填列。

五、资产负债表编制实例

【例 10-5】 东华股份有限公司 20×7 年 12 月 31 日的有关资料如下。

(1)科目余额表如表 10-6 所示。

表 10-6　科目余额表　　单位:元

科目名称	借方余额	贷方余额
库存现金	10 000	
银行存款	57 000	
应收票据	60 000	
应收账款	80 000	
预付账款		30 000
坏账准备——应收账款		5 000
原材料	70 000	
周转材料	10 000	
发出商品	90 000	

（续表）

科目名称	借方余额	贷方余额
材料成本差异		55 000
库存商品	100 000	
交易性金融资产	2 000	
固定资产	800 000	
累计折旧		300 000
在建工程	40 000	
无形资产	150 000	
短期借款		10 000
应付账款		70 000
预收账款		10 000
应付职工薪酬	4 000	
应交税费		13 000
长期借款		80 000
实收资本		500 000
盈余公积		200 000
未分配利润		200 000

(2) 债权、债务明细科目余额。

应收账款明细资料如下：

应收账款——A公司　　借方余额 100 000 元

应收账款——B公司　　贷方余额 20 000 元

预付账款明细资料如下：

预付账款——C公司　　借方余额 20 000 元

预付账款——D公司　　贷方余额 50 000 元

应付账款明细资料如下：

应付账款——E公司　　贷方余额 100 000 元

应付账款——F公司　　借方余额 30 000 元

预收账款明细资料如下：

预收账款——G公司　　贷方余额 40 000 元

预收账款——H公司　　借方余额 30 000 元

(3) 长期借款共2笔，均为到期一次性还本付息。金额及期限如下：从工商银行借入30 000元(本利和)，期限从20×3年6月1日至20×7年6月1日；从建设银行借入50 000元(本利和)，期限从20×4年8月1日至20×8年8月1日。

要求：编制东华股份有限公司20×7年12月31日的资产负债表(见表10-7)。

表 10-7 资产负债表(简表)

编制单位： 20×7 年 12 月 31 日 单位：元

资产	期末余额	上年年末余额	负债和所有者权益	期末余额	上年年末余额
流动资产：		略	流动负债：		略
货币资金	67 000		短期借款	10 000	
交易性金融资产	2 000		应付账款	150 000	
应收票据	60 000		预收款项	60 000	
应收账款	125 000		应付职工薪酬	−4 000	
预付款项	50 000		应交税费	13 000	
存货	215 000		一年内到期的非流动负债	30 000	
流动资产合计	519 000		流动负债合计	259 000	
非流动资产：			非流动负债：		
固定资产	500 000		长期借款	50 000	
在建工程	40 000		非流动负债合计	50 000	
无形资产	150 000		负债合计	309 000	
非流动资产合计	690 000		所有者权益(或股东权益)：		
			实收资本(或股本)	500 000	
			盈余公积	200 000	
			未分配利润	200 000	
			所有者权益(或股东权益)合计	900 000	
资产总计	1 209 000		负债和所有者权益(或股东权益)总计	1 209 000	

需要特别计算的项目，计算过程如下：

"货币资金"项目＝10 000＋57 000＝67 000(元)

"应收账款"项目＝100 000＋30 000－5 000＝125 000(元)

"预付款项"项目＝20 000＋30 000＝50 000(元)

"存货"项目＝70 000＋10 000＋90 000－55 000＋100 000＝215 000(元)

"应付账款"项目＝100 000＋50 000＝150 000(元)

"预收款项"项目＝40 000＋20 000＝60 000(元)

"一年内到期的非流动负债"项目＝30 000(元)

从资料(3)分析，第一笔业务属于1年内到期的非流动负债。

"长期借款"项目＝80 000－30 000＝50 000(元)

第三节 利 润 表

一、利润表的定义和作用

（一）利润表的定义

利润表也称收益表、损益表，是指反映企业在一定会计期间经营成果的会计报表。企业的经营成果一般表现为利润(或者亏损)，它是企业所得扣除所耗后的剩余，是企业经济效益的综合体现。

定义中强调的“一定会计期间”是一个时间过程。这是由于为进行经营成果的确定而在利润表中列示的收入和费用是在一定的会计期间内陆续实现或发生的，并不是在某一个时点上一次性实现或发生的。

（二）利润表的作用

利润表的作用主要有以下四个方面：

(1) 利润表提供的信息，是企业投资人、债权人及外部信息使用者进行相关经济决策的主要依据。

依据利润表所提供的资料，可以计算企业利润的绝对值指标，也可以计算投资报酬率和资金利润率等相对指标，并可据以对企业前后各期及同一时期不同行业或企业的同类指标进行比较分析，从而可使投资者和债权人了解企业的获利能力、利润增长变化的趋势，据此作出是否进行投资、是否追加投资，以及是否进行信贷的经济决策。

(2) 利润表提供的信息，为企业内部经营管理提供决策依据。

利润表综合地反映企业的营业收入、营业成本和期间费用，分别列示营业利润、利润总额、净利润等指标，披露了利润组成的各大要素。企业内部管理人员通过利润表所提供的资料，可以比较分析利润的增减变化情况，并分析利润增减变化的原因，以便在产品销售价格、品种、成本、费用等方面查找可以改进的措施，为以后不断增加企业利润作出合理的决策。

(3) 利润表提供的信息，是考核和评价企业经营管理人员经营业绩和经营管理水平的一个重要依据。

企业在一定时期内的利润水平集中反映了各部门工作的成效，它既是管理层制订各部门工作计划的参考，又是考核各部门计划执行结果的重要依据。依据利润表所提供的相关资料，可以评判各部门的工作业绩。例如，如果企业本期产品销售量并没有比上期增加多少，但本期的销售费用却比上期明显增加时，就说明销售部门对销售费用控制不力。因此，根据利润表提供的资料，可以对有关部门的工作业绩进行考评，以便于合理进行奖罚，调动各部门工作积极性，促使企业不断提高经济效益。

(4) 利润表提供的利润数据，是税收部门课征所得税的依据。

二、利润表的基本结构、内容和一般格式

(一) 利润表的基本结构

利润表一般有表首、表体两部分。其中:表首应注明报表名称、编制单位、编制日期、报表编号、货币名称、计量单位等;表体是利润表的主体,反映形成经营成果的各个项目和计算过程。

利润表表体的格式一般有两种,即单步式利润表和多步式利润表。单步式利润表,是先将当期所有的收入列在一起,再将所有的费用列在一起,最后以收入合计减去费用合计,从而得出当期净损益。多步式利润表,是通过对当期的收入、费用、支出项目按性质加以归类,按利润形成的主要过程列示一些中间性利润指标,分步计算当期净损益。

企业会计准则规定,企业应当采用多步式列报利润表。

(二) 利润表的内容

1. 营业收入

营业收入由主营业务收入和其他业务收入组成。

2. 营业成本

营业成本由主营业务成本和其他业务成本组成。

3. 营业利润

营业利润=营业收入-营业成本-税金及附加-销售费用-管理费用-财务费用-资产减值损失+公允价值变动收益(损失以"-"号填列)+投资收益(损失以"-"号填列)

其中:投资收益包括在营业利润之内。

4. 利润总额

利润总额=营业利润(亏损以"-"号填列)+营业外收入-营业外支出

5. 净利润

净利润=利润总额(亏损总额以"-"号填列)-所得税费用

注意:"所得税费用"项目金额并不一定等于企业当期产生的应交所得税。

6. 其他综合收益

其他综合收益是指企业根据企业会计准则规定未在当期损益中确认的各项利得和损失除净利润之外的所有综合收益,包括按照权益法核算的在被投资单位其他综合收益中所享有的份额等。

7. 综合收益

综合收益是企业在某一期间,除与所有者以其所有者身份进行的交易之外的其他交易或事项所引起的所有者权益的变化额。综合收益包括净利润和其他综合收益(扣除所得税影响后的净额)。

8. 每股收益

每股收益包括基本每股收益和稀释每股收益两项指标。

(三) 企业利润表的一般格式

在我国,企业利润表采用的基本上是多步式结构。

第一步,从营业收入开始,减去营业成本、税金及附加、销售费用、管理费用、财务费用、资产减值损失,加上公允价值变动收益(减去损失)和投资收益(减去损失),得出营业利润。

第二步,在营业利润的基础上,加上营业外收入,减去营业外支出,得出利润总额。

第三步,在利润总额的基础上,减去所得税费用,得出净利润。

如果利润表的格式要求反映利润分配情况,还要增加以下两个步骤。

其一,以净利润加上前期未分配利润等,计算得出可供分配的利润。

其二,从可供分配的利润中减去提取的法定盈余公积并向投资者分配利润后,得出未分配利润。如果利润表不反映利润分配情况,可在利润表之外单独编制利润分配表予以揭示。

我国企业利润表的一般格式如表 10-8 和表 10-9 所示。

表 10-8 利润表

(适用于未执行新金融准则、新收入准则和新租赁准则的企业)

会企 02 表

编制单位: ____年__月 单位:元

项 目	本期金额	上期金额
一、营业收入		
减:营业成本		
税金及附加		
销售费用		
管理费用		
研发费用		
财务费用		
其中:利息费用		
利息收入		
加:其他收益		
投资收益(损失以“—”号填列)		
其中:对联营企业和合营企业的投资收益		
公允价值变动收益(损失以“—”号填列)		
资产减值损失(损失以“—”号填列)		
资产处置收益(损失以“—”号填列)		
二、营业利润(亏损以“—”号填列)		
加:营业外收入		

（续表）

项　目	本期金额	上期金额
减：营业外支出		
三、利润总额（亏损总额以"－"号填列）		
减：所得税费用		
四、净利润（净亏损以"－"号填列）		
（一）持续经营净利润（净亏损以"－"号填列）		
（二）终止经营净利润（净亏损以"－"号填列）		
五、其他综合收益的税后净额		
（一）不能重分类进损益的其他综合收益		
1. 重新计量设定受益计划变动额		
2. 权益法下不能转损益的其他综合收益		
……		
（二）将重分类进损益的其他综合收益		
1. 权益法下可转损益的其他综合收益		
2. 可供出售金融资产公允价值变动损益		
3. 持有至到期投资重分类为可供出售金融资产损益		
4. 现金流量当期损益的有效部分		
5. 外币财务报表折算差额		
……		
六、综合收益总额		
七、每股收益：		
（一）基本每股收益		
（二）稀释每股收益		

表 10-9　利润表

（适用于已执行新金融准则、新收入准则和新租赁准则的企业）

会企 02 表

编制单位：　　　　____年__月　　　　单位：元

项　目	本期金额	上期金额
一、营业收入		
减：营业成本		

（续表）

项　目	本期金额	上期金额
税金及附加		
销售费用		
管理费用		
研发费用		
财务费用		
其中：利息费用		
利息收入		
加：其他收益		
投资收益（损失以“－”号填列）		
其中：对联营企业和合营企业的投资收益		
以摊余成本计量的金融资产终止确认收益（损失以“－”号填列		
净敞口套期收益（损失以“－”号填列）		
公允价值变动收益（损失以“－”号填列）		
信用减值损失（损失以“－”号填列）		
资产减值损失（损失以“－”号填列）		
资产处置收益（损失以“－”号填列）		
二、营业利润（亏损以“－”号填列）		
加：营业外收入		
减：营业外支出		
三、利润总额（亏损总额以“－”号填列）		
减：所得税费用		
四、净利润（净亏损以“－”号填列）		
（一）持续经营净利润（净亏损以“－”号填列）		
（二）终止经营净利润（净亏损以“－”号填列）		
五、其他综合收益的税后净额		
（一）不能重分类进损益的其他综合收益		
1. 重新计量设定受益计划变动额		
2. 权益法下不能转损益的其他综合收益		
3. 其他权益工具投资公允价值变动		
4. 企业自身信用风险公允价值变动		
……		

（续表）

项　目	本期金额	上期金额
（二）将重分类进损益的其他综合收益		
1. 权益法下可转损益的其他综合收益		
2. 其他债权投资公允价值变动		
3. 金融资产重分类计入其他综合收益的金额		
4. 其他债权投资信用减值准备		
5. 现金流量套期储备		
6. 外币财务报表折算差额		
……		
六、综合收益总额		
七、每股收益：		
（一）基本每股收益		
（二）稀释每股收益		

三、利润表项目列示方法

利润表每个项目通常分为“本期金额”和“上期金额”两栏。

（一）“上期金额”栏的列报方法

利润表中，“上期金额”栏内各项数字，应根据上年该期利润表“本期金额”栏内所列数字填列。如果上年该期利润表规定的各个项目的名称和内容同本期不一致，应对上年该期利润表各项目的名称和数字按本期的规定进行调整，填入利润表“本期金额”栏内。

（二）“本期金额”栏的列报方法

利润表中“本期金额”栏各项目的金额，一般应当根据各相关账户本期发生额资料分析填列。

（三）利润表各项目的列报说明

“本期金额”栏内各项目的填列方法如下：

(1)“营业收入”项目，反映企业经营主要业务和其他业务所确认的收入总额。本项目应根据“主营业务收入”账户和“其他业务收入”账户的发生额分析填列。

(2)“营业成本”项目，反映企业经营主要业务和其他业务发生的实际成本总额。本项目应根据“主营业务成本”账户和“其他业务成本”账户的发生额分析填列。

(3)“税金及附加”项目，反映企业经营业务应负担的消费税、城市维护建设税、资源税、土地增值税、教育费附加等。需要提醒的是，原在“管理费用”项目中列支的房产税、土地使用税、车船税、印花税，也同步调整到“税金及附加”项目。本项目应根据“税金及附加”账户的发生额分析填列。

(4)“销售费用”项目,反映企业在销售商品、材料和提供劳务的过程中发生的包装费、广告费等费用,以及为销售本企业商品而专设的销售机构的职工薪酬、业务费等经营费用。本项目应根据“销售费用”账户的发生额分析填列。

(5)“管理费用”项目,反映企业为组织和管理生产经营发生的管理费用。本项目应根据“管理费用”账户的发生额分析填列。

(6)“研发费用”项目,反映企业进行研究与开发过程中发生的费用化支出。该项目应根据“管理费用”账户下的“研发费用”明细账户的发生额分析填列。

(7)“财务费用”项目,反映企业筹集生产经营所需资金等而发生的筹资费用。本项目应根据“财务费用”账户的发生额分析填列。“其中:利息费用”项目,反映企业为筹集生产经营所需资金等而发生的应予费用化的利息支出。该项目应根据“财务费用”账户的相关明细账户的发生额分析填列。“利息收入”项目,反映企业确认的利息收入。该项目应根据“财务费用”账户的相关明细账户的发生额分析填列。

(8)“资产减值损失”项目,反映企业各项资产发生的减值损失。本项目应根据“资产减值损失”账户的发生额分析填列。

(9)“公允价值变动收益”项目,反映企业按照企业会计准则规定应当计入当期损益的资产或负债公允价值变动净收益,如交易性金融资产当期公允价值的变动额。如为净损失,以“—”号填列。

(10)“投资收益”项目,反映企业以各种方式对外投资所取得的收益,如为净损失,以“—”号填列。企业持有的交易性金融资产处置和出售时,处置收益部分应当自“公允价值变动收益”项目转出,列入本项目。本项目下应当单独列示对联营企业和合营企业的投资收益。

(11)“资产处置收益”项目,反映企业出售划分为持有待售的非流动资产(金融工具、长期股权投资和投资性房地产除外)或处置组时确认的处置利得或损失,以及处置未划分为持有待售的固定资产、在建工程、生产性生物资产及无形资产而产生的处置利得或损失。债务重组中因处置非流动资产产生的利得或损失和非货币性资产交换产生的利得或损失也包括在本项目内。该项目应根据在损益类账户设置的“资产处置损益”账户的发生额分析填列;如为处置损失,以“—”号填列。

(12)“其他收益”项目,反映计入其他收益的政府补助等。该项目应根据损益类账户设置的“其他收益”账户的发生额分析填列。

(13)“营业外收入”项目,反映企业发生的营业利润以外的收益,主要包括债务重组利得、与企业日常活动无关的政府补助、盘盈利得、捐赠利得等。本项目应根据“营业外收入”账户的发生额分析填列。

(14)“营业外支出”项目,反映企业发生的营业利润以外的支出,主要包括债务重组损失、公益性捐赠支出、非常损失、盘亏损失、非流动资产毁损报废损失等。本项目应根据“营业外支出”账户的发生额分析填列。

(15)“利润总额”项目,反映企业实现的利润总额,如为亏损总额,以“—”号填列。

(16)“所得税费用”项目,反映企业根据企业会计准则确认的应从当期利润总额中扣除的所得税费用。本项目应根据“所得税费用”账户的发生额分析填列。

(17)“其他综合收益的税后净额”项目,反映企业根据企业会计准则规定未在损益中确认的各项利得和损失扣除所得税影响后的净额。本项目根据以后不能重分类进损益的其他综合收益和以后将重分类进损益的其他综合收益的合计数填列。

(18)“综合收益总额”项目,反映企业报告期内净利润与其他综合收益变化数。本项目应根据净利润和其他综合收益的税后净额合计数填列。

(19)“基本每股收益”项目,应当根据企业会计准则规定计算的金额填列。企业应当按照归属于普通股股东的当期净利润,除以发行在外普通股的加权平均数计算基本每股收益。

(20)“稀释每股收益”项目,应当根据规定计算的金额填列。

(四)利润表编制实例

【例 10-6】 东华股份有限公司 20×7 年 12 月各损益账户资料如表 10-10 所示。

表 10-10 各损益账户发生额(结转利润前) 单位:元

账户名称	本月发生额	
	借方	贷方
主营业务收入	236 200	5 847 860
其他业务收入	0	928 600
主营业务成本	3 124 680	173 620
税金及附加	674 350	0
其他业务成本	413 440	0
销售费用	623 660	0
管理费用	473 200	31 240
财务费用	223 680	64 800
投资收益	197 480	1 443 260
营业外收入	0	413 280
营业外支出	644 960	0
所得税费用	801 850	0
合 计	7 413 500	8 902 660

根据上述资料,可以填列 20×7 年 12 月利润表上各项目的“本期金额”栏,填列结果如表 10-11 所示。

表 10-11 利润表(简表)

编制单位:东华股份有限公司 20×7 年 12 月 单位:元

项 目	本期金额	上期金额(略)
一、营业收入	6 540 260	
减:营业成本	3 364 500	

（续表）

项　　目	本期金额	上期金额(略)
税金及附加	674 350	
销售费用	623 660	
管理费用	441 960	
财务费用	158 880	
加:投资收益(损失以"—号填列")	1 245 780	
其中:对联营企业和合营企业的投资收益		
公允价值变动收益(损失以"—号填列")		
资产减值损失		
二、营业利润(亏损以"—"号填列)	2 522 690	
加:营业外收入	413 280	
减:营业外支出	644 960	
三、利润总额(亏损总额以"—"号填列)	2 291 010	
减:所得税费用	801 850	
四、净利润(净亏损以"—"号填列)	1 489 160	
五、其他综合收益的税后净额		
六、综合收益总额		
七、每股收益		

现将"本期金额"栏有关项目金额填列说明如下：

(1)"营业收入"项目根据"主营业务收入"账户的贷方发生额减去借方发生额的差额加上"其他业务收入"账户贷方发生额减去借方发生额的差额填列，即：

5 847 860－236 200＋928 600－0＝6 540 260(元)

(2)"营业成本"项目根据"主营业务成本"账户的借方发生额减去贷方发生额的差额加上"其他业务成本"账户的借方发生额减去贷方发生额的差额填列，即：

3 124 680－173 620＋413 440－0＝3 364 500(元)

(3)"税金及附加"项目根据"税金及附加"账户的借方发生额(674 350 元)直接填列。

(4)"销售费用"项目根据"销售费用"账户的借方发生额(623 660 元)直接填列。

(5)"管理费用"项目根据"管理费用"账户的借方发生额减去贷方发生额的差额填列，即：

$$473\ 200-31\ 240=441\ 960(元)$$

(6)“财务费用”项目根据“财务费用”账户的借方发生额减去贷方发生额的差额填列，即：

$$223\ 680-64\ 800=158\ 880(元)$$

(7)“投资收益”项目根据“投资收益”账户的贷方发生额减去借方发生额的差额填列，即：

$$1\ 443\ 260-197\ 480=1\ 245\ 780(元)$$

(8)“营业利润”项目是由“营业收入”项目减去“营业成本”“税金及附加”项目，再减去“销售费用”“管理费用”“财务费用”项目加上“投资收益”项目后的计算结果填列，即：

$$6\ 540\ 260-3\ 364\ 500-674\ 350-623\ 660-441\ 960-158\ 880+1\ 245\ 780=2\ 522\ 690(元)$$

(9)“营业外收入”项目根据“营业外收入”账户的贷方发生额(413 280 元)直接填列。

(10)“营业外支出”项目根据“营业外支出”账户的借方发生额(644 960 元)直接填列。

(11)“利润总额”项目在“营业利润”项目基础上，加上“营业外收入”项目，减去“营业外支出”项目后的计算结果填列，即：

$$2522\ 690+413\ 280-644\ 960=2\ 291\ 010(元)$$

本项目还可以于每月结转损益时，与“本年利润”账户本期借、贷方发生额的差额核对，以检查其计算的正确性。

(12)“所得税费用”项目根据“所得税费用”账户的借方发生额(801 850 元)直接填列。

(13)“净利润”项目在“利润总额”基础上，减去“所得税费用”项目后计算结果填列，即：

$$2\ 291\ 010-801\ 850=1\ 489\ 160(元)$$

【例 10-7】 假设东华股份有限公司 20×7 年有关损益类账户的发生额资料如表 10-12 所示。

表 10-12　有关损益类各账户的发生额资料表　　单位:元

项　　目	金　　额
主营业务收入	620 000.00
主营业务成本	398 000.00

（续表）

项　　目	金　　额
税金及附加	1 300.00
销售费用	11 000.00
管理费用	42 400.00
财务费用	19 400.00
资产减值损失	1 200.00
投资收益	14 000.00
公允价值变动收益(损失)	600.00
营业外收入	40 000.00
营业外支出	6 850.00
所得税费用	48 312.50

根据表10-12的资料，编制东华股份有限公司20×7年度利润表，如表10-13所示。假设东华股份有限公司发行在外普通股的加权平均数为195 000股，根据资料计算其基本每股收益为0.74元。假设对东华股份有限公司调整后发行在外普通股的加权平均数为250 000股，根据资料计算其稀释每股收益为0.58元。

表10-13　利润表(简表)

编制单位：东华股份有限公司　　　　20×7年　　　　单位：元

项　　目	本年金额	上年金额(略)
一、营业收入	620 000.00	
减：营业成本	398 000.00	
税金及附加	1 300.00	
销售费用	11 000.00	
管理费用	42 400.00	
财务费用	19 400.00	
加：投资收益(损失以"一号填列")	14 000.00	
其中：对联营企业和合营企业的投资收益		
公允价值变动收益(损失以"—"号填列)	—600.00	
资产减值损失	1 200.00	
二、营业利润(亏损以"—"号填列)	160 100.00	

（续表）

项　　目	本年金额	上年金额（略）
加：营业外收入	40 000.00	
减：营业外支出	6 850.00	
三、利润总额（亏损总额以"—"号填列）	193 250.00	
减：所得税费用	48 312.50	
四、净利润（净亏损以"—"号填列）	144 937.50	
五、其他综合收益的税后净额		
六、综合收益总额		
七、每股收益		
（一）基本每股收益	0.74	
（二）稀释每股收益	0.58	

【例 10-8】 东华股份有限公司 20×7 年度有关损益类账户本年累计发生净额如表 10-14 所示。

表 10-14　损益类账户 20×7 年度累计发生净额

单位：元

科目名称	借方发生额	贷方发生额
主营业务收入		1 250 000
主营业务成本	750 000	
税金及附加	2 000	
销售费用	20 000	
管理费用	157 100	
财务费用	41 500	
资产减值损失	30 900	
投资收益		31 500
营业外收入		50 000
营业外支出	19 700	
所得税费用	112 596	

根据上述资料，编制东华股份有限公司 20×7 年度利润表，如表 10-15 所示。

表 10-15　利润表(简表)

会企 02 表

编制单位:东华股份有限公司　　　　20×7 年　　　　单位:元

项　目	本期金额	上期金额(略)
一、营业收入	1 250 000	
减:营业成本	750 000	
税金及附加	2 000	
销售费用	20 000	
管理费用	157 100	
财务费用	41 500	
加:投资收益(损失以"—"号填列)	31 500	
其中:对联营企业和合营企业的投资收益	0	
公允价值变动收益(损失以"—"号填列)	0	
资产减值损失	30 900	
二、营业利润(亏损以"—"号填列)	280 000	
加:营业外收入	50 000	
减:营业外支出	19 700	
三、利润总额(亏损总额以"—"号填列)	310 300	
减:所得税费用	112 596	
四、净利润(净亏损以"—"号填列)	197 704	
五、其他综合收益的税后净额		
六、综合收益总额		
七、每股收益		

第四节　现金流量表

一、现金流量表的概念和作用

(一) 现金流量表的概念

现金流量表是指反映企业在一定会计期间现金和现金等价物流入和流出的会计报表。

1. 现金

现金是指企业库存现金以及可以随时用于支付的存款。不能随时用于支付的存款不属于现金。现金主要包括库存现金、银行存款和其他货币资金。

2. 现金等价物

现金等价物是指企业持有的期限短、流动性强、易于转换为已知金额现金、价值变动风险很小的投资。

期限短，一般是指从购买日起 3 个月内到期。现金等价物通常包括 3 个月内到期的债券投资等。权益性投资变现的金额通常不确定，因而不属于现金等价物。

（二）现金流量表的作用

1. 有助于评价企业支付能力、偿债能力和周转能力

投资者投入资金、债权人提供企业短期或长期使用的资金，其目的主要是为了获利。企业获利多少在一定程度上表明了企业具有的现金支付能力。但是，企业一定期间内获得的利润并不代表企业真正具有偿债或支付能力。产生这种情况有诸多原因，其中会计核算采用的权责发生制、配比原则等所含的估计因素也是其主要原因之一。现金流量表完全以现金的收支为基础，消除了会计核算中由于会计估计等所产生的获利能力和支付能力。

2. 有助于预测企业未来现金流量

现金流量表反映企业一定期间内的现金流入和流出的整体情况，说明企业现金从哪里来，又运用到哪里去。现金流量表中的经营活动产生的现金流量，代表企业运用其经济资源创造现金流量的能力；投资活动产生的现金流量，代表企业运用资金产生现金流量的能力；筹资活动产生的现金流量，代表企业筹资获得现金流量的能力。通过现金流量表及其他财务信息，可以分析企业未来获取或支付现金的能力。从企业的现金流量情况看，可以大致判断其经营周转是否顺畅。

3. 有助于分析企业收益质量及影响现金净流量的因素

现金流量表提供一定时期现金流入和流出的动态财务信息，表明企业在报告期内由经营活动、投资活动和筹资活动获得多少现金，企业获得的这些现金是如何运用的，能够说明资产、负债、净资产变动的原因，对资产负债表和利润表起到补充说明的作用。现金流量表是连接资产负债表和利润表的桥梁。

二、现金流量的基本结构和内容

（一）现金流量表的结构

现金流量表以现金及现金等价物为基础，按照收付实现制原则编制，将权责发生制下的盈利信息调整为收付实现制下的现金流量信息。

现金流量表分为两部分，第一部分为表首，第二部分为表体。表首概括地说明报表名称、编制单位、编制日期、报表编号、货币名称、计量单位等。表体分为正表和补充资料两部分。

（二）现金流量表的内容

现金流量是指现金和现金等价物的流入和流出，可以分为三类，即经营活动产生的现金流量、投资活动产生的现金流量和筹资活动产生的现金流量。

1. 经营活动产生的现金流量

经营活动是指企业投资活动和筹资活动以外的所有交易或事项，包括销售商品或

提供劳务、购买商品或接受劳务、收到返还的税费、经营性租赁、支付工资、支付广告费用、交纳各项税款等。

2. 投资活动产生的现金流量

投资活动是指企业长期资产的购建和不包括在现金等价物范围内的投资及其处置活动，包括取得和收回投资、购建和处置固定资产、购买和处置无形资产等。

3. 筹资活动产生的现金流量

筹资活动是指导致企业资本及债务规模和构成发生变化的活动，包括发行股票或接受投入资本、分派现金股利、取得和偿还银行借款、发行和偿还公司债券等。

（三）一般企业现金流量表的基本格式

我国一般企业现金流量表的基本格式如表 10-16 所示。

表 10-16　现金流量表

会企 03 表

编制单位：　　　　年　　月　　　　单位：元

项　　目	行次	金额
一、经营活动产生的现金流量：		
销售商品、提供劳务收到的现金		
收到的税费返还		
收到其他与经营活动有关的现金		
经营活动现金流入小计		
购买商品、接受劳务支付的现金		
支付给职工以及为职工支付的现金		
支付的各项税费		
支付其他与经营活动有关的现金		
经营活动现金流出小计		
经营活动产生的现金流量净额		
二、投资活动产生的现金流量：		
收回投资收到的现金		
取得投资收益收到的现金		
处置固定资产、无形资产和其他长期资产收回的现金净额		
处置子公司及其他营业单位收到的现金净额		
收到其他与投资活动有关的现金		
投资活动现金流入小计		
构建固定资产、无形资产和其他长期资产支付的现金		

(续表)

项　　目	行次	金额
投资支付的现金		
支付其他与投资活动有关的现金		
处置子公司及其他营业单位支付的现金净额		
投资活动现金流出小计		
投资活动产生的现金流量净额		
三、筹资活动产生的现金流量:		
吸收投资收到的现金流量		
取得借款收到的现金		
收到其他与筹资活动有关的现金		
筹资活动现金流入小计		
偿还债务支付的现金		
分配股利、利润和偿付利息所支付的现金		
支付其他与筹资活动有关的现金		
筹资活动现金流出小计		
筹资活动产生的现金流量净额		
四、汇率变动对现金及现金等价物的影响		
五、现金及现金等价物净增加额		
加:期初现金及现金等价物余额		
六、期末现金及现金等价物余额		

课程思政教学案例

瑞幸咖啡的"财务魔术"

本章小结

财务会计报告包括会计报表、会计报表附注和其他应当在财务报告中披露的相关信息和资料(如财务情况说明书)。其中,会计报表是财务会计报告的核心,是对企业财务状况、经营成果和现金流量的结构性表述。会计报表至少应当包括资产负债表、利润表、现金流量表、所有者权益(或股东权益,下同)变动表。会计报表附注是对在资产负债表、利润表、现金流量表和所有者权益变动表等报表中列示项目的文字描述或明细资料,以及对未能在这些报表中列示项目的说明等。

资产负债表是指反映企业在某一特定日期的财务状况的会计报表。资产负债表反映企业资产、负债和所有者权益的总体规模和结构。资产负债表一般有表首和表体两部分。其中,表首概括地说明报表名称、编制单位、编制日期、报表编号、货币名称、计量单位等,表体列示了反映企业财务状况的各个项目。表体一般有两种格式,即报告式和账户式。

利润表是指反映企业在一定会计期间经营成果的会计报表。企业的经营成果一般表现为利润(或者亏损),它是企业所得扣除所耗后的剩余,是企业经济效益的综合体现。利润表一般有表首和表体两部分。表首注明报表名称、编制单位、编制日期、报表编号、货币名称、计量单位等;表体是利润表的主体,反映形成经营成果的各个项目和计算过程。利润表表体的格式一般有两种,即单步式和多步式。

现金流量表是反映企业一定会计期间现金和现金等价物流入和流出情况的会计报表,属于动态报表。企业编制现金流量表的主要目的是为会计报表使用者提供企业一定会计期间内现金和现金等价物流入和流出的信息,以便于会计报表使用者了解和评价企业获取现金和现金等价物的能力,并据以预测企业未来的现金流量。现金流量表分为两部分:第一部分为表首;第二部分为表体。表首注明报表名称、编制单位、编制日期、报表编号、货币名称、计量单位等。表体反映现金流量表的各个项目内容。

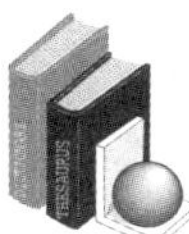

课后习题

一、名词解释

①财务会计报告;②资产负债表;③利润表;④现金流量表。

二、单项选择题

1. 下列会计报表中,(　　)反映企业在某一特定日期的财务状况。

   A. 利润表　　B. 利润分配表　　C. 资产负债表　　D. 现金流量表

2. 一般来说,在资产负债表的项目按其(　　)的高低顺序排列。

   A. 重要性　　B. 流动程度　　C. 数字大小　　D. 发生时间先后

3. 下列各项中,(　　)属于"预付款项"项目填列依据。

   A. "应付账款"和"预付账款"总账账户所属明细账户的期末借方余额之和

B. “预付账款”和“预收账款”总账账户所属明细账户的期末借方余额之和

C. “应付账款”和“应收账款”总账账户所属明细账户的期末借方余额之和

D. “应付账款”和“预收账款”总账账户所属明细账户的期末借方余额之和

4. 下列资产负债表项目中，(　　)是直接根据总分类账户余额填列的。

A. “固定资产清理”　B. “应收账款”　C. “长期借款”　D. “存货”

5. 现金流量表是公司的(　　)会计报表之一，它反映了公司的现金流入、现金流出与会计期间的现金之净变动数，反映公司的偿债能力。

A. 主要　B. 次要　C. 一般　D. 难懂

6. 现金流量表的内容分为基本部分和(　　)两大部分。

A. 理论　B. 补充资料　C. 主要　D. 次要

7. 现金流量表要求经营活动的现金流量要按(　　)确认的损益反映。

A. 权责发生制　B. 配比原则　C. 收付实现制　D. 重要性原则

8. 下列资产负债表项目中，(　　)需要根据多个总账账户的期末余额进行汇总填列。

A. “应付职工薪酬”　B. “短期借款”

C. “货币资金”　D. “资本公积”

9. 下列各项中，(　　)正确反映资产负债表中资产流动性从大到小排列。

A. 存货、无形资产、货币资金、交易性金融资产

B. 交易性金融资产、存货、无形资产、货币资金

C. 无形资产、货币资金、交易性金融资产、存货

D. 货币资金、交易性金融资产、存货、无形资产

10. 下列各项中，(　　)属于企业对外提供的反映企业某一特定日期财务状况和某一会计期间经营成果、现金流量情况的书面文件。

A. 资产负债表　B. 利润表　C. 会计报表附注　D. 财务会计报告

11. 某企业期末“应付账款”账户为贷方余额 26 万元，其所属明细分类账户的贷方余额合计为 33 万元，所属明细分类账户的借方余额合计为 7 万元，“预付账款”账户为借方余额 15 万元，其所属明细分类账户的借方余额合计为 20 万元，所属明细分类账户的贷方余额合计为 5 万元。则该企业资产负债表中“应付账款”和“预付款项”两个项目的期末数分别应为(　　)万元和(　　)万元。

A. 38　27　B. 33　20　C. 53　12　D. 26　15

12. 某企业期末“固定资产”账户借方余额为 200 万元，“累计折旧”账户贷方余额为 80 万元，“固定资产减值准备”账户贷方余额为 30 万元，“固定资产清理”账户为借方余额 2 万元。则该企业资产负债表中“固定资产”项目的期末数应为(　　)万元。

A. 202　B. 120　C. 92　D. 90

13. 在编制资产负债表时，下列各项中，(　　)应当根据其明细分类账户及“预付账款”账户的余额填列。

A. “应付债券”　B. “应付账款”　C. “实收资本”　D. “存货”

14. 部分账户的期末余额如下：“应付账款”总分类账和明细分类账都是贷方余额 60 万元；“预付账款”总分类账借方余额 20 万元，其明细分类账中有借方余额 28 万元，贷方余额 8 万元；“预收账款”明细分类账借方余额为 2 万元，贷方余额 10 万元。则资产负债表中的“应付账款”项目应填列的金额为(　　)万元。

A. 60　B. 68　C. 70　D. 78

15. 企业所有者权益在数量上等于(　　)。

A. 企业流动负债减去长期负债后的差额　B. 企业流动资产减去流动负债后的差额

C. 企业全部资产减去全部负债后的差额　　D. 企业长期负债减去流动负债后的差额

16. 下列关于资产流动性的表述中，正确的是(　　)。
A. 库存现金的流动性强于固定资产
B. 交易性金融资产的流动性强于银行存款
C. 应收账款的流动性强于交易性金融资产
D. 固定资产的流动性强于银行存款

17. 某企业"应付账款"账户所属明细分类账期末余额情况如下："应付账款——X企业"账户贷方余额为200 000元，"应付账款——Y企业"账户借方余额为180 000元，"应付账款——Z企业"账户贷方余额为300 000元。假设该企业"预付账款"明细分类账均为借方余额，则期末资产负债表"应付账款"项目的金额为(　　)元。
A. 80 000　　B. 320 000　　C. 500 000　　D. 680 000

18. 资产负债表中的"存货"项目，应根据(　　)。
A. "存货"账户的期末借方余额直接填列
B. "原材料"账户的期末借方余额直接填列
C. "原材料""库存商品""委托加工物资"等总账账户期末余额的分析数汇总，再减去"存货跌价准备"账户余额后的差额填列
D. "原材料""库存商品""委托加工物资"等账户的期末借方余额之和填列

19. 我国利润表采用的格式为(　　)。
A. 单步式　　B. 多步式　　C. 账户式　　D. 混合式

20. 某企业20×7年发生的营业收入为200万元，营业成本为120万元，销售费用为8万元，管理费用为6万元，财务费用为2万元，资产减值损失为7万元(损失)。公允价值变动损益为24万元(收益)，营业外收入为5万元，营业外支出为3万元。该企业20×7年的营业利润为(　　)万元。
A. 66　　B. 76　　C. 81　　D. 83

三、多项选择题

1. 下列各项中，(　　)属于财务会计报告使用者。
A. 投资者　　B. 债权人　　C. 政府及相关机构　　D. 单位管理人员

2. 下列等式中，正确的有(　　)。
A. 资产＝负债＋所有者权益
B. 营业利润＝主营业务收入＋其他业务收入－主营业务成本－其他业务成本＋投资收益＋公允价值变动收益
C. 利润总额＝营业利润＋营业外收入－营业外支出
D. 净利润＝利润总额－所得税费用

3. 下列各项中，(　　)属于流动负债项目。
A. "预付账款"　　B. "预收账款"　　C. "应付利息"　　D. "应收股利"

4. 下列各项中，(　　)属于资产负债表左方反映的经济内容。
A. 流动负债　　B. 流动资产
C. 长期股权投资　　D. 无形资产及其他资产

5. 下列各项中，(　　)属于企业资产负债表右方包括的项目。
A. "短期借款"　　B. "交易性金融资产"
C. "递延所得税负债"　　D. "实收资本"

6. 下列各项中，(　　)不属于我国企业资产负债表编制格式。

A. 报告式　B. 账户式　C. 单步式　D. 多步式

7. 下列各项中,(　　)项目列在资产负债表左方。

A. "固定资产"　B. "无形资产"　C. "长期股权投资"　D. "流动资产"

8. 下列各项中,(　　)属于资产负债表中的流动负债项目。

A. "应付职工薪酬"　B. "应付股利"　C. "应交税费"　D. "应付票据"

9. 属于所有者权益项目的有(　　)。

A. "盈余公积"　B. "未分配利润"　C. "所得税费用"　D. "资本公积"

10. 资产负债表中的"存货"项目根据(　　)账户的期末余额合计数进行填列。

A. "在途物资"　B. "原材料"　C. "自制半成品"　D. "工程物资"

11. 下列各项中,(　　)属于资产负债表中"存货"项目反映的内容。

A. 库存商品　B. 发出商品　C. 材料成本差异　D. 委托加工物资

12. 资产负债表中的有些项目,需要根据明细分类账户余额填列,如"应付账款"项目,需要分别根据(　　)两个账户所属明细分类账户的期末贷方余额计算填列。

A. "应付账款"　B. "应收账款"　C. "预付账款"　D. "预收账款"

13. 可以根据总账账户期末余额直接填列的资产负债表项目有(　　)。

A. "交易性金融资产"　B. "货币资金"

C. "固定资产清理"　D. "实收资本"

14. 下列各项中,(　　)属于资产负债表中流动资产项目。

A. "货币资金"　B. "预收款项"　C. "应收账款"　D. "存货"

四、判断题

1. 资产负债表是反映企业在某一特定期间企业财务状况的会计报表,属于静态会计报表。(　　)
2. 《企业会计制度》规定,月度中期财务会计报告,应当于月底前6天内(节假日顺延)对外提供。(　　)
3. 账户式资产负债表分左、右两方,左方列示资产项目,右方列示负债和所有者权益项目,左右两方的合计数保持平衡。(　　)
4. 资产负债表是根据"利润=收入-费用"这一会计等式编制的。(　　)
5. 多步式利润表是常用的格式,它将企业日常经营活动过程中发生的收入和费用项目与该过程外发生的收入与费用分开。(　　)
6. 利润总额=营业收入-营业成本-税金及附加-销售费用-管理费用-财务费用-资产减值损失+公允价值变动收益+投资收益。(　　)
7. 资产负债表、利润表和现金流量表都是对外报表。(　　)
8. 现金流量表是反映企业在一定会计期间内经营活动、投资活动和筹资活动产生的现金流入与流出情况的报表。(　　)
9. 会计报表按照报送对象不同,可以分为个别会计报表和合并会计报表。(　　)
10. 资产负债表是反映企业某一特定日期经营成果的会计报表。(　　)
11. 资产负债表的"年初余额"栏内各项数字,一般应根据上年年末资产负债表的"期末余额"栏内所列数字填列。(　　)
12. 资产负债表中的"货币资金"项目是根据"库存现金""银行存款""其他货币资金"账户的期末余额合计数填列的。(　　)
13. 会计报表按编制单位,可分为单位报表和汇总报表,按照会计报表的服务对象,可分为内部报表和外部报表。(　　)

五、计算题

（一）**资料**:某公司在 8 月有关账户的期末余额分别如表 10-17 所示。

表 10-17　8 月有关账户期末余额

账户	余额方向	余额(元)
应付账款——甲公司	贷方	5 000
——乙公司	贷方	3 000
——丙公司	借方	1 500
预付账款——A 公司	借方	2 000
——B 公司	贷方	300
本年利润	贷方	6 000
利润分配	借方	2 500

要求:计算出资产负债表中的“应付账款”“未分配利润”项目应填列的金额。

（二）**资料**:某企业 20×7 年 12 月 31 日结账后有关账户余额如表 10-18 所示。

表 10-18　结账后的账户余额　　单位:万元

账户名称	借方余额		贷方余额	
	总账科目	明细科目	总账科目	明细科目
应收账款	800			
——A 公司		1 000		
——B 公司				200
应付账款			6 000	
——甲公司				8 000
——乙公司		2 000		
预收账款			5 000	
——C 公司				7 000
——D 公司		2 000		
预付账款	3 000			
——丙公司		4 000		
——丁公司				1 000
坏账准备			1 100	

假设此处应收账款计提坏账准备 100 元，预付账款计提坏账准备 1 000 元。

要求:计算出资产负债表中的“应收账款”“应付账款”“预收款项”“预付款项”项目分别应填列的金额。

五、简答题

1. 企业对外报送的主要会计报表有哪些?
2. 会计报表的编制有哪些要求?
3. 什么是资产负债表? 其基本内容有哪些?
4. 什么是利润表? 其基本结构是什么?
5. 什么是现金流量表? 其基本结构是什么?

六、业务题

(一) **资料:**东方公司 20×7 年 12 月 31 日总分类账户期末余额如表 10-19 所示,有关明细账户余额,如表 10-20 所示。

表 10-19　总分类账户期末余额　　单位:元

总分类账户名称	借方余额	贷方余额
库存现金	1 895	
银行存款	129 800	
应收账款	4 000	
坏账准备		200
原材料	72 500	
库存商品	62 000	
生产成本	18 000	
固定资产	358 700	
累计折旧		24 700
无形资产	20 000	
累计摊销		3 500
预收账款		8 500
短期借款		27 500
应付账款		23 000
预付账款	5 000	
长期借款		200 000
实收资本		350 000
盈余公积		18 095
利润分配		16 400
合　计	671 895	671 895

表 10-20　有关明细账户余额　　单位:元

账户名称	余额方向	金额
应收账款	借	4 000
——A 公司	借	5 500
——B 公司	贷	1 500
预收账款	贷	8 500
——C 公司	贷	10 000
——D 公司	借	1 500
预付账款	借	5 000
——E 公司	借	6 200
——F 公司	贷	1 200
应付账款	贷	23 000
——G 公司	贷	23 000

补充资料:长期借款中将于 1 年内到期归还的长期借款为 60 000 元。

要求:根据以上资料编制资产负债表。

(二)**资料**:天马有限公司 20×7 年 1 月份有关利润表项目本月发生额资料如表 10-21 所示。

表 10-21　利润表项目本月发生额　　单位:元

账户名称	本月发生额	账户名称	本月发生额
主营业务收入	274 000	主营业务成本	200 000
销售费用	2 700	管理费用	5 700
财务费用	500	营业外收入	1 000
营业外支出	17 600	所得税费用	16 005

要求:请根据上述资料编制天马有限公司 20×7 年 1 月份利润表。

(三)**资料**:东华股份有限公司所得税税率 25%,该公司 20×7 年的收入和费用有关资料如表 10-22 所示。

表 10-22　收入和费用有关资料　　单位:元

账户名称	借方发生额	贷方发生额
主营业务收入		800 000
其他业务收入		120 000
营业外收入		15 000
投资收益		20 000
主营业务成本	460 000	

（续表）

账户名称	借方发生额	贷方发生额
其他业务成本	80 000	
税金及附加	8 000	
销售费用	10 800	
管理费用	13 500	
财务费用	1 700	
资产减值损失	2 000	
营业外支出	4 000	

要求：请根据上述资料编制东华股份有限公司 20×7 年度的利润表。

课后习题电子版

CHAPTER 11

第十一章

账务处理程序

学习目标

Learning objectives 学习目标

- 了解账务处理程序的概念、种类和基本程序
- 掌握各种账务处理程序的核算要求、步骤和适用凭证组织与核算程序的关系
- 掌握常用账务处理程序的具体内容及运用方法

案例讨论

王先生于2002年创办了一家股份有限公司，开始时公司规模较小，注册资本为30万元，主要从事商品的零售和批发，采用记账凭证账务处理程序。随着业务的发展，到20×7年公司的注册资本已经扩大到2 000万元，每年的销售额达到8 000万元，这时，会计人员提出公司原有的账务处理程序已经不适合公司现有规模，应采用汇总记账凭证账务处理程序，并用书面报告给王先生。

通过本章的学习，你认为公司会计人员的建议是否合理？如果不合理，你认为适宜采用哪种账务处理程序？并说明理由。

第一节　账务处理程序的基本概念

一、账务处理程序的意义

账务处理程序也称会计核算组织程序或会计核算形式，是指会计凭证、会计账簿、会计报表相结合的方式，包括：会计凭证和账簿的种类、格式，会计凭证与账簿之间的联系方法，由原始凭证到编制记账凭证、登记明细分类账和总分类账、编制会计报表的工作程序和方法等。

科学、合理地选择适用于本单位的账务处理程序，对于提高会计核算工作效率，保证会计核算工作质量，有效地组织会计核算具有重要意义。

(1) 有利于会计工作程序的规范化，确定合理的凭证、账簿与报表之间的联系方式，保证会计信息加工过程的严密性，提高会计信息的质量。

(2) 有利于保证会计记录的完整性、正确性，通过凭证、账簿及报表之间的牵制作用，增强会计信息的可靠性。

(3) 有利于减少不必要的会计核算环节，通过井然有序的账务处理程序，提高会计工作的效率，保证会计信息的及时性。

二、账务处理程序的种类

在实际工作中，由于各单位的业务性质、经营规模、组织结构、经济业务繁简程度、经营管理要求和特点不同，导致会计处理的程序和形式也不相同。各单位应当根据各自的实际情况和具体条件，把凭证和账簿合理地组织起来，选择适合本单位经济业务特点的账务处理程序。

按照设计会计核算形式的要求，结合我国会计工作的实际情况，我国各经济单位采用的一般会计核算形式主要有以下五种。

(1) 记账凭证账务处理程序。

(2) 科目汇总表账务处理程序。

(3) 汇总记账凭证账务处理程序。

(4) 多栏式日记账账务处理程序。

(5) 日记总账账务处理程序。

各种账务处理程序之间的相同点、不同点存在多种情况。但共有的区别是登记总账的依据或方法不同。在我国,常用的账务处理程序主要有三种:记账凭证账务处理程序、汇总记账凭证账务处理程序和科目汇总表账务处理程序。

三、账务处理程序设计原则

账务处理程序的确定,一般应符合以下三项原则。

(1) 账务处理程序要与本单位的业务性质、规模大小、繁简程度、经营管理的要求和特点等相适应,有利于加强会计核算工作的分工协作,有利于实现会计控制和监督目标。

(2) 账务处理程序要能正确、及时、完整地提供会计信息使用者需要的会计核算资料。

(3) 账务处理程序要在保证会计核算工作质量的前提下,力求简化核算手续,节约人力和物力,降低会计信息成本,提高会计核算的工作效率。

第二节　记账凭证账务处理程序

一、记账凭证账务处理程序的含义及特点

记账凭证账务处理程序是指对发生的经济业务事项,都要根据原始凭证或汇总原始凭证编制记账凭证,然后直接根据每一张记账凭证逐笔登记总分类账的一种账务处理程序。

其主要特点是直接根据记账凭证逐笔登记总分类账。它是最基本的账务处理程序。

二、记账凭证账务处理程序设置的凭证和账簿

(一) 凭证设置

采用记账凭证账务处理程序时,记账凭证的设置有以下两种方式:

(1) 采取通用记账凭证。所有经济业务发生后都编制此种记账凭证。

(2) 采用专用记账凭证。可以采用收款凭证、付款凭证和转账凭证三种格式,经济业务发生后,根据经济业务的性质分别编制不同的记账凭证。

(二) 账簿设置

采用记账凭证账务处理程序一般应设置以下账簿:

(1) 日记账。日记账主要包括库存现金日记账、银行存款日记账,一般采用三栏式格式的订本账。

(2) 明细分类账。明细分类账应根据单位经济业务的性质和管理的需要而确定,

一般采用三栏式、数量金额式、多栏式等格式的活页账或卡片账。

(3) 总分类账。总分类账按规定的会计科目开设账户，一般采用三栏式的订本账。

三、记账凭证账务处理程序

记账凭证账务处理程序基本流程如图 11-1 所示。

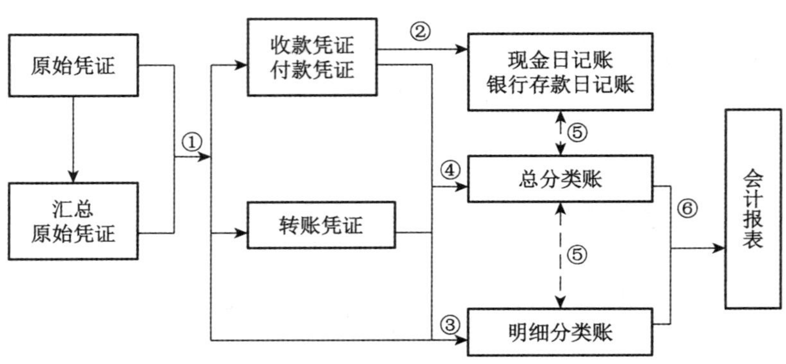

图 11-1　记账凭证账务处理程序

记账凭证账务处理程序核算步骤如下：

第①步，根据原始凭证或原始凭证汇总表按不同的经济业务类型分别填制收款凭证、付款凭证和转账凭证。

第②步，根据现金收、付款凭证逐笔序时登记现金日记账；根据银行存款收、付款凭证及其所附的银行结算凭证逐笔序时登记银行存款日记账。

第③步，根据记账凭证及所附的原始凭证(或原始凭证汇总表)逐笔登记各有关明细分类账。

第④步，根据各种记账凭证逐笔登记总分类账。

第⑤步，根据对账的具体要求，将现金日记账、银行存款日记账和各种明细分类账定期与总分类账相互核对。

第⑥步，期末，根据总分类账和明细分类账的有关资料编制会计报表。

四、记账凭证账务处理程序的优缺点及适用范围

这种账务处理程序的优点是会计凭证和账簿格式及账务处理程序简单明了，易于理解和运用。由于总分类账是直接根据各种记账凭证逐笔登记的，因此总分类账能比较详细和具体地反映各项经济业务，便于查账。其缺点是由于要根据记账凭证逐笔登记总分类账，故登记总分类账的工作量较大。

记账凭证账务处理程序一般适用于规模较小、业务量较少及记账凭证数量不多的企业。此外，记账凭证账务处理程序特别适宜于计算机处理，因为利用计算机可以弥补工作量大的缺点。同时，在手工记账下，为了减少记账凭证的数量和登记总账的工作量，可以尽量先将同类经济业务的原始凭证进行汇总，编制汇总原始凭证，再根据汇总

原始凭证编制记账凭证。

第三节　科目汇总表账务处理程序

一、科目汇总表账务处理程序的含义及特点

科目汇总表账务处理程序又称记账凭证汇总表账务处理程序，是指根据记账凭证定期编制科目汇总表，再根据科目汇总表登记总分类账的一种账务处理程序。

科目汇总表账务处理程序的主要特点是先定期把全部记账凭证按科目汇总，编制科目汇总表，然后根据科目汇总表登记总分类账。

二、科目汇总表账务处理程序设置的凭证和账簿

（一）凭证设置

采用科目汇总表账务处理程序时，记账凭证的设置如下：

采用收款凭证、付款凭证和转账凭证三种格式。经济业务量较多的单位可以采用现金收款凭证、银行存款收款凭证、现金付款凭证、银行存款付款凭证和转账凭证五种格式。经济业务发生后，根据经济业务的性质分别编制不同的记账凭证。

（二）账簿设置

采用科目汇总表账务处理程序，对账簿设置的要求与记账凭证账务处理程序基本相同。

三、科目汇总表的编制方法

科目汇总表又称记账凭证汇总表，是根据一定时期内的全部记账凭证，按科目进行归类编制的。科目汇总表的编制原则是：根据一定时期内的全部记账凭证按相同科目归类汇总其借方发生额和贷方发生额。

科目汇总表按汇总时间和记账次数不同一般有两种格式：一种是汇总天数不固定，可根据业务量大小灵活掌握，汇总填制一次，记账一次，如表11-1所示；另一种是按旬(10天)汇总填列一次，每月编制一张，如表11-2所示。

表11-1　科目汇总表(格式一)

年　　月　　日至　　日　　　　　　　　汇字第　号

会计科目	总账页码	借方金额	贷方金额	记账
合计				

会计主管：　　　　记账：　　　　复核：　　　　制单：

表 11-2　科目汇总表(格式二)

年　　月　　　　　　　　　　汇字第　号

会计科目	总账页码	1～10 日 凭证号:		11～20 日 凭证号:		21～31 日 凭证号:		发生额合计		记账
		借方	贷方	借方	贷方	借方	贷方	借方	贷方	
合计										

会计主管:　　　　记账:　　　　复核:　　　　制单:

四、科目汇总表账务处理程序

科目汇总表账务处理程序基本流程如图 11-2 所示。

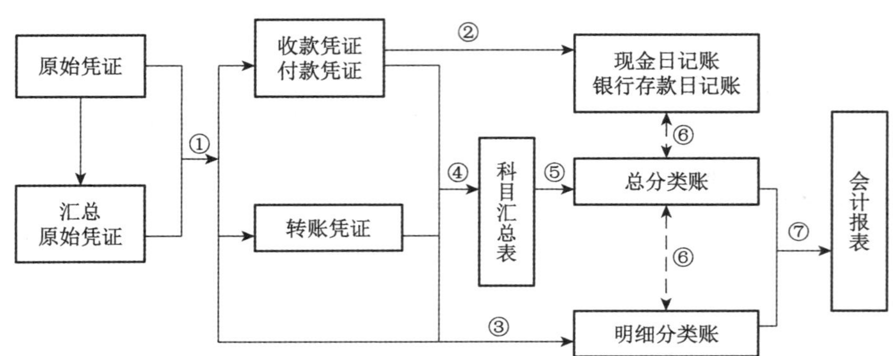

图 11-2　科目汇总表账务处理程序

科目汇总表账务处理程序核算步骤如下:

第①步,根据原始凭证编制汇总原始凭证,再根据原始凭证或汇总原始凭证编制记账凭证。

第②步,根据收款凭证、付款凭证逐笔登记现金日记账和银行存款日记账。

第③步,根据原始凭证、汇总原始凭证和记账凭证登记各种明细分类账。

第④步,根据各种记账凭证编制科目汇总表。

第⑤步,根据科目汇总表登记总分类账。

第⑥步,期末,现金日记账、银行存款日记账和明细分类账的余额同有关总分类账的余额核对相符。

第⑦步,期末,根据总分类账和明细分类账的记录,编制会计报表。

五、科目汇总表账务处理程序的优缺点及适用范围

科目汇总表账务处理程序的优点是在登记总账之前,编制科目汇总表,起到了试算平衡的作用,可以保证总账登记的正确性。其缺点是科目汇总表只反映了借、贷方本期

发生额，按汇总借、贷金额登记总账，因此，总分类账的记录不存在账户对应关系，不便于查对账目，无法反映经济业务的来龙去脉，不便于对经济活动进行检查和分析。

科目汇总表账务处理程序适用于经营规模较大、记账凭证较多、经济业务量较多的企业。

第四节　汇总记账凭证账务处理程序

一、汇总记账凭证账务处理程序的含义及特点

汇总记账凭证账务处理程序是指根据原始凭证或汇总原始凭证编制记账凭证，定期根据记账凭证分类编制汇总收款凭证、汇总付款凭证和汇总转账凭证，再根据汇总记账凭证登记总分类账的一种账务处理程序。其特点是先定期将记账凭证汇总编制成各种汇总记账凭证，然后根据各种汇总记账凭证登记总分类账。汇总记账凭证账务处理程序是在记账凭证账务处理程序的基础上发展起来的，它与记账凭证账务处理程序的主要区别是在记账凭证和总分类账之间增加了汇总记账凭证。

二、汇总记账凭证账务处理程序设置的凭证和账簿

（一）凭证设置

在汇总记账凭证账务处理程序下，记账凭证的设置有以下两种类型：

(1) 设置现金收款凭证、现金付款凭证、银行存款收款凭证、银行存款付款凭证和转账凭证据以登记明细分类账。

(2) 与以上设置的五种凭证对应，分别设置汇总现金收款凭证、汇总现金付款凭证、汇总银行存款收款凭证、汇总银行存款付款凭证和汇总转账记账凭证，据以登记总分类账。

为反映账户之间的对应关系，在编制汇总记账凭证时，汇总收款凭证须按照借方科目设置，相反，汇总付款凭证和汇总转账凭证须按照贷方科目设置。因此，在此种记账程序中，一般情况下不能编制贷方有多个对应账户的转账凭证，即只能编制一贷一借或一贷多借的记账凭证，而不能相反。这样既反映了经营过程中各种存量的变动情况，又与单位资金运动的方向相一致。汇总记账凭证一般定期汇总按月编制。

（二）账簿设置

账簿的设置与前两种账务处理程序相同，主要有现金日记账、银行存款日记账、各种明细分类账和总分类账。

三、汇总记账凭证的编制方法

（一）汇总收款凭证的编制方法

汇总收款凭证是指根据现金收款凭证和银行存款收款凭证，分别按“库存现金”和“银行存款”科目的借方设置的一种汇总记账凭证，它汇总了一定时期内现金和银行存

款的收款业务。其格式如表 11-3、表 11-4 所示。

表 11-3　汇总收款凭证

借方科目:库存现金　　　　　　　　年　　月　　　　　　　　汇收字第　号

贷方科目	金　　额				总账页数	
	1～10 日 现收凭证 共　张	11～20 日 现收凭证 共　张	21～31 日 现收凭证 共　张	合计	借方	贷方
其他应收款	800			800	(省略)	(省略)
其他应付款		600		600	(省略)	(省略)
合计	800	600	0	1 400	(省略)	(省略)

会计主管:　　　　　记账:　　　　　审核:　　　　　制单:

表 11-4　汇总收款凭证

借方科目:银行存款　　　　　　　　年　　月　　　　　　　　汇收字第　号

贷方科目	金　　额				总账页数	
	1～10 日 现收凭证 共　张	11～20 日 现收凭证 共　张	21～31 日 现收凭证 共　张	合计	借方	贷方
实收资本	5 000 000			5 000 000	(省略)	(省略)
短期借款		200 000		200 000		
合计	5 000 000	200 000	0		(省略)	(省略)

会计主管:　　　　　记账:　　　　　审核:　　　　　制单:

汇总收款凭证的编制方法是:将汇总的收款凭证,按对应的贷方科目进行归类,在实务中通常每 5 日或每 10 日汇总填列一次,每月编制一张。月末时根据每个贷方科目发生额合计数,登记总分类账。

(二) 汇总付款凭证的编制方法

汇总付款凭证是指根据现金付款凭证和银行存款付款凭证,分别按“库存现金”和“银行存款”科目的贷方设置的一种汇总记账凭证。它汇总了一定时期内现金和银行存款的付款业务。其格式如表 11-5、表 11-6 所示。

汇总付款凭证的编制方法是:将汇总的付款凭证按其对应的借方科目进行归类,计算出每一个借方科目的发生额合计数,填入汇总付款凭证中。在实务中通常按每 5 日或每 10 日汇总填列一次,每月编制一张,月末根据每个借方科目发生额合计数,登记总分类账。

表 11-5　汇总付款凭证

贷方科目：银行存款　　　　年　　月　　　　汇付字第　号

借方科目	金　额				总账页数	
	1～10 日 银付凭证 共　张	11～20 日 银付凭证 共　张	21～31 日 银付凭证 共　张	合计	借方	贷方
应收账款	8 000	2 000	2 000	12 000	（省略）	（省略）
主营业务收入	6 500	6 300	8 900	21 700		
合计	14 500	8 300	10 900	33 700		

会计主管：　　　　记账：　　　　审核：　　　　制单：

表 11-6　汇总付款凭证

贷方科目：库存现金　　　　年　　月　　　　汇付字第　号

借方科目	金　额				总账页数	
	1～10 日 现付凭证 共　张	11～20 日 现付凭证 共　张	21～31 日 现付凭证 共　张	合计	借方	贷方
应付账款	5 000	4 500	3 000	12 500	（省略）	（省略）
管理费用	2 000	500	600	3 100		
合计	7 000	5 000	3 600	15 600	（省略）	（省略）

会计主管：　　　　记账：　　　　审核：　　　　制单：

（三）汇总转账凭证的编制方法

汇总转账凭证是根据转账凭证的贷方科目设置的，用来汇总一定时期内转账业务的一种汇总记账凭证。汇总转账凭证的格式如表 11-7 所示。

表 11-7　汇总转账凭证

贷方科目：其他应收账款　　　　年　　月　　　　汇转字第　号

借方科目	金　额				总账页数	
	1～10 日 转账凭证 共　张	11～20 日 转账凭证 共　张	21～31 日 转账凭证 共　张	合计	借方	贷方
管理费用	2 000	1 500	500	4 000		
合计	2 000	1 500	500	4 000		

会计主管：　　　　记账：　　　　审核：　　　　制单：

汇总转账凭证的编制方法是：将汇总的转账凭证按其对应的借方科目进行归类，计算出每一个借方科目发生额合计数，填入汇总转账凭证。在实务中，通常按每5日或每10日汇总填列一次，每月编制一张。月末根据汇总借方科目发生额合计数，登记总分类账。由于是按转账凭证贷方科目设置汇总转账凭证的，所以为了汇总，平时编制记账凭证时，应编制一借一贷或一贷多借的转账凭证，而不宜编制一借多贷和多借多贷的转账凭证。

四、汇总记账凭证账务处理程序

汇总记账凭证账务处理程序的基本流程如图11-3所示。

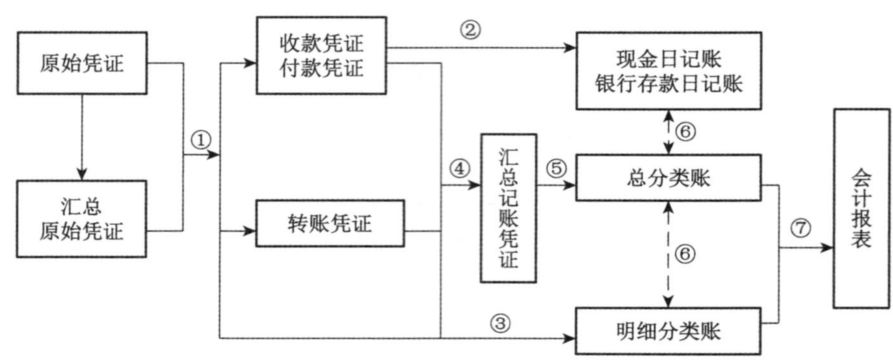

图11-3　汇总记账凭证账务处理程序

汇总记账凭证账务处理程序的核算步骤如下：

第①步，根据原始凭证或原始凭证汇总表编制收款凭证、付款凭证和转账凭证。

第②步，根据收款凭证和付款凭证，登记现金日记账和银行存款日记账。

第③步，根据收款凭证、付款凭证和转账凭证并参考原始凭证，登记明细分类账。

第④步，根据收款凭证、付款凭证和转账凭证分别编制汇总收款凭证、汇总付款凭证和汇总转账凭证。

第⑤步，根据汇总收款凭证、汇总付款凭证、汇总转账凭证登记总分类账。

第⑥步，总分类账和明细分类账（包括日记账）定期进行核对。

第⑦步，根据总分类账和明细分类账编制会计报表。

五、汇总记账凭证账务处理程序的优缺点及适用范围

汇总记账凭证账务处理程序的总分类账是根据汇总记账凭证登记的，因此简化了登记总分类账的工作量；不是将全部科目按各自借、贷方金额汇总，而是按收款凭证、付款凭证、转账凭证原有的科目对应关系汇总，使凭证的整理归类工作比较简便，并能保证数字正确无误。其缺点是汇总转账凭证是按每一贷方科目而不是按经济业务性质归类、汇总，填制时一般要求填一借一贷或多借一贷分录，因而不利于日常核算工作的合理分工，而且汇总编制记账凭证的工作量也较大。

汇总记账凭证账务处理程序一般适用于规模较大，业务较多的企业。

第五节　多栏式日记账账务处理程序

一、多栏式日记账账务处理程序的含义及特点

多栏式日记账账务处理程序是指根据多栏式现金日记账、多栏式银行存款日记账以及转账凭证科目汇总表来登记总分类账的账务处理程序。其主要特点是收款凭证和付款凭证不直接记总账，也不另外汇总记总账，而是以多栏式现金日记账和银行存款日记账各专栏借、贷方全月合计金额为依据登记总账，转账凭证则逐笔或定期汇总填制汇总转账凭证登记总账。

二、多栏式日记账账务处理程序设置的凭证和账簿

在多栏式日记账账务处理程序下，会计凭证应设置收款凭证、付款凭证和转账凭证或汇总转账凭证四种格式。

多栏式日记账账务处理程序的现金日记账和银行存款日记账采用多栏式。如果现金和银行存款对应账户较多时，要设置现金收入日记账、现金支出日记账、银行存款收入日记账、银行存款支出日记账。其他账簿格式设置与前述各种账务处理程序相同。

三、多栏式日记账账务处理程序

多栏式日记账账务处理程序的基本流程如图 11-4 所示。

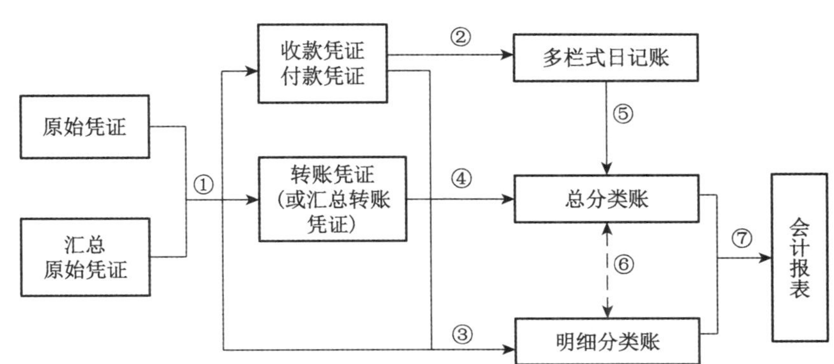

图 11-4　多栏式日记账账务处理程序基本流程

多栏式日记账账务处理程序的核算步骤如下：

第①步，根据各种原始凭证和汇总原始凭证填制记账凭证。

第②步，根据记账凭证中的收款凭证、付款凭证序时登记多栏式现金日记账和多栏式银行存款日记账。

第③步，根据记账凭证和各种原始凭证逐笔登记各种明细分类账。

第④步，根据转账凭证或汇总转账凭证登记总分类账。

第⑤步，根据多栏式日记账登记总分类账。

第⑥步，将各种明细分类账定期与总分类账相互核对。

第⑦步，期末，根据总分类账和明细分类账的记录编制会计报表。

四、多栏式日记账账务处理程序的优缺点及适用范围

多栏式日记账账务处理程序对收款凭证、付款凭证不需要逐笔登记，也不需要汇总，而是以日记账为依据一次性登记总账，大大减少了登记总账的工作量；多栏式日记账有利于加强货币资金的管理。但是这种账务处理程序的日记账账页过长过大，不便于记账和查账，不便于总账与日记账的核对。

多栏式日记账账务处理程序限制了账户的数量，只适用于收、付款业务较多但涉及对应账户不多的企业。

第六节　日记总账账务处理程序

一、日记总账账务处理程序的含义及特点

日记总账账务处理程序是指反映根据记账凭证直接登记日记总账的一种账务处理程序。日记总账不仅直接依据记账凭证逐笔登记总账，而且是需要逐日逐笔地、序时地登记。

二、日记总账账务处理程序设置的凭证和账簿

日记总账账务处理程序一般只设收款凭证、付款凭证和转账凭证，不设置汇总凭证。总分类账采用多栏式，现金日记账和银行存款日记账，一般采用三栏式；设置日记总账，设置各种明细账，根据需要可采用三栏式、数量金额式或多栏式。

三、日记总账账务处理程序

日记总账账务处理程序的基本流程如图 11-5 所示。

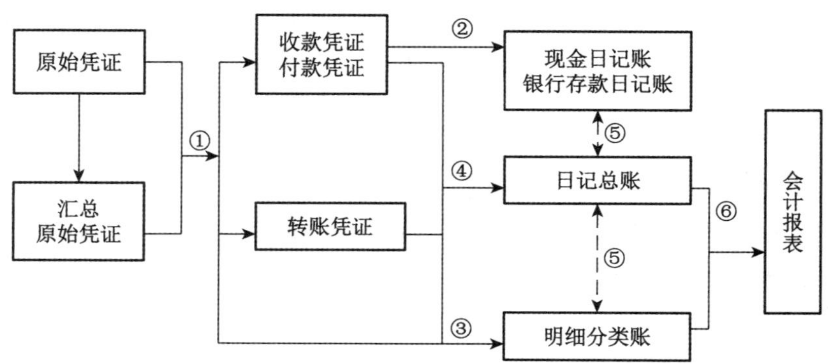

图 11-5　日记总账账务处理程序

日记总账账务处理程序的核算步骤如下：

第①步，根据各种原始凭证和汇总原始凭证填制记账凭证。

第②步，根据收款凭证和付款凭证，登记现金日记账和银行存款日记账。

第③步，根据记账凭证及所附原始凭证逐日逐笔登记各明细分类账。

第④步，根据记账凭证逐日逐笔登记日记总账。

第⑤步，月末，将日记总账、明细分类账、现金日记账和银行存款日记账核对相符。

第⑥步，根据核对无误的日记总账和明细分类账编制会计报表。

四、日记总账账务处理程序的优缺点及适用范围

日记总账账务处理程序的优点是核算手续简单，易于操作；由于日记总账将所有总账科目都集中在一张账页上，并对经济业务的发生序时登记，可以直观地反映各账户之间的对应关系，便于与明细账核对。但是如果企业的业务复杂，设置会计科目多，则日记总账账页篇幅过大，不便于记账，也不利于会计人员的分工。

日记总账账务处理程序一般适用于规模小，经济业务较简单，使用会计科目较少的小型企事业单位。

课程思政教学案例

会计"吃"走110万元公款

本章小结

账务处理程序又称会计核算组织程序或会计核算形式，是指各经济单位的会计核算所采用特定的凭证和账簿组织而决定的具体核算程序。

在本章内容中，主要介绍了现行五种账务处理程序，即记账凭证账务处理程序、科目汇总表账务处理程序、汇总记账凭证账务处理程序、多栏式日记账账务处理程序、日记总账账务处理程序。记账凭证账务处理程序是最基本、最简单的一种。各种处理程序之间最根本的区别是总分类账的依据和方法不同。这一章重点介绍了各种账务处理程序各有其优点、缺点以及适用范围。各个单位必须结合自身的经营特点，采用适合本单位的会计核算组织程序，从而提高工作效率。

课后习题

一、名词解释

①账务处理程序；②记账凭证账务处理程序；③科目汇总表；④汇总收款凭证；⑤汇总付款凭证。

二、单项选择题

1. 下列不属于科目汇总表账务处理程序优点的是（　　）。
   A. 科目汇总表的编制和使用较为简便，易学易做
   B. 可以清晰地反映账户之间的对应关系
   C. 可以大大减少登记总分类账的工作量
   D. 科目汇总表可以起到试算平衡的作用，保证总账登记的正确性
2. 各种账务处理程序之间的区别在于（　　）。
   A. 总分类账的格式不同
   B. 编制会计报表的依据不同
   C. 登记总分类账的程序和方法不同
   D. 会计凭证的种类不同
3. 在科目汇总表账务处理程序下，一般应采用（　　）记账凭证。
   A. 一借多贷　　B. 多借多贷　　C. 一贷一借　　D. 一贷多借
4. 采用科目汇总表账务处理程序，（　　）是其登记总分类账的直接依据。
   A. 汇总记账凭证　　B. 科目汇总表　　C. 记账凭证　　D. 原始凭证
5. 常见的三种账务处理程序中，会计报表是根据（　　）编制的。
   A. 日记账、总分类账和明细分类账　　B. 日记账和明细分类账
   C. 明细分类账和总分类账　　D. 日记账和总分类账
6. 以下项目中，属于科目汇总表账务处理程序缺点的是（　　）。
   A. 增加了会计核算的账务处理程序　　B. 增加了登记总分类账的工作量
   C. 不便于检查核对账目　　D. 不便于进行试算平衡
7. 科目汇总表是依据（　　）编制的。
   A. 记账凭证　　B. 原始凭证
   C. 原始凭证汇总表　　D. 各种总分类账
8. 下列属于记账凭证账务处理程序优点的是（　　）。
   A. 总分类账反映的经济业务较详细　　B. 减轻了登记总分类账的工作量
   C. 有利于会计核算的日常分工　　D. 便于核对账目和进行试算平衡
9. 汇总记账凭证是依据（　　）编制的。
   A. 记账凭证　　B. 原始凭证
   C. 原始凭证汇总表　　D. 各种总账
10. 汇总记账凭证账务处理程序与科目汇总表账务处理程序的相同点是（　　）。
   A. 登记总分类账的依据相同　　B. 记账凭证的汇总方法相同
   C. 保持了账户间的对应关系　　D. 简化了登记总分类账的工作量

三、多项选择题

1. 在不同的会计核算组织程序下，登记总账的依据可以有（　　）。

A. 记账凭证　　B. 汇总记账凭证
C. 科目汇总表　　D. 汇总原始凭证

2. 账务处理程序也叫会计核算程序，它是指(　　)相结合的方式。
A. 会计凭证　　B. 会计账簿　　C. 会计报表　　D. 会计科目

3. 下列关于记账凭证账务处理程序的说法中，正确的是(　　)。
A. 根据记账凭证逐笔登记总分类账，是最基本的账务处理程序
B. 简单明了，易于理解，总分类账可以较详细地反映经济业务的发生情况
C. 登记总分类账的工作量较大
D. 适用于规模较大、经济业务量较多的单位

4. 下列汇总记账凭证账务处理程序的说法中，错误的有(　　)。
A. 登记总分类账的工作量大
B. 不能体现账户之间的对应关系
C. 明细分类账与总分类账无法核对
D. 当转账凭证较多时，汇总转账凭证的编制工作量较大

5. 下列不属于科目汇总表账务处理程序优点的有(　　)。
A. 便于反映各账户间的对应关系　　B. 便于进行试算平衡
C. 便于检查核对账目　　D. 简化登记总分类账的工作量

6. 下列项目中，属于科学、合理地选择适用于本单位的账务处理程序的意义有(　　)。
A. 有利于会计工作程序的规范化　　B. 有利于增强会计信息可靠性
C. 有利于提高会计信息的质量　　D. 有利于保证会计信息的及时性

7. 以下属于记账凭证账务处理程序优点的有(　　)。
A. 简单明了、易于理解
B. 总分类账可较详细地记录经济业务发生情况
C. 便于进行会计科目的试算平衡
D. 减轻了登记总分类账的工作量

8. 在常见的账务处理程序中，共同的账务处理工作有(　　)。
A. 均应填制和取得原始凭证　　B. 均应编制记账凭证
C. 均应填制汇总记账凭证　　D. 均应设置和登记总分类账

9. 各种账务处理程序的相同之处是(　　)。
A. 根据原始凭证编制汇总原始凭证
B. 根据原始凭证、汇总原始凭证和记账凭证登记各种明细分类账
C. 根据收款凭证和付款凭证登记现金日记账和银行存款日记账
D. 根据总分类账和明细分类账编制会计报表

10. 以记账凭证为依据，按有关账户的贷方设置，按借方账户归类的凭证有(　　)。
A. 汇总收款凭证　　B. 汇总转账凭证
C. 汇总付款凭证　　D. 科目汇总表

四、判断题

1. 在记账凭证账务处理程序下，其记账凭证必须采用收款凭证、付款凭证和转账凭证三种格式。(　　)
2. 在不同的账务处理程序下，会计报表的编制依据不同。(　　)
3. 在不同的账务处理程序中，登记总分类账的依据相同。(　　)

4. 汇总记账凭证账务处理程序既能保持账户的对应关系，又能减轻登记总分类账的工作量。（　　）

5. 记账凭证账务处理程序的特点是直接根据记账凭证逐笔登记总分类账，是最基本的账务处理程序。（　　）

6. 科目汇总表账务处理程序能科学地反映账户的对应关系，且便于账目核对。（　　）

7. 各种账务处理程序的不同之处在于登记明细分类账的直接依据不同。（　　）

8. 采用汇总记账凭证账务处理程序增加了一道填制汇总记账凭证的工作程序，增加了总分类账的登记工作量。（　　）

9. 科目汇总表不仅可以起到试算平衡的作用，还可以反映账户之间的对应关系。（　　）

10. 现金日记账和银行存款日记账不论在何种账务处理程序下，都是根据收款凭证和付款凭证逐日逐笔顺序登记的。（　　）

五、问答题

1. 什么是账务处理程序？账务处理程序有哪几种？
2. 简述记账凭证账务处理程序的优缺点及适用范围。
3. 试述记账凭证账务处理程序的步骤。
4. 简述多栏式日记账账务处理程序的步骤。
5. 简述日记总账核算形式的优缺点和适用范围。

课后习题电子版

CHAPTER 12

第十二章 会计工作的组织

Learning objectives 学习目标

学习目标

- 了解组织会计工作的意义和要求
- 掌握会计机构的设置及会计工作岗位的设置
- 掌握会计人员的职责、权限、专业技术职务，奖惩和继续教育
- 了解会计人员的法律责任
- 掌握会计档案的归档、保管和销毁程序

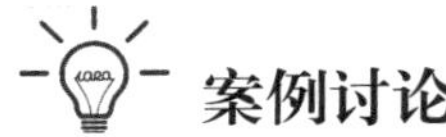

案例讨论

20×6 年阳光股份有限公司成立，公司招收了 2 名会计专业毕业的大学生和 4 名有工作经验的会计人员作为财务部工作人员，但是 20×7 年年检时发现该公司存在如下问题：由于 20×6 年公司刚成立不久，业务量很少，公司总分类账簿都没有更换，20×7 年1 月和 2 月的经济业务都在 20×6 年的账簿中记录。根据该公司年检时发现的问题，你认为这个公司具体违反了我国会计法规的哪几条规定？通过本章学习，你觉得应该如何解决阳光股份有限公司当前存在的这些问题？

第一节　组织会计工作的意义和要求

一、组织会计工作的意义

会计是一项复杂、细致的综合性经济管理活动。国家机关、企业、事业单位、社会团体和其他组织要开展会计工作，应该依据一定的会计法规，组成专门的会计机构，配备专职的会计人员。会计法规、会计机构和会计人员是组织会计工作的三项基本条件。所谓会计工作组织，是指会计机构的设置、会计人员的配备、会计法规的制定与执行和会计档案的保管。科学地组织会计工作对于完成会计职能，实现会计的目标，发挥会计在经济管理中的作用，具有十分重要的意义，其具体表现在以下三个方面。

（一）有利于提高会计工作的质量和效率

会计工作各个环节协调一致，互相配合，互相牵制，能够防止会计差错发生，保证会计工作质量。企业应根据经济业务的实际发生情况，按需配备会计人员，合理分工和安排，避免忙闲不均，才能够提高会计工作的质量和效率。

（二）有利于协调与其他经济管理工作的关系

会计工作与其他经济管理工作有着密切的联系。会计工作需要得到其他经济管理部门的配合和支持，同时会计工作也能促进其他经济管理工作。会计部门与企业内部的生产经营、市场营销、计划统计等部门互相配合，有利于计划和预算指标的制定、实施、控制、分析和考核，有利于提高经济管理工作的效率，有利于提高企业的经济效益。

（三）有利于加强经济责任制

实行内部经济责任制离不开会计，科学的经济预测、正确的经济决策、经营过程的控制、经营业绩的考核评价，都需要会计部门提供翔实、有效的数据。科学地组织会计工作，可以巩固和发展单位内部的经济责任制，促使各部门用好、管好资金，节约资金的使用，提高经济效益。

二、组织会计工作应遵循的要求

组织会计工作应遵循的要求是指组织会计工作必须遵循的管理工作的一般规律。它是做好会计工作，提高会计工作质量和效率必须遵守的原则。要组织好会计工作，应符合以下要求。

(一) 按照国家统一要求组织会计工作

组织会计工作,必须按照《会计法》对会计工作的统一要求,贯彻执行国家的有关规定。《会计法》明确规定国务院财政部门管理全国的会计工作,地方各级人民政府的财政部门管理本地区的会计工作。各企事业单位和行政机关组织会计工作,必须符合国家会计工作的统一要求。只有按照统一要求组织会计工作,才能发挥会计工作在维护社会主义市场经济秩序,加强经济管理,提高经济效益中的作用。

(二) 根据各单位生产经营管理特点组织会计工作

各企事业单位由于经济活动范围、业务内容不同,对会计信息的要求也各不相同,因此,各单位在组织会计工作时必须结合本单位经营的特点和经营规模的大小等具体情况,确定本单位的会计制度,对会计机构的设置和会计人员的配备,作出切合实际的安排,并规定具体的实施办法。

(三) 协调同其他经济管理工作的关系

会计工作是一项综合性的经济管理工作,它和其他经济管理工作有着十分密切的联系,各单位发生的经济业务,都要通过会计予以反映和监督。因此,在组织会计工作时,要同其他各项经济管理工作相互协调、相互配合、共同完成任务。

(四) 在保证质量的前提下,讲求工作效率,节约工作时间和费用

为了提供信息,会计人员要将日常发生的大量经济业务,通过确认、计量、记录和报告这一系列程序,转换成有关各方利用的会计信息。如果会计信息质量不高,就会出现差错或遗漏,甚至不良后果,因此,要求组织会计工作必须严密、细致,在保证会计工作质量的同时,注意提高会计工作效率,尽量节约工作时间和费用,防止机构重叠、重复劳动等现象。

第二节　会 计 机 构

一、会计机构的设置

会计机构是指由专职会计人员组成,直接从事和组织领导会计工作的职能部门。建立健全会计机构是保证会计工作顺利进行的重要条件。我国会计机构主要包括:国家管理部门所设置的会计机构、行政事业单位设置的会计机构和企业单位设置的会计机构。

(一) 国家管理部门所设置的会计机构

《会计法》规定,国务院财政部门是主管全国会计工作的机构,地方各级人民政府的财政部门是主管该地区会计工作的机构。国家各级管理部门分别设置会计司、会计处、会计科等。这一任务主要由财政部下设的会计司来完成,财政部在会计司内成立了会计准则委员会,专门负责会计准则的研究与制定工作。会计司的其他部门还负责相关会计制度的建设工作。

国家管理部门会计机构的主要任务包括：组织、指导、监督所属单位的会计工作；审核、汇总所属单位上报的会计报表；核算本单位和上下级之间缴拨款等事项。

（二）行政事业单位设置的会计机构

行政事业单位设置的会计机构，不仅需满足对经费收支及时进行核算和报告的要求，同时也需遵循内部控制的原则，以保证各该单位预算资金安全与合理地使用。

在市场经济对行政事业单位会计与企业单位会计的影响、推动下，随着我国政治体制改革的不断深入，全额预算的行政事业单位将越来越少，除国家机关外，大部分事业单位都实行了企业化管理和核算，他们通过各种有偿服务的方式取得收入。其会计机构的设置比全额预算单位复杂得多。对于盈利活动多且复杂的事业单位，其会计机构的设置可比照企业单位进行。

（三）企业单位设置的会计机构

《会计法》第三十四条规定：各单位应当根据会计业务的需要，设置会计机构，或者在有关机构中设置会计人员并指定会计主管人员或者国务院财政部门规定的其他方式；不具备设置条件的，应当委托经批准设立从事会计代理记账业务的中介机构代理记账。《会计基础工作规范》第八条规定，没有设置会计机构或者配备会计人员的单位，应当根据《代理记账管理办法》的规定，委托会计师事务所或者持有代理记账许可证书的代理记账机构进行代理记账。

在了解企业单位设置会计机构之前，要先明确，企业单位指的是那些自负盈亏、自主经营、自我发展的营利单位。它包括各种类型的企业组织。一般而言，除了那些规模小、业务简单而不需要设立专门会计机构的单位外，所有的企业单位都必须设置会计机构。国有的和国有资本占控股地位或者主导地位的大、中型企业必须设置总会计师。总会计师的任职资格、任免程序、职责权限由国务院规定。

二、会计工作的组织形式

会计工作的组织形式应视企业的具体情况不同而有集中核算和非集中核算两种。

以工业企业为例，集中核算组织形式就是指企业经济业务的明细核算、总分类核算、会计报表编制和各有关项目的考核分析等会计工作，集中由厂级会计部门进行；其他职能部门、车间、仓库的会计组织或会计人员，只负责登记原始记录和填制原始凭证，经初步整理，为厂级会计部门进一步核算提供资料。

非集中核算组织形式就是把某些业务的凭证整理、明细核算、有关会计报表，特别是适应企业内部单位日常管理需要的内部报表的编制和分析，分散到直接从事该项业务的车间、部门进行，如材料的明细核算由供应部门及其所属的仓库进行；但总分类核算、全厂性会计报表的编制和分析仍由厂级会计部门集中进行。厂级会计部门还应对企业内部各单位的会计工作进行业务上的指导和监督。

三、会计工作岗位设置

会计工作岗位设置就是要在财务会计机构内部按照会计工作的内容和会计人员的配备情况，进行合理的分工，使每项会计工作都有专人负责，每位会计人员都明确自己的职责。财政部门发布的《会计基础工作规范》对会计工作岗位设置原则、具体设置人数等作了规定。根据规定，各单位应当“根据会计业务需要”设置以下会计工作岗位：会计机构负责人或者会计主管人员、出纳、财产物资核算、工资核算、成本费用核算、财务成果核算、资金核算、往来结算、总账报表、稽核、档案管理等。开展会计信息化和管理会计的单位，可以根据需要设置相应工作岗位，也可以与其他工作岗位相结合。《会计基础工作规范》还规定“会计工作岗位，可以一人一岗、一人多岗或者一岗多人。”但是要注意出纳人员不得兼稽核、会计档案保管和收入、费用、债权、债务账目登记；不相容的业务不得由同一会计人员执行，即钱、账、物应分管，且会计人员的工作岗位应当有计划地进行轮换。

四、会计工作岗位责任制

建立岗位责任制，有利于会计人员钻研业务，提高工作效率和质量；有利于会计工作的程序化和规范化，加强会计基础工作；还有利于强化会计管理职能，提高会计工作的作用；同时，也是配备数量适当的会计人员的客观依据之一。

（一）出纳人员岗位责任制

出纳人员岗位责任制主要包括：

（1）认真审查各种报销或支出的原始凭证，对违反国家规定或有误差的，要拒绝办理报销手续。

（2）根据原始凭证，记好现金和银行存款日记账。记账要做到书写整洁、数字准确、日清月结。

（3）严格遵守现金管理制度，库存现金不得超过定额，不坐支，不挪用，不得用“白条”抵顶库存现金，保持现金实存与现金账面一致。

（4）办理现金支出，审核审批有据。严格按照国家有关现金管理制度的规定，必须经过会计审核、财务经理复核，总经理签批，方可办理款项收支。收、付款后，加盖“收讫”“付讫”戳记。不允许私自坐支，对收到的现金及支票，要及时送交银行。不得以“白条”抵充现金，更不得任意挪用现金。如果发现库存现金有短缺或盈余，应查明原因，根据情况分别处理，不得私下取走或补足。如有短缺，要负赔偿责任。要保守保险柜密码的秘密，保管好钥匙，不得任意转交他人。

（5）负责到银行办理经费领取手续，支付和结算工作。

（6）负责支票签发管理，不得签发空头支票，按规定设立支票领用登记簿。

（7）加强安全防范意识和安全防范措施，严格执行安全制度，认真管好现金、各种印章、空白支票、空白收据及其他证券。

（8）负责做好工资、奖金、提成等的造册发放工作。

（9）负责编制每月的现金支出计划，分清资金渠道，有计划地领取和支付现金。

（10）按期与银行对账，按月编制银行存款余额调节表，随时处理未达账项。

（11）及时与会计核对现金、应收（付）账款凭证、应收（付）票据，做到账款、票据数目清楚。

（12）根据规定和协议，做好应收款工作，定期向主管领导汇报收款情况。

(13) 严格遵守、执行国家财经法律、法规和财会制度,做好出纳工作。学习、了解、掌握财经法规和制度,提高自己的政策水平。维护财经纪律,执行财会制度,抵制不合法的收支和弄虚作假行为。

(14) 积极完成公司领导交办的其他事务。

(二) 会计人员的岗位责任制

会计人员的岗位责任制主要包括:

(1) 负责登记好公司方面的财务总账及各种明细账目。要求手续完备、数字准确、书写整洁、登记及时。

(2) 认真审核原始凭证,对违反规定或不合格的凭证应拒绝入账。要严格掌握开支范围和开支标准。

(3) 按月编制会计报表,并进行分析汇总,报公司领导备案决策,当好经理参谋,发挥财务监督作用。

(4) 按月、季、年度及时进行税务申报及汇算清缴,依法正确计提和上缴各项税费,并负责公司税费台账的登记和管理。

(5) 负责监督公司财务运作情况,及时与出纳核对现金、应收(付)款凭证、应收(付)票据,做到账款、票据数目清楚。协助出纳做好工资、奖金及提成的发放工作。

(6) 及时与各门店做好稽核工作,对各门店的进、销、存商品及现金的收存情况进行认真核对,发现问题要及时处理,查找原因,解决问题。

(7) 负责公司固定资产核算,做到账、卡、物相符,并按规定准确分类、编号、计提折旧。

(8) 做好会计基础工作,建立并负责公司固定资产、低值易耗品台账管理,直接参与公司各项资产的清查和盘点。

(9) 配合各经营管理部门,及时清理债权、债务,加速资金周转。

(10) 对公司的会计凭证、各类账表定期打印、收集整理、装订成册、登记编号,按照《会计档案管理办法》妥善保管,并按照规定程序办理销毁报批手续。

(11) 负责公司相关验资、审计、税务咨询等事宜。

(12) 负责掌管财务印章,严格控制支票的签发。

(13) 加强安全防范意识和安全防范措施,严格执行财务管理方面的安全制度,确保不出安全问题。

(14) 严格遵守、执行国家财经法律、法规和财务会计制度,做好会计工作。

(15) 积极完成公司领导交办的其他事务。

第三节 会 计 人 员

会计人员是从事会计工作、处理会计业务、完成会计任务的人员,企事业单位都应该根据本单位的实际需要配备一定数量的会计人员,这也是保证会计工作顺利进行的基本前提。为了发挥会计人员的积极性,更好地完成会计工作和会计任务,有关会计法规制度中,对会计人员的职责和权限、任职资格、任免和奖惩都有明确的规定。

一、会计人员的职责和权限

（一）会计人员的职责

设置了会计机构，就需要配备相应的会计人员。为了使会计工作有条不紊、优质高效地进行，必须明确会计人员的工作职责和权限，从而使会计人员有责有权，充分发挥作用，更好地完成各项会计工作。根据《会计法》的有关规定，会计人员的主要职责有以下几个方面。

1. 进行会计核算

会计人员对实际发生的经济业务进行会计核算，填制会计凭证、登记会计账簿、编制会计报表，保证会计数字真实、准确、完整，为国家宏观经济管理、投资者、债权人和企业内部经营管理者提供真实可靠的会计信息。进行会计核算，及时反映和提供真实可靠的会计信息，是会计人员的基本职责，也是做好会计工作的最起码的要求。

2. 实行会计监督

各单位的会计机构、会计人员对本单位实行会计监督。对不真实、不合法的原始凭证不予受理，对伪造、故意毁灭会计账簿或账外设账行为应当制止并纠正；对实物、款项进行监督，建立严格的财产清查制度。发现账实不符等情况，应当按照有关规定查明原因并进行处理；对编造、篡改财务报告的行为，应当及时制止和纠正；应当对本单位制定预算、财务计划，并根据执行情况进行监督；对违反单位内部会计管理制度的经济活动，应当及时制止和纠正。

各单位还必须接受审计机关、财政机关和税务机关的监督，如实提供会计凭证、会计账簿、会计报表和其他会计资料，不得拒绝、隐匿、谎报。

3. 拟订本单位办理会计事务的具体办法

国家制定的会计法规是对会计工作管理和会计事务处理办法的一般规定。各单位要依据国家颁布的会计法规，结合本单位的实际情况和需要，建立适合本单位使用的会计事项的处理办法，如会计人员岗位责任制度、内部稽核制度、财产清查制度、成本计算办法等。

4. 参与拟订经济计划、业务计划，编制、考核、分析预算、财务计划的执行情况

会计部门应负责编制预算、财务计划，并考核、分析其执行情况，提示执行中的问题，查明原因，提出改进的措施和建议。

会计人员应积极参与本单位经济计划和业务计划的拟定工作，运用本身掌握的资料和专业知识，对这些计划的制定，提出改进建议和措施，促使有关部门改进经营管理，增收节支，杜绝浪费，充分发挥会计参与管理的职能作用。

5. 办理其他会计事务

其他会计事务是指以上未包括的其他会计业务。比如，协助单位内部其他管理部门做好管理的基础工作，提供关于改制、合并、分立等方面有关的会计信息，举办单位管理人员财会知识的培训等。

（二）会计人员的权限

为了保障会计人员顺利履行自己的职责，国家赋予了他们必要的工作权限，主要有

以下几个方面：

(1) 会计人员有权要求有关部门、人员认真执行国家政策、法规，遵守公司财经纪律和财会制度；如有违反，会计人员有权拒绝付款、拒绝报销或拒绝执行，并向财务负责人报告。会计人员对违反制度、法令的事项，不拒绝执行、又不向上级领导报告的，应负连带责任。

(2) 会计人员有权参与编制财务计划，对重大经济活动进行可行性研究，监督经济合同的履行。单位领导人和有关部门对会计人员提出的有关财务开支和经济效果方面的问题和意见，要认真考虑，合理的意见要加以采纳。

(3) 会计人员有权监督、检查有关部门的财务收支、资金使用和财产保管情况，有关部门应如实提供资料和反映情况。对超出预算的费用和成本支出，有权暂停付款，并向有关部门汇报。

对会计人员行使工作权限，各级领导和有关人员要予以支持。本单位领导人、上级机关和财政部门对会计人员反映有关损害国家利益、违反财经纪律等问题，要认真、及时地调查处理。如果会计人员反映的情况属实，但单位领导人和上级机关不及时采取措施加以纠正的，由单位领导人和上级机关负责。如果有人对会计人员坚持原则、反映情况进行刁难、阻挠或打击报复，上级机关要查明情况，严肃处理；情节严重的，要给予党纪国法制裁。确立上述法律责任，能从法律上保护并鼓励会计人员为维护国家利益、加强经济管理、提高经济效率而坚持原则，履行自己的职责。

二、会计人员应具备的素质

会计人员是会计工作的主要承担者，他们的素质、水平、能力直接影响着会计职能的发挥和会计工作的质量。会计工作是一项专业性很强的工作，对会计人员的专业素质有较高的要求。

(一) 爱岗敬业

会计人员要热爱自己的岗位，这样才会有工作的热情，并积极从事自己的会计工作。在实际工作中，会计人员长年累月、周而复始地进行编制凭证、登记账簿、编制报表等工作，如果不认真尽责，缺乏职业责任感，就会造成一些数据的错误，导致严重的后果。这就要求会计人员在工作中，要爱岗敬业，发挥自己的最好水平。

(二) 诚信为本，操守为重，遵循准则，不做假账

会计人员所作的会计事务是否清晰、真实、完整、合法，无一不牵动着投资者、劳动者、经营者以及国家方方面面的经济利益，影响社会资源分配。因此，会计人员应时刻记住“诚信为本，操守为重，遵循准则，不做假账”的十六字准则，并以此来督促自己的行为。做事公平，诚实守信，不谋私利，坚持原则，实事求是，一切按原则来办，尤其是不做假账，清晰完整地反映经济活动，不隐瞒歪曲，不畏强权，勇于抵制一切违反财会准则和规章制度的行为。

(三) 保守企业秘密

会计人员应当有强烈的保守商业秘密的意识，自觉保守本单位的商业秘密，不私自向外界提供或者泄露单位的会计信息。会计人员由于工作性质的关系，了解企业的一些重要机密，如核心技术、工艺流程、配方等，这些资料一旦被竞争对手所知，会给本单

位造成无法预料的损失。而且泄露商业秘密是一种不道德的行为，会计人员应当确立泄露商业秘密是大忌的观念，在任何情况下都严格保守自己获知的内部机密。

三、会计人员任职资格

（一）一般会计人员的从业资格

同从事任何技术工作一样，从事会计工作的人员要在专业素质方面具备一定的条件。《会计基础工作规范》对此提出了以下要求。

1. 具备从事会计工作所需要的专业能力，遵守职业道德

《会计法》第三十七条规定，会计人员应当遵守职业道德，提高业务素质，严格遵守国家有关保密规定。对会计人员的教育和培训工作应当加强。《会计法》第三十六条规定会计人员应当具备从事会计工作所需要的专业能力。《会计基础工作规范》第十四条规定，会计人员应当具备必要的专业知识和专业技能，熟悉国家有关法律、法规、规章和国家统一会计制度，遵守职业道德。这是对会计人员最基本的要求。

2. 要按照规定参加会计业务培训

《会计基础工作规范》第十四条规定，会计人员应当按照国家有关规定参加会计业务的培训。这是因为，受我国会计学历教育规模的限制，目前会计人员中具备规定学历的比例还不高，要使会计人员具备必要的政治和业务素质，进行在职培训是重要途径之一。此外，即使是具备了规定学历的，也还有知识更新的问题，有适应法律的、经济的、政治的或者是技术上新的要求的问题，这些只有通过在职培训才能解决。一般来说，会计人员大多是认识到这一点的，在这个问题上，需要强调的是单位的支持。对此，《会计法》第三十七条规定，对会计人员的教育和培训工作应当加强。《会计基础工作规范》第十四条还作了进一步有针对性的规定：各单位应当合理安排会计人员的培训，保证会计人员每年有一定时间用于学习和参加培训。这是对会计人员的关心和爱护，也是与各单位的根本利益一致的。

（二）会计机构负责人、会计主管人员的任职资格

《会计法》第三十六条第二款对会计机构负责人的任职资格作了明确规定：担任单位会计机构负责人（会计主管人员）的，应当具备会计师以上专业技术职务资格或者从事会计工作 3 年以上经历。从这里可以看出，会计机构负责人的任职条件较一般会计人员从业资格更加严格。这主要是由会计机构负责人的地位和职责所决定的。

依据《会计基础工作规范》，会计机构负责人（会计主管人员）除应具有一定会计专业技术资格外，还应具备以下基本条件。

1. 政治素质

会计机构负责人或会计主管人员要能坚持原则，做到廉洁奉公。财务会计工作是直接处理经济业务的工作，经济上的问题必然会在会计处理中反映出来，不能坚持原则，就不可能揭发已经出现的漏洞，就不会去纠正违反财经纪律和财务会计制度的行为；没有廉洁奉公的品质，还可能犯下共同作弊的错误甚至走上犯罪道路。

2. 专业技术资格条件

《会计基础工作规范》对会计机构负责人或会计主管人员的专业技术资格要求，是

通过要求他们"具有会计专业技术资格"来体现的。至于什么单位的会计机构负责人或者会计主管人员需要具有哪个档次的会计专业技术资格，如是要有高级会计师的任职资格，还是要有会计师或助理会计师的任职资格，《会计基础工作规范》没有再作进一步的规定。这主要是为了适应不同类型的单位对会计机构负责人或者会计主管人员专业技术资格的不同要求。

3. 工作经历

作为会计机构的负责人或者会计主管人员，要主管一个单位或者单位内一个重要方面的财务会计工作不少于 2 年。

4. 政策业务水平

会计机构负责人或会计主管人员要熟悉国家的财经法律、法规、规章制度和方针、政策，掌握本行业业务管理的有关知识。市场经济是法制经济。在建立社会主义市场经济的过程中，我国的经济立法工作取得了巨大的成绩，任何单位的经济业务都要直接或间接地受到有关法律、规章的规范。从事财务会计管理工作的人员如果不了解、不掌握这方面的知识和相关管理知识，容易使单位的经营管理工作走入法律的"盲区"或"误区"，带来危险的后果。

5. 组织能力

组织能力是一种基本的领导能力。会计机构负责人或者会计主管人员应当具备一定的组织能力，包括协调能力、综合分析能力等。它对整个会计工作的效率和质量是十分关键的。

6. 身体条件

会计工作劳动强度大、技术难度高，作为会计机构负责人或者会计主管人员必须有较好的身体状况，以适应本职工作。

上述这些条件，是对会计机构负责人或会计主管人员素质的全面要求。各单位在选配会计机构负责人或会计主管人员时，应该坚持《会计法》和《会计基础工作规范》的这些标准，严格把关，才有利于把本单位的财务会计工作做好，从而对把本单位的整个经营管理工作做好起到积极的作用。

四、会计人员专业技术职务

为了充分调动会计人员的积极性和创造性，国家实行了会计人员专业技术职务制度。会计人员专业技术职务分别为：会计员、助理会计师、会计师、高级会计师和正高级会计师。各级专业技术职务的基本要求如下。

（一）会计员

会计员应初步掌握财务会计知识和技能，熟悉并能执行有关会计法规和财务会计制度，大学专科或中等专业学校毕业，在财务会计工作岗位上见习 1 年期满。

（二）助理会计师

助理会计师应掌握一般的财务会计基础理论和专业知识；熟悉并能正确执行有关的财经方针、政策和财务会计法规、制度；能担负一个方面或某个重要岗位的财务会计工作；取得硕士学位或取得第二学士学位或研究生班结业证书，具备履行助理会计师职责的能力，或者大学本科毕业后在财务会计工作岗位上见习 1 年期满，或者大学专科毕业并担任会计员职务2年以上，或者中等专业学校毕业并担任会计员职务4年以上。

（三）会计师

会计师应较系统地掌握财务会计基础理论和专业知识；掌握并能正确贯彻执行有关的财经方针、政策和财务会计法规、制度；能对本职范围的经济活动和财务会计工作进行全面分析，提出改进意见；具有一定的财务会计工作经验，能担负一个单位或管理一个地区、一个部门、一个系统某个方面的财务会计工作；取得博士学位并具有履行会计师职责的能力，或者取得硕士学位并担任助理会计师职务2年以上，或者取得第二学士学位或研究生班结业证书并担任助理会计师职务2～3年，或者大学本科或专科毕业并担任助理会计师职务4年以上；掌握一门外语。

（四）高级会计师

高级会计师应较系统地掌握经济、财务会计理论和专业知识；具有较高的政策水平，对高等学校财务管理和会计核算工作有较丰富的经验，具备全面管理高等学校财务会计工作的能力，熟悉有关的经济管理工作，能对高等学校经济活动进行全面分析，担负高等学校一个部门或一个系统的财务会计管理工作，能履行岗位职责；取得博士学位并担任会计师职务2～3年，或者取得硕士学位、第二学士学位或研究生班结业证书，或者大学本科毕业并担任会计师职务5年以上；较熟练地掌握一门外语。

（五）正高级会计师

正高级会计师是我国会计专业技术职务系列里最高的职称级别。正高级会计师长期从事财会工作，具有相当于研究员的研究能力、取得重大研究成果和成就，具有相当于教授的学术教研水平、取得重大教学理论成果，具有正高级工程师的实务经验和业绩、为财务会计管理和实务作出突出贡献。评取该职称的人员一般需要担任高级会计师职务5年以上。

五、会计人员工作交接

《会计法》第三十九条规定，会计人员调动工作或者离职，必须与接管人员办清交接手续。一般会计人员办理交接手续，由会计机构负责人（会计主管人员）监交；会计机构负责人（会计主管人员）办理交接手续，由单位负责人监交，必要时主管单位可以派人会同监交。会计人员工作交接是会计工作中的一项重要内容。做好会计工作交接，可以使会计工作前后衔接，保证会计工作连续进行；做好会计工作交接，可以防止因会计人员的更换出现账目不清、财务混乱等现象；做好会计工作交接，也是分清移交人员和接替人员责任的有效措施。

（一）适用情形

（1）会计人员在调动工作或离职时必须办理会计工作交接，没有办清交接手续不得调动或离职。

（2）会计人员临时离职或因病不能工作，需要接替或代理的，财务负责人或单位负责人须指定专人接替或者代理，并办理会计工作交接手续。

（3）临时离职或因病不能工作的会计人员恢复工作时，应当与接替或代理人员办理交接手续。

(4) 移交人员因病或其他特殊原因不能亲自办理移交手续的，经单位负责人批准，可由移交人委托他人代办交接，但委托人应当对所移交的会计凭证、会计账簿、财务会计报告和其他有关资料的真实性、完整性承担法律责任。

(二) 办理会计工作交接的基本程序

(1) 会计人员在办理会计工作交接前，必须做好以下准备工作：

第一，已经受理的经济业务尚未填制会计凭证的应当填制完毕。

第二，尚未登记的账目应当登记完毕，并在最后一笔余额后加盖经办人员印章。

第三，整理好应该移交的各项资料，对未了事项和遗留问题要写出书面说明材料。

第四，编制移交清册，列明应该移交的会计凭证、会计账簿、财务会计报告、印章、现金、支票簿、发票、文件、其他会计资料和物品等内容；从事会计电算化工作的移交人员应在移交清册上列明会计软件及密码、会计软件数据盘及有关资料、实物等内容。

(2) 财务负责人移交时，应将全部财务会计工作、重大的财务收支和会计人员的情况等向接替人员介绍清楚，对需要移交的遗留问题应写出书面材料。

(3) 交接时，交接双方在规定的期限内，按照移交清册列明的下列内容逐项进行交接：

第一，现金要根据会计账簿记录余额进行点交，不得短缺。接替人员如发现不一致或“白条抵库”现象时，移交人员在规定期限内负责查清处理。

第二，会计凭证、会计账簿、财务会计报告和其他会计资料必须完整无缺，不得遗漏。如有短缺，必须查清原因，并在移交清册中加以说明，由移交人负责。

第三，“银行存款”账户余额要与银行对账单核对相符，如有未达账项，应编制银行存款余额调节表调节相符。

第四，各种财产物资和债权、债务的明细账户余额，要与总账有关账户的余额核对相符。对重要实物要实地盘点，对余额较大的往来账户要与往来单位、个人核对。

第五，移交人员经管的印章、票据及其他会计用品等必须交接清楚。

第六，从事会计电算化工作的交接双方应在电子计算机上对有关数据进行实际操作，检查电子核算数据是否能正常运行，确认有关数字是否正确无误。

(4) 办理会计工作交接时，必须有专人负责监交，以保证交接工作的顺利进行，可分下列情形：

第一，一般会计人员办理交接手续，由财务负责人监交。

第二，财务负责人办理交接手续，由单位负责人监交，必要时主管部门可以派人会同监交。

第三，会计工作交接完毕后，交接双方和监交人在移交清册上签名或盖章，并在移交清册上注明：公司名称、交接日期、交接双方和监交人的职务、姓名，移交双方各执一份，存档一份。接替人员应继续使用移交前的账簿，不得擅自另立账簿，以保证会计记录前后衔接，内容完整。

(三) 移交后的责任

移交人对自己经办且已经移交的会计资料的合法性、真实性、完整性负责，即便接替人员在交接时因疏忽没有发现所接会计资料在合法性、真实性、完整性方面的问题，如事后发现仍应由原移交人员负责，原移交人员不应以会计资料已移交而推卸责任。会计工作交接是一项严肃认真的工作，这不仅涉及会计工作的连续性，而且关系到有关人员的法律责任。因此要求交接双方和监交人员以及其他的相关人员，必须认真对待，不得敷衍了事，马虎应付。

六、会计人员的法律责任

（一）违反《会计法》的法律责任

《会计法》第四十条规定，违反本法规定，有下列行为之一的，由县级以上人民政府财政部门责令限期改正，给予警告、通报批评，对单位可以并处 20 万元以下的罚款，对其直接负责的主管人员和其他直接责任人员可以处 5 万元以下的罚款；情节严重的，对单位可以并处 20 万元以上 100 万元以下的罚款，对其直接负责的主管人员和其他直接责任人员可以处 5 万元以上 50 万元以下的罚款；属于公职人员的，还应当依法给予处分：

（1）不依法设置会计账簿的。

（2）私设会计账簿的。

（3）会计人员有第一款所列行为之一，情节严重的，5 年内不得从事会计工作。

（4）以未经审核的会计凭证为依据登记会计账簿或者登记会计账簿不符合规定的。

（5）随意变更会计处理方法的。

（6）向不同的会计资料使用者提供的财务会计报告编制依据不一致的。

（7）未按照规定使用会计记录文字或者记账本位币的。

（8）未按照规定保管会计资料，致使会计资料毁损、灭失的。

（9）未按照规定建立并实施单位内部会计监督制度或者拒绝依法实施的监督或者不如实提供有关会计资料及有关情况的。

（10）任用会计人员不符合《会计法》规定的。

（二）违反刑法的法律责任

（1）《会计法》第四十一条规定，伪造、变造会计凭证、会计账簿，编制虚假财务会计报告，隐匿或者故意销毁依法应当保存的会计凭证、会计账簿、财务会计报告的，由县级以上人民政府财政部门责令限期改正，给予警告、通报批评，没收违法所得，违法所得 20 万元以上的，对单位可以并处违法所得 1 倍以上 10 倍以下的罚款，没有违法所得或者违法所得不足 20 万元的，可以并处 20 万元以上 200 万元以下的罚款；对其直接负责的主管人员和其他直接责任人员可以处 10 万元以上 50 万元以下的罚款，情节严重的，可以处 50 万元以上 200 万元以下的罚款；属于公职人员的，还应当依法给予处分；其中的会计人员，5 年内不得从事会计工作；构成犯罪的，依法追究刑事责任。

（2）《会计法》第四十二条规定，授意、指使、强令会计机构、会计人员及其他人员伪造、变造会计凭证、会计账簿，编制虚假财务会计报告或者隐匿、故意销毁依法应当保存的会计凭证、会计账簿、财务会计报告的，由县级以上人民政府财政部门给予警告、通报批评，可以并处 20 万元以上 100 万元以下的罚款；情节严重的，可以并处 100 万元以上 500 万元以下的罚款；属于公职人员的，还应当依法给予处分；构成犯罪的，依法追究刑事责任。

(3)《会计法》第四十三条规定，单位负责人对依法履行职责、抵制违反本法规定行为的会计人员以降级、撤职、调离工作岗位、解聘或者开除等方式实行打击报复的，依法给予处分；构成犯罪的，依法追究刑事责任。对受打击报复的会计人员，应当恢复其名誉和原有职务、级别。

(4)《会计法》第四十四条规定，财政部门及有关行政部门的工作人员在实施监督管理中滥用职权、玩忽职守、徇私舞弊或者泄露国家秘密、工作秘密、商业秘密、个人隐私、个人信息的，依法给予处分；构成犯罪的，依法追究刑事责任。

第四节　会 计 档 案

一、会计档案

(一) 会计档案的含义

会计档案是指单位在进行会计核算等过程中接收或形成的，记录和反映单位经济业务事项的，具有保存价值的文字、图表等各种形式的会计资料，包括通过计算机等电子设备形成、传输和存储的电子会计档案。它是记录和反映经济业务、财务收支状况及其结果的重要史料和证据，是国家全部档案的重要组成部分，也是各单位的重要档案之一。

(二) 会计档案的特点

会计档案的特点是以数字为主要内容，客观记录、反映历史。

(1) 会计档案专业性强，会计核算是会计特有的专门手段，从凭证、账簿到报表，有一整套科学的、完整的核算方法和核算程序，这种与一般档案不同的特殊内容、专门手段，使会计档案具有较强的专业性。

(2) 会计档案面广量多，凡有经济、财务活动的地方，都有数量不等的会计档案。

(3) 会计档案的共性突出，会计工作遍布社会的各个角落，但各个门类会计的基本核算方法是相同的，都会形成会计凭证、会计账簿、会计报表。

(4) 会计档案是相互制约、密切联系的。在会计核算中，首先有会计凭证，其次依据会计凭证登记会计账簿，最后根据账簿编制会计报表，环环相扣，密切联系。

(5) 会计档案形式特殊，会计凭证、账簿和报表都有特定的统一格式和项目，与一般文件不同，因此会计档案的装订、保管也有一定的特殊性。

二、会计档案管理制度

(一) 会计档案的管理部门

(1) 单位档案主管部门和财务部门共同负责会计档案工作的指导、监督和检查。会计档案的具体管理工作由财务部门负责，由财务部门指定专人负责在专门地点保管。保管地点应具备完善的防潮、防霉、防蛀、防火、防盗等条件。

(2) 财务部门必须建立会计档案的立卷、归档、保管、查阅和销毁等管理制度,保证会计档案妥善保管、有序存放、方便查阅、严防毁损、散失和泄密。

(二) 会计档案归档范围

(1) 会计凭证,包括外来的和自制的各种原始凭证、原始凭证汇总表、记账凭证、记账凭证汇总表,涉及对外对私改造资料,银行存款(借款)对账单及余额调节表等。年度终了都必须按照规定归档。

(2) 会计账簿,包括总分类账、明细分类账、日记账、各种辅助登记簿等。

(3) 财务会计报告,包括会计制度规定和主管部门临时通知编报的主要财务指标快报,月、季、年度会计报表,报表附注及财务情况说明书。上级主管部门对报告的批复及社会审计的审计报告。

(4) 其他会计核算资料。凡与会计核算紧密相关的,由会计部门负责办理的有参考价值的数据资料。

(5) 增值税专用发票和普通发票。

(三) 会计档案的借阅使用

(1) 财务部建立会计档案清册和借阅登记清册。

(2) 凡需借阅会计档案的人员,须经财务负责人或单位领导批准后,方可办理调阅手续。

(3) 借阅会计档案人员,不得在案卷中标画,不得拆散原卷册,更不得抽换。

(4) 借阅会计档案人员,不得将会计档案携带外出,特殊情况需要复制会计档案的,须经财务负责人或单位领导批准后方可复制。

(四) 会计档案的整理

1. 会计凭证

(1) 按月立卷:每月末将装订成册的凭证,统一登记案卷目录,每月立卷一份。

(2) 分散装订:根据凭证的多少,分散装订,做到整齐、牢固、美观。

(3) 装订封面的所有内容要填写齐全,包括:单位名称、年度、月份、起止日期、号码、装订人签章等。

2. 会计账簿

各种会计账簿办理完年度结账后,除跨年使用的账簿外,其他均需整理妥善保管。

(1) 会计账簿在办理完年度结账后,只在下一行的摘要栏填写"结转下年"字样,不填其他内容。

(2) 会计账簿在装订前,应按账簿启用表的使用页数,核对各个账户账面是否齐全,是否按顺序排列。

(3) 活页账簿去空白页后,将本账面数项填写齐全,撤去账尺,用坚固耐磨的纸张做封面、封底,装订成册。不同规格的活页账不得装订在一起。

(4) 会计账簿的装订顺序:会计账簿装订封面→账簿启用表→账户目录→按本账簿页数顺序装订账页→会计账簿装订封底。

(5) 装订后的会计账簿应牢固、平整,不得有折角、掉页现象。

(6) 账簿装订的封口处,应加盖装订人印章。

(7) 装订后,会计账簿的脊背应平整,并注明所属年度及账簿名称和编号。

(9) 会计账簿的编号为一年一编,编号顺序为总账、现金日记账、银行存款日记账、分户明细账、辅助账。

3. 会计报表

会计报表编制完成并按时报送后,留存报表均应按月装订成册,年度终了统一归档保管。

(五) 会计档案的保管

会计年度终了后,应将装订成册的会计档案进行整理立卷。各种会计档案应按会计档案材料的关联性,分门别类地组成几个类型的案卷,将各卷按顺序编号。

会计档案的保管期限分为定期和永久两类。定期保管期限一般分为 10 年和 30 年。会计档案的保管期限,从会计年度终了后的第一天算起。当年形成的会计档案,在会计年度终了后,可由单位会计管理机构临时保管 1 年,再移交单位档案管理机构保管。因工作需要确需推迟移交的,应当经单位档案管理机构同意。单位会计管理机构临时保管会计档案最长不超过 3 年。临时保管期间,会计档案的保管应当符合国家档案管理的有关规定,且出纳人员不得兼管会计档案(具体情况如表 12-1 所示)。

单位以电子会计凭证的纸质打印件作为报销入账归档依据的,必须同时保存打印该纸质件的电子会计凭证。符合档案管理要求的电子会计档案与纸质档案具有同等法律效力。除法律、行政法规另有规定外,电子会计档案可不再另以纸质形式保存。

考虑到纸质、电子会计档案将在很长一段时间内并存,如从外部取得的原始凭证是纸质的并以纸质形式归档保存,内部生成的记账凭证是电子的并以电子形式归档保存。由于记账凭证是依据原始凭证生成的,因此,二者的保管期限应该统一,而不能因其载体不同而适用不同的保管期限。

表 12-1　企业和其他组织会计档案保管期限表

序号	档案名称	保管期限	备注
一	会计凭证		
1	原始凭证	30 年	
2	记账凭证	30 年	
二	会计账簿		
3	总账	30 年	
4	明细账	30 年	
5	日记账	30 年	
6	固定资产卡片		固定资产报废清理后保管 5 年
7	其他辅助性账簿	30 年	
三	财务会计报告		
8	月度、季度、半年度财务会计报告	10 年	
9	年度财务会计报告	永久	

（续表）

序号	档案名称	保管期限	备注
四	其他会计资料		
10	银行存款余额调节表	10年	
11	银行对账单	10年	
12	纳税申报表	10年	
13	会计档案移交清册	30年	
14	会计档案保管清册	永久	
15	会计档案销毁清册	永久	
16	会计档案鉴定意见书	永久	

（六）会计档案的销毁

会计档案保管期满后，各单位按规定销毁会计档案，应由档案部门和会计部门共同派员监销，任何人不得随意销毁。其一般规定如下：

（1）由本单位档案机构会同会计机构提出销毁意见，编制会计档案销毁清册，列明销毁会计档案的名称、卷号、册数、起止年度和档案编号、应保管期限、已保管期限、销毁时间等内容。

（2）单位负责人在会计档案销毁清册上签署意见。

（3）销毁会计档案时，应当由档案部门和会计部门共同派员监销。国家机关销毁会计档案时，应当由同级财政部门、审计部门派员参加监销。财政部门销毁会计档案时，应当由同级审计部门派员参加监销。

（4）监销人在销毁会计档案前，应当按照会计档案销毁清册所列内容清点核对所要销毁的会计档案。销毁后，监销人应当在会计档案销毁清册上签名盖章，并将监销情况报告本单位负责人。

但是，以下情形除外：

（1）保管期满但未结清的债权、债务原始凭证和涉及其他未了事项的原始凭证，不得销毁，应当单独抽出立卷，保管到未了事项完结时为止。单独抽出立卷的会计档案，应当在会计档案销毁清册和会计档案保管清册中列明。

（2）正在项目建设期间的建设单位，其保管期满的会计档案不得销毁。采用电子计算机进行会计核算的单位，应当保存打印出的纸质会计档案。具备采用磁带、磁盘、光盘、微缩胶片等磁性介质保存会计档案条件的，由国务院业务主管部门统一规定，并报财政部、国家档案局备案。

单位因撤销、解散、破产或者其他原因而终止的，在终止和办理注销登记手续之前形成的会计档案，应当由终止单位的业务主管部门或财产所有者代管或移交有关档案馆代管，法律、行政法规另有规定的，从其规定。

单位分立后原单位存续的，其会计档案应当由分立后的存续方统一保管，其他方可查阅、复制与其业务相关的会计档案；单位分立后原单位解散的，会计档案应当经各方协商后由其中一方代管或移交档案馆代管，各方可查阅、复制与其业务相关的会计档案。单位分立中未结清的会计事项所涉及的原始凭证，应当单独抽出由业务相关方保存，并按规定办理交接手续。

课程思政教学案例

伪造通知书，私吞公司财产

本章小结

会计是一项复杂、细致的综合性经济管理活动。会计工作是指运用一整套的会计方法，对会计事项进行处理的活动。会计工作组织包括会计人员的配备、会计机构的设置、会计法规的制定与执行，以及会计档案的保管。

会计机构是指由专职会计人员组成，直接从事和组织领导会计工作的职能部门。建立健全会计机构是保证会计工作正常进行，充分发挥会计职能作用的重要条件。会计人员是直接从事会计工作的人员。建立健全会计机构，配备具有从业资格的会计人员，是各单位做好会计工作，充分发挥会计职能的重要保证。设置了会计机构，就需要配备相应的会计人员。为了使会计工作有条不紊、优质高效地进行，必须明确会计人员的工作职责和权限，从而使会计工作人员有责有权，便于充分发挥作用，更好地完成各项会计工作。

会计档案是企事业单位和机关团体在经济管理和各项会计核算活动中直接形成的作为历史记录保存下来的会计凭证、会计账簿和会计报表等材料。它是记录和反映经济业务、财务收支状况及其结果的重要史料和证据，是国家全部档案的重要组成部分，也是各单位的重要档案之一。会计档案要有专人管理负责；借阅时要严格按照规章制度进行，不得随意借阅；不得随意销毁会计档案；按照规定的手续进行会计档案的交接。

课后习题

一、名词解释

①会计工作组织；②会计机构；③会计人员；④会计档案。

二、单项选择题

1. 会计法规包括(　　)。

A. 会计法、会计制度、会计准则

B. 会计法、会计准则、会计制度和其他有关法规

C. 会计法、会计制度、会计准则和公司法

D. 会计法、会计准则、会计制度和税法

2. 会计人员专业技术职称主要包括(　　)。

A. 高级会计师、总会计师、会计师和助理会计师

B. 总会计师、高级会计师、注册会计师、会计师

C. 高级会计师、会计师、助理会计师、会计员

D. 注册会计师、高级会计师、会计师、会计员

3. 企业财务机构的具体名称一般视(　　)而定。

A. 企业的行业特性　　B. 企业的规模大小

C. 企业的组织形式　　D. 企业对财会工作的重视程度

4. 我国开始实行会计专业技术资格全国统一考试制度的年份是(　　)年。

A. 1990　　B. 1993　　C. 1991　　D. 1992

5. 现行制度规定,应永久保存的会计档案是(　　)。

A. 年度会计报表　　B. 季度、月度会计报表

C. 会计凭证　　D. 会计账簿

6. 采用集中核算,整个企业的会计工作主要集中在(　　)进行。

A. 企业的会计部门　　B. 企业内部的各职能部门

C. 上级主管部门　　D. 会计师事务所

7. 企业单位记账凭证和汇总记账凭证的保管年限是(　　)。

A. 10 年　　B. 30 年　　C. 15 年　　D. 永久

8. 下列属于会计执业资格的是(　　)。

A. 会计师　　B. 注册会计师　　C. 会计员　　D. 高级会计师

9. 企业单位现金日记账和银行存款日记账的保管期限是(　　)年。

A. 10　　B. 5　　C. 15　　D. 30

10. 会计工作组织形式一般分为(　　)。

A. 集中核算和分散核算　　B. 永续盘存制和实地盘存制

C. 应计制和现金制　　D. 确认、计量、记录和报告

三、多项选择题

1. 会计工作组织的内容包括(　　)。

A. 会计机构的设置　　B. 会计人员的配备

C. 会计规范的制定与执行　　D. 会计档案的保管

E. 会计人员的培训

2. 会计法规定会计人员的主要职责有(　　)。

A. 进行会计核算　　B. 会计监督　　C. 经营决策　　D. 保管会计资料

E. 进行商业谈判

3. 下列关于总会计师的表述中,正确的有(　　)。

A. 它是一个专业技术资格
B. 它是一个行政职务
C. 它是一个会计职称
D. 它必须是由会计师以上专业技术资格的人员担任
E. 总会计师直接对单位主要行政领导人负责

4. 下列属于会计人员违法行为的有(　　)。
A. 伪造、变造、编制虚假会计资料
B. 隐匿或故意销毁依法应当保存的会计资料
C. 不依法进行会计管理、核算和监督
D. 按规定发布企业会计信息
E. 随意丢失会计档案

5. 会计法规包括(　　)。
A. 会计法　　B. 会计准则　　C. 会计制度　　D. 其他有关法规
E. 企业财经制度

四、判断题

1. 基本会计准则是制定具体会计准则的依据。(　　)
2. 企业会计制度规定,既要以会计准则为依据,又要适应各个行业的条件。(　　)
3. 会计工作岗位责任制要求一人一岗,以符合内部控制制度的要求。(　　)
4. 会计人员专业技术职称分为以下几种:总会计师、高级会计师、注册会计师、会计师、助理会计师和会计员。(　　)
5. 无论企业是采用集中核算还是非集中核算,其所属各车间、部门一般不能与外单位直接发生经济往来。(　　)
6. 为了便于查阅历史证据,各种会计资料应永久保存。(　　)
7. 一个实行独立核算的单位,其工作组织形式既可以选择集中核算形式,也可以选择非集中核算形式。
8. 《会计法》是我国会计法规体系中最高层次的法律规范。(　　)
9. 无论企业规模大小都必须设置总会计师。(　　)
10. 目前,在我国取得注册会计师资格的唯一途径和前提是通过全国统一的注册会计师考试。(　　)

课后习题电子版